A GUERRA QUE·CRIOU O·IMPÉRIO ROMANO

BARRY STRAUSS

A GUERRA QUE·CRIOU O·IMPÉRIO ROMANO

Antônio, Cleópatra e Otaviano em Ácio

Tradução
Gil Reyes

Revisão técnica
Pedro Peixoto

CRÍTICA

Copyright © Barry S. Strauss, 2022
Copyright da tradução © Gil Reyes, 2024
Copyright © Editora Planeta do Brasil, 2025
Todos os direitos reservados.
Título original: *The War that made the Roman Empire*

Ilustrações internas: Paul Dippolito
Preparação: Leandro Penna Ranieri
Revisão: Fernanda Guerriero Antunes e Carmen T. S. Costa
Diagramação: Negrito Produção Editorial
Capa: Elmo Rosa
Imagem de capa: Men: a pictorial archive from nineteenth-century sources – 412 Copyright-free Illustrations for Artists and Designers

Dados Internacionais de Catalogação na Publicação (CIP)
Angélica Ilacqua CRB-8/7057

Strauss, Barry
   A guerra que criou o Império Romano / Barry Strauss ; tradução de Gil Reys. – São Paulo : Planeta do Brasil, 2025.
   368 p. : il.

Bibliografia
ISBN 978-85-422-2993-6
Título original: The war that made the Roman Empire

1. Roma – História 2. História antiga I. Título II. Reys, Gil

24-5330   CDD 937

Índice para catálogo sistemático:
1. Roma – História

Ao escolher este livro, você está apoiando o manejo responsável das florestas do mundo

2025
Todos os direitos desta edição reservados à
EDITORA PLANETA DO BRASIL LTDA.
Rua Bela Cintra 986, 4º andar – Consolação
São Paulo – SP CEP 01415-002
www.planetadelivros.com.br
faleconosco@editoraplaneta.com.br

À memória de meus pais

SUMÁRIO

Mapas 9
Nota do autor... 11
Cronologia.. 12
Prólogo: Um monumento esquecido – Nicópolis, Grécia 17

PARTE 1: AS SEMENTES DA GUERRA...................... 25
44 a 32 a.C.

1. A estrada para Filipos 27
   Roma-Filipos, 44 a 42 a.C.
2. O comandante e a rainha 45
   Éfeso-Tarso-Alexandria-Perúsia, 42 a 40 a.C.
3. Três tratados e um casamento........................ 61
   Sicília-Brundísio-Roma-Miseno-Atenas-Tarento, 40 a 36 a.C.
4. Vitória de Otaviano, derrota e recuperação de Antônio 79
   Da Sicília ao Império Parta, 36 a 34 a.C.
5. A chegada da guerra 101
   Roma-Éfeso-Atenas, 32 a.C.

PARTE 2: UM PLANO E UM ATAQUE 119
Outono de 32 a abril de 31 a.C.

6. Os invasores 121
   Grécia ocidental, outono de 32 a.C.

7. A coroa naval 135
   Itália, março de 31 a.C.
8. O rei africano 143
   Metone, Grécia, março de 31 a.C.
9. Sentar numa concha para sopa 155
   Grécia ocidental, abril de 31 a.C.

Parte 3: A Batalha 171
Agosto a 2 de setembro de 31 a.C.

10. A vingança de Apolo............................ 173
    Ácio, agosto de 31 a.C.
11. O embate 191
    Ácio, 2 de setembro de 31 a.C.: Manhã
12. O navio dourado com velas púrpura............. 211
    Ácio, 2 de setembro de 31 a.C.: Cerca de 2 a 3 da tarde
13. "Preferi poupar a destruir" 229
    Ácio-Ásia Menor, 3 de setembro de 31 à primavera de 30 a.C.

Parte 4: O Jogo Final 243
Setembro de 31 a janeiro de 27 a.C.

14. Passagem para a Índia........................... 245
    Alexandria, setembro de 31 a agosto de 30 a.C.
15. A picada da víbora 261
    Alexandria, 1º a 10 de agosto de 30 a.C.
16. "Queria ver um rei" 279
    Alexandria, 30 a.C.
17. O triunfo de Augusto........................... 291
    Roma, agosto de 29 a.C. a janeiro de 27 a.C.

Agradecimentos 309
Fontes e referências................................. 313
Notas 325
Créditos das ilustrações 351
Índice... 352

MAPAS

O Mediterrâneo oriental.   14

Grécia ocidental e Sul da Itália/Sicília. 120

Batalha de Ácio 172

NOTA DO AUTOR

Os nomes antigos, com raras exceções, foram grafados no estilo da obra de referência *The Oxford Classical Dictionary*, 4. ed. (Oxford: Oxford University Press, 2012).*

---

* Esta nota do autor refere-se à obra original. A tradução segue a norma editorial do Brasil e emprega os nomes aportuguesados, consagrados pelo uso (Júlio César, Virgílio, Eneida, Plutarco, Vida de Antônio, Dião Cássio etc.). [N.T.]

CRONOLOGIA

15 de março de 44 a.C. – César é assassinado.
27 de novembro de 43 a.C. – Primeiro Triunvirato é estabelecido.
Outubro de 42 a.C. – Batalha de Filipos.
41 a 40 a.C. – Guerra da Perúsia.
41 a.C. – Antônio e Cleópatra encontram-se em Tarso.
40 a.C. – Tratado de Brundísio; Antônio e Otávia casam-se.
39 a.C. – Tratado de Miseno.
37 a.C. – Tratado de Tarento; Triunvirato é renovado.
Primavera a verão de 36 a.C. – Invasão de Antônio à Média Atropatene fracassa.
3 de setembro de 36 a.C. – Batalha de Náuloco.
35 a 33 a.C. – Guerra da Ilíria.
Verão de 34 a.C. – Antônio conquista a Armênia.
Outono de 34 a.C. – Doações de Alexandria.
31 de dezembro de 33 a.C. – O Triunvirato termina.
Março de 32 a.C. – Antônio e Cleópatra juntam forças em Éfeso.
Maio a junho de 32 a.C. – Antônio divorcia-se de Otávia.
Provavelmente no final de 32 a.C. – Otaviano declara guerra a Cleópatra.
Cerca de agosto de 32 a.C. – Forças de Antônio se reúnem na costa ocidental da Grécia.
Inverno de 32 a 31 a.C. – Antônio e Cleópatra passam o inverno em Patras.
Março de 31 a.C. – Agripa captura Metone e mata o rei Bógude.

Abril de 31 a.C. – Otaviano cruza o mar Adriático e acampa perto de Ácio.

Verão de 31 a.C. – Agripa inflige várias derrotas à marinha do inimigo.

Fim de agosto de 31 a.C. – Antônio e Cleópatra decidem sair de Ácio.

2 de setembro de 31 a.C. – Batalha de Ácio.

Final de setembro de 31 a.C. a julho de 30 a.C. – Antônio e Cleópatra em Alexandria.

1º de agosto de 30 a.C. – Antônio comete suicídio; Otaviano entra em Alexandria.

8 de agosto de 30 a.C. – Otaviano encontra Cleópatra.

10 de agosto de 30 a.C. – Cleópatra comete suicídio.

Fim de agosto de 30 a.C. – Cesarião é assassinado.

29 de agosto de 30 a.C. – Otaviano anexa Egito.

Cerca de 29 a.C. – Monumento dedicado à Vitória de Ácio.

13 a 15 de agosto de 29 a.C. – Otaviano celebra triunfo tríplice em Roma.

16 de janeiro de 27 a.C. – Otaviano recebe o nome Augusto.

19 de agosto de 14 d.C. – Morte de Augusto.

O Mediterrâneo oriental

NO (NEGRO)
MAR CÁSPIO
PONTO
IA
ARMÊNIA
Artaxata
CAPADÓCIA
COMAGENA
Tarso
Carras
Antioquia
Eufrates
SÍRIA
ASSÍRIA
PÁRTIA
Fraaspa
Ecbátana
MESOPOTÂMIA
Tigre
aida-Acre
Damasco
JUDEIA
Jerusalém
Massada
REINO NABATEU
GOLFO PÉRSICO
MAR VERMELHO

PRÓLOGO:
UM MONUMENTO ESQUECIDO
Nicópolis, Grécia

Num canto raramente visitado da Grécia ocidental, numa península entre o mar e um golfo amplo e pantanoso, no alto de um monte, estendem-se as ruínas de um dos mais importantes e menos reconhecidos memoriais de guerra da história. Os poucos blocos que restaram mal sugerem a grandeza original do monumento. Poucas décadas atrás, essas pedras jaziam num amontoado ozymandiano,* mas hoje, após anos de escavações e estudos do sítio arqueológico, revelam algo da refinada elaboração original.

Hoje, o visitante vê blocos regulares de calcário, mármore e travertino alinhados no terraço de uma encosta. É fácil distinguir as partes que restaram da inscrição latina original, com suas letras esculpidas com precisão clássica. Atrás desses blocos com inscrições, há um muro com misteriosos recessos a intervalos regulares. São os nichos onde se inseriam as extremidades posteriores dos aríetes de bronze das galés capturadas na luta. Os aríetes projetavam-se dos muros em ângulo de noventa graus, 35 aríetes ao todo. Era uma grande ostentação, o maior monumento conhecido do antigo Mediterrâneo, feito com aríetes

---

* "Ozymandias", nome dado pelos gregos ao faraó Ramsés II, é o título de um soneto do poeta inglês Percy Bysshe Shelley (1792-1822), que fala de como o tempo degrada monumentos erguidos à magnificência das conquistas e os transforma em destroços soterrados em areias desertas. [N.T.]

capturados. Era um troféu bárbaro em todo o seu esplendor, adornado com armas arrancadas à força.

No entanto, como qualquer romano sabia, a vitória estava nas mãos dos deuses, e estes não foram esquecidos aqui. Atrás dos dois muros, mais acima no monte, ergue-se um santuário a céu aberto consagrado a Marte, o deus da guerra, e a Netuno, deus dos mares. Havia também um santuário a céu aberto dedicado a Apolo, o senhor da luz. Um friso esculpido retratava o desfile triunfal em Roma que celebrou a vitória. O imenso complexo estendia-se por cerca de três quilômetros quadrados.

O monumento pode ser considerado a pedra angular do Império Romano. E foi totalmente apropriado colocá-lo na Grécia, a quase mil quilômetros de Roma, e não na Itália. O monumento lembrava uma batalha travada nas águas abaixo desse monte: a Batalha de Ácio. Foi uma luta pelo coração do Império Romano — para definir se o seu centro de gravidade ficaria no Ocidente ou no Oriente.* Como a Europa foi a filha da Roma Imperial que emergiu dessa batalha, a luta foi de fato uma guinada na história.

A batalha também mostrou duas maneiras de guerrear, a eterna escolha estratégica entre o convencional e o heterodoxo. Um dos lados encarnou o que parecia ser a coisa mais segura: grandes batalhões, o mais recente equipamento e bolsas cheias de dinheiro. O outro carecia de fundos e enfrentava resistência em casa, mas tinha experiência, imaginação e audácia. Um lado decidiu ficar à espera do inimigo, enquanto o outro arriscou tudo num ataque. Um lado buscou o embate frontal, o outro escolheu uma abordagem indireta. Até hoje essas questões continuam centrais no debate sobre estratégia.

Num dia de setembro há mais de dois mil anos, as tripulações de seiscentos barcos de guerra — cerca de duzentas mil pessoas — lutaram e morreram pelo domínio de um império que se estendia do Canal da Mancha ao rio Eufrates, e que acabaria se estendendo ainda mais, desde

---

* O uso de certas terminologias anacrônicas, particularmente para discutir regiões como a do Egito, é recorrente na historiografia em língua inglesa, embora, hoje, haja um esforço de redução, nesse sentido, do uso acrítico de tais termos na historiografia brasileira. Apesar disso, no contexto tardo-antigo, a título de ilustração, falamos ainda em Império Romano do Ocidente e Oriente. Por isso, optamos seguir a versão do original, conforme escolhida pelo autor. [N.E.]

a atual Edimburgo, na Escócia, até o Golfo Pérsico. Uma mulher e dois homens rivais tinham em suas mãos o destino do mundo Mediterrâneo. A mulher, acompanhada por suas serviçais, era uma das mais famosas rainhas da história: Cleópatra.

Cleópatra foi não apenas a rainha dos corações e o ícone do glamour imortalizada por William Shakespeare, mas uma das mulheres mais brilhantes e hábeis na história da arte de governar. Foi uma das maiores personagens da história também pelo que poderia ter sido. Era, pelo menos, em parte macedônia, em parte persa e, plausivelmente, egípcia. Poucas mulheres na história tiveram um papel tão grande na estratégia e nas táticas de uma guerra definidora dos destinos do mundo como ela tivera.

Seu amante, Marco Antônio — o daquela fala "Amigos, romanos, compatriotas" da peça de Shakespeare, o homem do elogio a Júlio César no Fórum após os Idos de Março e vingador de César no campo de batalha, em Filipos —, estava ali lutando ao lado dela. No campo oposto, estava Otaviano César, o futuro Imperador Augusto, possivelmente o maior fundador de um império que o mundo ocidental jamais conheceu. Ao lado dele, seu braço direito e almirante indispensável, Marco Vipsânio Agripa. Embora com frequência subestimado, Agripa foi o real arquiteto da vitória. Ele e Otaviano formaram uma das maiores lideranças da história. Embora não estivesse presente em Ácio — apenas em espírito, pois encontrava-se em Roma —, havia ainda a rival de Cleópatra pelo afeto de Antônio: Otávia, irmã de Otaviano e esposa recém-divorciada de Antônio. Apesar de ser vista muitas vezes como reverente e sofrida, Otávia era, na realidade, uma habilidosa agente de inteligência, instalada no leito do principal rival de seu irmão — apenas isso. Como ocorre muitas vezes na história, atores aparentemente menores exerceram grande influência.

Ácio foi o evento decisivo e suas consequências foram enormes. Se Antônio e Cleópatra tivessem vencido, o centro de gravidade do Império Romano teria se deslocado para o Oriente. Alexandria, no Egito, teria competido com Roma como capital. Um império de feição "oriental" teria sido mais como o posterior Bizantino, ainda com maior ênfase das culturas grega, egípcia, judaica e outras do Mediterrâneo oriental do que da elite de fala latina da Roma Imperial. Este império talvez nunca teria anexado a Britânia aos seus domínios, talvez nunca teria confrontado a Alemanha e talvez nunca teria deixado a marca profunda que deixou na Europa ocidental. Mas o vencedor foi Otaviano.

Cerca de dois anos após a batalha, por volta de 29 a.C., ele ergueu o monumento no local de seu quartel-general e colocou a seguinte inscrição:

> O Vitorioso Comandante [*Imperator*] César, filho de um Deus, vencedor da guerra que travou em nome da República nesta região, quando era cônsul pela quinta vez e proclamado general vitorioso pela sétima vez, depois que a paz foi assegurada por terra e por mar, consagra a Marte e Netuno o campo do qual partiu para a batalha, adornado com espólios navais.[1]

O monumento domina o panorama. Ao sul e a leste, estende-se o Golfo de Ácio (atual Golfo de Ambrácia); a sudoeste, a ilha Lêucade (atual Lefkada); a oeste, o mar Jônico; a noroeste, as ilhas Paxos e Antipaxos; ao norte, as montanhas do Épiro. Qualquer um que erguesse os olhos, da terra ou do mar, captaria, acima, a visão do monumento à vitória.

Na planície abaixo do monumento, o vitorioso fundou uma nova cidade, como costumavam fazer os grandes conquistadores da Antiguidade. Chamou-a de Cidade da Vitória, ou, em grego, Nicópolis.[2] Ela prosperou nos séculos seguintes como cidade portuária e capital provincial, além de destino turístico para um festival quadrienal de atletismo, os Jogos Ácios.

Cidade da Vitória: nem bem os guerreiros haviam partido e os construtores de mitos apareciam. Teria sido Ácio uma grande vitória? Bem, se era isso o que diziam hectares de mármore, legiões de gestores e, de quatro em quatro anos, atletas transpirando e espectadores torcendo, devia ser verdade. Os livros de história concordam, mas eles foram escritos pelos vencedores. Otaviano, ou Augusto, como logo passaria a ser conhecido, sem dúvida teria aprovado a máxima mais tarde proferida pelo primeiro-ministro britânico Winston Churchill. O grande inglês disse que tinha confiança no julgamento da história ao afirmar: "Eu mesmo me propus a escrevê-la".[3] Em Nicópolis, Augusto escreveu-a em pedra.

E também a escreveu à tinta em suas *Memórias*, que ficaram famosas na Antiguidade. Embora tenham influenciado algumas poucas obras antigas que sobreviveram, as *Memórias* desapareceram há muito tempo. E as obras sobreviventes nos dão um quadro apenas esboçado de Ácio, apresentando versões contraditórias em alguns pontos importantes. Tampouco contamos com a versão de Antônio ou Cleópatra, embora tenham também deixado alguns vestígios nas fontes existentes. A história real é difícil de resgatar.

Ácio foi uma grande batalha, porém não foi um evento isolado. Foi o clímax de uma campanha de seis meses de confrontos por terra e mar. Um ano mais tarde, seguiu-se no Egito uma campanha breve, mas decisiva. E nem todas as operações foram militares. A guerra entre Antônio e Otaviano envolveu diplomacia, guerra de informações — desde propaganda até o que hoje chamamos de *fake news* —, competição econômica e financeira, assim como todas as emoções humanas, com destaque para amor, ódio e ciúmes.

Como ocorre com boa parte do que pensamos saber sobre Ácio, a cidade e o monumento que se ergue acima dela são parte de um mito. Um mito que é ainda mais insidioso por ser invisível. Ácio gerou uma rica herança de estudos acadêmicos. Estudiosos sabem que a história real de Ácio está distante da versão oficial, que tem divergido ao longo do tempo. Na década de 1920, uma escola de pensamento importante afirmava que Ácio havia sido uma batalha menor, pela rapidez com que foi iniciada e concluída, e que somente a propaganda de Otaviano a fez parecer significativa. Desde então, essa escola tem sido suplantada, graças à descoberta de evidências arqueológicas mais recentes e à reinterpretação de fontes literárias. O novo material transforma a guerra que matou Antônio e Cleópatra e que levou Otaviano a virar Augusto, primeiro imperador de Roma, num conflito cada vez mais intrigante.

A tradição de Cleópatra não é só uma das mais ricas da história, mas conferiu à luta um sentido mítico desde o início, assim como fizeram tanto Otaviano quanto Antônio. Otaviano professava ser o defensor do deus da razão — Apolo — contra as forças da irracionalidade rude e inebriada. Declarou que a guerra era uma batalha, entre o Oriente e o Ocidente, da decência contra a imoralidade e da virilidade contra a virago. Os modernos tendem a distorcer essas categorias e ver a propaganda dele como racismo, orientalismo e misoginia.

O que Antônio e Cleópatra pensavam é muito difícil de reconstruir, mas as fontes oferecem indícios. Cleópatra afirmava ser a líder da resistência contra Roma, a defensora de todo um Mediterrâneo oriental erguendo-se numa fúria armada e justa contra o arrogante invasor do Ocidente. Mais que isso, afirmava ser uma salvadora, a encarnação terrena de uma deusa, Ísis, cuja vitória daria início a uma era dourada. Antônio, orgulhoso de ser seu consorte, dizia-se inspirado pelo deus que havia conquistado a Ásia, Dionísio, e via Otaviano não como um reles ciumento, mas como um ímpio. (O fato de Dionísio ser também o deus do álcool deu aos propagandistas de Otaviano uma oportunidade de assumir um tom moralista.) Numa nota mais mundana, Antônio considerava-se o defensor da nobreza romana e do Senado romano contra um arrivista tirânico de baixa ascendência. Cleópatra sentia proteger a tricentenária Casa dos Ptolomeus. E ambos sabiam que era preciso deter o desafio de Otaviano ou arriscar perder tudo que haviam construído para eles e seus filhos.

Este livro recria a Batalha de Ácio em detalhes. Também oferece a primeira reconstrução do ponto de virada da guerra: surpreendentemente, um embate que teve lugar cerca de seis meses antes de Ácio. Estas páginas reconstituem os detalhes operacionais do ousado ataque anfíbio de Agripa à retaguarda de Antônio, que causou um choque no inimigo e subverteu suas expectativas. Um confronto aberto sempre captura a imaginação do mundo, mas, na história da guerra, com frequência são as táticas não convencionais, executadas de surpresa, que fazem diferença. No caso da Guerra de Ácio, por exemplo, um papel-chave foi desempenhado pela deposição do rei da antiga Mauritânia, num combate travado num lugar chamado Modon (ou Methone), um canto obscuro do sul da Grécia. Antônio, Cleópatra e Otaviano não foram vistos por ali.

No entanto, por mais importante que tenha sido o ataque anfíbio de Agripa, ele precisa ser visto no contexto de uma luta não militar que já vinha acontecendo fazia mais de um ano. A guerra real era uma campanha integrada, envolvendo não só violência armada, mas diplomacia, manobras políticas, guerra de informações, pressão econômica — e sexo.

Antônio emerge da biografia recente como uma figura mais impressionante do que previamente se acreditava. O exame crítico das fontes, por exemplo, levou a uma nova compreensão do "Desastre Parta" de Antônio, de 36 a 34 a.C., uma campanha militar que visava apenas indiretamente ao reino da Pártia e que, se não foi um sucesso, dificilmente pode ser considerada um desastre. Na realidade, a diplomacia que veio em seguida permitiu que Antônio recuperasse muito do que havia perdido. No entanto, esse sucesso torna seu fracasso em Ácio desconcertante.

Há um mistério a ser desvendado. A Guerra de Ácio terminou naquela nova cidade na planície e no cintilante monumento de bronze e pedra erguido num monte junto ao mar. Mas o conflito que lhe deu origem começou doze anos antes, em Roma.

PARTE 1
AS SEMENTES DA GUERRA
44 a 32 a.C.

CAPÍTULO I

A ESTRADA PARA FILIPOS
Roma-Filipos, 44 a 42 a.C.

A Batalha de Ácio em 31 a.C. tem origem em eventos que remontam a décadas. Em particular, decorreu de uma guerra iniciada em 49 a.C., quando Júlio César cruzou o rio Rubicão e entrou na Itália. Ao reunir seus legionários e atravessar a vau aquele pequeno rio, que marcava o limite entre a zona militar da Gália e a área civil da Itália, César deu início a uma guerra civil que durou quatro anos. Derrotou todos os seus inimigos e, no final, foi proclamado primeiro ditador perpétuo de Roma. Isso criou tanta hostilidade na velha elite que um grupo de senadores apunhalou-o até a morte numa reunião do Senado, em Roma, em 15 de março de 44 a.C. Os Idos de Março, de triste fama.

Os assassinos pensavam estar restaurando a República. Em vez disso, provocaram o surgimento de uma coalizão que acabou unindo os irascíveis seguidores de César. Demorou mais de um ano para esses seguidores se reunirem, e exigiu um período de conflitos armados que deixou um legado de desconfiança. Porém, em abril de 44 a.C., seus caminhos se cruzaram brevemente. Era o mês seguinte ao do assassinato de César, numa estação de chuvas fortes e muitas flores, mas ofuscada pela morte.

O mês de abril de 44 a.C. reuniu todos os principais atores da década e meia seguinte em Roma e em torno da cidade. Eles foram protagonistas da história não apenas de Roma, mas também do Mediterrâneo. Marco Antônio era um dos dois cônsules, autoridades públicas do mais elevado escalão em Roma; o outro cônsul era um homem com muito menos autoridade. Cleópatra era rainha do Egito, governante do reino independente mais rico que restara na esfera romana. Otaviano acabara de ser nomeado filho de César por uma adoção póstuma, tendo herdado a maior parte da imensa fortuna do ditador. Sua irmã mais velha, Otávia, era casada na época com um importante político e ex-cônsul romano, mas isso iria mudar num futuro não muito distante. Finalmente, havia Agripa, amigo de juventude e companheiro fiel de Otaviano, que mais tarde se tornaria seu almirante indispensável. Esses homens e mulheres estavam prontos a se espalhar pelo mundo romano, mas iriam se reencontrar, a maioria deles na Batalha de Ácio, treze anos mais tarde.

Cleópatra saiu de Roma primeiro. Uma combinação de negócios e prazer trouxera a jovem rainha à cidade, no ano anterior. Tinha vinte e cinco anos. Não era incomum que governantes estrangeiros visitassem Roma para tratar de assuntos diplomáticos, mas Cleópatra era também amante de César. Após o romance dos dois no Egito, teve um filho em 47 a.C. De nome Ptolomeu e chamado de César, é mais conhecido por seu apelido, Cesarião. Cleópatra dizia que César era o pai. O próprio ditador nem reconhecia, nem negava. Talvez ela tenha trazido o menino com ela a Roma. Seja como for, parece que Cleópatra acabara de engravidar de outro bebê de César, mas abortara.[1]

Cleópatra não partiu de Roma logo após os Idos de Março. Não era apenas uma amante enlutada, mas também uma rainha e, pelo bem do Egito, precisava garantir amizade com os novos governantes de Roma — quem quer que viessem a ser. Ela conhecera muitas pessoas proeminentes em sua estada em Roma, incluindo Marco Antônio.

Um dos melhores generais de César, Antônio era descendente de uma família importante e nobre, mas decadente. Aos trinta e nove anos, era o mais velho desse grupo. Guerreiro nato, era também orador talentoso. Não era revolucionário e tinha mais respeito pelas instituições tradicionais da República do que os outros, mas dificilmente poderia ser visto como um conservador por princípios.

Aos dezoito anos, Otaviano era um prodígio. Pelo lado do pai, vinha das classes médias altas italianas, mas sua avó materna pertencia a uma das grandes casas nobres de Roma, os Césares. Júlio César era seu tio-avô e tomara o menino sob seus cuidados depois que Otaviano perdeu o pai aos quatro anos. No outono de 45 a.C., seis meses antes de sua morte, César mudou seu testamento em favor de Otaviano. Mandou, então, o rapaz de dezoito anos cruzar o Adriático para participar da organização de uma nova campanha militar no Leste, planejada para 44 a.C. Com a notícia do assassinato de César, Otaviano voltou à Itália e, movendo-se com cautela, acabou entrando em Roma, acompanhado por uma comitiva que incluía Agripa. Agora com o destemor de sua juventude, Otaviano almejava grande poder. Antônio ressentia-se da reivindicação do jovem de saltar para o topo graças ao testamento de César, e tinha toda a intenção de frustrar Otaviano.

Já naquela primavera romana de 44 a.C., esse grupo de cinco pessoas, homens e mulheres, deve ter suspeitado que suas ambições iriam aproximá-los e afastá-los. Mas nunca poderiam imaginar quanto drama tinham pela frente.

A ascensão de Antônio

Em abril de 44 a.C., os assassinos de César saíram de Roma e da Itália para as várias províncias. Alguns comandavam exércitos, outros governavam províncias, alguns coletavam dinheiro, outros recrutavam aliados — mas todos se prepararam para a luta que se avizinhava contra os apoiadores do falecido ditador. Em Roma, a política girava em torno de Antônio e Otaviano.

Não é fácil saber qual era o lado de Antônio na história. A maioria das obras produzidas após Ácio defende o vencedor, Otaviano, não o derrotado Antônio. Com exceção das moedas cunhadas em seu nome — indicadoras de sua estratégia de comunicação — e de umas poucas citações de suas cartas, as obras do próprio Antônio se perderam. O que sobreviveu foi a *Vida de Antônio*, de Plutarco, única fonte literária mais importante. Mestre da escrita, Plutarco (Lúcio Méstrio Plutarco, que morreu em algum momento depois do ano 120 d.C.) está no seu auge em *Antônio*, a mais memorável de suas cinquenta biografias conhecidas coletivamente como *Vidas paralelas* ou *Vidas de Plutarco*. Shakespeare usou a *Vida* como base de sua peça *Antônio e Cleópatra*, de 1607. Mas Plutarco precisa ser lido com cautela. Para começar, escreveu mais de um século após a morte de Antônio. Embora tenha consultado fontes anteriores de ambos os lados, Plutarco tende a adotar o ponto de vista oficial, o de Augusto. Além disso, Plutarco tem a própria agenda literária e filosófica para levar adiante, e tampouco está isento de mergulhar de vez em quando na invenção criativa. No nono volume de *Vidas*, Plutarco equiparava Antônio a Demétrio, o Sitiador de Cidades (337 a 283 a.C.), famoso como grande, mas fracassado, rei e general macedônio.

Mais problemáticas ainda são as *Filípicas*, que consistem em catorze discursos contra Antônio escritos em 43 a.C. por Marco Túlio Cícero — uma fonte muito hostil. Várias histórias escritas no período imperial preservaram informações a respeito de Antônio, e as mais importantes são obras de dois cidadãos romanos do Leste grego: Apiano de Alexandria, que morreu por volta de 165 d.C., e Dião Cássio da Bitínia (atual noroeste da Turquia), morto por volta de 235 d.C.

Ler nas entrelinhas ajuda a reconstruir a versão de Antônio da história, mas isso nunca fornecerá tantos detalhes quanto os de que dispomos a respeito de seu vitorioso rival, Otaviano — que logo se tornaria Augusto, primeiro imperador de Roma. Mesmo dois mil anos mais tarde, ainda estudamos Augusto para obter lições sobre tudo, desde regras do poder até dicas para a vida cotidiana. Ninguém procura lições em Antônio, exceto as negativas.

Antônio nasceu em 14 de janeiro, por volta de 83 a.C., numa família nobre romana. Os Antonii eram bem-sucedidos, mas rodeados de escândalos, e Antônio seguiu o estilo. Seu avô paterno, também Marco Antônio, prestigioso orador e advogado, ocupou os altos cargos de cônsul e censor. No entanto, foi assassinado em 87 a.C., durante as guerras civis encabeçadas por dois generais romanos: Caio Mário e Sula (Lúcio Cornélio Sula Félix). Conta-se que seu esconderijo foi traído por sua fraqueza pelo vinho. A cabeça cortada do velho homem foi pregada à plataforma do orador no Fórum junto com as de outras vítimas proeminentes, incluindo o avô materno e um tio de Antônio.

O jovem Antônio cresceu à sombra dessas mortes e do fracasso do pai quando este recebeu o comando de uma campanha contra piratas sediados em Creta. Também de nome Marco Antônio, o pai teve desempenho tão fraco que as pessoas lhe puseram o malicioso apelido de Crético, retratando-o ironicamente como "Conquistador de Creta". Morreu pouco tempo depois.

A mãe de Antônio, Júlia, casou-se de novo com um patrício que foi expulso do Senado por imoralidade um ano após servir como cônsul. Em 63 a.C., este homem se juntou àquilo que ficou conhecido como a Conspiração Catilina, um violento movimento em favor de devedores e renegados políticos. Traído e preso, foi executado sem julgamento por ordem de Cícero, que era cônsul. A partir de então, Antônio passou a odiar Cícero.

O jovem Antônio era bonito, vigoroso, atlético, encantador e carismático. Em vários períodos da vida, usou barba, numa imitação de Hércules, o semideus que a família considerava seu ancestral. No entanto, Antônio não foi um jovem modelo. Ficou conhecido em Roma por beber, seduzir mulheres, acumular dívidas e andar com más companhias, até se assentar um pouco por volta dos vinte e tantos anos. Estudou retórica na Grécia e destacou-se como excelente comandante de cavalaria no Leste entre 58 e 55 a.C. Em seu primeiro confronto armado, foi o homem mais avançado diante do muro durante um cerco, demonstrando grande coragem física. Em seguida, participou de outros embates militares. Como oficial, tornou-se próximo de seus soldados ao compartilhar refeições com eles.

Antônio serviu muito bem a César na Gália. Entre outras coisas, era questor de César — ao mesmo tempo pagador e intendente — e trabalhava de perto com seu comandante, a quem, então, devia uma obrigação de lealdade por toda a vida (em latim, *fides**). De volta a Roma em 50 a.C., Antônio assumiu cargo oficial como um dos dez tribunos do povo, eleitos todo ano para representar os interesses de cidadãos

---

* Parte constituinte do caráter e uma virtude moral importante, a *fides* servia como pilar para a condução adequada de assuntos pessoais e públicos para os antigos romanos, sendo caracterizada por uma atitude simultânea de confiabilidade, reciprocidade, proteção e lealdade. A quebra de *fides* poderia acarretar sérias implicações religiosas e jurídicas. Expressões como *ex bona fide*, "de boa-fé", *fidem dare, obligare*, "empenhar sua palavra" ou *in fide alicuius esse*, "estar sob a proteção de alguém", indicam a polissemia do conceito. O termo foi, posteriormente, modificado de seu sentido original e adotado pelos cristãos para expressar, em latim, a fé religiosa, entendida como uma virtude cristã, motivo pelo qual a expressão costuma ser erroneamente traduzida como "fé", para a Antiguidade romana pré-cristã. Havia também, entre os antigos romanos, uma personificação divina dessa virtude na forma da deusa Fides, a deusa da boa-fé e confiança, cuja introdução do culto, na tradição clássica, fora atribuída a Numa Pompílio, ainda à época da Monarquia (Tito Lívio, I, 21.4). [N.R.]

comuns. Antônio tentou impedir que o Senado substituísse César como governador da Gália e ordenasse sua prisão, mas não obteve sucesso e fugiu de Roma para o acampamento de César.

Em seguida, Antônio destacou-se como ótimo general e agente político durante a guerra civil (49 a 45 a.C.), que se seguiu à travessia do Rubicão por César. Recebeu importantes atribuições, como organizar a defesa da Itália, trazer legiões de César atravessando um mar Adriático infestado de inimigos e unir-se a César na Macedônia romana. Antônio prestou seu maior serviço na Batalha de Farsalos, na Grécia central, em 9 de agosto de 48 a.C., onde comandou o flanco esquerdo de César nessa decisiva batalha contra seu rival, Cneu Pompeu Magno (106 a 48 a.C.), conhecido como Pompeu, o Grande. Quando os veteranos de César romperam as fileiras de Pompeu, foi a cavalaria de Antônio que perseguiu o inimigo em fuga.

Apesar de todo o seu sucesso em batalhas, Antônio nunca foi o homem no comando. Na política, demonstrava pouco tato. Após Farsalos, voltou a Roma por ordem de César, enquanto este passava o ano seguinte no Leste. Em Roma, Antônio foi mestre de cavalaria (*magister equitum*), como era chamado o segundo em comando, após um ditador. Antônio agora retomava totalmente seu estilo de vida devasso. As fontes falam de loucas noitadas, ressacas públicas, de ter vomitado no Fórum e de circular com carruagens puxadas por leões. Quase todos sabiam de seu romance com uma atriz e ex-escrava que se apresentava no palco como Citéride, a "Garota de Vênus", desde o dia em que ela e Antônio passearam juntos em público numa liteira.

As ordens civil e militar em Roma fugiram ao controle de Antônio. Quando aqueles que reivindicavam o perdão das dívidas e a redução dos aluguéis ficaram violentos, ele enviou soldados ao Fórum e o sangue correu — oitocentas pessoas foram mortas. Enquanto isso, algumas legiões veteranas de César, agora de volta à Itália, amotinaram-se reivindicando pagamento e desmobilização. César voltou a Roma no outono. Sufocou o motim e concordou em reduzir os aluguéis, mas não permitiu que as dívidas fossem canceladas. Quanto a Antônio, César condenou-o no Senado, porém logo o perdoou.

Antônio assentava-se novamente, casando-se de novo após um divórcio, dessa vez escolhendo uma nobre que enviuvara duas vezes,

Fúlvia. De todas as mulheres romanas poderosas da época, Fúlvia ocupava uma classe à parte. Ela recrutara um exército. Uma propaganda hostil afirmava que ela fora vista uma vez portando espada e fazendo preleções aos soldados, mas, em geral, sua arma de combate eram as palavras. Defensora incondicional do povo, Fúlvia casou-se com três políticos em sequência: o primeiro foi o demagogo e arruaceiro Públio Clódio Pulcro; depois, Caio Escribônio Curião, um tribuno do povo que apoiava César; e, por fim, e de maneira mais fatídica, Antônio. Os inimigos dele diziam que Fúlvia controlava Antônio, o que não é verdade. Essa mulher forte provavelmente o endireitou, e ela certamente transmitiu a Antônio a habilidade política que aprendera com seus dois primeiros maridos. Antônio beneficiou-se dessa parceria.

Antônio teve papel importante nos eventos do ano fatal de 44 a.C. No festival da Lupercália em Roma, em 15 de fevereiro, foi Antônio que ofereceu a César a coroa,[2] causando desse modo um choque numa multidão no Fórum romano. César recusou-a ostensivamente — duas vezes.

Numa reunião no Senado, nos Idos de Março, no dia 15, um grupo de assassinos liderado por Marco Bruto, Caio Cássio Longino e Décimo Bruto abateu César.[3] Se Antônio estivesse sentado ao lado de seu colega na casa do Senado, poderia ter lutado contra os assassinos por tempo suficiente para permitir que senadores amigos presentes na sala socorressem César e salvassem sua vida. No entanto, Antônio estava fora do prédio, onde um dos conspiradores o detivera de propósito, deixando César sozinho na tribuna quando os assassinos o cercaram e atacaram.

Antônio fugiu após o assassinato, dizem que disfarçado, ao trocar sua toga por uma túnica de escravo — mas isso com certeza é calúnia. Na semana seguinte, ele desempenhou um papel-chave. Convenceu apoiadores de César, armados e enraivecidos, a não atacarem os assassinos, refugiados no Monte Capitolino. E convenceu o Senado a assumir o compromisso de dar anistia aos assassinos e a manter todas as medidas que César implantara como ditador. Foi bem-sucedido em fazer o Senado abolir esse odiado título. Em seguida, mudou de atitude e presidiu um funeral em homenagem a César, tão comovente que se transformou num tumulto, levando uma multidão a matar um suposto assassino do ditador (pegaram o homem errado) e intimidando os verdadeiros assassinos, que logo fugiram de Roma.

Antônio estava na flor da idade e pronto para vestir o manto de César como herdeiro. Mas, no seu testamento, César legara o próprio nome e a maior parte de sua fortuna a Otaviano. Sem dúvida, isso fez Antônio ferver de raiva. Otaviano era parente de César, mas Antônio também — embora apenas um primo distante. Várias vezes Antônio arriscara a vida por César no campo de batalha e selara as vitórias do grande homem; Otaviano ainda nunca derramara uma gota de sangue.

A ascensão de Otaviano

Ele nasceu em 23 de setembro de 63 a.C. Ou deveríamos perguntar: *Quem* nasceu, então? Até mesmo o nome de Otaviano é uma questão de relações públicas. Ele nasceu Caio Otávio. Depois de aceitar a oferta de adoção póstuma expressa no testamento de César, Otávio ficou conhecido como Caio Júlio César Otaviano. Ou melhor, *deveria* ter sido chamado assim, conforme o padrão onomástico romano. Contudo, rejeitou o nome Otaviano e insistia em ser chamado de César. A maioria dos historiadores o chama hoje de Otaviano, mas apenas até ele fazer trinta e cinco anos, em 27 a.C., pois, a partir de então, assumiu o título pelo qual é mais conhecido: Augusto. É complicado, mas também o era o homem por trás dos nomes.

Seu pai, igualmente Caio Otávio, era rico e ambicioso, mas não era um nobre romano, nem provinha da capital, e sim de uma pequena cidade ao sul. Ascendera ao se casar com a sobrinha de Júlio César, Ácia Balba, mas morreu de repente quando Otaviano tinha quatro anos. Embora Ácia voltasse a se casar em seguida, confiou Otaviano à mãe dela, Júlia, que criou o menino em seus anos de formação. O irmão de Júlia estava prestes a conquistar a Gália e se tornar o Primeiro Homem* em Roma.

---

* No original, a expressão utilizada foi "*first man*", que pode comportar tanto o sentido de se tornar o número um, como dito, mas também ter um significado extra, embora pouco utilizado: utiliza-se *first man*, às vezes, para se referir a fundadores ou primeiras pessoas lendárias de uma tradição ou de um mito de fundação/criação etc., como Rômulo e Remo. [N.R.]

Enquanto Otaviano crescia, César revolucionava Roma, que passou a funcionar como uma república autogovernada. O povo e as elites compartilhavam o poder por meio de instituições como assembleias, tribunais, autoridades eleitas e o Senado. Em tese, pelo menos: na prática, a República não podia prevalecer contra um general conquistador como César e suas dezenas de milhares de leais soldados.

Ao que parece, Roma vivia capturada num labirinto de impossibilidades políticas, militares, sociais, econômicas, culturais e administrativas. Apenas alguém que pudesse domar Roma e seu império poderia trazer uma paz duradoura. César não era esse homem. Era um conquistador, não um construtor. Mas se César não podia fazê-lo, quem o faria?

César não tinha um filho legítimo, embora, como mencionado, provavelmente tivesse gerado Cesarião. Tecnicamente, Cleópatra poderia muito bem ter adquirido cidadania romana, como o pai dela havia feito, mas o que importava aos olhos do público é que ela era rainha do Egito. Em vez de Cesarião, César escolheu Otaviano como seu herdeiro.

Muito ambicioso, Otaviano era um político natural: inteligente, encantador e cuidadoso na escolha das palavras. Tinha olhos claros e era bonito, com cabelo loiro levemente ondulado. Baixo e um pouco frágil, não tinha um porte imponente, mas compensava isso com a força de seu caráter. Embora não fosse um soldado nato, era tenaz, astuto e valente, com uma vontade férrea. E tinha a mãe, Ácia, que com certeza o elogiava a César sempre que a oportunidade surgia.

Um rapaz destacado como Otaviano possuía muitos amigos, e um deles, Marco Agripa, se tornou seu braço direito para a vida toda. Assim como Otaviano, Agripa era de uma próspera família italiana, embora sem nenhuma conexão com a nobreza romana. O que ele tinha em abundância era um temperamento prático. Era corajoso, assertivo e, acima de tudo, leal. E Otaviano tinha com certeza o dom de fazer com que os homens o seguissem. No caso de Agripa, Otaviano procurou César e conseguiu que o irmão de Agripa fosse libertado da prisão, embora tivesse lutado contra César. Agripa era grato por isso.

O jovem Otaviano teve vários mentores no desenvolvimento de sua astúcia: a mãe, que conseguiu esconder-se com as virgens vestais quando o Senado quis tê-la como refém; a irmã, Otávia, que talvez tenha tido algo a ver com a surpreendente conversão de seu primeiro marido Marco Antônio, de inimigo ferrenho da família dela a dócil amigo; seu padrasto, um ex-cônsul que sobreviveu a uma guerra civil sem tomar partido de nenhum dos lados; sua bisavó e sua avó, que juntas deram evidências detalhadas em tribunal do adultério de uma sogra, poupando com isso o homem da família, César, de precisar sujar as mãos em público a fim de obter um divórcio.[4] E, por último, mas não menos importante, Júlio César, um dos mestres do engano da história. Uma hora aos pés de César valia mais do que um período de aulas de um professor. E Otaviano passou muitas horas ali.

Primeiramente, César favoreceu o jovem Otaviano com uma série de responsabilidades públicas. O rapaz de dezessete anos chegou a marchar nos desfiles triunfais de César em Roma, em 46 a.C., uma honraria que costumava ser reservada ao filho de um general vitorioso. No ano seguinte, Otaviano acompanhou seu tio-avô na campanha militar da Hispânia. César estava suficientemente impressionado com aquele jovem amadurecido a ponto de mudar seu testamento em favor de Otaviano. O documento ficou sob a guarda das virgens vestais em Roma e, ao que se sabe, mantido em segredo.

César planejava uma guerra de conquista de três anos no Leste. Pretendia conquistar a Dácia (atual Romênia) e vingar uma derrota romana anterior nas mãos dos partas, que dominavam a maior parte do sudoeste da Ásia e eram o único Estado forte o suficiente para desafiar Roma no Oriente Próximo. César nomeou Otaviano, aos dezoito anos, mestre de cavalaria, cargo que oferecia visibilidade e oportunidades de fazer muitos contatos. A expedição estava marcada para começar em 14 de março de 44 a.C. Por volta de dezembro de 45 a.C., Otaviano saiu de Roma por ordens de César e, junto com Agripa, cruzou o Adriático até o quartel--general de César, situado no que é hoje a Albânia. Ali, Otaviano fez contatos muito úteis com comandantes de legiões.

Contudo, os Idos de Março mudaram tudo. Após o assassinato de César, Otaviano voltou com cautela a Roma, escoltado por alguns dos partidários e soldados de César.

Após leve hesitação, e contra o conselho de sua mãe e de seu padrasto, Otaviano aceitou a adoção por César. A partir de então, ele insistiu em ser chamado de César. Sua mãe foi a primeira a chamá-lo assim.

Embora tivesse apenas dezoito anos, Otaviano sonhava alto. Após uma aprendizagem sob Júlio César, estava pronto a tomar o Fórum de assalto. Era como se graças a algum choque repentino todas as molas de uma catapulta romana imóvel tivessem sido postas em ação.

No entanto, os obstáculos não eram poucos. Antônio era cônsul e queria colocar Otaviano de lado a fim de reivindicar o manto de César. Por sua vez, republicanos conservadores não viam utilidade no filho adotivo de César, pois queriam livrar-se de vez do legado do ditador. Ao mesmo tempo, um bando de gente ambiciosa pretendia usar Otaviano para fazer avançar os próprios interesses.

César havia sido um homem extremamente rico. Otaviano também o seria se pusesse as mãos naqueles três quartos do espólio de César que estavam prometidos a ele no testamento. Mas nunca os viu. Antônio assumiu o controle da maior parte dos fundos e recusou liberá-los, alegando que era preciso investigar qual parte pertencia a César e qual pertencia ao povo romano. Por sua vez, Otaviano obtinha dinheiro de várias outras fontes: 1) o tesouro que César guardava em Apolônia (na atual Albânia) para subsidiar a Guerra Parta — ou pelo menos parte dos fundos, já que Otaviano alegava ter transferido algo ou tudo para o Estado romano; 2) empréstimos dos apoiadores de César, incluindo banqueiros e homens libertos ricos; 3) dinheiro emprestado de sua mãe e padrasto; 4) os proventos da venda ou de hipotecas de suas propriedades e de parte das propriedades de César que ele conseguira assumir; e 5) uma quarta parte do patrimônio de César que o ditador deixara para os primos de Otaviano. Nada mau, mas não competia com os fundos que Antônio obteria mais tarde no Leste.

Otaviano era um jovem político hábil em formação, em posse de perspectivas abundantes e atraentes. Enfrentaria possibilidades sinistras ou supremas, caso não conseguisse dominar a situação. Mas dominou. Otaviano era não apenas um romano, era um César. Antônio uma vez desconsiderou-o como um rapaz que devia tudo ao seu nome,[5] mas Antônio não levara em conta um aspecto. No que dizia respeito a Otaviano, o que importava não era o nome, mas a herança que representava.

Otaviano era motivado por um senso de honra, o que tinha boa repercussão em meio ao público romano, que dava muita importância à reputação de uma pessoa. No Fórum, em novembro de 44 a.C., oito meses após o assassinato de César, ele fez um discurso enquanto estendia a mão direita em direção a uma estátua de Júlio César e jurava esperar alcançar todos os cargos e honrarias de seu pai adotivo. Não era pouco para um jovem de dezenove anos aspirar alcançar o status do primeiro ditador vitalício de Roma.

Por volta da mesma época, o jovem Otaviano foi bem-sucedido em convencer duas legiões romanas veteranas a abandonar Antônio e aderir a ele. Agentes de Otaviano misturaram-se aos soldados e exploraram a raiva deles pela avareza e disciplina dura de Antônio. Era uma lição sobre como obter poderio militar usando poder político, e esse era um talento que Otaviano aprimoraria à perfeição nos anos seguintes. Era também uma demonstração da falta de interesse de Otaviano pelas tradições republicanas. Ele não tinha autoridade legal para reunir tropas. O seu exército era, na realidade, particular.

Contudo, isso não impediu que o último leão do Senado romano, Cícero, apoiasse Otaviano. O grande estadista e orador havia abominado a ditadura de César e apoiara seus assassinos. Cícero tinha poucas razões para confiar no herdeiro de César. Mas Otaviano apelou tanto ao ódio de Cícero por Antônio, seu inimigo pessoal e político, quanto à vaidade do velho homem. Com o endosso de Cícero, o Senado empoderou Otaviano e seu exército privado para se unirem aos dois cônsules numa guerra contra Antônio.

Em abril de 43 a.C. os dois lados travaram duas batalhas nos arredores da cidade de Mutina (atual Modena), no norte da Itália. Foi o primeiro teste de fogo para Otaviano, e Antônio alardeou que seu muito jovem adversário havia fracassado e se acovardara. Apesar de não ser um guerreiro nato, Otaviano era dotado de coragem. Na segunda batalha em 43 a.C., por exemplo, pegou o estandarte da águia da sua legião quando o porta-estandarte (*aquilifer*) foi ferido. Nas guerras, como em tudo mais, Otaviano demonstrava autocontrole, incluindo até moderação no beber, mesmo na companhia desordeira de soldados.[6]

Coincidentemente, os dois cônsules morreram logo após terem sido feridos nessas batalhas. Otaviano, agora, tornava-se comandante dos exércitos do Senado. Não surpreendia que suspeitas de ter envenenado os cônsules tivessem recaído sobre ele.[7]

Antônio retirou-se com seus soldados sobreviventes em boas condições e cruzou os Alpes até a Gália, onde granjeara amplo apoio entre os comandantes romanos. A essa altura, Otaviano decidiu mudar de lado, retirando seu apoio a Cícero e ao Senado tão rapidamente quanto o concedera um ano antes.

Otaviano concluiu que o Senado preparava-se para se voltar contra ele, agora que havia derrotado Antônio e o obrigara a ir para o norte e cruzar os Alpes. Afinal, o Senado havia preferido apoiar os assassinos de César. Por sua vez, Antônio fez uma aliança na Gália com Marco Lépido, outro antigo general de César. Isso deu-lhe o controle de cerca de vinte legiões — mais ou menos o que Otaviano tinha. Sabendo que Marco Bruto e Caio, dois dos assassinos de César, estavam montando um exército no Leste para combater os partidários de César, Antônio e Otaviano concluíram que era melhor os dois juntarem forças.

No outono de 43, concordaram em governar Roma juntos, ao lado de Lépido, e dividir o controle de legiões e províncias. O governo deles ficou conhecido como o Triunvirato. Foi aprovada uma lei em Roma para instituí-lo formalmente por cinco anos, em 27 de novembro de 43 a.C. Roma ainda tinha um Senado e vários outros instrumentos de governo, mas, na prática, o Triunvirato é que governava.

Bruto e Cássio tramavam reconquistar Roma e restaurar a velha República, governada pelo Senado e pela tradicional nobreza. Lutar contra eles custaria dinheiro, que o Triunvirato planejava recolher por meio de impostos, bem como pela extorsão. Eles publicaram listas de opositores políticos e inimigos pessoais — homens cujas propriedades deveriam ser confiscadas e cujas vidas seriam tomadas; todos tiveram a cabeça colocada a prêmio. Em sua maioria, eram apoiadores da República. Muitos fugiram, mas, no final, morreram mais de dois mil dos romanos mais ricos: trezentos senadores e dois mil equestres, ou Cavaleiros Romanos, a ordem logo abaixo dos senadores em riqueza e prestígio. Como as listas eram chamadas de notas públicas escritas, ou *proscriptiones* em latim, esses ataques ficaram conhecidos como as proscrições. Elas duraram cerca de um ano e meio. Cícero foi a baixa mais famosa. Antônio queria seu arqui-inimigo morto. Otaviano disse mais tarde que tentara salvar Cícero, mas, se foi o caso, não deve ter tentado com muito empenho.

Durante o Primeiro Triunvirato, os romanos que queriam sobreviver elevaram a prática de precaução a uma forma de arte. Era prudente fazer múltiplas contribuições a políticos rivais, ser amigo de todos e manter ambiguidade cautelosa quanto às próprias opiniões. Alguns se afastaram da vida pública; uns poucos tinham recursos e talento para se dedicarem a escrever. Às vezes, é claro, princípios ou ambição exigiam ousadia, e a pessoa tomava uma posição, mas não necessariamente por muito tempo.

Raramente na história houve tantos poderosos mudando de lado com muita frequência — e por tão boas razões. Havia três triúnviros, mas apenas Antônio e Otaviano importavam. Todo dia, a balança pendia para um dos dois lados; hoje era um que estava por cima; no dia seguinte, o outro. Marco Lépido nunca teve o poder ou a ambição dos dois. Um "homem fraco, sem méritos", assim Shakespeare faz o personagem Antônio se referir a Lépido, e a história parece confirmar isso.[8] Otaviano acabou exonerando-o e enviou-o a um "exílio interno" no sul de Roma, pelo resto de sua vida.

A Roma triunviral foi uma época de traidores e vira-casacas, desertores e agentes duplos. A maioria dos principais atores trocava de lealdade em algum momento, com frequência mais de uma vez. Era raro encontrar uma pessoa como Marco Agripa, que, ao longo de sua carreira, permaneceu fiel a um líder: Otaviano. Ou como Caio Asínio Polião, general, estadista e historiador, que recusou a oferta de Otaviano de trair Antônio e se aliar a ele.[9] Poucos outros romanos estiveram à altura da obstinação de Polião, ou do seu sucesso como sobrevivente, como preferirem.

Filipos

O confronto com Bruto e Cássio ocorreu em 42 a.C., nos arredores da cidade de Filipos, no norte da Grécia, ao longo de uma grande estrada romana, a Via Egnácia. Antônio e Otaviano comandavam juntos. Filipos teve muitos dos elementos das grandes batalhas da época. Foi uma guerra civil romana. Leste e Oeste confrontaram-se. Foi uma batalha terrestre, mas também seria moldada pelo poderio naval. Um dos lados em Filipos era rico em dinheiro e suprimentos; o outro, rico em iniciativa.

Porém, o que tornou Filipos única foi uma causa. Todo exército nas guerras civis afirmava estar lutando em nome da República, mas, com Bruto no comando, o exército do Leste, em Filipos, talvez tenha falado sério. Bruto não era só um político, mas um orador e filósofo que levava seus princípios a sério.

À medida que o grande confronto se aproximava, Bruto escreveu com coragem e aceitação a Tito Pompônio Ático, um amigo próximo de Cícero e observador perspicaz da política. Ou eles libertariam o povo romano, escreveu Bruto, ou morreriam e seriam libertos da escravidão.[10] Tudo estava seguro e protegido, ele acrescentou, exceto o desfecho.

Antes de Filipos, Bruto e Cássio pagavam seus soldados com uma moeda que celebrava o assassinato.[11] O anverso (cara) retrata Bruto ou talvez um ancestral; o reverso (coroa) mostra duas adagas, como as usadas para matar César, assim como o "boné da liberdade" usado por ex-escravos. A legenda diz "Idos de Março". O simbolismo é claro: o assassinato de César libertou Roma. Rara e de alto valor, é talvez a moeda mais famosa do mundo antigo. A maioria das peças que sobreviveram é de prata. Uma das poucas versões em ouro foi vendida em 2020, por 4,2 milhões de dólares, batendo um recorde como a moeda antiga de maior valor já vendida.[12]

A causa de Bruto — e a de Cássio, e demais homens que haviam matado César — não era isenta de manchas. Autodenominavam-se Libertadores, mas eram oligarcas. Apesar de terem assassinado César em nome da liberdade, referiam-se à liberdade de umas quantas famílias da elite para manter as rédeas do poder sobre cinquenta milhões de pessoas. César podia ter sido um ditador, mas era também um defensor das causas populares, que escolhia gente comum italiana e elites das províncias conquistadas como seus conselheiros mais próximos. César pouco ligava para eleições ou precedentes constitucionais. Passou por cima das instituições da República Romana, mas tais instituições entronizavam uma classe dominante de visão estreita. O futuro demandava mudanças, e César sabia disso. Mas era incapaz de adentrá-lo sem arrogância, violência e ares ditatoriais. O resultado foi uma guerra civil. A decisão de matar César era egoísta e míope, mas não desprovida de idealismo. Em certo sentido, Bruto realmente era o mais nobre dos romanos, como proclama o Antônio de Shakespeare.[13]

As chances eram boas para Bruto e Cássio em Filipos. Eram fortes numericamente e desfrutavam de excelente posição em terreno elevado de ambos os lados da estrada romana. Montanhas protegiam seu flanco norte, e um pântano protegia seu flanco sul. Tinham em Cássio um comandante muito bom, com Bruto ao lado dele. Controlavam o mar e estacionariam sua frota perto dali, numa ilha de onde vinham suprimentos até um porto não muito distante de seu acampamento. Ao contrário, Otaviano e Antônio tiveram dificuldades para despachar seus soldados pelo Adriático. Uma pausa bem-vinda veio, cortesia de Cleópatra.

Ela retornara ao Egito em 44 a.C. Teve que enfrentar ali o poder crescente no Leste dos homens que haviam matado César. Apesar da pressão de Cássio e suas forças, a rainha egípcia conseguiu evitar de dar-lhe a ajuda financeira que queria. Desconfiava dele por ser um dos assassinos de César e por ser alguém que considerava apoiar as reivindicações de Arsínoe, a irmã exilada de Cleópatra ao trono do Egito. Enquanto Antônio e Otaviano marchavam para Filipos, Cleópatra juntou uma pequena frota e velejou para ir ajudá-lo. A frota sofreu danos numa tempestade, Cleópatra adoeceu — talvez mareada — e precisou voltar ao Egito. Todavia, a frota ajudou Otaviano e Antônio, pois afastara os navios republicanos da Itália, com isso dando aos dois homens a oportunidade de transportar alguns de seus soldados em segurança na travessia do Adriático. Cleópatra fez planos de reunir uma nova frota, mas foi sobrepujada pelos eventos.

Assim que Antônio e Otaviano chegaram a Filipos, sofreram com a escassez de comida. Tinham trinta e duas legiões, muitas delas veteranas, mas estavam sob forte pressão, ao passo que Bruto e Cássio, bem abastecidos, podiam aguardar enquanto o inimigo passava fome. Bruto e Cássio recebiam provisões de sua base naval próxima. Para anular essa vantagem, Antônio demonstrou audácia e desenvoltura. Começou a construir uma passarela pelo pântano, guardada por fortificações, a fim de flanquear o inimigo e ameaçar sua rota de suprimentos. De início, Antônio usou os caniços altos do pântano para ocultar seu projeto, mas uma hora o segredo foi descoberto, e Cássio começou a construir um muro para neutralizar o projeto de Antônio. Por volta de 3 de outubro, Antônio atacou o muro de Cássio e invadiu seu acampamento, iniciando uma grande batalha. Enquanto isso, em outra parte do campo,

Bruto foi vitorioso e tomou o acampamento de Otaviano. Este, ao que parece, estava ausente e, felizmente para ele, escapou. Mais tarde, acusado de covardia, Otaviano explicou que estava doente naquele momento e que uma visão o alertara do perigo, o que lhe permitiu sair antes que fosse tarde demais. A doença é algo plausível, pois Otaviano enfrentava recorrentes problemas de saúde.

Infelizmente, Cássio interpretou mal aquela cena confusa e pensou que Bruto havia sido derrotado; então, suicidou-se. A morte de Cássio transformou a batalha, que estava empatada, em um desastre estratégico, pois Bruto não tinha traquejo operacional suficiente. Bruto não confiava na lealdade dos homens de Cássio e sofreu pelo menos uma deserção entre seus aliados do Leste. O general que representava o reino da Galácia na Ásia Menor central (atual Turquia) bandeou para o lado de Antônio. O soberano desse general era Deiótaro, o idoso rei da Galácia, que já havia mudado de lado antes duas vezes, nas guerras civis romanas. Cabe supor se, com sua rudeza usual, Deiótaro teria ordenado que seu comandante tomasse o lado do provável vencedor em Filipos.

Bruto deixou-se levar por um engano letal. Poderia ter feito Antônio e Otaviano morrerem de fome enquanto revitalizava suas forças navais. Em vez disso, cerca de três semanas após a primeira batalha, em 23 de outubro, Bruto lançou um ataque imprudente e foi derrotado. Em seguida, suicidou-se também. Recuperado de sua doença, Otaviano emitiu o comando sanguinário de decapitar Bruto e enviar sua cabeça a Roma para ser colocada aos pés da estátua de Júlio César como vingança.

Antônio foi o arquiteto da vitória em Filipos — um sucesso total e decisivo. Quando ele e Otaviano dividiram o império, não foi nenhuma surpresa Antônio ter ficado com a parte mais rica. Abocanhou o Leste e montou sua base em Atenas, enquanto Otaviano governava o Oeste a partir de Roma. Porém, a Gália continuou nas mãos de Antônio. Lépido, o menos poderoso dos três triúnviros, ficou apenas com a África romana (*grosso modo*, a atual Tunísia).

Certamente parecia que Antônio tinha feito o melhor negócio. Com sua agricultura, artesanato, comércio e cidades, o Leste oferecia uma base de impostos incomparável. No entanto, boa parte do Leste fora conquistada por Roma apenas recentemente, o que deixava Antônio com vários desafios diplomáticos e administrativos — mas também com a oportunidade de extrair "presentes" das autoridades locais em troca de seu apoio. Havia ainda a oportunidade de concluir o legado de César e conquistar glórias militares e poder político ao travar a guerra contra a Pártia. Além de tudo isso, como mencionado, Antônio ainda mantinha uma base a oeste, na Gália.

Assentado no Oeste, Otaviano tinha fundos limitados. Porém, sua posição na Itália permitia-lhe manter uma mão forte na política romana. Além disso, contava com um ativo de valor incomparável: a mão de obra italiana. Os generais romanos preferiam enormemente recrutar legionários na Itália. O controle da Itália deixava Otaviano em posição de barganhar. Podia oferecer legionários em troca de riquezas — ou das armas que a riqueza podia comprar, especialmente navios. Porém, primeiramente, Otaviano precisava controlar a situação na Itália, que fervilhava de veteranos com ânsia de obter terras.

O que havia pela frente testaria as habilidades do mais astuto veterano político. Otaviano precisaria estar à altura do desafio, tendo apenas vinte e dois anos.

CAPÍTULO 2

O COMANDANTE E A RAINHA
Éfeso-Tarso-Alexandria-Perúsia, 42 a 40 a.C.

Depois de Filipos, Antônio foi para o sul, a Atenas, onde passou o inverno de 42-41 a.C. Na primavera, atravessou o mar Egeu até Éfeso (na atual Turquia ocidental), um grande porto e centro religioso. Vinha com duas legiões. Suas metas eram instalar seus seguidores no poder, levantar dinheiro e obter apoio para a campanha militar que tinha em mente. César, antes de ser assassinado, planejara travar guerra contra os partas. Antônio queria retomar esse conflito. A vitória lhe daria recursos materiais e prestígio para dominar a política romana. Mas a guerra exigia planejamento cuidadoso, preparação e fundos, e isso levaria tempo.

Antônio começou a percorrer as cidades ricas do Leste. Colocou gente leal a ele no poder e puniu aqueles que haviam feito acordos com Bruto e Cássio, exigindo que pagassem dez anos de impostos atrasados em apenas dois. Continuando a leste, convenientemente fez negócios de Estado na Ásia Central. Em um reino, o da Capadócia, teve um romance com uma cortesã real, Glafira, pelo menos de acordo com os versos que Otaviano escreveu mais tarde.[1] Glafira já tinha um filho de seu companheiro régio, e, com a morte do homem, Antônio nomeou o garoto rei.

Antônio dava atenção à sua imagem pública, pecadilhos à parte. É provável que já cultivasse a reputação de novo Dionísio quando o povo de Éfeso saudou-o com esse título em sua entrada na cidade. Dionísio era um deus favorito de reis e conquistadores nos últimos séculos antes de Cristo, e por boas razões. Embora hoje Dionísio seja associado a álcool e a farras, para os gregos era o deus não apenas do vinho, mas também da liberação e da conquista. Segundo o mito, Dionísio conquistara a Ásia, e considerava-se que Alexandre, o Grande, seguira os passos do deus ao invadir o Império Persa. Mais recentemente, um inimigo de Roma, o rei Mitrídates VI do reino do Ponto (que governou de 120 a 63 a.C.), identificava-se com Dionísio. E também o rei Ptolomeu XII do Egito (que reinou de cerca de 80 a 51 a.C.), igualmente conhecido como Auletes — isto é, "Flautista" —, aparentemente assim chamado por seus desempenhos em festivais. Era amigo de Roma e pai de Cleópatra.

Dionísio configurava-se distintamente como um deus do Leste. A tradicional sobriedade romana encarava com desdém seus ritos desenfreados e seus adoradores exaltados, se bem que, mesmo em Roma, o deus tivesse seus seguidores. Entre eles, Cneu Pompeu (Cneu Pompeu Magno, isto é, "Pompeu, o Grande"), que modelou sua vitória na África, em 79 a.C., no mítico triunfo indiano de Dionísio.[2] Consta que Júlio César teria erguido um santuário a Dionísio em sua *villa* do outro lado do rio Tibre, em Roma. Numa conexão reveladora com o Oriente, Antônio também se associava a Hércules, o semideus frequentemente vinculado a Alexandre, o Grande.

Tarso

Da Capadócia, Antônio foi para o sul até o litoral mediterrâneo da Ásia Menor. Montou seu quartel-general em Tarso, antigo porto na rota da Síria até o mar Euxino (Negro). Foi a Tarso que ele convocou Cleópatra. O Egito era um país rico, e poderia oferecer o dinheiro e o material de apoio necessários para uma guerra contra os partas. Além disso, Antônio queria que Cleópatra prestasse contas do suposto apoio que dera à causa de Bruto e Cássio na campanha de Filipos; na realidade, ela era inocente. A rainha veio, mas não se apressou. Quando chegou a Tarso, Cleópatra fez uma das entradas mais memoráveis da história.

Lá, passou de uma embarcação marítima para uma balsa fluvial, a fim de avançar a remo pelo rio a cidade. Os Ptolomeus tinham a tradição de viajar em esplêndidas balsas reais. A descrição de Shakespeare em *Antônio e Cleópatra* é insuperável:

O baixel em que ela vinha sentada, qual trono polido
Fazia arder sobre as águas a popa de ouro folhada;
E tal era o perfume das púrpuras velas, que ventos
Morriam de amores por elas; e remos de prata,
Ao som de flautas, o ritmo batiam. E as águas,
Por eles tocadas, lépidas os perseguiam,
Como se a seu toque mais amorosas ficassem.
Quanto a ela, apequenava qualquer descrição:
Deitada sob o tecido ornado de ouro de um pavilhão,
Superava a imagem de uma Vênus, na qual vemos
A fantasia transcender a natureza; e ao lado dela
Lindos meninos com covinhas, sorridentes cupidos,
Ondeavam leques multicores, cuja brisa parecia
Encher de luz as doces faces que abanavam.
E quanto mais a brisa abrandava seu calor,
Mais as faces, por se opor, sua luz irradiavam.[3]

Por sua vez, Shakespeare seguia o relato de Plutarco em *Antônio*, que comparou Cleópatra a Afrodite num quadro com vários Erotes, ou Cupidos, em pé de ambos os lados dela abanando-a, enquanto suas serviçais, trajadas como divindades do mar, ou as Três Graças, manejavam os lemes e as cordas.[4]

Era um espetáculo, e Cleópatra sabia disso, mas a exibição não era meramente teatral. Segundo Plutarco, o povo de Tarso abandonou Antônio em sua tribuna no Fórum e correu para ver a chegada da balsa de Cleópatra. Plutarco acrescenta que um boato se espalhou: "Afrodite veio para festejar com Dionísio pelo bem da Ásia".[5]

Cleópatra identificava-se com Afrodite — a Vênus romana —, a deusa do amor, assim como com Ísis, a divindade feminina suprema do Egito e uma deusa-mãe popular no Mediterrâneo. Os súditos egípcios de Cleópatra tratavam-na como uma encarnação terrena de Ísis. Os egípcios consideravam o deus Osíris o equivalente de Dionísio, tendo Ísis como sua consorte.

Com aquela sua magnífica entrada em Tarso, Cleópatra dizia a Antônio: "A propaganda multiplica a força, meu caro general. Junte-se a mim no papel de meu consorte, Osíris-Dionísio, e os dois conseguiremos grandes coisas". Ela então recusou o convite de Antônio para um jantar e insistiu que fosse ele a vir até ela.[6] Ou é o que reza a lenda; era adequado aos dois atores manter o magnífico símbolo da balsa no centro do palco.

Antônio certamente havia se encontrado antes com a rainha, tanto ao visitar o Egito em 55 a.C., como em uma das estadas dela em Roma, entre 46 e 44 a.C. Mesmo assim, ficou impressionado.

Cleópatra fora aprovada em sua encenação. Antônio seguiu Cleópatra de volta a Alexandria para passar o inverno. Antes de saírem de Tarso, a problemática irmã da rainha havia sido assassinada no Templo de Ártemis, em Éfeso, onde vivia em exílio; é controverso se foi morta a mando de Cleópatra ou de Antônio.[7] Seja como for, Antônio e Cleópatra tornaram-se amantes e parceiros estratégicos. O resultado, que iria abalar o mundo mediterrâneo, foi um tributo ao gênio estratégico de uma mulher.

Cleópatra

Cleópatra podia cavalgar e caçar; sabia como dignificar um trono ou como percorrer à noite as partes mais pobres da cidade; organizar um festival de pesca ou montar uma frota de batalha. Podia encantar um general ou confundir um filósofo, e no mínimo em sete línguas. Era capaz de preparar poções venenosas como um alquimista ou conceder isenções de impostos como um político hábil. Defendia seus filhos como uma leoa e cultuava a memória de seu falecido pai. Era a deusa do amor e a deusa da maternidade aos olhos de milhões, e era tanto a vingadora como a salvadora para outros milhões. Reclinava-se ao lado de um amante em banquetes no palácio e sentia a brisa noturna do rio num cruzeiro pelo Nilo ao lado de outro. Uma hora em sua presença bastaria para um homem sonhar com cidades e reinos. Generais, homens de Estado e escravos rebeldes haviam falhado em seu intento de derrotar Roma, mas ela chegara mais perto disso que eles. Sua estátua continuaria em pé no Egito por muito tempo após sua morte, mas também seria erguida em Roma. Cleópatra fascinava mesmo aqueles que a temiam, e ainda prende nossa atenção.[8]

Agora com vinte e oito anos, ela vinha reivindicando o trono do Egito desde seus dezoito, em 51 a.C., e governou de modo contínuo exceto por um período de cerca de um ano de exílio forçado, quando seu irmão e corregente, Ptolomeu XIII, junto com a irmã deles, a expulsaram. No entanto, Cleópatra logo virou o jogo: reuniu um exército que derrotou o irmão dela numa batalha naval na qual ele se afogou; sabemos o que aconteceu com a irmã dela, Arsínoe. Ela é suspeita de ter tramado o envenenamento de outro irmão com o qual teve que dividir brevemente o trono. Isso deixou a insidiosa rainha tendo que dividir o trono com seu filho, uma criança pequena, o que significou que, na verdade, governou sozinha.

Cleópatra vinha de uma das famílias mais prestigiosas do mundo antigo. Os Ptolomeus descendiam de um dos marechais de Alexandre e haviam governado o Egito por trezentos anos. Suas fileiras incluíam várias mulheres poderosas, das quais Cleópatra foi a maior. Nos séculos que governaram, os Ptolomeus foram os piores e os melhores reis. Eram ambiciosos, brutais, dotados de uma volúpia incestuosa, cujas cortes ostentavam o luxo de sua riqueza como um símbolo do poder. Entre os Ptolomeus, houve reis gorduchos, beberrões e mulherengos, servidos por eunucos. No entanto, os Ptolomeus eram políticos astutos, administradores cuidadosos e estrategistas ousados. Eram construtores e visionários. Os Ptolomeus destacaram-se numa das eras mais criativas nos anais da cultura da antiga Grécia. A dinastia construiu a capital cujo próprio nome exala magia. Seu farol era considerado uma das Sete Maravilhas do Mundo, sua biblioteca foi inigualável e seus prazeres, invejados. Revestida de mármores, multicultural, fervilhante e resplandecente, Alexandria era a maior metrópole do Mediterrâneo, superando de longe em grandiosidade, se não em população, uma Roma ainda provinciana.

Os romanos haviam conquistado um império sem construir uma capital imperial. Acabariam corrigindo essa deficiência, graças em boa medida à influência de Alexandria, mas no tempo de vida de Cleópatra ainda não haviam feito de Roma uma cidade esplêndida. A floresta de mármore, que, mesmo em ruínas, ainda impressiona quem visita Roma hoje, não existia em 41 a.C., embora o poder militar romano e o alcance diplomático estivessem no auge. E também uma combinação de arrogância, ambição e medo, que, junto com um sistema político que valorizava a expansão imperial, tornava difícil para os romanos resistir ao impulso de fazer novas conquistas.

Embora Roma tivesse mantido o Egito independente, seus comandantes vinham se intrometendo na vida do país havia mais de um século, extraindo sem piedade os recursos financeiros do Egito e humilhando com prazer seus governantes. Mas o Senado não tolerava que um romano desfrutasse individualmente do prestígio de conquistar uma província nova e rica, do jeito que César fizera ao triunfar na Gália. E o Egito era o país mais rico no Mediterrâneo. Os senadores preferiam que o Egito ficasse nominalmente livre, mas servindo, na prática, como uma conta bancária romana. O Egito estava bem distante da grandeza de outrora.

Quem era Cleópatra?

Ninguém consegue escrever a respeito de Cleópatra com facilidade. As fontes literárias são escassas e esparsas, e a maioria reflete uma tradição hostil que se firmou depois que Otaviano se tornou o imperador Augusto. As evidências nas artes e na arqueologia são copiosas e intrigantes, mas tão claras quanto uma esfinge. De Cleópatra pode-se dizer que, como quase para qualquer figura histórica, a história real nunca chegou aos livros de história.

Por exemplo, qual seria a aparência de Cleópatra? Shakespeare imaginou-a como alguém que Antônio jamais poderia deixar porque "A idade não consegue murchá-la, nem o hábito tirar o viço de sua infinita variedade".[9] Mas qual era de fato sua aparência?

Se ao menos pudéssemos saber. Não temos os ossos dela para analisar. No entanto, o que temos são imagens, cuidadosamente cultivadas ou por Cleópatra, para colocá-la sob uma luz favorável, ou por seus inimigos, para fazer o oposto. Apresentava-se ora como grega, ora como egípcia, ora como uma beldade feminina, ora quase como uma mulher masculinizada, dependendo da plateia e do propósito. Se Cleópatra tivesse sido bem-sucedida, iríamos compará-la a uma grande estrategista, como a rainha Elizabeth I da Inglaterra, ou a uma construtora de império, como Catarina II, a Grande, da Rússia. Em vez disso, nossa Cleópatra é sexy, quando deveríamos ressaltar-lhe a majestade.

Fontes literárias, quando não são abertamente hostis, deixam claro que a combinação da voz, aparência e temperamento de Cleópatra mostrava-se encantadora.[10] Divergem, porém, a respeito de se era incomparavelmente bela ou apenas bem-apessoada. Ao que parece, era pequena o suficiente para que um homem pudesse carregá-la nos braços de um barco até o quarto de um palácio. Era robusta e saudável o suficiente para dar à luz quatro filhos.

Moedas oferecem um conjunto de imagens intrigante, mas inconsistente. Cleópatra mandou cunhar moedas de bronze e prata ao longo de seus vinte e um anos de reinado. As dos primeiros doze anos mais ou menos (51 a 38 a.C.) mostram o perfil de uma mulher jovem e com uma aparência impactante. Tem as maçãs do rosto altas, um nariz longo e avantajado e um queixo proeminente. Seu pescoço está visível acima do contorno de um vestido; numa das moedas desse período, uma gargantilha pode ser vista, assim como as dobras de seu vestido.[11] O cabelo de Cleópatra é exuberante e recolhido atrás num coque. É cuidadosamente penteado no estilo "melão", com tranças apertadas divididas em seções, como a casca de um melão. Usa um largo diadema — uma tiara que denotava realeza nas monarquias gregas antigas. Em algumas moedas, exibe dobras de gordura no pescoço, os chamados anéis de Vênus, um detalhe tradicional nos retratos de rainhas ptolomaicas, e que talvez falem mais da reivindicação de Cleópatra de uma ancestralidade distinta do que de sua real aparência.[12] Essa Cleópatra é geralmente atraente, mas, e isso destaca-se mais, é imponente.[13] Afinal, é uma rainha, e o reverso da moeda ilustra uma águia, por séculos o símbolo da sua dinastia.[14]

Uma imagem diferente emerge das moedas emitidas durante a segunda metade do reinado de Cleópatra (37 a 30 a.C.). Foram os anos com Antônio, e as moedas, adequadamente, mostram o rosto dele no verso. Essas moedas tinham o intuito de projetar o poder da rainha. Em comparação com a imagem das cunhagens anteriores, essa Cleópatra parece imponente, rígida e mais velha.[15] Ela tem o pescoço grosso, com um incongruente pomo de Adão, e veste uma capa normalmente usada apenas por homens. Esse retrato de Cleópatra encontra correspondência com a imagem igualmente imponente de Antônio no reverso. Uma inscrição a nomeia como "*Cleopatra Thea* [Cleópatra Deusa]", associando-a a uma ancestral que governou o Egito e a Síria.[16] Antônio é chamado de "*Imperator* [Vitorioso General] pela Terceira Vez e Triúnviro". Em suma, as moedas representam caricaturas do poder: uma mulher máscula (Cleópatra) e um colosso de homem (Antônio), em vez de um retrato preciso de ambos.

Cerca de uma dúzia de esculturas ou entalhes no estilo greco-romano tem similaridade com a atraente, embora angulosa, Cleópatra das primeiras moedas. Apenas uma ou duas são geralmente aceitas pela maioria dos estudiosos como retratando de fato Cleópatra, enquanto as demais geram divergências. Uma pintura mural em Pompeia, na Itália, retratando uma rainha e um bebê, pode muito bem ser Cleópatra com seu filho Cesarião, e talvez pode ser baseada no busto mais geralmente aceito dela.

Há também cerca de meia dúzia de estátuas de uma mulher da realeza em estilo egípcio que alguns identificam como Cleópatra. A mulher dessas estátuas veste uma elaborada peruca e uma faixa estilizada de serpente, símbolo de soberania e autoridade divina. Os traços faciais são os das imagens genéricas da realeza egípcia. Um relevo mural de um templo egípcio mostra Cleópatra e Cesarião fazendo oferendas aos deuses. Esses retratos estilizados parecem um pouco deslocados do passado faraônico e não fornecem informações a respeito da aparência real de Cleópatra.

O que nos resta é a opinião de algum erudito em imagens. Talvez não tenha passado pela mente de Cleópatra que ela nos manteria tentando adivinhar como era de fato.

Pelo lado do pai, Cleópatra era pelo menos em parte de descendência macedônia. Nenhuma das avós de Cleópatra é conhecida. Sua avó paterna provavelmente não era membro da dinastia ptolemaica, pois os filhos dela foram considerados ilegítimos. Talvez fosse egípcia, macedônia ou de alguma de várias outras nacionalidades. A avó e o avô maternos de Cleópatra também são desconhecidos. Os ancestrais dela incluem pelo menos uma mulher em parte persa. Há boas razões para pensar que a mãe de Cleópatra era meio egípcia.[17] Essa mulher, em todo caso desconhecida, parece ter sido proveniente de uma destacada família de sacerdotes egípcios que haviam se casado com Ptolomeus. Isso talvez ajude a explicar por que Cleópatra era a única dos governantes Ptolemaicos que falava egípcio. Assim, embora a certeza nos escape, é razoável concluir que Cleópatra era de etnia mista e talvez de raça mista também.

Qualquer que fosse a etnia de Cleópatra, a propaganda de Otaviano tratava-a de maneira intolerante. Ao se referir à rainha, ele desfiava os diversos estereótipos greco-romanos sobre a decadência oriental: eunucos, sofás dourados, bebedeiras, loucura e efeminação.[18] Acusou-a de corromper Antônio, que teria adotado costumes estranhos, bárbaros e efeminados, como vestir roupas de cor púrpura, usar uma espada persa curta em vez do bom *gladius* romano e até dormir sob uma rede de mosquiteiro.[19] Otaviano chamava-a de egípcia, omitindo convenientemente que descendia de um dos marechais macedônios de Alexandre, o Grande.[20]

Cleópatra certamente foi vítima de um forte desvio machista. Otaviano e seus propagandistas acusavam-na de desvirtuar a virilidade de Antônio. Ela o escravizara,[21] enfeitiçara,[22] suavizara,[23] corrompera com paixões sensuais[24] e, com costumes estrangeiros,[25] colocara-o contra sua terra natal e seus amigos,[26] desonrara sua marinha com a presença feminina dela no mundo masculino da guerra,[27] dava ordens aos soldados dele[28] e convencera-o a render o Império Romano a ela.[29]

Os egípcios, no entanto, viam-na como uma grande rainha. Intolerâncias à parte, as fontes greco-romanas mostram que Cleópatra era uma administradora hábil e uma política de talento e bravura. Essa tradição sobrevive na obra de historiadores árabes medievais, cuja opinião a respeito dela é inteiramente positiva.[30] Eles também a admiram como patrona da ciência, que deu contribuições pessoais ao conhecimento: a "Virtuosa Estudiosa" é como resumem a rainha. Afirmam que se interessava por remédios, cosméticos e pela ciência das medições, e que teria escrito sobre esses três assuntos. Fontes gregas certamente destacam o interesse de Cleópatra por drogas e venenos. Uma tradição grega registra também que amava a aprendizagem e a literatura.[31]

Não há como precisar o grau de fluência de Cleópatra nas sete línguas (no mínimo) que alegadamente falava, além de seu grego nativo, incluindo árabe, hebraico, siríaco e persa.[32] Embora o latim não seja mencionado, uma linguista do talento de Cleópatra certamente teria aprendido latim, dado todo o tempo que passou em Roma e com os romanos.

Dominando a desordem do novo mundo

Qualquer um que desejasse sobreviver no trono do Egito precisaria aprender sobre a política romana. Cleópatra iniciara sua educação ainda adolescente com o pai dela, o rei Ptolomeu XII. Ele assegurara sua permanência no trono por meio de um apoio obsequioso a Roma. O Egito tornou-se praticamente um Estado cliente, o que tornou o rei tão impopular em Alexandria que ele precisou passar três anos no exílio em Roma. Depois de se sentar aos pés do pai, Cleópatra fez estudos avançados com o homem mais poderoso do mundo: Júlio César, seu aliado e amante.

César foi ao Egito em 48 a.C., enquanto travava uma guerra civil. Queria dinheiro para financiar seu exército. O rei no poder era o irmão de Cleópatra, Ptolomeu XIII. Ele recusou o pedido de César, mas Cleópatra, que Ptolomeu XIII obrigara a abrir mão do trono, ofereceu de bom grado pagar, em troca do apoio de César à sua pretensão ao poder.

Ela foi contrabandeada para dentro do palácio, segundo relata uma história, enrolada em mantas, que foram então desenroladas diante de César. Isso certamente deve ter sido marcante, mas, mais que o espetáculo, houve sólidas razões políticas que levaram César a preferir Cleópatra a Ptolomeu XIII. Em outras palavras, ela era mais fraca. O irmão dela tinha forte apoio popular em Alexandria; Cleópatra precisava de Roma. Depois, ela também ofereceu dinheiro. Ela daria uma cliente leal como governante do Egito.

Além disso, havia mais que certa química entre o general conquistador e a rainha. Não era apenas a diferença de idade entre seus cinquenta e dois anos e os vinte e um dela, ou o glamour da dinastia de Cleópatra e seu vínculo com Alexandre. César e Cleópatra eram dois dos indivíduos mais brilhantes de sua época. Deve-se suspeitar que essa talvez fosse a coisa mais rara: o casamento de mentes exuberantes. Um mês após o encontro deles, Cleópatra estava grávida.

César trouxera com ele poucos soldados, e os romanos sofreram muita pressão nos combates urbanos em Alexandria. Graças ao talento militar e político dele, assim como a aliados da Judeia e da Arábia, César sobreviveu e saiu vitorioso. Ptolomeu XIII morreu em combate, deixando Cleópatra como rainha.

Quando César e Cleópatra estavam juntos, as festas costumavam se estender até o dia raiar. Faziam cruzeiros pelo Nilo na balsa oficial dela. Acompanhados por mais de quatrocentos navios e grande contingente de soldados, seguiam para o sul quase o caminho todo até a fronteira meridional do Egito, passando por templos majestosos e por uma flora e fauna exóticas. O propósito da jornada era tanto político, para demonstrar a musculatura do governo de Cleópatra, como para apreciar belas vistas e desfrutar do romance.

No verão de 47 a.C., depois que César partiu do Egito, Cleópatra deu à luz Cesarião. Não era possível provar que César fosse o pai do bebê, mas não há boas razões para duvidar disso. César permitiu que Cleópatra desse o nome dele ao filho.[33] E deu as boas-vindas a Cleópatra em Roma, instalando-a na *villa* dele do outro lado do Tibre e erguendo uma estátua a ela no novo Templo de Vênus Genetrix — Vênus, a Mãe Ancestral —, que era o destaque do novo Fórum Juliano, ou Fórum de César, que ele construiu no coração de Roma. Ele celebrou Vênus como sua suposta ancestral, fundadora da linhagem Juliana e vínculo pessoal dele com a divindade. Há razão para pensar que a estátua mostrava Cleópatra segurando seu bebê, Cesarião. Possivelmente, a estátua pretendia representar Cleópatra como a deusa Ísis com seu filho Hórus, e talvez também como Vênus/Afrodite. Uma estátua de Cleópatra e Cesarião no recinto do novo templo ambicioso de César confirmaria o argumento de que ele reconhecia sua paternidade.

Costumava-se alegar que César não poderia ser pai de Cesarião, já que não era mais capaz de engravidar uma mulher. A evidência alegada para esse argumento é que não se sabia de nenhum filho de César posterior à sua filha Júlia, que provavelmente nasceu por volta de 76 a.C. Ela morreu durante um parto em 54 a.C. A ênfase, porém, deve recair nesse *não se sabia*. Não sabemos se César teve algum filho ilegítimo, fruto de seus inúmeros romances.[34]

Um colega próximo de César, chamado Caio Ópio, negava que Cesarião fosse filho do ditador e publicou um panfleto com esse teor após a morte de César.[35] Ópio, porém, era apoiador de Otaviano e com certeza precisava seguir a linha do partido nesse assunto, segundo a qual Otaviano seria o único César. Plutarco expressa dúvidas a respeito da confiabilidade de Ópio como fonte.[36] Outros escritores antigos igualmente negaram a paternidade de César, mas também podem ter seguido a história oficial.³⁷

De sua parte, Antônio levantou-se diante do Senado em Roma e afirmou a paternidade de César, dizendo que Ópio, Gaio Mácio (também amigo próximo de César) e outros amigos sabiam disso.³⁸ Palavras fortes, embora não fossem uma prova definitiva, já que Antônio dificilmente se mostrava objetivo.

Não há dúvida de que César deixou à sua jovem amante uma riqueza de conhecimentos. Na época em que Cleópatra começou seu romance com Antônio, talvez fosse tão versada sobre Roma que poderia orientá-lo quanto aos pontos principais de um édito de pretor (um pretor era um alto oficial romano com autoridade judicial) ou sobre um plano para a construção de um campo de manobras. Cleópatra era uma estrategista boa demais para ser ignorada por Antônio e inteligente demais para entediá-lo.

São muitas as histórias sobre sua sagacidade, e duas das melhores estão a seguir. Cleópatra uma vez levou Antônio para pescar no Nilo. Ele não vinha tendo sorte, mas não queria admitir isso, então mandou seus escravos mergulharem na água para, sem que ninguém visse, prender vários peixes já pescados ao seu anzol. Cleópatra percebeu, mas deixou correr, enquanto planejava pregar-lhe uma peça no dia seguinte. Então convidou os amigos dela para assistirem. Depois que Antônio jogou o anzol na água, ela mandou um escravo mergulhar e prender ao anzol um arenque salgado do Euxino (Mar Negro). Quando Antônio puxou sua linha, todos riram com a visão; mas, antes que ele pudesse se sentir humilhado, Cleópatra declarou: "*Imperator*, dê a sua vara de pescar aos pescadores de Faros e Canopus [locais próximos de Alexandria]; seu esporte é caçar cidades, reinos e continentes".³⁹ Foi um elogio astucioso. Cleópatra ao mesmo tempo afirmou superioridade numa mera atividade de homem comum e atribuiu afazeres de reis ao homem dela.

A segunda anedota vem de um banquete no palácio real. Sabendo que Antônio adorava festas, Cleópatra uma vez apostou com ele que poderia realizar o banquete mais caro do mundo, que custaria dez milhões de sestércios.⁴⁰ Isso era dez vezes o preço de uma estátua de mármore esculpida pelo mais celebrado escultor da época. Quando chegou o dia, Cleópatra serviu um banquete comum, que não causou a menor impressão em Antônio. Ele riu daquela frugalidade. Então ela ordenou o segundo prato. Como combinado, seus serviçais trouxeram uma única taça cheia de vinagre. Cleópatra pegou um dos brincos de pérolas que usava — uma peça estonteante de joalheria. Jogou-o no vinagre, que dissolveu a pérola. Ela em seguida bebeu o coquetel bizarro. Estava prestes a fazer o mesmo com o outro brinco quando um dos generais de Antônio e um *bon vivant* da corte deteve-a e declarou Antônio perdedor da aposta. Experimentos modernos mostram que teriam sido necessárias vinte e quatro horas para que o vinagre (ácido acético) dissolvesse a pérola, mas ele de qualquer modo teria cumprido essa tarefa.[41] Portanto, Cleópatra talvez não pudesse ter ganhado a aposta na hora, como um antigo escritor afirmou, mas de qualquer modo teria ganhado.

Antônio era amante da boa vida, e teve isso em abundância em Alexandria. Não que tivesse passado muito tempo ali antes da Guerra de Ácio: apenas três invernos (41-40 a.C., 36-35 a.C. e 34-33 a.C.). No entanto, as fontes fazem parecer que havia mergulhado na grande cidade. Em parte, isso provavelmente reflete a tendenciosidade de Augusto, já que na mente romana Alexandria era sinônimo de decadência. No entanto, é fácil imaginar a metrópole resplandecente exercendo um impacto poderoso nele.

Plutarco acusa Antônio de desperdiçar tempo ali. Ele diverte seus leitores com fofocas que seu avô soube de um amigo, médico em Alexandria de um dos filhos de Antônio com Fúlvia: histórias de banquetes com javalis assados e de presentes extravagantes de taças de ouro e prata.[42] Cleópatra supostamente mantinha Antônio entretido com uma sequência constante de jogos, caçadas e festas regadas a bebida, e às vezes iam perambular juntos pelas ruas da cidade, disfarçados. Ao que parece, os cidadãos de Alexandria aceitavam tudo de bom grado e diziam com bom humor que, enquanto Antônio vestia uma máscara trágica com os romanos, exibia uma máscara cômica com eles.

Antônio e Cleópatra faziam parte de uma "Sociedade dos Viventes Inimitáveis" — isto é, "uma sociedade daqueles que têm vidas incomparáveis". Plutarco diz que passavam o tempo todo deleitando um ao outro com gastos extravagantes. O termo *sociedade*, porém, costumava referir-se a uma associação religiosa, e é possível que essa "Viventes

Inimitáveis" fosse dedicada à adoração de Dionísio. Sem dúvida o álcool era parte da cerimônia.

Uma inscrição datada de 28 de dezembro de 34 a.C. refere-se a Antônio como um Grande Amante Inimitável, e não Vivente, ou, literalmente, "Grande e Inimitável nas Coisas de Afrodite". Como Cleópatra era identificada com Afrodite, a inscrição vem reforçar a evidência de que a "Viventes Inimitáveis" era uma sociedade religiosa.

Perúsia

Enquanto Antônio e Cleópatra curtiam os prazeres do Leste, Otaviano travava uma guerra na Itália.

Ele enfrentara uma tarefa sensível depois de Filipos, uma que com certeza agitaria a oposição. Havia assumido agora o encargo de confiscar grandes porções de terras de civis na Itália para entregá-las a militares veteranos, entre os quais grande número de guerreiros de Antônio, como recompensa por seus serviços. Aqueles escalados para perderem suas terras protestaram, assim como os senadores, que acreditavam ser eles, e não os triúnviros ainda no poder, que deveriam tomar essas decisões delicadas. A oposição encontrou seu maior defensor no irmão de Antônio, Lúcio Antônio, cônsul em 41 a.C., e na esposa de Antônio, Fúlvia, que montou um exército contra Otaviano. E não foi pouca a impressão que ela causou ao ajudar a recrutar soldados, uma prerrogativa geralmente masculina. O próprio Antônio, no Leste, permaneceu à margem da luta. Dificilmente teria como se opor à distribuição de terras aos seus veteranos, e, além disso, via nos novatos recrutas de Lúcio e Fúlvia poucas chances diante das experientes legiões de Otaviano.

A guerra que se seguiu é conhecida como Guerra de Perúsia (41 a 40 a.C.). O nome refere-se à cidade no centro da Itália conhecida atualmente como Perúgia, uma próspera cidade em região de terras férteis, na qual a maior parte dos combates foi travada. Nunca saberemos a história toda dessa guerra. As fontes colocam Fúlvia como uma vilã gananciosa e dominadora — o oposto do ideal romano de matrona, uma figura doméstica supostamente obediente. Quanto a Antônio, o registro deixa seu papel obscuro.

O que fica claro é que Otaviano expulsou seus oponentes de Roma e sitiou Fúlvia, Lúcio e o exército deles em Perúsia. Nessa batalha, Fúlvia ganhou a honraria duvidosa de ter seu nome inscrito nos projéteis que o inimigo lançava de estilingue, junto com alusões grosseiras às suas partes íntimas. Fúlvia escreveu aos generais de Antônio na Gália pedindo que cruzassem os Alpes o mais cedo possível para virem em sua ajuda, mas não foi atendida. As forças de Otaviano venceram. Se o relato é verdadeiro em vez de mera propaganda, Otaviano massacrou grande número de líderes inimigos no altar do Deificado Júlio *e* nos Idos de Março. Supõe-se que Otaviano teria reagido a todo pedido de clemência com um frio "É hora de morrer".[43] Se assim foi, não corresponde às características do personagem. Na maioria das vezes, Otaviano parece ter sido um idoso na pele de um jovem, todo ele habilidade e premeditação. Sua divisa usual era "Apresse-se devagar".[44]

Otaviano pode muito bem ter suspeitado da alegação de inocência feita por Antônio em relação ao levante armado liderado por seu irmão e sua esposa. No entanto, Otaviano precisava de paz com Antônio, então permitiu que Fúlvia fugisse, junto com a mãe de Antônio, Júlia. Despachou Lúcio para o governo de uma província na Hispânia. A razão para esse gesto pacificador era o surgimento de uma nova ameaça: Sexto Pompeu, único filho sobrevivente do rival de César, Cneu Pompeu. Essa ameaça agora se erguia sobre a relação entre Otaviano e Antônio na segunda metade do ano 40 a.C.

CAPÍTULO 3

TRÊS TRATADOS E UM CASAMENTO

Sicília-Brundísio-Roma-Miseno-Atenas-Tarento,
40 a 36 a.C.

No intervalo de quatro anos, entre 44 e 40 a.C., Antônio e Otaviano discutiram a respeito da herança de César, insultaram-se em público, foram à guerra, ficaram de espada em punho em lados opostos de campos de batalha sangrentos e fizeram a paz, dividindo o Império Romano entre os dois e um terceiro parceiro, menos poderoso — mas apenas sob a condição de ordenar judicialmente o assassinato de milhares de romanos proeminentes. Otaviano teve que se envolver em duas guerras, dentro da Itália e em torno dela: uma travada pelo irmão e pela esposa de Antônio, a outra por Sexto Pompeu. Em ambos os casos, Otaviano suspeitou do papel de Antônio.

A ascensão de Sexto Pompeu

Com seu irmão mais velho, Cneu, Sexto Pompeu havia reunido um exército que quase derrotou César na Batalha de Munda, na Hispânia, em 45 a.C. Após sua derrota e a morte de seu irmão, Sexto foi para um esconderijo, reagrupou suas forças e emergiu tanto como comandante militar quanto, e especialmente, como comandante naval. Era, com efeito, um agente livre, ora agraciado pela República com um comando extraordinário, ora proscrito e exilado, ora sendo de novo favorecido, ora tendo que lutar de novo por sua vida. Na violenta época dos triúnviros,

Sexto pôde com justiça ser chamado de comandante. Otaviano, porém, aviltou-o referindo-se a ele como pirata.

Sexto dominava uma variedade impressionante de táticas. Em 40 a.C., montou uma marinha de cerca de 250 navios que dominou as águas em torno da Itália. Assegurou a ilha da Sicília como base e transformou-a num refúgio para políticos proscritos, republicanos ferrenhos, inimigos de Otaviano e escravos fugidos. Ele demonstrou que era capaz de cortar o fornecimento de comida a Roma quando quisesse. No entanto, continuou popular na capital — em parte por causa de seu apoio a refugiados das proscrições e em parte por causa dos passos em falso de Otaviano. Em termos de opinião pública, Sexto mantinha moral elevado. No entanto, por suas declarações a respeito de restaurar a República, mostrava-se um oportunista que teria aceitado de bom grado fazer parte do Triunvirato se isso lhe fosse oferecido.

Sexto estava ansioso por uma aliança com Antônio, que, por sua vez, incentivava-o, mas sem firmar nenhum compromisso. De sua base em Atenas, em 40 a.C., Antônio escolheu aliar-se ao velho republicano Caio Domício Enobarbo, cuja frota agora aliava-se a Antônio. A julgar por sua imagem em moedas, Enobarbo era um homem difícil. Seu perfil mostra uma cabeça magra, máscula, nariz aquilino, cabelo denso, encaracolado, com sua linha demarcatória recuada e um pescoço poderoso. O traço mais impactante é uma barba vasta, que indicava o orgulho familiar.[1] Os romanos não costumavam usar barba, mas o nome da família, Enobarbo, significa "barba ruiva" ou, literalmente, "barba cor de bronze".

Juntos, Antônio e Enobarbo seguiram para a Itália com duzentos navios. Eram acompanhados por setenta navios de Sexto. Estavam indo travar uma guerra ou fazer a paz com Otaviano?

Antônio tinha a posição mais forte, pela reputação de comandante militar, por sua marinha, pela adesão do Senado, pelo apoio ansioso de Sexto Pompeu e o apoio secreto de um dos melhores generais de Otaviano, seu amigo Quinto Salvidieno Rufo. Salvidieno surgira da obscuridade. Depois de destruir uma cidade-chave que apoiara os rebeldes na Guerra de Perúsia, Salvidieno foi recompensado com um comando na Gália. No entanto, por razões desconhecidas, estava agora disposto a passar para o lado de Antônio.

Antônio quis atracar na cidade portuária de Brundísio, no sul da Itália, um importante porto no litoral Adriático e escala de praxe para a Grécia. Mas a cidade fechou seus portões para ele e suas forças. Antônio supôs que Otaviano estivesse por trás desse gesto, então sitiou a cidade. Também desembarcou soldados num ponto mais ao norte do litoral, e houve escaramuças com as forças de Otaviano. Os homens de Antônio se mostraram superiores. O resultado poderia ter sido uma guerra aberta, mas os soldados de ambos os lados se contiveram. Sabiam que não haveria nem butim, nem glórias a serem conquistados numa guerra civil.

Além disso, Otaviano, que tinha fama de ser bom jogador de dados,[2] havia recentemente feito dois lances vitoriosos. Terminara seu primeiro casamento com Clódia, filha de Fúlvia, alegando que ele nunca fora consumado. E agora se casava com a cunhada de Sexto, Escribônia, o que levantou a possibilidade de uma aliança entre os dois homens. Em seguida, quando o governador da província de Antônio na Gália morreu, no verão de 40 a.C., Otaviano cruzou os Alpes e tomou as onze legiões da província — só para se salvaguardar de Antônio, segundo alegou. Otaviano já havia tomado a Hispânia Citerior (leste da Espanha) e a Gália Narbonense (moderna Provença, França) de Marco Lépido pela suspeita de uma negociação com Sexto, deixando Lépido apenas com a província romana da África. Otaviano agora dominava o Ocidente romano.

Se Antônio tivesse a tentação de convencer ou subornar seus homens para que lutassem contra os soldados de Otaviano, seria tarde demais. Sob Otaviano, os legionários de Antônio conviviam bem com seus colegas soldados romanos, e ambos os exércitos pediam paz. No outono de 40 a.C., negociadores dos dois lados forçaram o Tratado de Brundísio, que rearranjou a divisão do império. Antônio ficou com uma autoridade fortalecida no Oriente e com autoridade também para travar uma guerra contra a Pártia, enquanto Otaviano ganhou força no Oeste. Antônio teve que aceitar perder a Gália. Otaviano também tomou a Ilíria (o litoral da antiga Iugoslávia), embora ainda precisasse conquistar seus habitantes, amantes da liberdade. A linha divisória entre os territórios dos dois homens estava localizada na cidade de Scodra (atual Shkodër, no norte da Albânia). Antônio também abriu mão de seu entendimento, qualquer que fosse ele, com Sexto. Otaviano ganhou autoridade para guerrear contra Sexto, embora a possibilidade de um acordo tivesse ficado em aberto. Em princípio, Antônio poderia continuar recrutando legionários na Itália. Na prática, porém, Otaviano agora controlava o alistamento militar ali.

Foi uma vitória importante para Otaviano, mas não em termos estratégicos. O Leste era de longe a parte mais rica do império, como mencionado, e isso o tornava uma base vantajosa. O sucesso contra a Pártia, caso fosse possível, elevaria a reputação de Antônio a novas alturas; a Itália seria de Otaviano apenas se ele conseguisse resolver o problema de Sexto Pompeu.

Infelizmente para o próprio Salvidieno, ele era dispensável. Antônio o traiu para Otaviano. O Senado declarou Salvidieno inimigo público e a seguir ele morreu, não se sabe se executado ou por suicídio.

Os triúnviros fizeram um tratado, mas decidiram precaver-se com uma, digamos, apólice de seguro: um casamento para unir as duas famílias.

A união de Antônio e Otávia

Otaviano e Antônio acertaram em Brundísio que Antônio se casaria com Otávia, irmã de Otaviano. Noivo e noiva haviam enviuvado recentemente. Fúlvia morrera no exílio na Grécia, enquanto o marido de Otávia, Caio Cláudio Marcelo, havia morrido na Itália. A união oferecia vantagens para ambos os rivais. Para Antônio, significava a chance de produzir um filho e herdeiro que poderia unir o poder das duas famílias. Para Otaviano, representava uma preciosa fonte de informações de uma irmã instalada no campo do inimigo, assim como a probabilidade de Otávia moldar as ações de Antônio. Era um procedimento-padrão na nobreza romana o casamento com a filha de uma casa rival, a fim de impedir uma disputa política. Depois, havia também o que poderíamos chamar agora de "princípio o Poderoso Chefão": mantenha seus amigos por perto e seus inimigos mais perto ainda. Considerando o registro passado dos dois, com recriminações, guerra e parceria em promover um assassinato, a decisão de Antônio e Otaviano de se tornarem cunhados tem toda a sinceridade de um beijo de Hollywood ou de um abraço entre membros de uma gangue.

A praxe ditava que eram os homens que negociavam o casamento; na ausência de um pai vivo, era apropriado que Otaviano fizesse isso. No entanto, a lei romana exigia que tanto a noiva quanto o noivo dessem seu consentimento, então podemos ter certeza de que Otaviano consultou Otávia não só porque amava e respeitava sua irmã mais velha, mas porque uma mulher com a inteligência e independência dela faria questão de exigir respeito.

Alguns historiadores supõem que a união foi ideia de Otaviano, outros que foi de Antônio, mas Otávia pode ter sido a mentora, embora a informação de que Antônio era viúvo provavelmente tenha chegado a Otávia depois que Antônio e Otaviano já sabiam disso.[3] Mas ela poderia também ter pensado na união mais cedo naquele ano, após a morte de Marcelo. Ela e Otaviano talvez tivessem discutido a possibilidade de Antônio divorciar-se de Fúlvia (o que acabou sendo desnecessário após a morte dela). É até possível que Otaviano obtivesse, em princípio, a aprovação da irmã antes de ele ter partido ao encontro de Antônio. Mas não sabemos.

Provavelmente havia chegado a Roma a notícia de que Antônio acompanhara Cleópatra de volta ao Egito para passar ali o inverno, e que os dois haviam se tornado amantes. Ela engravidou e teve gêmeos durante o outono de 40 a.C.: um menino, Alexandre Hélio, e uma menina, Cleópatra Selene. Mesmo que Otávia e o irmão dela tivessem tido notícia dos gêmeos, isso provavelmente não os teria dissuadido. O casamento é um assunto de Estado, não uma questão do coração.

Otávia conhecia as regras de um casamento político por meio das mulheres de sua família. Da mãe, que havia sido obrigada a um recomeço de vida após a perda do marido enquanto os filhos eram jovens, Otávia herdara o talento para a sobrevivência. Da bisavó, Aurélia Cota, e da avó, Júlia, pode ter aprendido sobre a herança da família dos Césares. Depois havia a esposa de César, Calpúrnia. Filha de um cônsul, ela conhecia a política romana tão bem quanto qualquer homem. Calpúrnia tinha faro para encrencas: testemunharam-na implorando a César para ficar longe do Senado nos Idos de Março, uma advertência que ele ignorou. Tampouco armou confusão a respeito das várias amantes do marido ou do filho ilegítimo dele. Calpúrnia pode ter ensinado a Otávia uma ou duas coisas.

Na época em que se casou com Antônio, Otávia já era uma veterana de casamentos políticos. Por volta de 55 a.C., ainda muito jovem, Otávia casou-se com Cláudio Marcelo, destacado político romano de família nobre. Na época, não deveria ter ainda catorze anos, mas as mulheres romanas podiam casar-se já aos doze. Marcelo era aliado de Cneu Pompeu, adversário de César, porém se tratava apenas de mais um exemplo de união de rivais. Na verdade, na época Pompeu era casado com Júlia, a filha de César.

Cerca de um ano após o casamento de Otávia com Marcelo, Júlia morreu. A fim de salvaguardar sua aliança política com Pompeu, César ofereceu-lhe Otávia. Ele pensava em fazê-la divorciar-se de Marcelo. Não há registro do que Otávia teria achado disso. Seja como for, Pompeu declinou. A possibilidade dificilmente poderia ter feito César aproximar-se de Marcelo. Cônsul em 50 a.C., Marcelo emergiu como um dos líderes da oposição a César no Senado romano. Quando a guerra civil começou, Marcelo de início fugiu de Roma para se juntar a Pompeu, mas depois hesitou. Ficou em sua *villa* perto de Nápoles. Após poucos meses, mudou de lado.

Só podemos imaginar que Otávia pode ter tido um papel nessa decisão dele. Após resolver apoiar César, Marcelo continuou com a sua facção após o assassinato do ditador em 44 a.C., talvez se tornando íntimo de Otaviano.[4] Quanto a Otávia, deu a Marcelo um filho e duas filhas, mas não era uma mulher de simplesmente ficar em casa. Foi arrastada pelo menos duas vezes pela política turbulenta nos anos posteriores ao assassinato de César.

No verão de 43 a.C., Otávia e a sua mãe estavam em Roma quando Otaviano enviou um ultimato ao Senado.[5] As duas mulheres tiveram que se esconder de seus inimigos no Templo de Vesta até que Otaviano e as legiões dele chegassem a Roma para libertá-las. Logo depois, a mãe dele, Ácia, morreu. Nos anos precedentes, Otaviano recebera conselhos de carreira de sua mãe.[6] Agora, sem ela, talvez Otávia viesse a fazer o papel de Ácia. Tinha quase vinte e seis anos; Otaviano, vinte. Mais tarde, comentava-se que ele sempre mostrara gostar muito da irmã.[7]

As proscrições encontraram Otávia envolvida em dois esforços de mediação em Roma em 43 a.C., ou pelo menos em dois de que temos conhecimento: pode ter havido outros.[8] Três anos mais tarde, em 40 a.C., Marcelo morreu. A essa altura, a guerra entre Antônio e Otaviano estava à espreita, até que Brundísio salvou a situação. Seguiram-se novos arranjos, coroados pelo casamento de Otávia e Antônio.

As fontes escritas retratam Otávia como uma matrona romana da velha escola: virtuosa, modesta, humilde, obediente e apoiadora do marido. Mas as fontes são suspeitas. São todas posteriores à chegada do irmão ao supremo poder como primeiro imperador romano. Embora os autores dessas obras fossem capazes de ler alguns textos simpáticos a Antônio, e mesmo alguns do próprio Antônio, tendem a seguir a linha do partido da dinastia imperial. No entanto, ninguém que tivesse, como Otávia, passado a vida navegando pelos níveis mais rasos da política romana poderia sobreviver sem astúcia, coragem e um tato sensível ao poder.

Apesar da insipidez da história oficial, a verdade aflora. Plutarco reflete opiniões alheias quando diz que muitas pessoas sentiam que Otávia seria uma boa influência sobre o maroto Antônio, trazendo salvação e harmonia a Roma;[9] ao mesmo tempo, se ele se apaixonasse por ela, poderia esquecer Cleópatra. Encontramos outro ponto de vista, menos idealista, em Tácito. Ele escreve que anos mais tarde, após a derrota de Antônio, os inimigos de Otaviano diziam que tudo havia sido uma grande manobra de Otaviano para enganar Antônio, e que sua irmã havia sido a isca. O casamento deles era uma "conexão traiçoeira", diziam alguns, como Tácito relata.[10]

Otávia certamente era bonita, a julgar pelos retratos em moedas e pelas esculturas.[11] Sua imagem transmite dignidade, seriedade, um conjunto delicado de feições e um semblante bonito e recatado. Costuma ser representada com um pescoço esguio, maçãs do rosto bem desenhadas e um olhar sereno — exceto em algumas moedas que avolumam seus traços, talvez a fim de sugerir harmonia com seu marido mais rústico. Embora Otávia fosse elogiada por seu cabelo naturalmente atraente,[12] ela não deixava nada por conta do acaso. As imagens mostram-na com o cabelo recolhido num coque cuidadosamente penteado, preso por tranças, um estilo possível apenas para uma mulher que pudesse bancar uma criada ou duas.

Uma nova era de ouro?

A opinião pública na Itália deu as boas-vindas ao casamento porque ele significava reconciliação e paz. Por exemplo, para citar uma possibilidade de sobrevivência, o governo da cidade de Casinum (atual Cassino), ao sul de Roma, restaurou uma estátua da Concórdia, a deusa da harmonia conjugal e societária, em outubro de 40 a.C., a fim de celebrar a nova era de boa vontade.[13]

Antônio e Otaviano cunharam moedas comemorativas. Cada um colocou a própria cabeça no anverso e a do outro no reverso, e expuseram também outros símbolos de concordância, como o caduceu — as duas serpentes entrelaçadas no cajado de um arauto que simboliza colaboração — ou mãos dadas. Mas o que realmente causa impacto é a moeda de ouro que Antônio cunhou com sua cabeça no anverso e a de *Otávia* no reverso.[14] Retratar pessoas vivas era um costume de longa data no Oriente grego, onde reis e rainhas eram com frequência mostrados juntos, mas isso era algo novo em Roma. Júlio César havia sido o primeiro romano vivo a ter seu retrato numa moeda. Outros homens o seguiram, e mulheres também, logo depois. Otávia era provavelmente apenas a segunda mulher, exceto deusas, a aparecer numa moeda romana. Se a identificação é correta, a primeira foi Fúlvia, esposa anterior de Antônio.[15] Agora era Otávia o rosto feminino da cidade que dominava o mundo.

Hoje, o eco mais sonoro do suspiro de alívio coletivo dos romanos naquele outono talvez seja a celebrada "Quarta écloga" de Virgílio — se é que não foi escrita antes do casamento, pois a data é incerta. Nela, Virgílio primeiramente agradece a Caio Asínio Polião, um dos pacificadores e apoiador de Antônio, bem como um dos dois cônsules em 40 a.C., por ter negociado o pacto de Brundísio. E o poeta proclama também a chegada de uma nova era de ouro, que seria trazida pelo nascimento de um menino. Virgílio escreve, dirigindo-se à deusa dos partos, Diana, também conhecida como Lucina:

> Somente tu, ao nascer o menino em quem
> o ferro deve cessar para que surja a *áurea* raça,
> serás amiga dele, casta Lucina; *é teu próprio*
> Apolo que reina. E é no teu consulado que
> essa gloriosa era, ó Polião, deverá começar.[16]

Embora séculos posteriores vissem isso como uma profecia da vinda de Jesus Cristo, que nasceu cerca de quatro décadas mais tarde, Virgílio pensava num menino italiano. Ele não cita nomes, mas é possível interpretar o poema como a expectativa de um menino nascido de Antônio e Otávia.[17]

Em novembro, Antônio e Otaviano viajaram a Roma para o casamento. Além das festividades usuais, receberam do Senado o direito de celebrar uma ovação.[18] Essa era a mais elevada honraria concedida a uma vitória sem derramamento de sangue. Do ponto de vista romano, Brundísio foi uma vitória. Para os romanos, a paz nunca acontecia simplesmente; era fruto de trabalho árduo e usualmente de ação violenta, coroados pela vitória. Portanto, alcançá-la merecia ser celebrado.

Uma ovação não tinha tanto prestígio quanto um triunfo, que assinalava um grande sucesso militar. Isso diz algo sobre a hierarquia romana de valores. "Abençoados os pacificadores", um romano pode ter dito, "mas não tão abençoados quanto os conquistadores." Como ovacionadores, os dois homens tinham o direito de entrar em Roma a cavalo — vestindo togas especiais listradas de púrpura, com as cabeças coroadas por grinaldas de murta — ao som de flautas. Dali deviam seguir até o Templo de Júpiter Capitolino, o principal santuário da cidade, e realizar um sacrifício. (Um triunfador teria conduzido uma carruagem, vestindo uma toga tingida de púrpura e com uma coroa de louros, acompanhado por trombetas.)

O Senado também se mostrou inclinado a flexibilizar as regras do matrimônio. Era proibido que uma viúva ou viúvo se casasse de novo durante o período de luto de dez meses pelo falecido esposo, mas os senadores nesse caso suspenderam a proibição. Talvez isso fosse ajudado pelo fato de Otávia já estar grávida do filho de Marcelo antes de se casar com Antônio, o que removia quaisquer dúvidas a respeito da paternidade (uma suposta razão para a regra dos dez meses).

Pode ter acontecido como relatado a seguir. Aos vinte e três anos, Otaviano estaria entregando a noiva de vinte e nove anos. O noivo tinha quarenta e três. Tratando-se de um típico casamento romano, Otaviano pagava por ele e realizava a cerimônia em sua mansão na cidade, localizada na nobre Colina Palatina. Foi, pode-se imaginar, um grande evento, com extensa lista de convidados.

Nossa expectativa seria que uma mulher da dignidade de Otávia tivesse usado um vestido tradicional, com chinelos laranja, uma túnica de lã presa por uma cinta com um complicado nó para que o noivo desatasse e um véu laranja-avermelhado. Não sabemos se ainda estava grávida ou se já havia dado à luz. Antônio sem dúvida estava bem-vestido. As casas tanto da noiva quanto do noivo seriam ornadas com flores e ramos verdes, e a casa da noiva poderia estar iluminada por tochas.

Entranhas de animais foram examinadas para detectar bons presságios, e foi feito um sacrifício aos deuses. Presume-se que Otaviano tenha entregado Otávia a Antônio. O costume então era que uma mulher casada ajudasse o casal a juntar suas mãos direitas.

O contrato de casamento teria sido negociado previamente, mas costumava ser selado no casamento. O contrato incluiria a questão do dote e de seu destino em caso de divórcio.

Após a entrega de presentes, Otávia seria escoltada até sua nova casa por um alegre desfile à luz de tochas. Na entrada, o marido lhe ofereceria fogo (por meio de uma tocha) e água (num jarro), considerados pelos romanos a essência do lar e da hospitalidade. O casamento seria consumado no leito nupcial.

No dia seguinte, o noivo oferecia um jantar e uma festa com bebidas, no qual a noiva fazia sua primeira oferenda aos deuses do lar. Uma rodada de festas seguia-se nos dias subsequentes.

O Tratado de Miseno e seus desdobramentos

O laço entre os dois triúnviros foi amplamente celebrado em Roma. No entanto, as pessoas rapidamente se voltaram para os dois cunhados quando a frota de Sexto Pompeu reduziu o suprimento de grãos da cidade. Houve apedrejamentos, estátuas derrubadas e tumultos.

Em reação a isso, Antônio e Otaviano tiveram que se dobrar à vontade popular. No verão de 39 a.C., encontraram-se com Sexto em Miseno, norte de Nápoles, onde os três selaram a paz.

Selaram seus acordos com uma série de jantares. A segurança não foi negligenciada: todos tinham guardas e carregavam adagas ocultadas. Os triúnviros recepcionaram seus banquetes em tendas no cais, mas Sexto realizou seu jantar a bordo de sua nau capitânia. E fez uma piada contundente comentando que o navio era a única casa que lhe restara, o que constituía uma alfinetada em Antônio, que confiscara a casa do seu pai, Pompeu.

Um comentário ainda mais memorável foi o de um dos almirantes de Sexto, que o chamou de lado e sugeriu assassinar seus dois inimigos a bordo do navio, pois com isso conquistaria o império. Ao que parece, Sexto ponderou a ideia e, então, finalmente respondeu que o almirante deveria ter matado os dois sem pedir permissão, mas, agora que havia dito isso, era tarde demais: Sexto não poderia aprovar um ato tão desonroso.[19] Se a história é verdadeira, é mais provável que Sexto tenha sido movido pela astúcia, e não pela honra, tendo preferido trabalhar com os demônios que conhecia do que com os que poderiam emergir em consequência do assassinato dos dois.

Sexto havia persuadido os triúnviros a fazer um acordo para compartilhar o poder e confirmar sua base na Sicília e nas ilhas, acrescentando ainda a Aqueia, região mais ao norte da Península do Peloponeso, no sul da Grécia. Em troca, teria que desistir de suas incursões em território continental italiano e garantir liberdade a escravos fugidos. Contudo, ele não foi capaz de fazer prevalecer esse acordo. O poder marítimo teria permitido que Sexto sobrevivesse como senhor das ilhas, mas apenas se os triúnviros se dispusessem a tolerar isso. Como se viu depois, os triúnviros — particularmente Otaviano — não tinham intenção de cumprir sua palavra.

Em 39 a.C., Otaviano conheceu a garota dos seus sonhos. Era jovem, bonita, brilhante e fruto de duas das famílias mais nobres da história romana: os Lívio e os Druso. O nome dela era Lívia Drusila, e tinha dezenove anos. Mas havia problemas. Ela era casada, mãe e estava grávida de seu segundo filho. Para completar, o marido havia combatido do lado perdedor em Perúsia, o que obrigara o casal e seu filho pequeno a fugir para a Sicília e depois para a Grécia. Na época, como agora, perdoar era importante, especialmente quando isso permitia uma união entre o homem mais poderoso da Itália e a mulher mais aristocrática do país. Otaviano já era casado com Escribônia, que estava grávida, mas isso revelou-se um inconveniente menor. No dia em que Escribônia deu à luz uma filha, em 14 de janeiro de 38 a.C., Otaviano divorciou-se dela. Lívia e o marido divorciaram-se um ou dois dias depois, e ela e Otaviano casaram-se em 17 de janeiro. Como Escribônia era tia de Sexto Pompeu, o divórcio constituía um insulto que provavelmente causaria a retomada da guerra, mas essa perspectiva convinha ao irrequieto Otaviano.

O plano de Otaviano combinava dinheiro e traição. Por um lado, ele ordenou a construção de navios de guerra em dois portos italianos. Por outro, persuadiu um dos melhores almirantes de Sexto a passar para o seu lado, trazendo navios, legiões e o controle das ilhas mediterrâneas da Sardenha e da Córsega. Era o mesmo almirante que supostamente aconselhara Sexto a matar Otaviano no ano anterior. O almirante seguiu em frente e perdeu uma batalha; depois, sua frota foi destruída numa tempestade. No entanto, ele tivera sucesso em matar o outro almirante de Sexto que restava, o que foi um grande golpe.

Agora Otaviano voltava-se para Agripa. Otaviano não era muito bom como general, mas Agripa provara ser um comandante de primeira classe na Gália. Otaviano convocou-o para vencer a guerra no mar. Tendo em conta a ambição que ardia em muitos corações romanos, parece notável que o talentoso Agripa tivesse aceitado esse cargo subordinado, especialmente naqueles dias áureos de traição que marcaram a era triunviral. Talvez fosse impensável que alguém sem sangue nobre pudesse almejar o poder supremo em Roma, e, como Agripa não tinha nobreza, isso pode tê-lo levado a se manter em seu lugar. Com certeza Otaviano merece muito os créditos por ter calculado com cuidado quanta honraria deveria dar ao seu talentoso general.

Otaviano merece créditos também por saber de suas limitações. Era um mau general, mas resolveu isso arrumando um bom general — na realidade, um grande general — e fazendo-o trabalhar para ele. Otaviano não era desprovido de autoestima, mas nunca permitiu que ela o impedisse de reconhecer suas fragilidades. Portanto, demonstrou autocontrole e maturidade. Mas o sucesso diante de um homem do calibre de Sexto não viria rápido.

A Cidade da Coroa Violeta[20]

Atenas era famosa na Antiguidade por seus poentes cor púrpura, o que levou ao seu epíteto de "coroada de violetas". Foi na adorável Atenas que Antônio e Otávia passaram seus momentos mais felizes juntos.

Antônio preparava uma grande expedição militar contra a Pártia. Assim, seguiu para o leste no outono de 39 a.C. e levou a esposa com ele.[21] Também levaram a filha recém-nascida, Antônia, que nascera em agosto ou setembro de 39 a.C. O filho muito esperado não foi o menino profetizado por Virgílio, e isso, numa cultura centrada no masculino como a de Roma, certamente chegou como uma decepção. Passaram o inverno juntos em Atenas. Apiano diz que, na época, Antônio era apaixonado pela esposa, embora acrescente com certo sarcasmo que Antônio era "por natureza muito afeiçoado às mulheres".[22] Certamente os dois tinham um relacionamento físico, já que Otávia acabou dando à luz uma segunda filha, Antônia, a Jovem.

Os gregos nunca tiveram vergonha em elogiar os romanos, e os atenienses faziam agora sua parte cultuando Antônio como Dionísio e Otávia como Atena, deusa da sabedoria. Os dois foram também honrados como deuses beneficentes. Podem ter participado da Dionísia, um grande festival anual em homenagem a Dionísio. O deus da liberação era um símbolo amado no mundo grego, enquanto Atena era a padroeira sagrada de Atenas. Especula-se se Otávia aproveitou a chance para se soltar ou se, como uma sóbria matrona romana, não encarou a coisa toda com bons olhos. Antônio, por sua vez, alegadamente deixou de lado o sentimentalismo em favor de resultados práticos e cobrou dos atenienses uma pequena fortuna como "dote" para seu casamento na condição de Dionísio com Atena, isto é, Otávia.[23]

Antônio logo estaria de novo ocupado com uma agenda cheia, envolvendo guerra e diplomacia. Em 40 a.C., a Pártia invadiu a província romana da Síria. A força militar foi liderada pelo príncipe real parta e por um general romano que apoiara Pompeu e fugira para a Pártia após o assassinato de César, a fim de estimular de lá o apoio aos Libertadores. Os invasores partas derrotaram os exércitos de Roma e acabaram com o domínio romano, que ia da Ásia Menor até as fronteiras da Arábia. Era um desastre potencial, mas Antônio interveio.

Ele organizou um exército sob o comando de seu melhor general, Públio Ventídio Basso. Em 39 a.C., Ventídio reconquistou a Ásia Menor, capturou e executou o general pompeiano que comandava as forças locais. No ano seguinte, derrotou uma força da cavalaria enviada pelos partas à Síria; o comandante parta, um príncipe, morreu na batalha. O Leste estava firmemente de volta às mãos de Roma. As fontes afirmam que Antônio tinha ciúmes de Ventídio e que até humilhou seu bem-sucedido comandante, mas isso pode muito bem ser mera propaganda do inimigo.[24] Ventídio voltou a Roma e celebrou um triunfo, que compartilhou com seu comandante, Antônio, *in absentia*, pois Antônio permaneceu no Leste.[25] Ainda transcorreriam cento e cinquenta anos até que um comandante romano celebrasse outro triunfo contra os partas.[26]

O Tratado de Tarento

Em 38 a.C., Antônio fez uma viagem rápida e frustrante à Itália, onde um encontro planejado com Otaviano acabou não acontecendo, e depois fez uma visita mais substancial à península no ano seguinte.

Havia várias razões para ambos se encontrarem, apesar de um não confiar no outro. A guerra de Otaviano contra Sexto Pompeu nas águas do sul da Itália e na Sicília estava indo mal. Ele precisava de mais navios e mais dinheiro. Antônio precisava de legionários romanos para sua guerra contra a Pártia. Legalmente, tinha permissão de recrutá-los na Itália, mas, por uma questão prática, necessitava que Otaviano alistasse os homens para ele. Por fim, havia ainda um problema constitucional. O Triunvirato expirara formalmente no final de 38 a.C. e precisava ser renovado — ou os dois homens enfrentariam as consequências de deixá-lo caducar.

Otaviano enviou um de seus conselheiros mais próximos a Atenas para as negociações preliminares com Antônio. Embora ainda restassem assuntos importantes, o encontro correu bem o suficiente para que Antônio velejasse até Tarento no sul da Itália na primavera de 37 a.C. Trazia com ele trezentos navios; Otávia acompanhou-o. Ela era membro-chave da equipe de negociação, e, ao que parece, não sofria qualquer impedimento por estar no seu primeiro trimestre de gravidez.

Otaviano aproximou-se de Tarento, mas desistiu de encontrar Antônio. Foi quando sua esposa veio em seu auxílio! Segundo uma fonte, Otávia teve a iniciativa de encontrar-se com o irmão e responder às queixas dele a respeito de Antônio, ponto por ponto. Em outra versão, ela prevaleceu sobre dois dos conselheiros mais próximos de Otaviano, antes de implorar que não entrasse em guerra com seu marido, porque ela se sentiria péssima, qualquer que fosse o desfecho. Sua abordagem foi bem-sucedida. Podemos especular que também tenha deixado claro ser uma mulher astuta e que um acordo vantajoso com Antônio estaria próximo.

Otaviano agora concordava com um encontro informal com Antônio fora de Tarento.[27] Numa cena tão cinematográfica que só podemos esperar que seja verdadeira, os dois *imperators* remaram um pequeno bote e adentraram o rio Taras (atual Tara). Então, discutiram sobre qual dos dois deveria desembarcar na margem do outro no rio. Ao que parece, Otaviano abriu mão: segundo um relato, alegou seu desejo de ver a irmã como razão para ceder e ir até o acampamento de Antônio antes que Antônio viesse ao seu. Como Otaviano certamente sabia, essa pequena concessão era uma boa maneira de suavizar seu inimigo. Ao que se supõe, Otaviano viajou com Antônio numa carruagem deste último até seus alojamentos, onde teria passado a noite sem sua guarda pessoal. Antônio teria feito o mesmo no dia seguinte e visitado o acampamento de Otaviano.

Foi o início de uma barganha longa e difícil. Após o verão da negociação, chegou-se a um acordo: Antônio deixaria 120 navios de guerra com Otaviano, que forneceria vinte mil legionários a Antônio. Os navios foram disponibilizados imediatamente, mas os soldados só viriam depois. Otávia, segundo reza a história, convenceu os dois homens a adoçarem o acordo: Antônio deu a Otaviano mais dez barcos a vela, enquanto Otaviano acrescentava mil soldados selecionados — alegadamente para servirem na guarda pessoal de Otávia, mas certamente capazes de lutar para Antônio. O resultado foi que Otaviano ficou com seus navios imediatamente, enquanto Antônio teve que esperar o cumprimento da promessa.

Os dois também acertaram renovar o Triunvirato por mais cinco anos. Além disso, concordaram em prometer a mão de Júlia, filha de Otaviano com sua primeira esposa, Escribônia, para o filho mais velho de Antônio com Fúlvia. O menino, Marco Antônio, apelidado de Antilo (possível referência ao herói Anto, filho de Hércules, alegado ancestral de Antônio), tinha seis anos; a menina era um bebê.

Historiadores céticos dizem que as fontes exageram quanto ao papel de Otávia.[28] E talvez tenham razão. O autointeresse ditou que ambos os homens resolvessem suas diferenças e focassem nas respectivas campanhas militares. Entretanto, o autointeresse nem sempre prevalece sem uma mediação hábil, um papel que mulheres da elite como Otávia costumavam desempenhar nesse período da história romana. Mesmo que Otávia não fosse o cérebro por trás do Tratado de Tarento, ela certamente foi sua face pública.

Antônio, ou apoiadores dele, emitiu moedas de bronze na época de Tarento, todas mostrando galés e cavalos-marinhos no reverso.[29] O anverso retrata Antônio e Otávia, confrontados, ou são retratos geminados de Antônio e Otaviano (com este último ao fundo) encarando Otávia. É tentador ver isso como evidência do valor propagandístico de Otávia, como o laço que uniu os dois *imperators*.

Foi sugerido que o historiador romano Lívio (Tito Lívio) tomou como modelo o episódio das mulheres sabinas, que intercederam para impedir a guerra entre seus maridos e seus pais, quando se referiu à mediação bem-sucedida de Otávia em Tarento.[30] O relato está no primeiro livro de sua volumosa história de Roma, publicada apenas dez anos mais tarde, em 27 a.C. Se assim é, soa de novo como história oficial, pois Otávia não era exatamente uma negociadora honesta. Se ela se posicionou como intermediária em Tarento, foi para fazer pender os pratos da balança para o seu irmão.

O mundo romano celebrou a notícia de Otávia ter selado uma paz entre Antônio e Otaviano, mas isso mascarou a história real. Otávia desviara Antônio da Itália e neutralizara seu apoio a Sexto Pompeu. Com isso, salvara o irmão. E isso era o que de fato importava.

Irmã, embaixadora, soldada, espiã, negociadora, suplicante, reparadora, esposa. Esses eram os papéis de Otávia em suas idas e vindas entre aqueles dois homens poderosos. E, de vez em quando, era também uma deusa. E uma mãe, é claro; sempre uma mãe.

Depois de Tarento, Antônio deixou Otávia, grávida, e a jovem filha deles aos cuidados de Otaviano, que as levou a Roma, enquanto Antônio partia para a Síria. Meses mais tarde, Otávia deu à luz Antônia, a Jovem, nascida em 31 de janeiro de 36 a.C. Não era incomum que Antônio enviasse Otávia de volta a Roma e à sua família de origem. Talvez o incomum fosse ele tê-la levado a Atenas, já que governadores romanos costumavam deixar as esposas em casa. Inegavelmente, sua posição de triúnviro era sem precedentes, mas a presença de Otávia em Atenas estava longe de ser a norma romana.

A vida de Otávia seria menos normal ainda nos anos seguintes. O status de seu casamento a traria para o centro do palco da política romana. E seu papel como diplomata tampouco cessara.

CAPÍTULO 4

VITÓRIA DE OTAVIANO, DERROTA E RECUPERAÇÃO DE ANTÔNIO
Da Sicília ao Império Parta, 36 a 34 a.C.

Os meados da década de 30 a.C. foram um período de retomada da guerra, com combates em terra e mar, que se aproximaram de Roma até as águas do litoral da Sicília e, no sentido oposto, estenderam-se até a fronteira do Império Parta. Houve lutas também no litoral leste do Adriático. Enquanto isso, os partidários de Antônio e Otaviano disparavam saraivadas de propaganda em ritmo crescente. O status de Otávia como esposa de Antônio foi ficando cada vez mais abalado, enquanto Cleópatra consolidava sua posição. Os dois grandes homens forjaram armas novas para combater seus respectivos adversários, mas eram armas que podiam ser voltadas contra eles mesmos. O futuro de Roma estava em jogo.

Derrotar Sexto Pompeu

Para Otaviano e Agripa, o ano de 36 a.C. foi um *annus mirabilis*. Quando trataram do problema de como derrotar a frota de Sexto Pompeu, Agripa fez o que os romanos costumavam fazer diante de um dilema militar: atacou. Seus engenheiros construíram um novo porto para montar uma nova frota. Nos arredores de Putéolos (a moderna Pozzuoli, a oeste de Nápoles), conectaram o lago Lucrino [Lucrinus] ao mar cavando um canal e criaram uma base naval abrigada onde os construtores poderiam trabalhar sem risco de serem vistos por espiões inimigos.

Chamaram a base de *Portus Julius*. Após a construção do novo porto em 37 a.C., no ano seguinte, lançaram a frota ao mar, depois de tê-la criado a partir do zero. A Itália praticamente não tivera até então uma frota para combater Sexto.

No fundo, os romanos haviam sido um povo pouco afeito ao mar. Para competir com Cartago, o grande Estado rival e potência marítima, precisaram se transformar em potência naval em meados do século II a.C. e preservaram esse poder por um século enquanto estendiam seu império pelo Mediterrâneo. Depois, deixaram suas forças navais definharem. Cneu Pompeu reconstruiu a marinha romana na década de 60 a.C., mas confiou em grande parte em não romanos, assim como Sexto, que herdou boa parte do poderio naval do pai. Esses não romanos eram gregos que, com sua forte tradição naval, construíam navios aptos ao mar e usavam-nos em batalhas com grande manobrabilidade e competência.

A frota de Agripa, em contraste, era composta de italianos com pouca ou nenhuma experiência no mar. O próprio Agripa carecia de experiência naval: sua carreira militar havia sido feita inteiramente em terra. Sua nova frota era mais pesada, desajeitada e menos manobrável que a de Sexto Pompeu. No entanto, Agripa compensava o que lhe faltava em desenvoltura recorrendo a diligência e engenhosidade. Treinou seus homens em remar. Inventou uma nova arma: um arpão lançado de catapulta para impedir navios inimigos de ultrapassarem seu ataque, com isso deixando-os vulneráveis a abordagens. A nova marinha de Agripa não podia competir com os experientes capitães de Sexto quanto a manobrar no mar e investir contra o inimigo. Mas o que seus homens podiam fazer bem era combater uma batalha essencialmente terrestre no mar. O navio de guerra romano padrão, o quinquerreme, ou "cinco remos", transportava até 120 legionários. Esses soldados tinham a função de abordar e combater os navios inimigos para ganhar o controle destes. Não era bonito, mas funcionava.

Agripa derrotou Sexto em duas grandes batalhas navais junto à costa da Sicília, em 36 a.C. Entre os dois confrontos, porém, Sexto emboscou Otaviano depois que ele havia desembarcado forças na ilha. Otaviano foi obrigado a fugir, acabou derrotado no mar e escapou por pouco. Segundo uma fonte, Otaviano ficou "arrasado de corpo e mente".[1]

Teve que suportar a indignidade de desembarcar com apenas um escudeiro e sem séquito — imagine isso! A visão de Otaviano correndo para salvar sua pele e abandonando seus soldados é uma das cenas menos edificantes dos anais das guerras antigas.

Contudo, para Sexto foi um sucesso apenas fugaz. Agripa logo reverteu a sorte para o seu lado e obteve uma vitória total no mar em Náuloco, em 3 de setembro de 36 a.C. Foi uma derrota arrasadora para Sexto, talvez a maior taxa de baixas de navios de guerra de qualquer grande batalha naval no Mar Mediterrâneo dos três séculos anteriores.[2] Sexto fugiu para a Ásia Menor com dezessete navios, que foi o que restou de uma frota que contava com centenas de embarcações. Muitos de seus marinheiros eram escravos fugidos, e seu destino foi ainda pior: Otaviano afirmou ter capturado trinta mil escravos fugidos na frota de Sexto para devolvê-los a seus donos.[3]

Apesar de Sexto ter falhado, sua estratégia ousada poderia ter vingado se tivesse enfrentado um homem de menor estatura que Otaviano. Sexto imaginara que, ao cortar o suprimento de comida de Roma e demonstrar a impotência de Otaviano, colocaria seu rival de joelhos. Outro líder poderia ter ficado inclinado a fazer concessões ou se intimidado com os imensos gastos necessários para construir uma frota ou com o risco de ter que servir nela. Ou mesmo poderia ter hesitado em confiar tal poder a um subordinado, como fez Otaviano com Agripa.

Mas Sexto encontrou em Otaviano um homem com vontade e determinação férreas, com grande talento político, poucos princípios e uma argúcia infinita — e um homem assim era totalmente avesso a fazer concessões. Embora não fosse o melhor dos comandantes militares, Otaviano era corajoso e infatigável. Difícil dizer no que seria maior: na esperteza, na falta de escrúpulos ou na ambição, tudo isso no extremo da capacidade humana. Além do mais, tinha uma equipe excelente de conselheiros e comandantes. E com isso o espetacular esforço de Sexto para quebrar a vontade de Otaviano fracassou.

Um escritor antigo avaliou a guerra contra Sexto como a batalha mais difícil que Otaviano jamais enfrentara.[4] Se assim foi, sorte dele, porque serviu como escola de guerra. Muitas vezes os militares melhoram aprendendo com o fracasso; isto é, se forem guiados por bons aprendizes. Otaviano provou ser um excelente aluno.

A vitória sobre Sexto Pompeu deixou Otaviano como o único dono do Mediterrâneo ocidental. Ninguém sabia disso na época, mas Agripa havia criado a Marinha Imperial Romana. Miseno iria se tornar uma das duas bases das frotas na Itália.

Isso, porém, abriu caminho. Em pouco tempo, Agripa havia adquirido experiência e autoconfiança para lutar e vencer no mar, e entregou isso de presente a Otaviano. Foi um desenvolvimento de extrema importância e também uma ironia. Otaviano era o herdeiro de Júlio César, e César mostrara pouquíssimo interesse pelo poderio naval. Seus opositores no Senado, especialmente Cneu Pompeu, haviam desfrutado de superioridade naval na guerra civil — embora não a tivessem utilizado de modo eficaz. Por cerca de uma década, Sexto Pompeu reinou nos mares, a ponto de identificar-se com o deus do mar, Netuno. Agora a tocha naval passava para o novo César, como Otaviano se autodenominava. Era ele agora que reinava sobre as ondas.

O fim da Guerra Civil

Após a vitória sobre Sexto Pompeu, Otaviano deu notícias bem-vindas ao povo romano: a era da guerra civil estava encerrada. Não haveria mais lutas de romanos contra romanos.

Talvez. Depois que Otaviano obteve vitória no mar, as chances de uma guerra com Antônio aumentaram. Isso porque, com Sexto fora, Otaviano não precisava mais da cooperação de Antônio. Quanto a Antônio, seu trabalho no Leste provavelmente o manteria ocupado por um bom tempo. Se isso já o satisfazia, e se ele teria se contentado em deixar o Ocidente para Otaviano, é uma questão em aberto.

A história passada de Roma falava contra uma coexistência pacífica. Mário e Sula, César e Pompeu, e agora Antônio e Otaviano. O padrão era claro: parcerias não funcionavam. Os acordos eram apenas temporários. Um homem ou dominava Roma, ou morria tentando. Os senadores que poderiam ter salvado a República, em sua maioria, estavam mortos, caídos em batalha durante as guerras civis, assassinados nas proscrições, ou haviam se suicidado, preferindo o martírio à rendição.

Uma coisa era certa: Otaviano queria ficar com tudo. Desde o início de sua carreira, dizia que ambicionava todas as honras de Júlio César, e suas ações ao longo dos anos mostram que de fato almejava isso. Otaviano não tinha alternativa, a não ser ficar preocupado ao ver Antônio capturar o prêmio que escapara das mãos de todos os líderes romanos, com a possível exceção de César: o Egito, o país independente mais rico do antigo Mediterrâneo.

Mesmo com o fim da guerra contra Sexto Pompeu, Otaviano hesitou em desmobilizar — não faria isso com as legiões de Antônio prontas a marchar sobre a Pártia, e não o faria com os estaleiros do Leste construindo a nova frota de seu rival. Otávia morava perto de Otaviano em Roma e ainda era casada com Antônio em 36 a.C., apesar do caso dele com Cleópatra. Otávia pode ter pensado: *Diga o que quiser sobre meu marido, mas ele está buscando um acerto político duradouro na fronteira oriental de Roma. O que o jovem César poderia construir por sua vez?*

Otaviano precisava acrescentar algo ao império de Roma e manter sua força intacta e apta a lutar. Encontrou a resposta do outro lado do Adriático. A vitória contra Sexto foi seguida por uma bem-sucedida campanha de conquista no litoral e adentrando os rios da Ilíria. A guerra, que teve lugar de 35 a 33 a.C., produziu sólidos ganhos territoriais e vitórias de propaganda ainda maiores.

Otaviano conquistou a maior parte da Ilíria, o que lhe permitia gabar-se de estar protegendo a Itália de invasores. Ganhara um impulso, para ele fundamental, em sua reputação de soldado, ao tomar parte de um cerco e sofrer alguns ferimentos que podia agora ostentar como prova de seu valor. Ganhou pontos num golpe de propaganda ao recapturar vários estandartes de legionários que haviam sido perdidos quando um exército romano fora derrotado na Ilíria cerca de quinze anos antes.[5] Há algumas razões para pensar que aqueles que cuidavam da publicidade dele queriam compará-lo a Alexandre, o Grande.[6] Isso deve ter feito muita gente demonstrar ceticismo. De qualquer modo, a Ilíria deu aos homens de Otaviano maior experiência militar, autoconfiança e o fruto das pilhagens. Tinham agora mais razões do que nunca para lutar por seu comandante.

Com esse ataque contra os povos do sul da Ilíria, Otaviano provavelmente franqueou para si as cidades portuárias cruciais de Dirráquio (atual Durrës, na Albânia), Apolônia e Lissós. Com isso, violava seu acordo de 40 a.C. com Antônio, que atribuía essas áreas a este. Mesmo assim, a compensação em segurança valia a pena. Ao tomar essas cidades, Otaviano privava seu rival dos pontos de partida mais convenientes para uma possível invasão da Itália.

Foi uma violação ostensiva, mas nenhum dos triúnviros seguia à risca a letra do tratado. Antônio, por exemplo, interviera na Itália e na Hispânia, enquanto Otaviano se envolvia na política interna da cidade de Afrodísias, na Ásia Menor.

Operações de informações

Embora agredida ao ser governada por uns poucos homens fortes, Roma ainda era suficientemente uma república na qual a opinião pública continuava importando. Tanto Antônio quanto Otaviano montaram uma vigorosa campanha para vencer a guerra da informação.

Em razão do predomínio de Otaviano no registro histórico, suas ações são mais fáceis de reconstruir. Otaviano controlava a Itália, e, sendo a propriedade mais facilmente mantida quando se possui algo, o registro histórico é provavelmente preciso quando mostra Otaviano eclipsando o campo da publicidade ali. Antônio estava a quase 1.300 milhas náuticas em Alexandria, quando não mais longe ainda.

Nem Antônio, nem Otaviano precisavam de quaisquer lições a respeito de travar uma guerra por meio de propaganda e panfletos. Desde o momento em que Otaviano fez sua primeira aparição na cena política, cerca de um mês após os Idos de Março, até bem após o fim da guerra, acusações eram disparadas entre os dois políticos rivais e seus apoiadores. Isso dificulta para os historiadores de hoje separar fatos de ficção, especialmente no que se refere a Antônio, o eventual perdedor. As histórias mais suculentas incitam o mínimo de confiança.

Cada um tinha uma equipe de relações públicas trabalhando para promover sua respectiva versão dos eventos e macular o nome do adversário.[7] Nessas equipes havia senadores, oradores, generais, historiadores e poetas. O pessoal de Otaviano incluíra Cícero (de 44 a 43 a.C.) e o poeta Quinto Horácio Flaco, hoje conhecido simplesmente como Horácio. O lado de Antônio — o lado perdedor — é menos conhecido atualmente, mas os classicistas podem reconhecer Asínio Polião, o general e autor de uma história hoje perdida sobre a era das guerras civis romanas, e talvez Cássio de Parma (Caio Cássio Parmense), almirante, um dos assassinos de César e um poeta bom o suficiente para ter sido notado por Horácio. Depois havia Messala (Marco Valério Messala Corvino), poeta, memorialista, orador e patrono das artes, além de político e general.[8] De início apoiador de Antônio, mudou de lado e depois escreveu panfletos atacando Antônio.

A guerra contra Sexto Pompeu havia sido um ensaio para a guerra de Otaviano contra Antônio. Otaviano retratava Sexto como um pirata, mais do que como estadista. Especula-se que foram Sexto e seus apoiadores que primeiro contra-atacaram com a acusação de que Otaviano e Lívia haviam feito uma mímica zombando dos doze deuses olímpicos num banquete luxuoso — possivelmente seu banquete de casamento — enquanto a cidade morria de fome sob o bloqueio de Sexto.[9] Ou talvez a acusação fosse obra de Antônio e seus amigos. Vários convidados supostamente haviam se vestido como deuses ou deusas, com Otaviano no papel de Apolo e comportando-se de maneira adúltera. Uma rima anônima cantarolada a respeito desse evento circulara em Roma. Referências obscuras em latim dificultam interpretar isso hoje em dia, mas o poema deve ter tido boa adesão, porque ainda era conhecido cento e cinquenta anos mais tarde. Antônio espalhou a acusação do comportamento sacrílego de Otaviano em suas cartas, presumivelmente alguns anos mais tarde, quando sua rixa com Otaviano ficou mais acalorada. Antônio até identificava todos os convidados pelo nome.

A guerra de propaganda era ora maliciosa, ora hilária. Antônio, ao que parece, criticava Otaviano pelo fraco deste último pelo jogo de dados.[10] Otaviano respondia que um adivinho egípcio alertara Antônio de que seu *daimon*, ou espírito divino, não poderia competir com o de Otaviano, e que era por isso que Antônio vivia perdendo dele em competições de todo tipo, fosse nos dados, fosse tirando a sorte ou em brigas de galo ou codornas.

Ambos os lados lidavam com a informação como uma arma, mas Otaviano fazia isso em Roma com maior efeito, controlando a narrativa do conflito. Talvez fosse mesmo obrigado a fazê-lo. Vendo retrospectivamente, Otaviano pode parecer um gigante, mas na época era o azarão.[11] Os contemporâneos viam Antônio e Cleópatra como inimigos poderosos e assustadores. Falseamos a história quando fazemos Otaviano parecer o vencedor infalível e óbvio. Otaviano não contava com um plano mestre unificador. Conhecendo Antônio tão bem como conhecia, por meio das próprias observações e das informações de sua irmã, talvez tivesse expectativa razoável de ser capaz de prever o comportamento de seus inimigos e com isso alcançar sucesso. Mas não podia ter certeza. Também sabia que Cleópatra era sagaz, e talvez receasse que ela seria capaz de conduzir Antônio na direção certa.

Otaviano transformou a inconveniência de ser mais jovem em ponto positivo. Antônio era um homem maduro, embora, pelos padrões romanos, estivesse longe de ser visto como velho. Portanto, havia mais razão ainda para Otaviano retratá-lo como libidinoso e irresponsável, como se ele próprio, o jovem Otaviano, fosse o adulto daquela cena. Desdenhava Antônio como um mulherengo bêbado que estava sendo escravizado por uma rainha estrangeira, a quem havia vendido os interesses de Roma. Antônio, por seu lado, publicou um panfleto, *Sobre a embriaguez dele*, no qual se defendia.[12] Embora não tenhamos os detalhes, é plausível que explicasse estar seguindo os passos de Dionísio como deus que conquistara a Ásia, e não os passos do Dionísio beberrão.

Otaviano transformou cada detalhe do casamento de sua irmã com Antônio em assunto de Estado. Otávia era colocada como a mulher enganada, mas virtuosa; Cleópatra, como a estrangeira sedutora. Otaviano criticava Antônio por seu adultério com a rainha egípcia. Antônio revidava publicando uma litania sobre o alegado mau comportamento sexual de Otaviano.[13] Isso incluía seu casamento feito às pressas com Lívia; seu divórcio de Escribônia pelo simples fato de ela ter feito objeções ao seu caso com Lívia; o uso de amigos como procuradores; seu jogo de sedução com a esposa de um cônsul sob os olhares do próprio homem durante um jantar, no qual Otaviano escolteu-a da sala de jantar ao quarto para uma "rapidinha" e, depois, trouxe-a de volta com o cabelo todo desarrumado e o rosto afogueado. Antônio também deu os nomes das mulheres com as quais Otaviano supostamente teria traído Lívia. A defesa de Otaviano, feita pelos seus amigos, alegava que essas relações com mulheres eram apenas espionagem política, a fim de obter informações sobre seus rivais por meio de suas esposas, e que, portanto, eram um exemplo de prudência em assuntos de Estado.

Enquanto isso, Antônio expressava seu ultraje com as acusações feitas contra ele. Não só acusava Otaviano de hipócrita, mas também de estar exagerando e interpretando de modo equivocado o seu comportamento. Referia-se especificamente ao seu caso com Cleópatra. "O que promoveu essa mudança em você?", escreveu Antônio numa carta a Otaviano, numa época em que os dois ainda estavam em termos relativamente decentes. "É porque eu minto à rainha?", ele continua. "É ela minha esposa?"¹⁴ Em outras palavras, Antônio defendia seu comportamento como similar ao de Otaviano; era adultério, mas não bigamia.

Fogo no Leste

Na visão de Antônio, sua missão era terminar a tarefa inconclusa de César no Leste, onde as fronteiras de Roma estavam apenas esboçadas e sob ameaça. Fazer isso exigia um exército e, portanto, oferecia a chance de glórias militares, que sempre haviam sido a moeda corrente da política romana. É difícil destrinchar quais foram os planos ou os feitos de Antônio a partir das fontes sobreviventes, já que vêm coloridas pela posterior propaganda do período de Augusto. Para este historiador, a reconstrução a seguir é a mais plausível.

O problema estratégico que Antônio enfrentava era a luta com o Império Parta, como mencionado. Ao longo do século anterior, Roma conquistara uma faixa de território que se estendia da zona ocidental da Ásia Menor, ao norte, até a Judeia, ao sul. Parte dela havia sido anexada, dando origem agora a províncias romanas, mas grandes partes continuavam como reinos clientes — formalmente independentes, mas subordinados a Roma. O Egito também era efetivamente um Estado cliente.

A única nuvem no horizonte era a Pártia. O Império Parta estendia-se do atual leste da Turquia até o leste do Irã, uma distância de cerca de 2.400 quilômetros. Era o único império remanescente, a oeste da Índia, que poderia rivalizar com Roma. Os dois Estados estavam um olhando para o outro cautelosamente ao longo da fronteira do atual noroeste do Irã até a Arábia. Às vezes faziam mais do que apenas se entreolharem.

Em 53 a.C., o general romano Marco Licínio Crasso invadira território parta num ataque não provocado. No entanto, os partas eram superiores em cavalaria, especialmente em arqueiros a cavalo e em cavalaria blindada, e destruíram seu exército, capturando e matando o próprio Crasso. Júlio César planejara uma guerra de vingança, mas seu assassinato em 44 a.C. deteve a expedição. Vários motivos impeliam César: Crasso havia sido um aliado político; a Pártia mantivera contatos diplomáticos com Cneu Pompeu na guerra civil de 49 a 45 a.C.; a honra de Roma estava em jogo; havia glórias a serem conquistadas. Desconhece-se a ambição de César em relação à Pártia. Não sabemos se pretendia algo grandioso, como a conquista de todo o Império Parta, ou se queria apenas uma porção dele, ou apenas infligir uma derrota salutar. De qualquer modo, com a morte dele, a Pártia seguiu adiante.

Em 40 a.C., a Pártia invadiu grande porção territorial das províncias orientais de Roma, até que um exército organizado por Antônio e liderado por seu general Ventídio derrotou-os de maneira decisiva. Por volta de 38 a.C., Roma retomava o controle da região.

O movimento seguinte de Antônio foi um grande ato de estadista. Ele montou uma série de reinos clientes na periferia leste do império. Exigia duas qualificações: competência e lealdade. Instalou Polemo no Ponto, Amintas na Galácia, Arquelau na Capadócia e Herodes na Judeia. Este último era o mal-afamado rei Herodes, que aparece tanto na tradição cristã quanto na judaica, mas que foi um governante eficiente e leal a Roma. Cada um desses reis recebia uma generosa porção de território para governar; no caso de Amintas, seu reino incluía partes da Cilícia, país localizado hoje num trecho da costa mediterrânea da Turquia. A Cilícia já havia sido província romana, mas era mais eficiente para Roma ter um governante local para administrá-la.

Para completar o projeto de assegurar a fronteira, Antônio voltou-se para as extensões do nordeste. Escolheu como comandante Públio Canídio Crasso, homem empreendedor que ascendera à camada mais alta dos generais de Antônio. Canídio também conseguira um consulado em sua trajetória, o que o colocou como membro da nobreza romana — em Roma, os nobres eram ex-cônsules ou descendentes de cônsules —, o que não era pouco para um homem cuja família não tinha raízes em Roma.

Antônio enviou Canídio com um exército para assegurar as regiões de fronteira da Armênia e o sul das montanhas do Cáucaso. A Armênia era um reino independente que cobria área ampla que hoje se estende do leste da Turquia até o Irã. Com seu país entre os dois impérios, o de Roma e o da Pártia, os armênios dominavam a capacidade de fazer um jogo duplo. À época, a Armênia era aliada da Pártia, mas Canídio derrotou a Armênia, o que fez seu governante, o rei Artavasdes II, passar a ser leal a Roma.

Antônio, então, fez seu movimento. Segundo as fontes, Antônio queria nada menos que conquistar o Império Parta, mas é provável que tivesse algo menos grandioso em mente. O reino da Média Atropatene (atual noroeste do Irã, também conhecido como Atropatene) era Estado vassalo dos partas. Antônio queria conquistar Atropatene, ou pelo menos forçá-la a se aliar a Roma. Qualquer das duas opções seria uma ameaça ao Império Parta em sua fronteira noroeste, o que reduziria, e talvez eliminasse de vez, sua capacidade de invadir o Leste Romano.

A vitória teria trazido a Roma segurança na fronteira e propiciado prestígio a Antônio, além de riqueza e soldados mais experientes. Poderia, então, enfrentar seu rival Otaviano com uma mão muito mais forte. Seria capaz de forçar os partas a devolverem os estandartes de batalha que haviam capturado de Crasso. Já os havia exigido antes de atacar Atropatene, mas os partas recusaram entregá-los.

Antônio gostava das coisas em ponto maior. Enquanto passava o inverno com Cleópatra em Antioquia, capital da Síria, em 37-36 a.C., fez os últimos ajustes em seu massivo exército invasor. Outra das atribuições de Antônio em Antioquia era encontrar pela primeira vez seus gêmeos com Cleópatra, então por volta de quatro anos. Talvez tenha sido só nesse momento que receberam seus epítetos, Alexandre Hélio e Cleópatra Selene. Ambos os nomes eram cheios de significado. Alexandre, é claro, em referência ao grande conquistador do mundo antigo e fundador da dinastia greco-macedônia no Egito. Cleópatra referia-se não apenas à atual monarca, mas a várias e proeminentes rainhas ptolemaicas. Hélio era o deus grego do sol; Selene, a deusa da lua. O sol, para muitos no mundo antigo, representava a nova era dourada pela qual ansiavam.

Na primavera, Cleópatra fez uma longa viagem com Antônio até a cidade de Zeugma no Eufrates (perto da atual Gaziantep, na Turquia), um deslocamento de cerca de uma semana, onde ele reuniu o exército. Antônio tinha de noventa mil a cem mil homens,[15] além de armas para cerco carregadas em trezentos vagões — um comboio com cerca de oito quilômetros de extensão —[16] e um aríete de 24 metros de comprimento. O cerne do exército de Antônio consistia provavelmente de dezesseis legiões, ou cerca de oitenta mil homens. Em princípio, os legionários eram cidadãos romanos — isto é, italianos. Otaviano impedira Antônio de recrutar soldados na Itália, por isso Antônio precisou incluir certo número de recrutas do Leste. Alguns eram colonos italianos ou seus descendentes que moravam em colônias na Ásia Menor; outros eram gregos ou de algum dos demais povos do Leste: por exemplo, árabes, gálatas, judeus, macedônios ou sírios. Os romanos acreditavam que os italianos eram os melhores legionários. Isso talvez fosse uma mera tendenciosidade etnocêntrica, já que, nos séculos seguintes, as coisas mudariam: a Roma Imperial não via nenhum problema em recrutar excelentes legionários de cada canto do império, *exceto* da Itália, cujos habitantes prefeririam ocupações pacíficas. Não há razão para pensar que os do Leste fossem piores soldados que os italianos, embora não se pudesse confiar tanto em sua lealdade.

O próprio Antônio liderou a expedição. Saindo de Zeugma, fizeram a longa marcha a nordeste. O rei Artavasdes da Armênia acompanhou Antônio com sete mil homens de infantaria e um crucial braço militar que faltava aos romanos: seis mil cavaleiros blindados.[17] A Pártia havia conseguido sua vitória sobre Crasso em Carras (atual Harã), em 53 a.C., graças à sua força em cavalaria blindada; portanto, a contribuição da Armênia era capital.

Seguindo o princípio salutar de que a velocidade mata, Antônio e o grosso de seu exército avançaram em direção à capital de Atropatene, Fraaspa (cuja localização exata é desconhecida). Ele concordou em deixar que o mais lento comboio de cerco seguisse atrás, protegido por duas legiões sob um dos legados, ou altos comandantes, de Antônio. Infelizmente, o inimigo seguiu outro salutar princípio militar: a surpresa.

Um exército parta atacou e derrotou o comboio de cerco de Antônio, matando o comandante romano e dez mil homens. Também prenderam um rei aliado. Isso foi suficiente para que o rei Artavasdes mudasse de ideia. Pegou seus soldados e voltou para casa, o que foi um golpe terrível para Antônio.

Teria sido viável tomar Fraaspa construindo um monte em volta da cidade e isolando-a. Contudo, um exército parta de resgate neutralizou isso assediando os soldados de Antônio, ao mesmo tempo que se protegia e, assim, evitava travar batalha. Embora os homens de Antônio conseguissem acertar uns bons golpes, ele teve que admitir o fracasso no final.

Com o inverno se aproximando, ambos os lados concordaram com uma trégua. Os partas prometeram a Antônio um salvo-conduto para ele voltar para casa, mas continuavam a persegui-lo. As forças de Antônio ficaram quatro semanas vagando até conseguir voltar para a Armênia. As condições eram difíceis: escassez de comida, ataques do inimigo, e o moral e a disciplina da tropa em baixa. No entanto, Antônio ainda conseguira ser brilhante em seu intento fracassado; fizera o necessário para poupar a maioria de seus homens.

De todo modo, a campanha custou a Antônio um quarto de seu exército, segundo a tradição augustana, que, tendo em conta os reveses da campanha, talvez seja uma avaliação precisa. Foi uma perda significativa, mas o grosso da força permaneceu intacto. Antônio mantivera seus homens fiéis a ele por meio de sua liderança extraordinária durante uma retirada difícil. Todos podiam se orgulhar do heroico esforço feito para retornar à base.

Deixando a subordinados confiáveis a tarefa de conduzir o exército da Armênia até o Mediterrâneo, Antônio avançou célere até o litoral, provavelmente até o atual Líbano. Tinha enviado mensagem a Cleópatra para que mandasse suprimentos do Egito, extremamente necessários, e ela atendeu ao pedido, indo ao seu encontro com uma pequena frota. Depois de reencontrar o exército e distribuir as provisões trazidas por Cleópatra, Antônio retirou-se com a rainha a Alexandria para passar o inverno de 36-35 a.C.

Antônio provavelmente estava em Alexandria quando recebeu mensagem de sua esposa. Em novembro do ano 36, Otávia partiu da Itália em missão a Atenas.[18] Trouxe para uso de Antônio dois mil legionários, bem como dinheiro, animais e suprimentos. Plutarco diz que ela foi por vontade própria, e que Otaviano imaginara que Antônio talvez a destratasse, o que poderia ser aproveitado como propaganda negativa, mas é mais provável que irmão e irmã tivessem coordenado suas ações. Otávia não era facilmente manipulada, e Otaviano não precisava correr o risco de perder a boa vontade dela. De qualquer modo, era óbvio que a missão poderia falhar. No mesmo ano, 36 a.C., Cleópatra deu à luz seu terceiro filho de Antônio, um menino, Ptolomeu Filadelfo. Ganhou esse nome em homenagem ao monarca, cujo reinado no início do terceiro século a.C. marcara o auge do poder dos Ptolomeus.

Estaria Otávia tentando salvar seu casamento? Sem dúvida, mas, se os cinco anos anteriores apontassem de algum modo o futuro, ela e Antônio, então, passariam pouco tempo juntos. Mais importante ainda, ela vinha trazendo uma mensagem. A dinâmica de poder entre seu marido e o irmão dela havia mudado drasticamente. A mensagem era: Otaviano sabia disso, e ela também.

Em Tarento, Otaviano prometera a Antônio vinte mil legionários, mas não demonstrava a menor pressa em entregá-los. Quando finalmente o fez, via Otávia, enviou apenas um décimo do prometido. Descumpriu sua palavra e, assim, arriscou romper com Antônio, mas a essa altura Otaviano não precisaria mais se preocupar — não após sua vitória em Náuloco e a derrota de Antônio em Atropatene.

Foi um movimento sagaz de Otaviano. Se não enviasse nenhum legionário, causaria uma ruptura ostensiva com Antônio, mas despachar apenas *alguns* colocou Antônio em cheque. Aceitar os soldados de infantaria seria admitir fragilidade, porém rejeitá-los seria dispensar reforços dos quais tinha imensa necessidade.

Otaviano, portanto, ofereceu a Antônio um presente de Otávia que também era um insulto a seu cunhado. Antônio reagiu de maneira rude. Precisava dos soldados, portanto aceitou o presente e o insulto, mas não veio a Atenas. Enviou a Otávia uma carta, talvez de Alexandria, instruindo-a a voltar a Roma. E foi o que ela fez, na primavera de 35 a.C.[18]

Sentindo que sua irmã fora humilhada, Otaviano sugeriu que ela se divorciasse de Antônio.[19] Ela recusou. Ou pelo menos é o que Plutarco diz. É tentador ver isso como uma encenação, feita com a concordância de irmão e irmã, que permitiu a Otaviano responder a Antônio sem que o casamento fosse de fato dissolvido. Nem o autointeresse de Otaviano, nem o comportamento grosseiro de Antônio justificariam o divórcio. Otaviano sabia que era melhor manter um inimigo por perto do que deixá-lo à vontade.

Mas Otaviano não tinha intenção de perder a oportunidade de revidar uma desfeita à sua família. Assim, reafirmou a dignidade de sua irmã fazendo votar honrarias sem precedentes a ela.[20] Mulheres romanas adultas precisavam ter um guardião homem de suas propriedades, mas, em 35 a.C., Otávia foi desobrigada disso, o que constituía um privilégio raro. Legalmente, ela podia agora dispor de sua propriedade como quisesse. Também lhe foi garantida a honraria de uma estátua, uma dignificação até então concedida a apenas uma mulher na República Romana, há cerca de um século: Cornélia, mãe dos Graco. Mas a coisa mais inusitada de todas foi declarar Otávia sacrossanta. Ou seja, quem a injuriasse poderia ser julgado por traição. Normalmente, esse privilégio era reservado aos dez tribunos do povo, embora tivesse sido concebido também a Júlio César e, apenas um ano antes, ao próprio Otaviano.

O novo status de Otávia revelou-se embaraçoso para Antônio. Ao agir desse modo, Otaviano tornou públicos os problemas que havia no casamento da irmã. A amante de Antônio podia ser uma rainha, mas sua esposa tinha agora status equivalente ao de tribuno do povo. Insultar Otávia agora era insultar uma autoridade pública e constituiria um ato de hostilidade à República romana.[21] Talvez para evitar ciúmes, Otaviano mandou votar a mesma honraria a Lívia, sua esposa.[22] Mas Otávia era o foco da questão.

Teria sido um ato de propaganda muito conveniente colocar as estátuas de Lívia e Otávia no Fórum de Júlio César. Já havia uma estátua dourada de Cleópatra do lado de fora do Templo de Vênus Genetrix — a mãe do povo romano e também a alegada ancestral de Júlio César, de Otaviano e Otávia. Supondo que as estátuas de Otávia e Lívia fossem de mármore, e que trajassem o vestido tradicional de uma matrona romana, teriam contrastado acentuadamente com o esplendor de Cleópatra.[23]

Auge em Alexandria

A tentativa de Antônio de conquistar a Média Atropatene foi um fracasso, mas, na sequência, os astros se alinharam em seu favor. Um rompimento entre os lados vitoriosos, Média Atropatene e Pártia, levou a uma oferta de aliança do rei da primeira, Artavasdes, o Medo (não confundir com o rei armênio de mesmo nome). Antônio prometeu em casamento seu filho jovem, Alexandre Hélio, a Iotape, filha do rei da Média. Com Atropatene agora do lado dele, Antônio poderia voltar com um exército para ajustar contas com o rei da Armênia.

Levou mais um ano até que Antônio estivesse pronto para agir. Seu exército precisou descansar, recuperar-se e ser reabastecido com novos recrutas. Além disso, Antônio precisava lidar com a repercussão da derrota de 36 a.C. na Sicília, que, como ficará claro, foi considerável.

Em 34 a.C., Antônio estava pronto para marchar sobre a Armênia com um exército. Se as fontes augustanas merecem crédito, ele lançou mão de uma traição para capturar o rei Artavasdes, o Armênio, que derrotou sem precisar de uma batalha. Quando os armênios escolheram um filho de Artavasdes para substituí-lo, Antônio superou o jovem num combate e mandou-o fugir para a Pártia. Antônio, então, despachou o rei, junto com o resto da família dele, em correntes de prata para Alexandria, e proclamou a Armênia como nova província romana.

Ao final da temporada de campanhas no outono de 34 a.C., Antônio voltou a Alexandria. Entrou na cidade com os cativos em exposição num desfile de vitória. Tanto os Ptolomeus quanto os romanos eram mestres na arte dos desfiles. As marchas da vitória romanas, os triunfos, são ainda famosos, mas o equivalente ptolemaico, a Procissão Dionisíaca, é menos conhecido. No entanto, tais procissões contavam com uma tradição centenária e, com frequência, eram espetaculares. As fontes acusam Antônio de desviar um triunfo romano e realizá-lo numa cidade estrangeira.[24] Certamente, isso reflete propaganda de Otaviano de que Antônio estaria sendo dominado por uma rainha egípcia. Na realidade, Antônio provavelmente combinou elementos de tradições ocidentais e orientais. Ele demonstraria ser, por um lado, um comandante romano, enquanto, por outro, seus filhos seriam príncipes orientais que respeitavam os costumes de Alexandria, como ele próprio fazia.

A procissão supostamente teria seu clímax aos pés de Cleópatra.[25] Diz-se que Antônio entregou a família real armênia — agora em correntes de ouro — a Cleópatra, que estava sentada numa cadeira dourada sobre uma plataforma banhada a prata. Os orgulhosos e irascíveis cativos supostamente se recusaram a se ajoelhar ou a chamá-la de rainha, pelo que foram punidos. Certamente há uma boa dose de meias-verdades de Otaviano nesses detalhes.

Otaviano tinha bons motivos para distorcer os fatos. A volta bem-sucedida de Antônio à Alexandria representava uma ameaça mortal. Antônio não só montava bastiões na fronteira; melhor ainda, construía algo magnífico com Cleópatra. Os dois poderiam transformar Alexandria numa segunda capital do império — uma Constantinopla muito antes de Constantinopla. Mesmo que Otaviano não tivesse declarado guerra em 32 a.C., ele e Antônio muito provavelmente acabariam entrando em choque. Se Antônio vencesse e se tornasse senhor de Roma, não esqueceria Alexandria. Ele e Cleópatra poderiam patrocinar um renascimento do helenismo naquela grande cidade, produzindo séculos de avanços em ciência e cultura. Tudo dependeria, porém, de sua capacidade de defender seu reino. Quem quer que diga que a guerra nunca resolve nada certamente não está levando em conta Ácio.

Portanto, os propagandistas de Otaviano passaram a trabalhar para fazer de Antônio um vilão. "Meia-verdade" é também o veredito cabível para uma história relacionada que aparece nas fontes.[26] Ao final da procissão ou logo depois, Antônio teria supostamente feito as doações em público a Cleópatra e aos filhos dela, à custa de Roma. Os historiadores se referem a isso como as Doações de Alexandria. Os detalhes variam, mas um quadro possível é o narrado a seguir.

Teve lugar diante de uma multidão no Ginásio, um edifício público considerado por alguns como o mais belo da cidade.[27] Essa grande edificação era o centro da vida cívica grega. Na parte externa havia colunatas numa extensão de mais de um estádio (184 metros). No interior havia espaços para atividades culturais e educacionais, assim como competições de atletismo, e também uma grande sala de jantar. Talvez tenha sido numa festa pública que as Doações tenham acontecido.

Antônio e Cleópatra estavam sentados em tronos dourados sobre um pódio banhado a prata, com tronos mais baixos para os filhos e para

Cesarião. Ali Antônio anunciou que Cleópatra deveria ser chamada rainha dos reis e seus filhos, reis dos reis. Eram títulos comuns no Oriente. Cleópatra foi declarada rainha do Egito, do Chipre e da "Celessíria" (o fértil Vale Beqaa no leste do Líbano), que ela dividiria com Cesarião. Dos três filhos da rainha com Antônio, Cleópatra Selene recebeu a Cirenaica (leste da Líbia); Ptolomeu Filadelfo ficou com a Fenícia (o litoral do Líbano), a Síria e a Cilícia; e Alexandre Hélio, com a Armênia, a Média e, como promessa futura, a Pártia. Alexandre, com seis anos, vestia-se com roupas da Média, enquanto Ptolomeu, de apenas dois anos, usava trajes macedônios. Os meninos abraçaram seus pais e receberam, respectivamente, guarda-costas armênios e macedônios.

No caso de Cleópatra, a declaração meramente confirmou o que já era fato. Ela havia muito tempo governava o Egito e Chipre, e Antônio garantira a ela territórios ricos e estratégicos no exterior. Além dos locais mencionados, incluíam a cidade de Ptolemaida-Acre (Acre, Israel), que fora fundada pelo ancestral dela; o oásis de Jericó; uma região rica em minério ao sul do Mar Morto; e duas estratégicas cidades portuárias em Creta. Ela arrendara as valiosas terras de produção de tâmaras e bálsamos em torno de Jericó ao rei Herodes, ao mesmo tempo que também auferia rendas da produção de piche ao sul do Mar Morto; o piche era usado em arquitetura, agricultura, medicina, construção naval e mumificação. Graças ao controle desses territórios, Cleópatra desfrutava de prosperidade e estava em condições de exercer poder no exterior. Chipre, Celessíria e Cilícia eram todos ricos em madeira, e a Fenícia tinha vários portos de longa tradição naval; portanto, cada um desses lugares podia desempenhar um papel importante no programa de construção de navios de Antônio. A Cirenaica, rica e fértil, também tinha portos importantes.

Cleópatra ficou em boa situação, graças a Antônio, mas não obteve tudo o que queria. Desejava muito arrebatar toda a Judeia de Herodes. Isso teria lhe dado uma extensão contígua de território da Líbia até o leste do Líbano, e também realizaria seu sonho de restaurar o Império Ptolemaico à sua anterior grandeza. No entanto, Antônio rejeitou a ideia e manteve Herodes no trono. Ele podia ter compartilhado a cama da rainha e seu luxuoso estilo de vida, mas colocava os próprios interesses em primeiro lugar. Não era vantajoso para ele ceder um aliado.

Plutarco diz que a cerimônia em Alexandria mostrou que Antônio odiava Roma — o que é propaganda de Otaviano no melhor estilo.[28] Mas não se tratou disso. A mensagem, ao contrário, foi que Antônio aspirava colocar os próprios filhos e (supostamente) o de Júlio César nos tronos de reinos aliados do Oriente, o que fortaleceria o domínio romano. Sem dúvida, significava fazer concessões a governadores não romanos, mas essa já era a política de Roma — e vinha sendo havia séculos —, mesmo que implicasse ceder antigas províncias romanas como a Cilícia e Chipre. O fato é que os arranjos também serviam para enaltecer a glória de Antônio, e esse era um problema para Otaviano, embora não fosse para Roma.

Alexandria constituía uma base excelente. Tinha um grande porto. Como centro administrativo, econômico e religioso de população multiétnica, transbordava de saberes úteis. Mesmo em declínio, os Ptolomeus ainda detinham considerável conhecimento naval e tecnológico. O Egito gerava imensa quantidade de dinheiro. Tinha as terras agrícolas mais ricas do Mediterrâneo e um centro comercial insuperável, em Alexandria. O resultado era um enorme potencial de receita com impostos.

Não era nenhuma novidade que generais romanos colocassem príncipes amigos em Estados clientes e depois usassem essas conexões para melhorar o próprio poder e posição em Roma; na realidade, o padrão remontava a séculos. O que era novo era alguém assumir o papel de pai daqueles príncipes com uma rainha nativa e, então, instalar esses filhos no poder. Era como criar um império pessoal.

Não está claro se Antônio e Cleópatra estavam casados formalmente ou não. Como faraó, Cleópatra era uma deusa e não precisava da aprovação do clero. De certa forma, o status marital de Cleópatra e Antônio não importava de fato, porque o que tinham era mais uma fusão do que um casamento. "Roma & Egito Ltda." é o que o casal representava e o que Otaviano temia. Antônio conseguira o que o Senado vinha tentando impedir havia mais de uma geração: que a riqueza do Egito ficasse nas mãos de um romano.

Antônio e Otaviano representavam duas visões diferentes para o futuro do Império Romano. Antônio oferecia a combinação de um nobre romano e um príncipe helenístico, de um *imperator* e um deus, de uma família que era metade romana e metade greco-egípcia. Seu império olharia para o Oriente e estaria ancorado em Alexandria e também em Roma. Acima de tudo, Antônio vinha junto com Cleópatra, o que entusiasmava alguns e horrorizava outros.

Já Otaviano olhava para o Ocidente. Tinha melhores credenciais italianas do que Antônio, mas seu pedigree nobre era inferior. Sem acesso à riqueza do Egito e do Oriente, tinha bem menos dinheiro que seu rival, e era obrigado a espremer uma Itália infeliz com cobrança de impostos. No entanto, seu talento político dava-lhe um comandante, Agripa, que abria a possibilidade de conquistar o que Antônio obtivera pela força das armas. Otaviano aprendera de César a oferecer os cargos de maior poder a homens cujo talento superasse sua linhagem.

Alguns senadores preferiam Antônio, que ofereceria uma via para preservar o poder deles, estrito e aristocrático. Não que o considerassem um republicano sincero, mas podem ter imaginado que, como estaria longe, iria deixar-lhes espaço para respirar em Roma. Otaviano não era sutil quanto à sua intenção de dominar a cidade com sangue e ferro, e de instalar sua família quase como uma dinastia real. Ambos os homens colocaram o mundo na expectativa de ver se seriam capazes de praticar as artes da paz do mesmo modo que haviam praticado as da guerra. Qual deles poderia ser melhor em reconstruir um mundo cansado de guerras?

Por volta do final de 34 a.C., a obra de Antônio na fronteira nordeste rendeu frutos. A Armênia estava agora sob controle romano e destinada a ser um reino governado pelo filho de Antônio, Alexandre Hélio. A Média Atropatene era um aliado romano. O jovem Alexandre poderia um dia herdar o trono da Média Atropatene de seu futuro sogro, o rei. Enquanto isso, de momento, o caminho estava aberto para invadir o reino parta. A Armênia serviria como base confiável, e a Média poderia fornecer a cavalaria que faltava a Antônio. A campanha resultante poderia render um grande troféu: a Mesopotâmia, ou pelo menos a região norte dela. Nesse caso, seria a grande conquista de uma vida para Antônio. É igualmente possível que ele se preparasse para algo abaixo disso: uma combinação de retinir de sabres e de diplomacia que convencesse o rei parta a devolver os estandartes legionários perdidos por Crasso. Em qualquer dos casos, de sua base em Alexandria, um vitorioso Antônio poderia ter lidado com seu rival em Roma.

Mas a retomada por Antônio de uma campanha parta nunca aconteceu. Em vez disso, em 33 a.C., ele retirou suas forças para oeste, pois Otaviano decidira travar guerra contra ele. Otaviano chegou a essa decisão de combater não tanto porque Antônio fosse fraco, mas porque tinha condições de se tornar mais forte, até mesmo inexpugnável. Para Otaviano, era agora ou nunca. E, assim, a guerra teve início.

CAPÍTULO 5

A CHEGADA DA GUERRA
Roma-Éfeso-Atenas, 32 a.C.

Quando o ano de 32 a.C. começou, Antônio e Otaviano estavam formalmente em paz, embora preparados para guerrear. Foi provavelmente em 31 de dezembro de 33 a.C. que o Triunvirato expirou. E não foi renovado.

No início de 32 a.C., o conflito entre rivais eclodiu no Senado romano. Os cônsules daquele ano eram ambos partidários de Antônio. Um deles, Caio Sósio, servira Antônio como comandante no Leste e como governador de duas importantes províncias, Síria e Cilícia. Em 1º de fevereiro, Sósio denunciou Otaviano no Senado. Otaviano estava fora da cidade, mas, algumas semanas depois, compareceu a outra reunião do Senado com uma guarda armada de apoiadores carregando adagas debaixo de suas togas. Ele tomou assento na tribuna entre os dois cônsules, o que deixou evidente que reivindicava o poder, embora o Triunvirato não tivesse mais vigência. Em reação a isso, centenas de senadores, talvez mais de três centenas, decidiram fugir de Roma para se juntar a Antônio em Éfeso. Poucos deles gostavam de Antônio ou sequer confiavam nele, mas pelo menos ele pertencia à velha nobreza romana e tratava seus pares senatoriais com respeito. Otaviano era um arrivista da burguesia italiana que fazia a alegação enganosa de ser patrício, mas usava de violência contra o Senado. E a questão da idade tampouco era insignificante. Os romanos geralmente olhavam os jovens com desdém. Antônio tinha cinquenta e um anos na época, o que o colocava na flor da idade. Otaviano tinha vinte e um anos, idade em que um romano ainda era considerado *adulescentulus*: "um homem muito jovem".[1]

Os senadores refugiados montaram um acampamento armado em Éfeso.

Éfeso, março de 32 a.C.

No grande porto de Éfeso — o antigo, venerável e o maior porto da Ásia Menor —, os navios não paravam de chegar. Era possível ouvir o bater dos remos desacelerando, os gritos dos contramestres, o impacto surdo das cordas sendo atiradas no cais. Ou podia-se prender a respiração diante do silêncio de um grande navio deslizando na brisa e entrando no porto.

A grande cidade portuária, já antiga na época da Guerra de Troia, há mais de mil anos, havia visto sua cota de navegantes e conquistadores: uma lendária rainha amazona; reis hititas, lídios e persas; os monarcas guerreiros Alexandre, o Grande, Ptolomeu III do Egito, Mitrídates VI do Ponto e o general cartaginês exilado, Aníbal. Mas Éfeso jamais havia visto uma frota como aquela.

Eram quinhentos navios de guerra e trezentos de transporte. A maioria dos navios de guerra eram quinquerremes — "cincos" eram chamados, em referência ao número de remadores de cada seção transversal do navio. Eram grandes galés de madeira, cada uma carregando trezentos remadores e 120 marinheiros, além de outros tripulantes. Tinham uma vantagem tecnológica: com madeira reforçada na proa, as embarcações eram capazes de abalroar o inimigo de frente. Entretanto, havia navios ainda maiores — por tamanho, dos "seis" aos "dez" —, grandes máquinas de guerra destinadas a esmagar as barreiras de portos fortificados. Muitos dos navios eram reluzentes e novos, construídos com madeira recente das florestas do litoral mediterrâneo da Ásia Menor, ou da Fenícia e das terras de ambos os lados do Monte Líbano, ou de Gilead (na atual Jordânia), ou de Chipre, ou mesmo do bosque sagrado do deus da cura na ilha de Cos.

Levando em conta todo o pessoal embarcado nesses navios — cerca de duzentos mil homens —, teria sido necessária uma segunda cidade para aprovisioná-los. Mais desafiador ainda para os recursos locais é que Éfeso era também o ponto de reunião de cerca de 120 mil soldados de infantaria e cavalaria, o que compunha um influxo total de cerca de trezentos mil homens. Eles superavam em número a população de todas as cidades do mundo antigo, exceto um punhado delas, até mesmo a própria Éfeso, que deveria ter talvez 250 mil habitantes. Alimentar todos eles exigiria um milagre.

Mas se havia algum lugar que podia acolher o chamado do milagroso, este seria Éfeso. Lar tradicional de adoração da deusa grega Ártemis (Diana na mitologia romana), Éfeso abrigava o magnífico Templo de Ártemis, uma das Sete Maravilhas do Mundo. O templo era uma enorme edificação de mármore com um pórtico envolto por 127 colunas. Embora o templo também servisse como banco, Éfeso poderia ir adiante sem seus recursos para alimentar soldados e marinheiros, pois contava com outra deusa a quem recorrer: Cleópatra.

Ela era de carne e osso, mas, para seus súditos, Cleópatra era a encarnação terrestre de Ísis, a suprema divindade feminina do Egito e uma deusa popular em todo o Mediterrâneo. Dizia-se que havia fornecido um quarto dos navios de guerra e todos os seus suprimentos, assim como perto de dois milhões de libras de prata.[2] E não era uma parceira passiva: viera a Éfeso desempenhar um papel ativo na frota. Não era incomum um monarca grego acompanhar um general romano numa campanha militar, mas uma rainha era algo novo, especialmente se ela tivesse intenção de permanecer na frente de batalha.

Cleópatra já provara sua utilidade a Antônio ao colocar seu reino a serviço dele como um motor de guerra. Embora o Egito Ptolemaico não tivesse havia dois séculos investido numa grande marinha, preservara o *know-how* marítimo, quer no grande porto mediterrâneo de Alexandria, quer nos navios que singravam o Mar Morto ou seguiam adiante até a Índia. Cleópatra tinha dinheiro para financiar uma frota e pagar marinheiros. Com a ajuda dela, Antônio poderia gastar mais e construir mais que o inimigo.

Além de apoiar seu homem e seus três filhos, a maior preocupação de Cleópatra era que Antônio não sacrificasse Cesarião no altar da reconciliação com Otaviano. Na primavera de 32 a.C., com uma confrontação militar no horizonte, sua causa era forte. Além disso, a política é fluida, e Otaviano era astuto, então a rainha não podia baixar a guarda. A política mais segura era ela ficar perto de Antônio, aonde quer que isso a levasse.

O homem que odiava Cleópatra

Entre os refugiados senatoriais que vieram a Éfeso, estavam Sósio e o outro cônsul para 32 a.C., Enobarbo. Ele odiava e temia Cleópatra, apesar das contribuições dela para a causa de Antônio. Como romano, Enobarbo desprezava os gregos. Como republicano, não via utilidade em monarcas. Como homem orgulhoso, desdenhava uma mulher poderosa. Ele temia a influência da rainha sobre Antônio. O filho de Enobarbo estava noivo da filha mais velha de Antônio (de uma esposa anterior), mas Enobarbo, como político, sabia que Cleópatra era um veneno em Roma, onde Otaviano a rotulara de bruxa estrangeira que seduzira Antônio. Muitos dos homens de Antônio viam as coisas assim também e não temiam declará-lo. Eles juntaram suas vozes à de Enobarbo em Éfeso.[3]

A presença de ambos os cônsules tornou mais fácil para Antônio organizar os senadores refugiados numa oposição ao Senado, que alegava ser, com efeito, a Roma real. Seus partidários em Roma haviam mantido viva a imagem republicana de Antônio na ausência dele. Celebravam triunfos — certa ocasião, Antônio foi incluído *in absentia* — e patrocinavam edifícios públicos.[4] Em Roma, era possível manter a expectativa em torno de Marco Antônio, um homem associado às imagens em cera de abelha de seus ancestrais que um nobre romano mantinha em seu gabinete em casa. Não admira que alguns de seus apoiadores tivessem ficado chocados ao fugir para o leste e deparar com a realidade dourada de Cleópatra e do consorte dela.

A República romana estava morta, mas ninguém avisara Enobarbo. Quando jovem, havia sido capturado com seu pai ao lutar contra César numa guerra civil. César perdoou-os e deixou-os livres. O pai, teimoso, insubordinado, mal-humorado e deprimido, morreu em batalha um ano mais tarde. O filho sobreviveu. Acusado falsamente de ser um dos assassinos de César — não tomara parte no complô, mas o havia aprovado mais tarde —, Enobarbo juntou-se aos assassinos e comandou uma frota na guerra contra os herdeiros de César. Apesar de terem perdido a guerra em terra, Enobarbo continuou vencendo as batalhas no mar.

Em 40 a.C., finalmente fez as pazes com Antônio, que o nomeou um de seus principais generais e administradores. Mas Enobarbo não fez as pazes com Cleópatra. Ela ainda tentou convencê-lo, mas Enobarbo continuou opondo-se teimosamente. Era o único dos apoiadores de Antônio que se recusava a chamá-la de rainha Cleópatra, e dirigia-se a ela rudemente, chamando-a simplesmente pelo nome. Ele e seus colegas em Éfeso diziam a Antônio que ela precisava ir embora. Ter Cleópatra de volta ao Egito ajudaria a causa de Antônio em Roma, pois a ausência dela deixaria claro que Otaviano estava numa guerra civil contra Antônio, e não numa guerra estrangeira contra Cleópatra. E Otaviano jurara em público que nunca se envolveria em outra guerra civil.

Enobarbo e seus colegas que pensavam como ele talvez desejassem que Antônio invadisse a Itália e derrotasse Otaviano. Sabiam que seria mais fácil para os italianos aceitarem uma invasão se Cleópatra não fizesse parte dela. E podem também ter ficado com receio de que Cleópatra se opusesse a uma invasão, a fim de preservar sua frota e proteger as vias marítimas para o Egito. Eles sabiam que, por causa do dinheiro dela, de seus navios, seus homens e sua influência sobre Antônio, ela teria uma voz considerável. Portanto, tinham muitas razões, além de seus preconceitos contra a mulher, uma egípcia e uma rainha, para querer ver Cleópatra fora daquilo.

Antônio ainda era suficientemente parte do *establishment* romano para ouvir as vozes de seus nobres apoiadores; então, ordenou que Cleópatra de momento navegasse de volta ao Egito. Ela, no entanto, não aceitaria isso de modo algum. Queria lutar, e temia deixar Antônio por conta dele. Preocupava-se também com Otávia. Cleópatra sabia que, se ela fosse embora, Otávia poderia vir e intermediar um acordo de paz com Otaviano, como já havia feito antes. Mas Cleópatra não tentou ela mesma mudar a decisão de Antônio. Era astuta demais. Em vez disso, recorreu ao seu principal general, Canídio, um homem tão importante para Antônio em terra quanto Enobarbo no mar, e que a chamava de rainha.

Canídio provavelmente estava encarregado da Armênia, uma atribuição muito importante. Por ordem de Antônio, no início de 32 a.C.,

Canídio trouxe seu exército para Éfeso. Canídio era uma pessoa prática; reconhecia que Cleópatra trazia dinheiro, marinheiros egípcios e experiência prática de governar um grande Estado, e que tudo isso seria perdido caso ela fosse mandada de volta. Foi o homem que Cleópatra escolheu para defender sua posição.

Canídio também argumentou que mandar Cleópatra de volta faria o contingente egípcio perder seu brio na batalha. Não era pouco, e provavelmente se aplicava a várias outras nações orientais cujos soldados estavam se juntando à luta. Muitas pessoas no Mediterrâneo oriental odiavam Roma. Apenas menos de trinta anos haviam transcorrido desde a morte do rei Mitrídates VI do Ponto, o formidável inimigo que lutara três guerras entre 88 e 63 a.C., que abalaram o domínio romano no Oriente. Na Síria e na Judeia, alguns ainda lembravam que seu país havia sido livre até a conquista romana de 63 a.C. No Egito, o sentimento anti-Roma ardera até produzir uma guerra contra César em Alexandria, em 48 a.C. Em outras partes do Oriente, as pessoas ainda se ressentiam da maneira como os assassinos de César os haviam exaurido de recursos para financiar sua guerra contra Antônio e Otaviano.

Para muitos, Cleópatra simbolizava resistência. Ela acumulara créditos por ter domado Antônio, trazendo-o para o lado dela. Ele fornecia o músculo, mas Cleópatra era o coração e a alma da luta.

A profecia era uma forma popular de mensagem política no mundo antigo, especialmente no Oriente. Uma profecia em grego por volta de 33 a.C. afirmava que uma "amante" iria "cortar os cabelos de Roma" e vingar a Ásia pelos malfeitos que Roma lhe infligira.[5] A amante faria justiça derrotando os romanos e restaurando uma era dourada de paz e reconciliação — uma era, diziam alguns, solar. Embora a amante não fosse nomeada, é fácil ver uma referência a Cleópatra. Não admira que a presença dela dividisse os generais de Antônio. Para alguns, era multiplicadora de forças; para outros, uma revolucionária perigosa e um presente para a propaganda do inimigo.

Antônio estava disposto a correr o risco. Veio para o lado de Canídio e decidiu que a rainha, apesar de tudo, poderia ficar. Lamentavelmente, Canídio foi acusado de receber propina de Cleópatra. Cabe avaliar a evidência de um documento grego em papiro que sobreviveu por acaso — foi reutilizado no envoltório de uma múmia em cemitério romano ao longo do Nilo. Ele registra uma ordem real de 33 a.C. concedendo a Canídio grandes isenções de impostos em suas terras no Egito, assim como em seu negócio de importação e exportação (trigo egípcio em troca de vinho das ilhas gregas). Os privilégios eram extensivos a seus inquilinos, animais e navios. Talvez a terra fosse uma concessão régia anterior. A ordem é assinada por uma mão diferente e diz, em grego, "cumpra-se". Pode muito bem ser um manuscrito da própria Cleópatra, mas, mesmo que não seja, com certeza ela estava por trás da ordem. A rainha sabia como usar a riqueza do Egito para conquistar aliados romanos.

Talvez tenha passado pela mente de Cleópatra a ideia de ficar de olho em Enobarbo. Tendo perdido sua luta política em Éfeso, ele representava um risco à segurança e poderia ir até Otaviano. Afinal, Enobarbo já havia mudado de lado antes.

No final das contas, ao fazer pressão para impor sua posição, Enobarbo acabou reforçando a posição de Cleópatra com Antônio. Em guerras passadas, Antônio sempre travara as próprias batalhas. Sua aliança com Cleópatra iria lhe custar apoiadores romanos, alguns dos quais agora passavam para o lado de Otaviano. Era o destino, escreveu Plutarco.[6] Era Cleópatra.

Samos

Por volta de abril de 32 a.C. Antônio, Cleópatra e suas respectivas comitivas saíram de Éfeso e navegaram até a vizinha ilha de Samos. Era o primeiro passo no longo movimento ao oeste do exército e da marinha. Podia demorar seis semanas até levar todo mundo a cruzar o Egeu e mais tempo ainda para alcançar e ocupar o litoral oeste da Grécia. Dali poderiam tanto defender a metade oriental do Império Romano de ataques como invadir a própria Itália.

Antônio reunira um grande exército do Oriente em Éfeso e trouxera também reis, príncipes, cidades e nações, do mar Adriático à Crimeia, da Síria à Armênia, como Plutarco coloca em tom dramático. Numa linha similar, prossegue Plutarco, Antônio ordenou que todos os "artistas de Dionísio" viessem a Samos. Eram guildas de músicos, atores e dançarinos. Eram grupos coesos, ricos e poderosos de cidades gregas do Egeu e além, representando o tipo de influência que hoje celebridades e equipes de esporte profissionais exercem. Antônio prometeu recompensá-los com territórios na rica cidade de Priene (ao sul de Éfeso, no litoral egeu da Turquia), mas, primeiramente, houve os espetáculos em Samos. Segundo Plutarco, Antônio e Cleópatra "festejaram" na ilha. Plutarco escreve:

> Enquanto quase o mundo todo ao redor estava cheio de gemidos e lamentações, uma única ilha por vários dias ressoou com flautas e instrumentos de cordas; os teatros ali estavam lotados, e grupos corais competiam entre eles. Cada cidade enviou também um boi para ser sacrificado, e os reis competiam entre si com seus entretenimentos e presentes mútuos. E, assim, homens por toda parte começaram a perguntar: "Como irão os conquistadores celebrar suas vitórias se seus preparativos para a guerra já são marcados por festas tão custosas?".[7]

Plutarco aqui oferece a versão dos eventos oficialmente aprovada pelo Império Romano. Antônio e Cleópatra eram frívolos, esbanjadores sibaritas que desperdiçavam seus recursos militares — assim dizia a propaganda posterior. Um relato imparcial poderia, ao contrário, declarar que Antônio e Cleópatra montaram uma reunião brilhante para inspirar seus seguidores e diverti-los durante uma pausa na campanha. Era, em parte, um grande show para soldados; em parte, um desfile de bota-fora; em parte, uma bênção aos soldados que partiam para a guerra. Como o novo Dionísio, Antônio podia gabar-se do apoio que recebia dos seguidores do próprio deus.

Divórcio

Por volta de maio ou junho, Antônio e Cleópatra tinham transferido sua base para Atenas. Seis anos antes, a cidade acolhera ele e Otávia, vivendo juntos como um casal feliz com uma filha ainda bebê, mas esses dias haviam ficado para trás. Esquecidas estavam agora as honrarias prestadas a

Otávia quando era cultuada como Atena junto com o Dionísio de Antônio. Agora, a Assembleia ateniense votava divinas homenagens a Cleópatra.[8] Uma delegação de cidadãos atenienses, liderada por Antônio, a quem havia sido concedida a cidadania cerca de uma década antes, veio à casa da rainha para dar a notícia. Antônio parou diante dela e fez um discurso em nome da cidade.

Mas foi Otávia que atraiu a atenção de Antônio enquanto ele esteve em Atenas.[9] A lei romana de divórcio era simples e direta. Tanto um esposo quanto o outro podiam informar seu parceiro que o casamento estava encerrado. "Pegue suas coisas e leve embora" era a fórmula legal de um parceiro anunciando seu divórcio ao outro.[10] Antônio comunicou a mensagem a Otávia por carta, prática comum em Roma.

Do ponto de vista romano, a decisão de Antônio de divorciar-se de Otávia pareceu fora do tom — um erro não forçado que enfatizava o argumento de Otaviano de que Antônio traíra uma virtuosa matrona romana por uma estrangeira sedutora. Do ponto de vista oriental, porém, fazia sentido. Ao cortar seus laços com a Casa de César, o novo Dionísio preparava-se para liderar o Oriente contra os odiados romanos. Ele se uniria à sua verdadeira consorte, Ísis, para embarcar numa guerra santa. O fato de o próprio Antônio ser romano não contava muito. Era algo que podia ficar soterrado sob uma avalanche de propaganda. Mais tarde, quando Antônio fosse à Itália, poderia reverter o curso e apresentar-se como filho leal da República.

Enquanto isso, em Atenas, estátuas de Antônio e Cleópatra como deuses eram erguidas na Acrópole, o lugar mais sagrado e mais proeminente da cidade. Um engraçadinho local criticou os dois ao rabiscar sob uma estátua de Antônio, em grego: "De Otávia e Atena para Antônio", seguido em latim por "pegue suas coisas e vá embora".

Após receber a notícia de que Antônio a repudiara, Otávia precisava se mudar. Por cinco anos havia morado na casa de Antônio, numa parte nobre de Roma.[11] Ali recebia os amigos e associados dele e punha-os em dívida com ela — e com o seu poderoso irmão — ao ajudá-los a obter um cargo público ou a lidar com alguma outra questão. Agora Otávia e os seis filhos que vinha criando passariam a viver com o irmão dela. Essas crianças eram as duas filhas que teve de Antônio, mais um filho e outras duas filhas de um casamento anterior seu, e também um dos filhos de Antônio de um casamento anterior dele; o outro filho de Antônio, Antilo, estava com o pai.

Ao receber a notícia do divórcio, dizem os registros que Otávia chorou lágrimas de infelicidade.[12] As lágrimas eram mais comuns e aceitáveis em Roma do que são hoje, e tanto homens quanto mulheres choravam em público. A *miseratio*, ou súplica retórica — frequentemente chorosa — por compaixão, era tanto uma praxe como uma suspeita. Mais impressionante é o sentimento que Otávia talvez tenha expressado: o de sentir-se malfadada porque poderia parecer que ela era uma das causas da guerra que logo iria eclodir.[13] Vale notar que, nesse caso, Otávia não estaria lamentando o fato de haver uma guerra no horizonte, mas meramente que *ela* viesse a ser culpada por isso. Se esse relato é verdadeiro, está de acordo com a ênfase que os romanos davam às suas reputações.

Antônio divorciar-se de Otávia foi algo que veio de mão beijada para Otaviano em Roma. Na realidade, foi um gesto tão inepto de Antônio que é possível imaginar que Otaviano tenha armado algum truque para levar Antônio a realizá-lo.[14] Talvez Otaviano, com a conivência de Otávia, tivesse lançado o boato de que ela estaria prestes a se divorciar de Antônio. Isso pressionaria Antônio a agir primeiro, para evitar a humilhação de ser rejeitado. Quão fácil seria, então, para Otávia fazer o papel da parte lesada! Cabe lembrar a imensa vantagem propagandística que Antônio obteria entre seus apoiadores orientais ao parecer romper com Roma e se ligar a Cleópatra, a vingadora e salvadora. Talvez Antônio desejasse ter as duas coisas ao mesmo tempo, isto é, ser visto como divorciado de Otávia no Oriente e continuar casado com ela em Roma! Não era possível, claro, e Otaviano conseguiu usar o gesto de Antônio contra ele no Ocidente.

Se de fato Otávia afirmou sentir-se infeliz pela possibilidade de ser vista como a causa da guerra, então seria preciso ter um coração de pedra para não se engajar num pensamento perverso. Talvez ela se sentisse mais infeliz ainda se *não* fosse vista desse modo. Talvez Otávia, não menos que Helena, sentisse um prazer ilícito por saber que fizera o mundo girar. Sem dúvida, um pensamento perverso.

Quanto aos casamentos, a experiência de Otávia com Marco Antônio havia sido um desastre: traição, humilhação e abandono. No entanto, o casamento também lhe trouxera a maternidade, o poder político, a celebridade, viagens e um estranho endeusamento. Havia terminado mal, mas quantos outros divórcios poderiam afirmar ter salvado duas vezes o mundo romano de uma guerra civil? Examinando melhor, talvez vários anos mais tarde, Otávia poderia encontrar consolo ao ponderar que, graças ao seu sacrifício e trabalho duro, havia sido possível montar o cenário para que o irmão se tornasse o governante do mundo. Agora, *isso* seria visto como lealdade familiar, que, mesmo segundo os rigorosos padrões romanos, mereceria constar nos livros de história.

Por cerca de uma década após o divórcio, Otávia está totalmente ausente do registro histórico. Isso pode ser frustrante hoje, mas não surpreende, pois ela já havia concluído sua missão. Do ponto de vista de seu irmão, o casamento de Otávia havia sido um sucesso estrondoso. Não admira que, nas décadas subsequentes, ele a tratasse com a máxima consideração. A mediação dela mantivera Antônio fora da Itália quando o jovem Otaviano precisava estar desimpedido para poder enfrentar Sexto Pompeu. Ela também fez Antônio entregar uma frota de guerra enquanto aceitava que o irmão não lhe desse quase nada em troca, exceto promessas, que seriam descumpridas no tempo devido. Além disso, por seu bom comportamento e dignidade diante do tratamento humilhante que Antônio lhe dispensou, Otávia propiciou ao irmão uma propaganda caída do céu. Otávia não produzira um herdeiro para os Antonii, muito menos um menino para fazer cumprir a profecia de Virgílio. Mas havia feito tanto para a Casa dos Césares quanto qualquer comandante militar.

Os desertores

Em junho ou julho de 32 a.C., Otaviano recebeu em Roma os dois mais altos membros da comitiva de Antônio que haviam desertado. Eram Lúcio Munácio Planco e seu sobrinho Marco Tício. Antônio confiara nos dois, o quanto era possível confiar no escorregadio Planco e em seu protegido. Juntos, os dois deram novo sentido ao termo latino para desertor, *transfuga*, literalmente "aquele que foge para o outro lado". Otaviano, no entanto, recebeu-os como valiosas fontes de informações e propaganda.

Além disso, partindo do princípio expresso no ditado "Um ladrão consegue reconhecer outro", Otaviano sabia como julgar um "vira-casaca". Em seus doze anos no cenário público, ele primeiro apoiara Júlio César, e depois, o Senado que aprovara o assassinato de César. Travara guerra contra Antônio e, então, juntara forças com ele contra o Senado. Aliara-se a Cícero e depois permitira que fosse executado. Fizera a paz com Sexto Pompeu para, na sequência, travar com ele uma guerra mortal. Portanto, Otaviano podia tolerar algumas reviravoltas nos outros. Ou, no caso de Planco, mais do que apenas algumas.

No período dos últimos doze anos, Planco também mudara de lado várias vezes. General bem-sucedido, Planco celebrara um triunfo e fora proclamado duas vezes *imperator*. Depois de fazer marchar um exército contra Otaviano em Perúsia sem chegar a entrar em combate, obteve permissão de Otaviano para fugir da Itália e juntou-se a Antônio no Leste. Trabalhou tão próximo de Antônio nos anos seguintes que, por um período, este confiou-lhe até seu anel de sinete e correspondência, ou pelo menos era o que Planco alardeava.[15] Sem dúvida, porém, Antônio deu-lhe o governo de duas províncias importantes, a Ásia (Turquia ocidental) e a Síria. E Planco também desfrutava dos favores de Cleópatra. As fofocas a respeito são suculentas. Ao que parece, era um bajulador tão subserviente que uma vez, para diverti-la num banquete, imitou um tritão, dançando nu, o corpo pintado de azul, a cabeça rodeada de juncos, ostentando um rabo de peixe e rastejando de joelhos.[16]

O sobrinho de Planco, Tício, que havia sido proscrito em 43 a.C., montou sua própria frota e foi para o mar; seu pai, que também fora proscrito, juntou-se a Sexto Pompeu. Tício foi capturado pelos homens de Sexto, mas poupado em consideração ao pai, também partidário de Sexto, como eles. Após a anistia de 39 a.C., Tício voltou à Itália. Depois foi para o leste, onde serviu Antônio como questor na invasão da Média. Antônio deu a Tício o encargo de lidar com Sexto quando este fugiu para a Ásia Menor após sua derrota no mar, nas costas da Sicília em 36 a.C. Tício retribuiu a generosidade anterior de Sexto mandando executá-lo, plausivelmente por ordens de Antônio, ou talvez de Planco. Certamente contou com a aprovação de Antônio, porque este fez Tício governador da rica província da Ásia Romana.

Por que, então, Planco e Tício passaram para o lado de Otaviano? Uma fonte hostil diz que Planco foi pego roubando e perdeu os favores de Antônio.[17] Contudo, autoridades romanas tendiam a fazer vista grossa a pequenos desfalques, desde que lhes fosse garantida sua fatia. Uma explicação mais plausível é que Planco e Tício teriam rompido com Antônio por causa de seu divórcio de Otávia.[18] Ninguém que prezasse a opinião pública italiana veria Antônio fazendo um gesto desses sem ficar alarmado. Pode ter parecido que Antônio estivesse abrindo mão da vitória, ao agir de uma maneira que uniria a Itália em torno de Otaviano. Como Enobarbo, também Planco e Tício teriam desejado que Cleópatra voltasse ao Egito depois de Éfeso, em vez de permanecer com a expedição.[19] Apesar disso, Enobarbo continuou apoiando Antônio, mas Planco escolheu pedir as contas. Talvez a fonte hostil estivesse certa quando disse que, no caso de Planco, a traição era como uma doença.[20]

A possibilidade de interrogar Planco e Tício com certeza deu a Otaviano e seus conselheiros informações valiosas a respeito de Antônio e de seus planos militares. Também serviu um petisco apetitoso para a guerra de propaganda: alegar que Antônio havia deixado um testamento com as virgens vestais em Roma. Ou quem sabe Otaviano já soubesse disso, mas usasse a chegada dos dois desertores como pretexto para arrebatar ilegalmente o testamento da salvaguarda das vestais.

Numa sessão dramática do Senado, Otaviano anunciou o conteúdo do documento.[21] Antônio reconhecia Cesarião, disse Otaviano, como filho verdadeiro de Júlio César. O documento citava os filhos de Antônio com Cleópatra entre os herdeiros dele. Finalmente, ordenava que Antônio fosse enterrado em Alexandria ao lado de Cleópatra. Mesmo que morresse em Roma, seu corpo deveria ser despachado para o Egito. A cereja do bolo, como Otaviano deixava implícito, era que Antônio pretendia mudar a sede do império de Roma para o Oriente.

Ou seja, Otaviano alegava que o testamento dizia todas essas coisas. Mas algum ceticismo se faz necessário. É plausível que Antônio tenha deixado um testamento com as virgens vestais, mas não que tivesse colocado essas palavras condenatórias no papel, especialmente não em Roma, onde ficariam à disposição de seus inimigos. Com toda probabilidade, Otaviano inventou a maior parte disso, usando a "revelação" de Planco como pretexto para ir atrás do testamento. A única parte com certeza verdadeira era que Antônio reconhecia Cesarião como filho de César.

Mesmo com a fuga de centenas de senadores de Roma em fevereiro, indo ao encontro de Antônio em Éfeso, ainda restavam membros para criticar Otaviano por sua ação.[22] Mas não importava. O testamento podia ser exibido como prova tangível do fascínio de Antônio por uma rainha estrangeira. Os senadores remanescentes concordaram em retirar de Antônio seu *imperium* — a garantia legal e formal de poder comandar exércitos romanos no exterior —, assim como do consulado que ele supostamente ocuparia no ano seguinte, 31 a.C. Contudo, não o declararam inimigo público, porque não queriam excluir seus apoiadores; na realidade, ofereceram acolher esses apoiadores e trazê-los para o seu lado, incentivando-os a desertar.[23]

A condenação de Antônio teve ares de espetáculo. Otaviano amava o teatro,[24] e pode ter lembrado o papel destacado da carta na peça *Hipólito*, do dramaturgo grego Eurípides, de 428 a.C., na qual a protagonista feminina Fedra faz a falsa acusação de que Hipólito, um príncipe e seu enteado, a teria estuprado. O testamento de Antônio servia também como recurso eficaz para dar continuidade ao drama. Atores coadjuvantes, como Caio Calvísio Sabino, que tentara salvar a vida de César na reunião fatídica do Senado dos Idos de Março, foram convocados para se dirigirem aos senadores e acrescentarem detalhes: por exemplo, que o nobre Antônio uma vez teria se disposto, num banquete com altos convidados, a massagear os pés de Cleópatra.[25]

Tudo isso se resumia a relações públicas. Ninguém que tivesse acompanhado a carreira de Otaviano se surpreenderia. Era um homem que transformava informações em arma.

A declaração de guerra

Após votarem para declarar guerra a Cleópatra, os senadores tomaram parte numa cerimônia formal ancorada na tradição, embora talvez com uma inovação ou duas.[26] De novo, Otaviano mostrou que sabia ser teatral.

Os senadores vestiram suas capas militares e foram até o Templo de Belona, a deusa da guerra, localizado fora dos muros de Roma. Ali, Otaviano desempenhou o papel oficial de um dos sacerdotes conhecidos como *fetiales*, que supervisionavam as leis e rituais da guerra e da diplomacia.[27] Antes de declarar guerra, esses sacerdotes faziam uma afirmação pública perante Júpiter, principal deus de Roma, de que sua causa era justa. Foi o que fizeram nessa ocasião, e, então, Otaviano arremessou uma lança num trecho de terra perto do templo que simbolizava o território inimigo. O simbolismo era claro: o inimigo de Otaviano era um estrangeiro, não um companheiro romano, e a causa de Otaviano era justa. O que não é claro é se o lançamento da lança constituiu uma cerimônia arcaica trazida à luz do passado romano ou uma apropriação cultural dos gregos. Se arcaica, demonstra Otaviano explorando o amor dos romanos por sua herança. Se grega, foi uma cópia do mais famoso arremesso de lança da história antiga: o de Alexandre, o Grande, dando início à sua invasão do Império Persa ao atirar uma lança depois de cruzar o estreito de Helesponto e pôr os pés em solo asiático. Alexandre considerava o território persa como terra "a ser vencida pela lança". Isso também teria sido adequado a Otaviano: reviver o passado romano ou envolver a si mesmo com o manto do maior conquistador do mundo.

Portanto, estava feito, finalmente. Guerra a Antônio, mas apenas por intermédio da rota indireta de atacar Cleópatra. O Senado, ou o que restara dele, deu sua aquiescência, pelo menos publicamente. Com toda probabilidade, votaram também pela posição de Otaviano como comandante dos exércitos do Estado na campanha. Evidentemente isso não bastava. Otaviano exigiu que todos os italianos e até as províncias ocidentais jurassem fidelidade a ele. Em anos posteriores, relembrava esse momento com orgulho: "A Itália inteira jurou fidelidade a mim e solicitou-me que fosse seu líder na guerra. As províncias de Hispânia, Gália, África, Sicília e Sardenha também juraram fidelidade".[28]

Focar a guerra em Cleópatra, e não em Antônio, proporcionava várias vantagens em Roma. Não declarar guerra a Antônio permitiu a Otaviano manter sua promessa de não iniciar nenhuma nova guerra civil. Em termos de publicidade, a rainha do Egito representava um inimigo quase perfeito. Por ser mulher, estrangeira, grega, egípcia e monarca, ela oferecia um alvo rico para os preconceitos romanos.

Pelas mesmas razões, Otaviano acabou dando ao inimigo um impulso à sua propaganda no Oriente. Antônio era um romano, e os orientais não se importavam muito quando um romano atacava outro. Cleópatra, no entanto, era do lado deles. Um ataque a ela era um ataque ao Oriente em geral, assim como à deusa Ísis.

Antônio e Cleópatra podem ter ganhado alguns créditos por terem encurralado Otaviano em seu canto. Ao afirmarem a legitimidade de Cesarião, exerceram pressão, pois isso tornava Cleópatra, e não Antônio, a real ameaça a Otaviano. Lidaram habilmente com as informações e forçaram seu inimigo a agir de uma maneira que fortaleceu a base política deles.

Otaviano pode ter expressado seu ultraje diante do tratamento que Antônio dispensou a Otávia. Pode até ter se *sentido* ultrajado de fato, mas não seria esse o sentimento que levaria Otaviano à guerra. Foram três coisas: Roma, Egito e César. A lógica da política romana pedia um duelo entre duas dinastias. Egito era a arca do tesouro que tanto Pompeu quanto César haviam arrebatado, embora não tivessem sido capazes de mantê-la diante da oposição do Senado. Antônio ameaçava ficar com ela, o que o tornaria capaz de superar Otaviano permanentemente em gastos. César era o pai reivindicado por ambos os homens, e apenas um deles poderia ser seu herdeiro.

Cesarião ameaçava a reivindicação de Otaviano de ser filho de Júlio César. Cada dia que o menino vivia, fazia diminuir as pretensões do homem conhecido como *Gaius Julius Caesar Imperator Divi Filius*: Caio Júlio César, o Vitorioso General, Filho de um Deus. Se Cesarião era um César em carne e osso, então Otaviano voltava a ser meramente Caio Otávio, um membro menor de uma próspera, mas provincial, família italiana, que por acaso estava relacionada ao grande Julius, mas apenas por parte da mãe dele. Otaviano não fazia objeção aos arranjos territoriais de Antônio no Oriente; na realidade, após a Batalha de Ácio, manteria quase todos os reis clientes de Antônio em seus postos.

Otaviano não pode ser culpado por concluir que a guerra com Antônio era irremediável. A nova frota de Antônio, seu reconhecimento de Cesarião e suas ambições dinásticas, tudo isso subscrito pela riqueza de Cleópatra, tornaram a guerra inevitável. No entanto, permanece o fato de que foi Otaviano que atacou primeiro. Ele provocou a guerra numa época em que Antônio lutava por Roma no front oriental contra a Pártia. Alguns podem taxar o movimento de Otaviano como pouco patriótico, mas a expectativa dele era que isso lhe trouxesse o troféu final: o Império Romano inteiro.

PARTE 2
UM PLANO E UM ATAQUE
Outono de 32 a abril de 31 a.C.

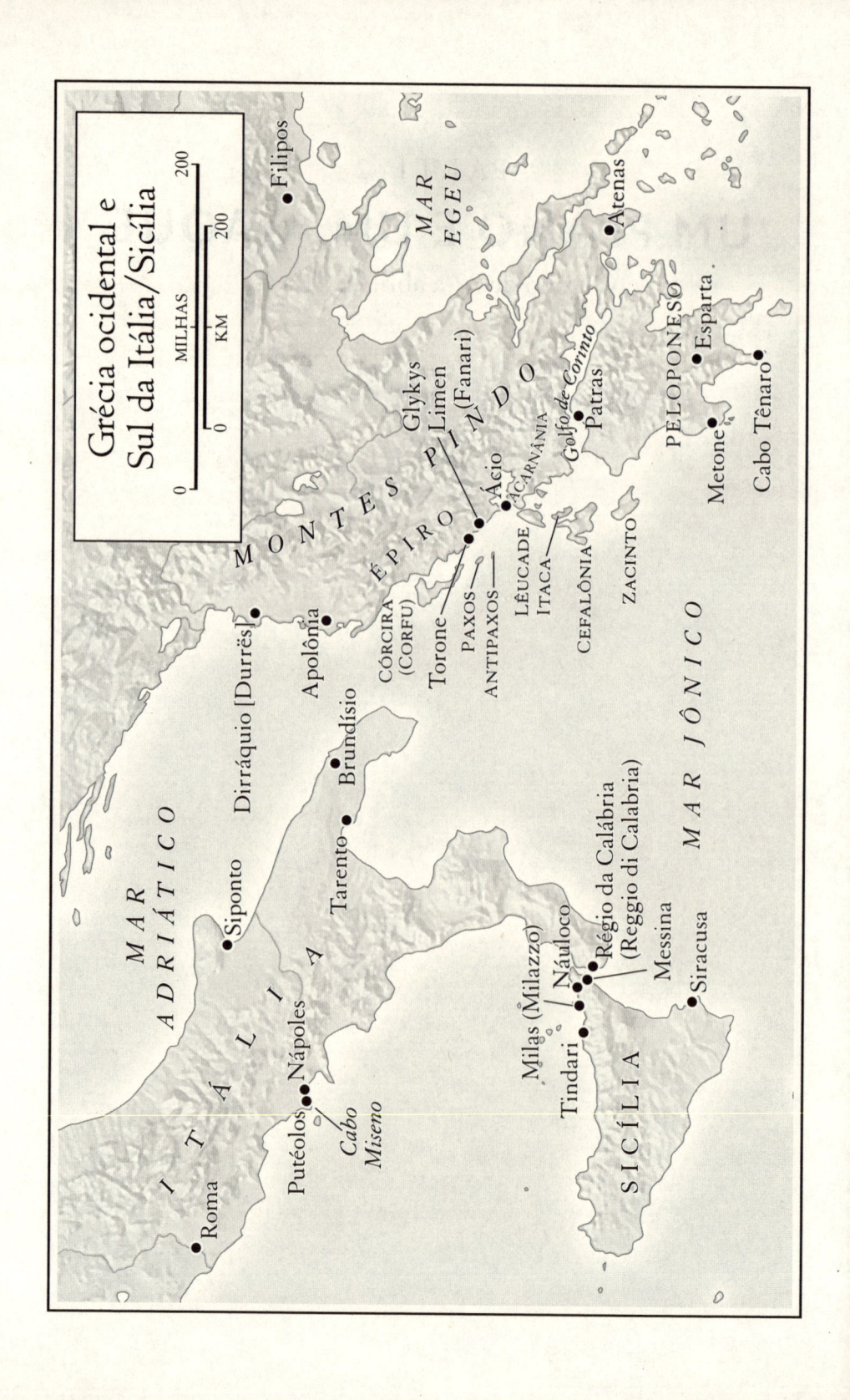

Grécia ocidental e Sul da Itália/Sicília

CAPÍTULO 6

OS INVASORES
Grécia ocidental, outono de 32 a.C.

Antônio e Cleópatra seguiam duas estratégias diferentes em 32 a.C., uma alicerçada em terra; a outra, marítima. A fundamentada em terra exigia um esforço para cruzar o mar Jônico e invadir a Itália, enquanto a estratégia marítima estabelecia uma base no litoral oeste da Grécia para defender as rotas marítimas com o Egito. Sendo iguais todos os demais fatores, uma estratégia baseada em terra exerca maior apelo a Antônio, um general de terra por excelência, enquanto Cleópatra favorecia uma estratégia marítima, porque protegeria a terra natal egípcia e enfatizaria a contribuição dela em navios.

Mas todos os fatores não eram iguais. O *imperator* e a rainha tinham uma grande marinha, uma orgulhosa tradição ptolemaica no mar e almirantes experientes como Enobarbo, mas enfrentavam uma frota inimiga veterana e vitoriosa comandada por Marco Agripa. Após vencer o maior almirante da época, Sexto Pompeu, e complementar esse feito com uma bem-sucedida campanha na Ilíria por terra, mar e rios, Agripa podia com justiça reivindicar que se sobressaía. Se atacasse, somente uma força alerta, astuciosa e determinada poderia montar uma defesa eficiente. Uma invasão da Itália transferiria a iniciativa a Antônio e Cleópatra, e, ao mesmo tempo, favoreceria o poderio de Antônio em terra. Todavia, cruzar o mar Jônico seria difícil e provavelmente despertaria reação do inimigo. O sul da Itália tinha poucos portos, e os melhores deles, Brundísio e Tarento, eram pesadamente fortificados. Além disso, e se Agripa e Otaviano decidissem isolar Antônio e Cleópatra ali e enviassem o grosso de sua frota para atacar o Egito?

Havia razão em considerar uma estratégia cautelosa. Antônio e Cleópatra poderiam esperar na Grécia, ameaçar invadir a Itália e estimular ali a oposição a Otaviano e às suas exigências financeiras. Em última instância, o inimigo teria que vir até eles. Um esforço supremo de habilidade e vigilância poderia mantê-los precavidos para confrontar a travessia do inimigo e qualquer tentativa que fizesse de desembarcar. Mesmo que Agripa e Otaviano fossem capazes de combater e conseguissem estabelecer uma base na Grécia ocidental, ainda assim precisariam de comida e água. Se Antônio e Cleópatra conseguissem obstruir o acesso deles a essas necessidades, iriam obrigá-los a travar uma batalha terrestre. Isso colocaria Otaviano e Agripa exatamente onde Antônio em princípio preferiria enfrentá-los, isto é, numa batalha terrestre, e também honraria a contribuição naval da rainha. No entanto, apenas uma grande força militar aprimorada à perfeição poderia levar adiante uma estratégia como essa, e a marinha de Antônio e Cleópatra em grande medida não havia sido testada.

Havia também uma questão de liderança. Em Éfeso, Cleópatra mostrara que podia fazer Antônio mudar de ideia. Seria plausível que alguém agora perguntasse, afinal, quem estava no comando?

E qual era a estratégia? Seria uma postura defensiva na Grécia ocidental ou um movimento agressivo de invasão da Itália?

A costa ocidental da Grécia

Os leitores de hoje esperam ser capazes de viajar tão diretamente quanto fazem os pássaros em seu voo, mas as viagens antigamente tendiam a ser tortuosas. Os mapas modernos são enganosos a respeito das realidades dos transportes pré-modernos. Por estarmos habituados a julgar o mundo antigo a partir de cidades famosas — Roma e Atenas, Éfeso e Alexandria —, talvez vejamos a costa oeste da Grécia como fora das rotas habituais. Na realidade, porém, tratava-se de área nobre. Suas ilhas e seus portos marcavam a principal rota de navegação entre a Itália, a Grécia, o leste do Mediterrâneo e além.

A costa ocidental da Grécia era uma das rotas marítimas mais estratégicas do Mediterrâneo. O tráfego marítimo, especialmente o da marinha — ou seja, dos navios de guerra —, conhecia bem essas rotas, e por uma boa razão. A guerra das galés exigia controlar pontos em terra. Havia várias razões para isso. Os navios de guerra eram leves demais para carregar suprimentos. A navegação ficava difícil na ausência de marcos familiares em terra. O mar aberto, mesmo no Mediterrâneo de águas relativamente tranquilas e sem marés, podia ficar encapelado e, às vezes, até gerar tempestades que destruíam frotas. Portanto, os comandantes navais precisavam ter controle sobre as praias e portos próximos e sobre os mercados aos quais esses locais davam acesso. As rotas marítimas, com suas bases continentais e em ilhas, eram a chave da vitória. Por isso, as marinhas eram também forças anfíbias.

Às vezes, esses antigos marinheiros navegavam em águas abertas entre a Sicília e a costa ocidental do Peloponeso.[1] Era um trajeto mais curto e mais direto que a rota costeira. Minimizava o risco de bater em rochas ou encalhar em baixios ocultos. Para os mercadores, era também uma boa maneira de driblar os rápidos e frágeis navios piratas, que sempre evitavam condições marítimas mais severas. Mesmo assim, os navegadores tendiam a preferir a rota costeira, particularmente ao longo do litoral ocidental das atuais Grécia e Albânia.

A costa leste da Itália era perigosa e inadequada para os marinheiros da época. Mesmo hoje carece de portos, de ilhas próximas da costa como abrigo numa tempestade, de marcos destacados em terra que guiem a navegação e de bons ancoradouros. Pior de tudo, os ventos predominantes fazem dela um litoral de sotavento, com os riscos de encalhar e naufragar. Havia uma opção melhor. Com seus muitos portos, ilhas, marcos terrestres, bons ancoradouros e ventos favoráveis, as praias da costa leste do Adriático e os mares Jônicos ofereciam tudo o que faltava à costa italiana.

Não é à toa que a maior parte do mito e da história do antigo Mediterrâneo tenha como base a costa ocidental da Grécia. O mais famoso marinheiro das lendas antigas, Odisseu, também conhecido como Ulisses, viveu ali, na ilha de Ítaca. A Guerra do Peloponeso entre Atenas e Esparta foi desencadeada por uma batalha naval em 433 a.C., ao longo de outra ilha daquela costa, a Córcira (atual Corfu, ou Kérkyra). A costa ocidental da Grécia foi também um dos principais palcos das guerras entre Veneza e os turcos otomanos no início da era moderna. A região preservou sua importância estratégica durante as Guerras Napoleônicas do início do século XIX, quando passou pela primeira vez ao controle de franceses e depois dos ingleses. Tornou-se parte da Grécia em meados do mesmo século, sendo depois ocupada pela Itália e pela Alemanha na Segunda Guerra Mundial, antes de voltar ao controle da Grécia.

Quem quer que controlasse aquele litoral nos tempos antigos tinha nas mãos o destino não apenas da Grécia, mas também da Itália. E no outono [segunda metade] de 32 a.C., estava firmemente sob o controle de Antônio. Ele havia disposto muito bem suas forças. Elas dominavam as praias orientais do mar Jônico, da ilha da Córcira ao norte até a ponta sudoeste do Peloponeso, uma distância de cerca de 243 milhas náuticas. As principais escalas ao longo dessa rota eram: Córcira [Corfu]; Ácio, na entrada do Golfo de Ambrácia (Arta); a ilha de Lêucade; a cidade de Patras (Patrae), logo à entrada do Golfo de Corinto; provavelmente a ilha de Zacinto e Metone.

Quando Cneu Pompeu tomou a Grécia em sua guerra contra César em 48 a.C., fez sua base no porto de Dirráquio. Era um grande porto, próximo da Itália, e ponto de partida da Via Egnácia, a estrada romana que se estendia a leste até Bizâncio (a futura Constantinopla e, depois, Istambul). Dirráquio ficava cerca de duzentas milhas náuticas ao norte de Ácio, uma viagem de barco de três dias e meio. Por que Antônio e Cleópatra não ocuparam este território tão valioso? Em primeiro lugar, talvez não tivessem escolha, se, como as evidências sugerem, Otaviano tivesse tomado Dirráquio e os portos vizinhos durante a Guerra da Ilíria, rompendo seu acordo com Antônio. Mesmo que Dirráquio estivesse disponível a eles, Antônio e Cleópatra podem ter preferido uma base mais ao sul, já que encurtaria sua linha de suprimentos com o Egito e obrigaria Otaviano a viajar mais longe a partir da Itália a fim de chegar a eles. Além disso, uma localização mais ao sul facilitaria interceptar uma frota inimiga caso ela quisesse continuar ao largo da Grécia para tentar invadir o Egito.

Antônio e Cleópatra passaram o inverno de 32-31 a.C. em Patras, a cidade mais importante do Peloponeso desde que os romanos haviam saqueado Corinto, cerca de um século antes. A principal base da frota estava em Ácio, a uma distância de aproximadamente 126 milhas náuticas, ou um dia e meio de barco de Patras com ventos favoráveis.

Ao ocupar esses portos e bases cruciais, Antônio lançara um desafio a que Otaviano teria que responder, porque Antônio, com efeito, ocupara a costa leste da Itália sem pôr os pés ali. Ao colocar uma frota hostil no controle da costa ocidental da Grécia, Antônio ameaçava cortar o acesso italiano ao leste.

O fato de Cleópatra e um forte contingente egípcio integrarem a frota de Antônio só agravava as coisas para Otaviano. Por cerca de um século, de meados dos anos 200 até meados dos anos 100 a.C., os ptolomeus haviam controlado uma base naval na costa leste do Peloponeso. Agora surgia o espectro de uma renovada presença naval ptolemaica na Grécia, só que mais próxima de Roma.

Otaviano poderia ter ficado na defensiva na Itália, mas os romanos gostavam que seus generais atacassem. Além disso, Otaviano havia declarado guerra ao inimigo, e isso trazia um ônus a ele. Poderia ter tentado obrigar que Antônio e Cleópatra voltassem ao Egito, ignorando a Grécia e enviando uma frota ao Egito, mas isso teria exigido uma longa viagem, e ele não tinha auxílio aliado no Oriente.

Tudo isso ajudava Antônio e Cleópatra, mas havia aspectos negativos correspondentes. Suprir as forças deles a partir do Egito e da Síria exigiria um esforço hercúleo. Quanto mais tempo permanecessem na Grécia ocidental — ou em qualquer outro lugar —, mais arriscavam ver sua força enfraquecer e sofrer deserções. Finalmente, quanto mais Antônio e Cleópatra ficassem voltados para oeste, mais cedo começariam a enfrentar os desafios estratégicos no Oriente, alguns potencialmente estimulados por agentes de Otaviano. Em resumo, não faltavam razões para invadir a Itália.

A invasão da Itália

A Itália não ficava muito distante. A base de Antônio mais ao norte, na ilha de Córcira, ficava a apenas 152 milhas náuticas e a dois dias de barco pelo mar Jônico de Brundísio, o porto italiano mais próximo e principal porto naval de Otaviano na costa do Adriático.² Mas não era uma jornada a ser empreendida sem precauções.

A península itálica era cheia de defesas, tanto reais quanto imaginárias. Os dois portos principais do sul da Itália, Brundísio e Tarento, eram pesadamente fortificados, como Antônio sabia por experiência própria. Ele estava com César no final de 49 a.C., quando Pompeu deteve o ataque de César por terra em Brundísio até ser capaz de sair velejando em segurança com suas legiões, todos a bordo de seus navios de guerra. Com escassez de navios, César seguiu com apenas algumas de suas legiões em 48 a.C. e aguardou que Antônio trouxesse o resto, mas Antônio estava bloqueado em Brundísio.³ Por um lado, Antônio ganhou elogios de César por ter assediado os bloqueadores com homens em barcos a remo e por alinhar a praia com cavalaria, com isso negando ao inimigo acesso à água. Por outro lado, Antônio recebeu críticas de César por cautela excessiva antes de finalmente romper o bloqueio e cruzar o Adriático com mais legiões.

Brundísio fechara seus portões a Antônio duas vezes, em 40 a.C. e em 38 a.C.⁴ Da primeira vez, Antônio sitiou a cidade e derrotou os soldados que Otaviano enviara para expulsá-lo. Também enviou soldados ao longo da costa italiana para tomar outras fortalezas, incluindo a cidade portuária de Siponto no Adriático, cerca de 280 quilômetros ao norte de Brundísio. Otaviano despachou soldados veteranos comandados por Agripa para retomar a cidade, mas eles se recusaram a combater contra seu velho camarada Antônio. Essas questões acabaram levando a um acordo político. Da vez seguinte em que Brundísio rejeitou a frota de Antônio, em 38 a.C., Tarento recebeu-o, mas possivelmente apenas porque Otaviano ordenou que os tarentinos admitissem Antônio para o encontro que os dois queriam ter ali.

E havia também a política. Após a bem-sucedida campanha difamatória de Otaviano, seria pouco político, para dizer o mínimo, invadir a Itália com uma frota que contava com um grande contingente de navios egípcios, para não falar da própria rainha do Egito. Essa foi certamente uma das razões pelas quais Enobarbo e outros haviam argumentado ainda em Éfeso que ela deveria voltar ao Egito.

Seja como for, Antônio considerava invadir. Manter uma postura defensiva e aguardar que o inimigo atacasse era arriscado. A frota dele estava espalhada por um litoral extenso, com muitas baías e enseadas, o que dava ao inimigo vários locais propícios para atacar. As forças de Antônio não contavam com a vantagem de atacar de surpresa, nem com apoio popular — os habitantes locais dificilmente se sentiam felizes com a presença de exército e marinha, ambos imensos e estrangeiros, em seu país. Além disso, se esperassem, entregariam a iniciativa ao inimigo. Isso certamente iria abater o moral dos homens. Quanto a Cleópatra, a presença dela na Itália poderia se mostrar embaraçosa, mas as pessoas têm aceitado coisas bem piores de um exército de conquista.

De que maneira Antônio poderia tentar vencer a guerra invadindo a Itália? Como ele não teve como contar a própria história, e como Otaviano coloriu seu registro histórico com a própria versão dos eventos, precisamos enveredar numa especulação a partir dos fatos.

Antônio talvez tenha elaborado um plano em três partes para chegar à vitória: a parte financeira, a política e a militar. No aspecto financeiro, pressionaria Otaviano ao obrigá-lo a impor impostos pesados na Itália para apoiar seu exército e sua marinha. Para bancar suas forças, Otaviano havia exigido das pessoas livres da Itália que pagassem um quarto de sua renda e aos homens libertos (ex-escravos), o oitavo do seu capital. As fontes reportam o quanto esses impostos eram impopulares.[5] Homens livres se rebelaram; e foram atribuídos a eles os assassinatos e incêndios de edifícios públicos em Roma. Otaviano enviou soldados para contê-los, e dizem que foi isso que convenceu os homens libertos a calar-se e pagar. Além disso, Antônio enviara dinheiro à Itália para apoiar seus velhos amigos ali ou comprar novos amigos.[6] Fez isso até o outono de 32 a.C. Há evidências de que, durante os anos 33 e 32 a.C., Antônio também vinha cunhando moedas dele na Itália, para comprar apoio adicional. Isso nos leva à segunda via da estratégia de Antônio: a política.

Antônio objetivava enfraquecer a base política de Otaviano na Itália. Dinheiro era uma maneira de fazer isso, propaganda era outra, e criar uma percepção de vitória era uma terceira. Era nisso que os recursos de Antônio tinham peso: os grandes números de sua frota e de seu exército e o bem conhecido tesouro do Egito transmitiam a sensação de que o lado de Antônio era o vencedor. A presença de suas forças tão perto da Itália também alimentava a suposição de que Antônio chegaria lá assim que o tempo melhorasse e a navegação ficasse segura.

A reação de Otaviano mostra que ele temia a estratégia de Antônio. Otaviano aumentou sua vigilância em geral e teve uma iniciativa em particular: deu dinheiro a seus soldados.[7] Quando chegou a hora de deixar a Itália e ir para o front, realizou uma única partida. Navegando de Brundísio na primavera de 32 a.C. para lutar contra Antônio, Otaviano trouxe com ele todos os senadores e muitos cavaleiros romanos.[8] Alguns eram apoiadores, outros eram praticamente reféns. Roma nunca havia visto nada similar. O Senado sempre enviava generais, e a maioria dos senadores ficava em Roma. A impressão é que Otaviano não confiava em fazer as coisas da maneira usual. Mesmo que seu leal apoiador Caio Mecenas permanecesse na Itália com um exército, Otaviano temia um levante em sua retaguarda promovido por simpatizantes de Antônio.

Tendo conseguido atenuar as forças de seu oponente por meio de uma guerra financeira e política, Antônio pode ter alimentado a expectativa de obter uma vitória final derrotando Otaviano numa campanha militar. As fontes afirmam que ele planejava invadir a Itália. Segundo um resumo do historiador Lívio (o original foi perdido), que escreveu na última parte do reinado de Augusto no início do primeiro século de nossa era, "Antônio pretendia travar guerra contra a cidade de Roma e a Itália, e reuniu um número igualmente imenso de forças navais e terrestres".[9] Marco Veleio Patérculo, escrevendo no reinado do imperador Tibério (14 a 37 d.C.), sustenta que Antônio decidiu travar guerra à sua pátria,[10] enquanto Plutarco, que escreveu por volta de 100 d.C., afirma que Antônio cometeu um erro ao não obrigar Otaviano a combater quando este ainda não estava pronto para isso.[11] Embora Plutarco não diga, a única maneira de ter forçado Otaviano teria sido Antônio invadir a Itália. Finalmente, Dião Cássio, escrevendo no início do século III, contesta dizendo que Antônio partiu para invadir a Itália de modo inesperado.[12] Não seria fácil mover uma frota desse porte de modo "inesperado". No entanto, Antônio poderia ter planejado uma simulação indo, digamos, até Dirráquio, a fim de iludir o inimigo sobre qual era seu alvo real.

Vale a pena enfatizar a concordância das fontes antigas, pois vários estudiosos modernos rejeitam o argumento. É verdade que serviu aos propósitos de propaganda de Otaviano alegar que Antônio estava pretendendo invadir a terra natal. Cleópatra supostamente jurava que um dia promoveria justiça no Monte Capitolino, o centro religioso de Roma.[13] Se esse plano de invasão foi uma mera invenção de Otaviano, então foi brilhante, algo que certamente fez alguns italianos estremecerem.

Talvez Antônio quisesse apenas criar a impressão de que pretendia invadir a Itália, a fim de simplesmente atiçar o medo, mas sem ter intenções reais de fazê-lo. Tinha motivos para hesitar diante de uma invasão, mas também teria hesitações para enfrentar Agripa numa batalha naval. Se Agripa aceitasse combater a frota de Antônio em águas abertas, com ambas as tripulações em formação e preparadas para o combate, então os grandes navios de Antônio com as proas reforçadas tinham chance de prevalecer. Contudo, o esperto e experiente Agripa dificilmente se mostraria tão solícito. Com suas tripulações veteranas e seu conhecimento do mar, encontraria uma maneira de obrigar Antônio a lutar em termos desfavoráveis. Antônio, comandante em chefe de suas forças, não era hábil em batalhas navais. Seus homens também eram, em boa medida, inexperientes nesse sentido. Os navios de Cleópatra provavelmente abrigavam grande contingente de oficiais e marinheiros da frota comercial egípcia que trafegava do mar Vermelho à Índia. Eles conheciam o mar, mas seu conhecimento era voltado ao comércio, não à guerra. A vantagem de ter homens experientes nas guerras de antigamente não pode ser subestimada. Uma tripulação de novatos provavelmente cometeria erros ou, pior, entraria em pânico no estresse de sua primeira batalha.

Um guia para a invasão

Se Antônio optasse pela invasão, como faria para forçar sua entrada num porto italiano? Num mundo ideal, suas campanhas de pressão política e militar lhe teriam valido amigos suficientes na Itália para que lhe fossem abertos os portões de Brundísio ou Tarento. Sem isso, no entanto, uma vitória militar seria difícil, embora não fosse impossível.

A natureza dos navios de Antônio é reveladora.[14] Uma combinação de arqueologia (com a medição meticulosa do tamanho dos soquetes dos aríetes no Monumento à Vitória de Ácio, de Augusto) e de história (analogias com frotas ptolemaicas anteriores) nos fornece uma vaga ideia da estratégia de construção naval de Antônio. Como observado antes, o navio típico de uma frota romana era o chamado "cinco". Numa reconstrução plausível, eram navios de dois níveis, com três homens em cada remo no andar superior e dois homens por remo no nível inferior. Os navios geralmente carregavam trezentos remadores e 120 marinheiros. Havia também alguns navios menores, como os chamados "três" ou trirremes, galés que carregavam 180 remadores dispostos em três níveis, com um homem por remo. Havia ainda os *lemboi*: navios menores e mais rápidos, com remadores dispostos em um ou dois níveis, num total de cerca de cinquenta remadores, conforme o tipo particular de embarcação. Por fim, havia alguns navios maiores, que iam dos chamados "seis" aos "dez".[15]

Os "cincos" eram navios versáteis, capazes de se adaptar aos diversos estágios de uma batalha naval. Tinham um grande e pesado aríete reforçado na proa, usado para golpear frontalmente o inimigo quando as duas frotas aceleravam para um choque frontal no início de um combate. Os "cincos" também eram capazes de usar táticas de apresar e abordar outros navios, o que costumava ser precedido por uma barragem de catapultas. Os quinquerreme ou "cincos" eram o cavalo de batalha dos confrontos navais mediterrâneos nos últimos séculos antes de Cristo. Quanto à catapulta, era uma arma de lançamento de projéteis pesados, movida por tensas molas feitas de cordas trançadas de crina ou tendões de animais, e capaz de liberar grande potência. As catapultas romanas em uso naquela época disparavam tanto pedras quanto flechas.

Os navios maiores, os "seis" até "dez", não tinham muita utilidade na batalha. Grandes e lentos, eram alvos fáceis. Seu propósito principal era se envolver num assalto naval a um porto fortificado. Podiam ser usados para romper barreiras de portos, como correntes ou fileiras de barcos, esmagando barcos de guerra menores nessa operação, e eram capazes até de arrombar os alicerces dos muros das cidades. Seu convés coberto servia de proteção aos marinheiros, e suas torres permitiam posicionar catapultas para atirar projéteis no inimigo. Era com esses navios que Antônio planejava atacar.

A evidência mostra que a frota de Antônio continha, no mínimo, de quatro a cinco "dez", quatro "noves", cinco "oitos", seis "setes", e talvez oito "seis", num total de 27 ou 28 navios grandes — o que equivalia a pouco mais de 5% da força total de Antônio de quinhentas embarcações de guerra. Embora ele pudesse ter contado com ainda mais navios grandes, é provável que não contasse com muitos. Navios grandes eram não só caros de construir e manter, mas também vulneráveis ao ataque inimigo e precisavam ser protegidos por uma guarda numerosa de navios menores. Portanto, a maior parte da frota de Antônio era provavelmente constituída por "cincos".[16]

A propaganda de Otaviano exagerava o número desses navios grandes, que eram em número bem superior ao de barcos similares da frota de Otaviano. Mas não é verdade que a frota de Antônio consistisse principalmente desses pesados monstros de madeira.

Para um observador antigo, o porte e as características da frota de Antônio enviavam uma mensagem clara, e essa mensagem era: invasão. O alvo era a Itália. Alguém poderia suspeitar que estivesse blefando, ou duvidar da disposição de Antônio de testar seus navios contra os sólidos muros dos portos italianos, mas a ameaça dele era clara.

Um observador antigo teria lido também outra mensagem na frota de Antônio: a de que dificilmente parecia romana. Os almirantes romanos tendiam a evitar os cercos navais e preferiam enfrentar os navios inimigos em batalha.[17] Era um retrocesso em relação aos dias de glória do século III a.C., quando as frotas dos sucessores de Alexandre, os ptolomeus e seus rivais, disputavam o domínio naval do Mediterrâneo oriental. Todas aquelas frotas eram conduzidas por falantes do grego, e cada frota acabou perdendo seu poder para os romanos. Mas, sob Antônio, pareciam estar sendo revividas de modo repentino e inesperado.

Naturalmente, isso levaria um observador antigo a atribuir a diferença estratégica à influência de Cleópatra. A rainha simbolizava uma tradição naval pronta para reerguer-se de um longo sono dos estaleiros de Alexandria. Estes iriam prover a copiosa mão de obra de artesãos e engenheiros necessária para construir uma frota, particularmente uma que incluísse grandes navios capazes de realizar um cerco.

Cleópatra incorporava as aspirações antigas da dinastia ptolemaica. O mais importante de tudo é que só ela possuía o tesouro para pagar pela frota. Porque, além de tudo o que pudessem ser, os grandes navios eram basicamente caros. As marinhas costumavam ser a parte mais custosa das guerras antigas, e as mais dispendiosas eram projetadas para fazer cercos. Na realidade, sua própria existência tinha o dom de intimidar, tanto no front financeiro quanto no militar.

Se as coisas corressem conforme planejado, Antônio navegaria pelo estreito até a Itália. Se escolhesse atacar Brundísio ou Tarento, seria prudente enviar uma esquadra ao outro porto a fim de despistar o inimigo. Do mesmo modo, como mencionado, ele poderia ter destacado parte de sua frota para navegar em direção a Dirráquio numa simulação.

Antônio pode ter decidido passar ao largo desses dois portos e fazer cerco a um deles enquanto o grosso de seu exército marchava sobre Roma. Isso, porém, negaria uma base de suprimentos a ele, além de deixar o inimigo livre para desfrutar de dois bons portos e poder mover seus navios pelo mar à vontade. Também cobraria um preço em perda de prestígio, que seria ganho ao capturar um porto. Atacar fazia mais sentido.

Antônio conhecia cada centímetro de Brundísio e de suas defesas. Ele provavelmente tinha menor familiaridade com Tarento, mas sua visita ali com uma frota apenas cinco anos antes dera a ele e a seus comandantes a oportunidade de inspecionar a cidade e suas fortificações. Tal conhecimento seria de grande ajuda para ele caso atacasse.

Idealmente, traidores cuidariam de trair a cidade para Antônio. Caso contrário, ele executaria um complexo assalto conjunto, por terra e mar. Desembarcaria a maioria de seus legionários na praia a uma distância segura da cidade, mas perto o suficiente para que pudessem marchar até ela. Os "cincos" eram leves o suficiente para serem puxados até uma praia. Antônio também descarregaria seu equipamento de cerco e os animais de carga. Iniciariam um cerco por terra, ao mesmo tempo que se preparariam para combater primeiro uma batalha, caso fosse necessário. Enquanto isso, uma unidade de cerco naval atacaria o porto.[18] A mera aproximação da frota incitaria o terror. Um historiador, escrevendo a respeito de um ataque iminente a uma cidade fortificada num período anterior, descreve os soldados, os homens e mulheres mais velhos alinhados junto aos muros da cidade, "tomados de terror com a magnitude da frota e o brilho das armaduras cintilantes, e com uma ansiedade que não era pequena quanto ao desfecho final".[19]

A unidade consistiria de uma combinação de navios, desde os grandes "seis", "oitos" e "dez", aos barcos menores capazes de proteger os navios maiores e de combater os navios de guerra inimigos. Os navios maiores atacariam os obstáculos que bloqueassem a entrada do porto e, depois, lançariam projéteis de catapultas sobre os muros da cidade.

Os outros navios lutariam empregando táticas variadas, como investidas com aríetes, disparo de mísseis de pedra ou flechas e captura e abordagem de navios inimigos. Também poderiam desembarcar marinheiros na praia para que tentassem galgar os muros com escadas.

A batalha seria horrorosa: uma cacofonia de gritos, trombetas e brados de guerra contrapondo-se às batidas rítmicas dos remos; o zunido das catapultas e os choques dos navios; e, por toda parte, os gritos daqueles que iam morrendo. Tendo sorte, Antônio poderia chegar à vitória em dias ou semanas, mas um cerco mais demorado, que durasse meses, não estava fora de questão. A fim de evitá-lo, Antônio precisava ter suficiente sucesso local em vários pontos dos muros da cidade para encorajar seus apoiadores mais influentes na Itália a se apresentarem e mudarem de lado. Se saísse vitorioso, Antônio marcharia sobre Roma. Sem dúvida, muitos italianos acabariam decidindo que, afinal, não se importavam tanto assim em ter Cleópatra por ali.

No entanto, é preciso admitir que um ataque conjunto terra-mar era altamente arriscado. Será que Antônio tentaria essa aposta? Alguns tendem a responder que sim, pois, como todo grande homem, Antônio não pensava pequeno. E tampouco era humilde. Outro fator é que, no que dizia respeito a cercos, Antônio tivera experiências inacabadas. Estava com César na Batalha de Alésia na Gália em 52 a.C. — um confronto épico que definiu o padrão para cercos bem-sucedidos. Contudo, os cercos promovidos pelo próprio Antônio haviam falhado: primeiro em Mutina (atual Módena), em 43 a.C., e depois em Fraaspa, em 36 a.C. E Brundísio o expulsara duas vezes, deixando-o com contas a acertar. Invadir a Itália oferecia uma possível redenção.

Então, por que Antônio e Cleópatra não invadiram? Um assalto combinado por terra e mar exigiria longos preparativos. Quando Antônio conseguiu posicionar suas forças, já era outono de 32 a.C. — provavelmente, tarde demais na estação para montar uma grande operação naval. Seria mais seguro navegar na primavera, especialmente a partir de maio. Portanto, Antônio poderia ter desistido da invasão. Uma fonte defende que Antônio testou a possibilidade de uma invasão no final do outono, mas a presença de navios de reconhecimento junto à ilha de Córcira teve efeito assustador, fazendo supor que Otaviano e sua frota inteira poderiam estar próximos.[20] Isso soa um pouco suspeito, como se fosse uma tentativa posterior de retratar Antônio como um covarde.

A partir de uma visão retrospectiva, Plutarco criticou fortemente a demora de Antônio, tratando-a como um erro.[21] Talvez tenha sido. No passado, Antônio havia sido um comandante agressivo, mas mesmo o guerreiro mais belicoso pode ficar mais cauteloso quando sente que tudo está em jogo. Além disso, a experiência costuma ser um professor severo. Quando Antônio invadiu a Média Atropatene em 36 a.C., adiantou-se e deixou seu comboio de cerco seguir atrás. E, como se viu, este foi atacado e destruído pelo inimigo. Agora, quatro anos depois, talvez tivesse concluído que era melhor esperar em vez de forçar o avanço. Aos cinquenta e um anos, talvez Antônio fosse menos impetuoso. Um general cauteloso pode sempre encontrar uma razão para adotar uma postura defensiva: mau tempo, a ausência de traidores suficientes em Brundísio ou Tarento que pudessem se apresentar, o sucesso da campanha de propaganda de Otaviano contra invasores estrangeiros do sagrado solo italiano, o risco de estender ainda mais as linhas de suprimentos já bastante solicitadas, a presença de navios de reconhecimento inimigos junto à ilha de Córcira e a falta de entusiasmo de Cleópatra e de seu contingente egípcio. Qualquer uma ou todas essas possibilidades poderiam justificar a suspensão da invasão da Itália. Talvez Antônio achasse até que seria possível Otaviano recuar e propor negociar, em vez de arriscar uma invasão da Grécia.

A influência de Cleópatra na decisão não pode ser aferida, mas é provável que tenha sido considerável. Os navios dela, o valor de sua propaganda no Oriente como Ísis, sua influência pessoal sobre Antônio — por maior ou menor que possa ter sido —, tudo isso teve um papel. Mais importante que tudo é que a rainha detinha os cordões da bolsa. Se não quisesse arriscar uma invasão da Itália, talvez seu tesouro possa ter feito a diferença.

A alternativa a invadir a Itália era ficar na defensiva na Grécia ocidental. Ao que parece, foi essa a opção que Antônio e seu alto-comando adotaram no inverno de 31 a.C. Iriam aguardar Agripa. Mas este não chegaria quando ou onde eles esperavam. Estava prestes a ensinar a verdade de uma máxima militar bem conhecida: "Vai depender do que o inimigo fizer".

CAPÍTULO 7

A COROA NAVAL

Itália, março de 31 a.C.

Ele vestiu a coroa naval.¹ Antes de atravessar o mar para enfrentar Antônio, Marco Agripa já era o oficial naval mais condecorado de Roma. Após derrotar Sexto Pompeu, Agripa tomou parte numa campanha para varrer os piratas da costa leste do Adriático adentrando o continente pelos rios e tomando seus navios ágeis. Havia reconstruído totalmente a marinha romana, treinado seus homens e concebido táticas que permitiriam a uma frota menos experiente derrotar uma marinha de mestres marinheiros. Em resumo, já era um grande almirante.

Após voltar a Roma de uma vitória contra Pompeu em 36 a.C., Otaviano deu a Agripa uma honraria militar muito incomum. Era a coroa naval, uma coroa de ouro com uma decoração proeminente na forma da proa de um navio de guerra. O Senado deu a Agripa o direito de usar a coroa em desfiles triunfais. Moedas e estátuas mostram-no ostentando a coroa. Apenas um romano havia recebido antes a honraria de uma coroa naval, mas a de Agripa era a primeira feita de ouro.

O poeta Virgílio descreve Agripa usando a "coroa naval, que cinge suas másculas sobrancelhas".² Mostrado de perfil em moedas, o aríete de três pontas (que poderia também ser descrito como em forma de tridente) e a roda de proa de uma galé na frente da coroa destacam-se acima da testa de Agripa.³ Usar uma criação dessas dificilmente teria sido confortável, mas com o vigor implícito pela imagem inteira, com a cabeça inteira de cabelo encaracolado, mais o perfil clássico e o pescoço musculoso, Agripa parece suportar bem o fardo. E o confronto que tinha pela frente sem dúvida exigiria força, além de competência e astúcia.

É um tributo à propaganda de Otaviano em anos posteriores que hoje mal possamos apreciar o valor da tomada de Metone por Agripa. Arrebatar a base-chave de suprimentos do inimigo em março de 31 a.C. foi um golpe militar da mais alta importância — tão ousado e arriscado quanto a travessia do Delaware por George Washington ou o ataque aéreo de surpresa do Japão a Pearl Harbor. Otaviano, como Augusto, quis retratar a derrota de Antônio como inevitável, porque, diz ele, Antônio era o emasculado escravo de amor de Cleópatra e, portanto, incapaz de representar uma séria ameaça. A verdade é que Antônio representava um perigo mortal. Assim, obrigado a agir, Otaviano aprovou o plano arriscado de Agripa de atacar primeiro. E deu certo.

Metone era o pilar da logística de Antônio e Cleópatra; o elo mais importante na cadeia de bases, que se estendia do Egito à Grécia ocidental. Incrustada no canto sudoeste do Peloponeso, a cidade assentava-se numa península rochosa junto a um excelente porto. Três ilhas próximas serviam como um quebra-mar natural, protegendo o cais do mar bravio. Metone situava-se nas rotas de navios do Egito e da Síria, via Creta e o Peloponeso, até Patras e Ácio. As forças de Antônio na Grécia não podiam viver dos frutos da terra; precisavam que a comida fosse despachada até eles.

Metone atendia a dois propósitos militares. Era um porto seguro, pois os navios antigos precisavam fazer paradas frequentes em ancoradouros costeiros. E sua localização estratégica permitia à cidade proteger navios de suprimentos que vinham volteando o Peloponeso. Portanto, era importante assegurar a cidade a fim de garantir que os homens de Antônio fossem alimentados. Séculos mais tarde, quando Veneza controlava Metone, os venezianos a consideravam como um dos "olhos da República" (junto com a fortaleza à beira-mar próxima de Corona).[4]

Otaviano e Agripa conceberam um plano para impedir Antônio de atacar. Sabiam que a forte posição do inimigo em Ácio assentava-se num alicerce frágil. As forças de Antônio dependiam de uma logística e cadeia de suprimentos que se estendia por milhares de quilômetros ao sul e a leste, principalmente por mar: ia da posição mais ao norte de Antônio na ilha de Córcira, na parte norte-ocidental da Grécia, e seguia o caminho inteiro até os portos da Síria e do Egito.[5] Uma série de bases ao longo dessa rota assegurava essa cadeia. Todas as bases eram defendidas, mas individualmente eram vulneráveis, pois, tendo tantos lugares para proteger, Antônio contava com um número limitado de homens e navios para colocar em cada um deles. Um adversário sagaz tiraria partido dessa fragilidade, e Agripa era realmente sagaz. Se conseguisse cortar a cadeia de suprimentos, faria o inimigo passar fome.

Antônio e Cleópatra tinham mais e maiores navios que o inimigo, e muito mais dinheiro; portanto, Otaviano e Agripa engajaram-se na estratégia clássica do concorrente. Haviam se tornado especialistas em batalhas navais, e sabiam como armar uma resposta estratégica. Começaram seu ataque com uma abordagem indireta, visando colocar as chances a seu favor antes do confronto final.

Ao atacar a retaguarda de Antônio, Agripa, talvez sem saber, estava seguindo o conselho do grande estrategista militar chinês da Antiguidade, Sun Tzu: atacava a estratégia do inimigo em vez de atacá-lo imediatamente. Agripa tinha uma excelente intuição do cenário estratégico.

E, ao atacar a cadeia de suprimentos de Antônio, Agripa estava antecipando o conselho que Públio Flávio Vegécio Renato, autor de um influente tratado militar, daria aos generais romanos séculos mais tarde: "Uma grande estratégia é pressionar o inimigo mais com a fome do que com a espada".[6] Comandantes romanos haviam empregado essa estratégia desde os dias das Guerras Púnicas contra Cartago, no terceiro século a.C.[7] Agripa e Otaviano a haviam usado poucos anos antes de armar o cenário para a vitória final na guerra contra Sexto Pompeu, quando, segundo o historiador grego Apiano, cortaram os suprimentos de comida dele na Sicília "primeiro capturando as cidades que os abasteciam".[8] Essa estratégia mostrou-se tão eficaz que Sexto ficou diante da opção de lutar ou morrer de fome, e, então, decidiu apostar tudo numa batalha, em Náuloco, onde Agripa esmagou a frota de Sexto.

Contra Antônio e Cleópatra, Otaviano e Agripa planejavam algo similar, mas em escala bem maior. Mas, se eles enxergaram a vulnerabilidade do inimigo, por que Antônio e Cleópatra não fizeram o mesmo?

A história é cheia de exemplos de generais derrotados por seus próprios pontos cegos: como a decisão da frota persa de navegar para armadilha dos gregos no estreito de Salamina; como as legiões que marcharam para a emboscada de Armínio na Floresta de Teutoburgo; ou os navios de guerra e aviões americanos que foram presa fácil dos agressores japoneses em Pearl Harbor. Havia razões pelas quais Antônio e Cleópatra falharam em apreciar devidamente o sucesso de seus rivais contra Sexto Pompeu e os ilírios. Eles tinham uma frota enorme e muito bem suprida, assim como os serviços do melhor almirante do lado dos assassinos de César, Enobarbo, um homem com particular experiência em combater no mar Jônico.

"Infinita variedade": são as palavras que Shakespeare usou para Cleópatra,[9] mas elas são adequadas também a Agripa. Era aquela classe rara de general que se transfigura num almirante de sucesso. Além disso, era o raro conquistador que não se importou em se transformar numa espécie de comissário das águas (edil) para Roma, ou, mais tarde, num planejador urbano, arquiteto, embaixador, e foi não só parceiro indispensável, como genro do primeiro imperador de Roma. Agripa era versátil, brilhante e pragmático. Agora, confrontado por um inimigo como Antônio e Cleópatra, que ele não conseguiria vencer batendo de frente, concebeu uma abordagem indireta e aplicou-a com uma solução ousada e criativa ao decidir atacar Metone.

Localizada no canto sudoeste do Peloponeso, Metone estava a cerca de 385 milhas náuticas de Brundísio pela rota costeira.[10] Por estar localizada bem ao sul, Antônio talvez tenha considerado Metone segura. Com maior probabilidade poderia esperar um ataque vindo do norte — digamos, na ilha de Córcira, que ficava mais próxima da travessia da Itália. Mas, se assim foi, subestimou o inimigo.

Otaviano certamente aprovou o plano audacioso de Agripa. Otaviano respeitava a perspicácia de seu almirante, mas o chefe era ele. Uma cadeia de comando clara e inquestionável é a receita para uma parceria de sucesso.

Para tomar Metone, Agripa precisava transportar seus soldados sem ser detectado; dominar uma cidade fortificada; e, enquanto fizesse isso, coletar as informações necessárias. Gostaríamos de reconstruir o ataque de Agripa a Metone em detalhes, mas as fontes são escassas demais. Mesmo assim, elas oferecem pistas, e há informações importantes que vêm de outras operações similares, mais bem documentadas.

Agripa sabia como a mente de Antônio funcionava. Tanto ele quanto Otaviano, e este mais ainda, haviam trabalhado diretamente com Antônio. Desertores de alto perfil como Planco e Tício trouxeram informações privilegiadas sobre os planos de Antônio e a disposição de suas forças. Talvez o mais precioso de tudo fosse o *insight* que Otávia pode ter fornecido a Otaviano.

O resultado é que havia, portanto, um comandante sagaz e ousado em uma posição que lhe permitiria operar dentro do quadro de referência de Antônio, e capaz de desorientar, causar rupturas e, em última instância, derrotá-lo. É provável que Agripa tenha começado empregando a tática de tentar enganar Antônio.

Não sabemos que rota Agripa tomou até Metone, mas foi com certeza uma que o inimigo não estava observando. Pode-se imaginar que tenha começado em Brundísio. É provável que ele tenha aumentado a segurança operacional em seu porto de embarque limitando de maneira rigorosa o acesso ao porto naval. De Brundísio, Agripa poderia ter seguido pela costa por uma curta distância até a ponta sudeste da Itália, o Promontório Salentino (atual Cabo Santa Maria di Leuca). Dali, há uma distância de cerca de 320 milhas náuticas até Metone. Os navios de Agripa poderiam ter seguido no sentido sudeste, tendo a precaução de manter uma ampla distância das ilhas Jônicas onde estavam as forças inimigas.

Uma maneira ainda melhor de evitar a detecção era seguir a rota em mar aberto da Sicília até o Peloponeso.[11] Desde que houvesse suprimentos suficientes a bordo para passar vários dias no mar, essas viagens eram possíveis. Como as pontas sudeste de Sicília e Metone ficam mais ou menos à mesma latitude, seria fácil para os marinheiros navegarem orientados pelas estrelas. Essa rota tinha mais ou menos a mesma distância que a da viagem do sul da Itália até Metone.[12] Teria exigido uma longa volta inicial ao sair da Itália, seguida por uma viagem em mar aberto, que, com tempo ruim, não seria isenta de riscos — especialmente tratando-se de navios de guerra, menos robustos que os mercantes. Portanto, essa rota é uma opção menos provável.

Se eles se mantiveram afastados das ilhas Jônicas, como será que os navios de Agripa conseguiram evitar se perder no mar, já que não contavam com bússola ou sextante, e menos ainda com GPS? Navegadores de antigamente podiam se orientar por montanhas e outros marcos em terra — e as altas montanhas gregas eram visíveis do mar a longa distância.[13] Poderiam avaliar a direção dos ventos ou a presença de brisas terrestres (e, portanto, da proximidade da costa), observar a direção da corrente, a formação de nuvens (que, geralmente, formam-se logo acima do solo), atentar à trajetória do voo de pássaros (tanto aves marinhas, que fazem ninho em terra e se alimentam no mar, como aves migratórias que seguem caminhos regulares). Eles podiam consultar indicações deixadas por navegadores anteriores nos vários manuais de navegação publicados (*Peripli*), usar linhas chumbadas para fazer sondagens quando se aproximassem da costa e, o mais importante, guiar-se pelo sol e pelas estrelas. A experiência era vital. Agripa certamente recrutou marinheiros profissionais já experientes em navegar pela rota (qualquer que fosse a rota que tomasse), que conhecessem bem os detalhes e que provavelmente manteriam a calma diante de situações difíceis.

Quantos homens seriam necessários para capturar Metone? Em 200 a.C., uma frota romana tomou a fortaleza macedônia da Cálquida na ilha de Eubeia, não muito longe de Atenas.[14] Veio com vinte trirremes romanos (os "três", como eram chamados) e quatro "quatros" aliados e mais três barcos atenienses sem convés; portanto, eram provavelmente cerca de dois mil marinheiros. Esses homens provaram ser suficientes para tomar de assalto os muros precariamente guardados da cidade e matar o comandante inimigo, mas não eram suficientes para guarnecer o lugar com soldados e tomar Atenas; então, os romanos se retiraram após seu sucesso rápido e violento.

Como Agripa queria manter Metone depois de capturá-la, ele provavelmente trouxe uma força maior. Estudiosos vêm há tempos supondo que Agripa trouxe apenas embarcações rápidas, leves e altamente manobráveis.[15] No entanto, viajar por mar aberto com navios mais leves que os "três" (trirremes) teria sido arriscado demais. E deve ter acontecido assim, porque Agripa provavelmente atacou no início da estação propícia à navegação à vela, talvez em março, quando as condições talvez ainda fossem bastante adversas.[16] Mas há outros modos de navegação leve para além do uso de barcos pequenos.[17]

Sabe-se que uma frota de guerra romana de quarenta quinquerremes (ou "cincos") navegou no inverno, em 171 a.C., de Nápoles até a ilha de Cefalônia, junto ao Peloponeso ocidental.[18] Talvez Agripa, velejando cento e trinta anos depois, tivesse quarenta "cincos", se não menos. Uma nave romana do tipo "cinco" normalmente carregava 120 marinheiros. Com quarenta delas, Agripa poderia ter trazido uns 4,8 mil marinheiros, o que é uma força poderosa. Poderiam ter levado a própria comida e água, a fim de não desacelerar a força com navios mercantes. Talvez viesse também com um pequeno número de navios leves, rápidos, para missões de reconhecimento ao longo da costa inimiga. Pode até ter pintado esses navios, suas velas e seu cordame de azul, com as roupas da tripulação tingidas da mesma cor, para evitar a detecção.[19] Em 171 a.C., aquela frota de guerra romana de quarenta quinquerremes navegou de Nápoles a Cefalônia em cinco dias durante o inverno.[20] A uma velocidade média de quatro nós em vento favorável — rápido, mas nada excepcional —, a frota de Agripa teria chegado a Metone em apenas três dias e meio.[21] O vento predominante em março no mar da Sicília é noroeste, o que teria acelerado a frota de Agripa para sudeste.

A estratégia de Agripa não era totalmente nova: afinal, os romanos já haviam atacado outras vezes as linhas de suprimentos de seus inimigos. Mas foi ousada e ambiciosa. Ela certamente demonstra a capacidade tanto de Agripa quanto de Otaviano de pensar criativamente. Eles também devem ter precisado planejar meticulosamente, porque uma operação anfíbia requer isso. Felizmente, Agripa era um mestre em planejar. Deve ter reunido, imaginamos, uma força pequena, mas robusta, com legionários experientes e com senso de aventura, comprometidos com a causa de Otaviano e com gosto por uma boa luta.

Além de planejamento, uma operação militar bem-sucedida requer agilidade mental e adaptabilidade. Afinal, poucos planos sobrevivem ao teste da realidade. Experiência, treinamento e liderança deram à equipe de Agripa a maior parte do que é necessário a fim de fazer ajustes em tempo real. Mas houve outro ingrediente necessário: contar com boas informações.

Agripa precisou saber de antemão o máximo possível a respeito de Metone. Várias fontes eram promissoras nesse sentido: desertores do acampamento de Antônio e romanos familiarizados com a província da Aqueia (Grécia), desde ex-governadores a escravos, poderiam fornecer informações sobre a situação em Metone.[23] Alguns dos membros da tripulação de Agripa poderiam já ter estado na cidade, pois tratava-se de rota marítima principal no centro do Império Romano. Um homem do status de Otaviano com certeza tinha também o que os romanos chamavam de "clientes" ao longo da costa ocidental da Grécia: pessoas livres vinculadas a ele por alguma rede de obrigações mútuas. Otávia, que conhecia a Grécia, pode também ter fornecido fontes úteis. Agripa poderia questioná-las, bem como outras pessoas que não gostassem de Antônio ou de Cleópatra, ou que simplesmente tivessem interesse em colaborar. Havia espiões também. Um relato diz que Otaviano pegou um espião enviado por Antônio, e presume-se que Otaviano, por sua vez, tenha enviado gente para espionar Antônio.[24] Talvez a fonte de informações mais vital fosse os pilotos, capazes de guiar os navios de Agripa pelas águas costeiras em torno de Metone.

Com sorte, uma ou mais dessas fontes poderiam ter reportado o paradeiro de Enobarbo e de outros experientes almirantes de Antônio, o que teria ajudado Agripa a evitá-lo, caso estivesse nas proximidades de sua rota. Além disso, Agripa seria consciente de que, por mais cuidadosos que os navegadores fossem, talvez ele não conseguisse esconder sua frota de Antônio. Um comandante prudente teria tomado medidas adicionais para despistar o inimigo quanto ao seu alvo pretendido, quem sabe plantando espiões para disseminar desinformação.

Mas uma situação surpreendente o aguardava em Metone.

CAPÍTULO 8

O REI AFRICANO

Metone, Grécia, março de 31 a.C.

A captura de Metone tem sido vista muitas vezes como uma das joias da coroa náutica de Marco Agripa. No entanto, pouca atenção tem sido dada ao homem que perdeu a cidade. Era um general experiente, com um grande sucesso em sua conta, mas também com alguns fracassos. Considerando as consequências da perda de Metone, ele merece um olhar mais detido.

Tratava-se de Bógude, um mouro* e rei africano.[1]

Os mouros viviam na Mauritânia, onde hoje é Marrocos e oeste da Argélia, uma terra com um mármore variegado muito apreciado pelos romanos. Historicamente, a denominação de mouros abrange um grupo multirracial, com indivíduos de tez mais escura ou mais clara, uma mistura de povos descendentes da África subsaariana e do Mediterrâneo. A respeito de Bógude, não temos como chegar a uma maior precisão.

Em 49 a.C., ele e seu irmão (ou primo) Boco foram reconhecidos como reis tanto por Júlio César quanto pelo Senado romano; eram Bógude II e Boco II. Bógude governava o oeste da Mauritânia, e Boco, o leste.

---

* O termo em português está, no senso comum, mais comumente associado às populações islâmicas do norte da África em contextos medievais. O autor, no entanto, usa o termo, aqui, próximo ao sentido antigo, já que em grego antigo Μαῦροι ("mauroi") e, em latim, "Mauri", de onde a expressão "mouro" se origina, eram termos empregados para designar um conjunto de comunidades berberes antigas da Mauritânia. [N.R.]

Se o relato é verdadeiro, César não foi acanhado naquilo que exigiu em troca. Ao que parece, teve um caso com Eunoé, esposa de Bógude, ou talvez uma de suas esposas, já que os reis da Mauritânia eram reconhecidamente polígamos.[2] Dada a reputação de César de deitar com esposas de políticos e com rainhas estrangeiras, a história é plausível. César teria oferecido em troca esplêndidos presentes tanto ao marido quanto à esposa dele.

Mas a principal coisa que César pediu e recebeu de Bógude foi apoio militar e político. A maior batalha de Bógude foi quando lutou para César em Munda [atual Monda], na Hispânia Ulterior.[3] Nesse confronto em 17 de março de 45 a.C., os dois filhos de Pompeu obrigaram César a travar um longo e duro combate que durou o dia inteiro. Um momento crucial foi quando houve um ataque de cavalaria ao campo de Pompeu, que desencadeou uma reação em cadeia de medo no inimigo, fazendo-o desistir logo e fugir. Foi Bógude que liderou esse ataque decisivo de cavalaria.

Bógude comandava uma unidade de cavalaria moura. Os mouros eram famosos por seus cavaleiros ágeis, velozes e letais.[4] O ataque da cavalaria de Bógude ajudou César a vencer a batalha, mas esse desfecho não foi alcançado facilmente. Mais tarde, o ditador romano teria afirmado que costumava lutar pela vitória, mas que dessa vez havia lutado pela própria vida.[5]

Após os Idos de Março, Bógude decidiu apoiar Antônio, enquanto seu parente Boco tomava o lado de Otaviano. Bógude atravessou o mar até a Hispânia em apoio a Antônio, embora não se saiba se fez isso por instrução de Antônio ou por iniciativa própria. Bógude envolveu-se em pesados combates na Hispânia, mas precisou voltar à África porque eclodiu uma rebelião em casa, apoiada por Otaviano e Boco. Bógude foi obrigado a ceder, e Otaviano confirmou Boco como novo governante do reino de Bógude. Em 38 a.C., Bógude abandonou sua terra natal e foi para o exílio, juntando-se a Antônio no Oriente. E, em 31 a.C., estava no comando de Metone.

Desde que o muro da cidade estivesse bem preservado e defendido por uma força robusta, Metone era altamente defensável. Em 431 a.C., por exemplo, uma frota ateniense e de aliados, com mais de 150 navios, não foi capaz de tomar a cidade, apesar de um muro frágil e da ausência de uma guarnição, e Metone foi salva por uma força de resgate pequena, mas valorosa, de espartanos. Alguns séculos depois, quando a cidade estava bem murada, invasores ilírios sequer tentaram tomar o local de assalto. Em vez disso, fingiram ser comerciantes para atrair a população da cidade: seguiram-se o cativeiro e provavelmente a escravização.[6] Em 1500, foi necessário um cerco de vinte e oito dias para que Metone caísse em poder da frota turco-otomana supervisionada pelo próprio sultão.[7]

Considerando a posição privilegiada de Metone, como foi possível Antônio perdê-la para Agripa? Uma fonte afirma que Antônio estacionou uma guarnição muito forte em Metone, mas, se foi assim, ela foi superada.[8] No entanto, esta fonte, *História contra os pagãos*, do historiador romano Paulo Orósio, foi escrita por volta de 400 d.C., e provavelmente se baseou em fonte anterior favorável a Augusto – as próprias *Memórias* do imperador ou um texto posterior baseado nelas, que pode ter exagerado a oposição que Agripa enfrentou, a fim de valorizar seu feito. Talvez a guarnição fosse "forte" em número de homens, mas há razões para supor que Metone não ostentava muito poder quanto à qualidade de suas defesas.

Antônio deveria ter colocado um romano no posto, além de supri-lo com uma força de legionários. Em vez disso, optou por um aliado, e um que não tinha mais um país por trás para lhe fornecer mão de obra. Bógude era um soldado experiente, mas cabe suspeitar que sua principal qualificação para a tarefa era sua lealdade a Antônio; afinal, Bógude não tinha mais para onde ir.

Os exércitos modernos são notórios por posicionarem seus soldados menos experientes na retaguarda. Na Guerra Civil americana, os generais da União, Ulysses S. Grant e William T. Sherman, dispunham seus soldados inexperientes na parte de trás para que se acostumassem ao ofício de soldado, mas isso os deixava vulneráveis à agressão por veteranos confederados. Cem anos depois, a guerra americana no Vietná deu origem à sigla REMF, ou *"rear-echelon motherf—ers"* ["os cuzões da fileira de trás"]. Hoje são ironizados como *"fobbits"*, porque ficam na FOB: *forward operating base*, ou "base de operações avançada", onde tudo é seguro e supostamente nunca "se afastam do arame farpado" [no sentido de nunca irem longe de onde estão protegidos].

É improvável que os exércitos antigos fossem diferentes. Naquela época, como agora, os soldados mais ambiciosos querem lutar onde haja glórias a serem conquistadas, ou seja, na linha de frente. Assim, é improvável que Bógude tenha contado com muitos legionários, se é que contou com algum. Em vez disso, a maioria de seus soldados provavelmente era composta de homens com armamento leve. Agripa, porém, contava com legionários. Equipados com armas mais pesadas e armaduras, provavelmente mais bem treinados e mais disciplinados, os legionários podiam superar soldados com armas leves tanto em terra quanto em grupos de abordagem naval.

Mesmo que o contingente de homens defendendo Metone fosse mais forte que o sugerido, o lugar talvez tivesse outros pontos frágeis. Alguns dos soldados com armamento leve de Bógude podem ter também sido usados como remadores, mas é improvável que Bógude contasse com muitos navios: Antônio simplesmente tinha lugares demais para defender. Tampouco temos ideia do estado dos muros de Metone na época. Nada se sabe a respeito das várias defesa usadas para proteger lugares fortificados nessa época, tais como barreiras erguidas no porto, portas guarnecidas de pregos como armadilhas para invasores, estacas na praia e paliçadas nos locais de desembarque.[9] Não sabemos o quanto os vigias eram cuidadosos.

Antônio e Bógude certamente devem ter atentado a todos esses fatores. Antônio sabia tão bem quanto qualquer comandante o quanto as linhas de suprimentos por via marítima eram vulneráveis. Ele era comandante com Otaviano em Filipos, em 42 a.C., quando uma força de resgate, a caminho de reabastecer seu exército, foi atacada e destruída pela marinha inimiga.[10] Outro exemplo que deve ter passado pela mente de Antônio é o assédio do inimigo às suas linhas de suprimentos durante a campanha na Pártia. Mas mesmo comandantes cautelosos cometem erros ou assumem riscos quando têm que colocar homens em bases afastadas com recursos limitados.

As centenas de senadores que fugiram de Roma e foram para o acampamento de Antônio, assim como outras fontes, teriam fornecido informações, incluindo detalhes sobre o sucesso de Agripa como almirante contra Sexto. Deveria ter ficado claro que Agripa seria um oponente formidável, mas é óbvio que Antônio não se preparou suficientemente.

Estando tão ao sul de Brundísio como Bógude estava, talvez tenha se sentido seguro, mas, se foi isso, subestimou o inimigo.

Agripa pode ter tomado várias medidas simples para aumentar o fator surpresa. "O tempo é tudo", o grande almirante Horatio Nelson disse mais tarde,[11] e é provável que o tempo tenha desempenhado um papel-chave em Metone. Se, como com frequência se acredita, Agripa programou seu ataque logo no início da estação de navegação, em março, ele teria sido ainda mais inesperado. Agripa poderia também ter programado atracar num quarto crescente ou minguante, fases da Lua que oferecem luz suficiente para navegar, mas sem tornar os navios visíveis ao inimigo desde que não se aproximem muito.

É provável que Agripa tenha movimentado seus navios à noite, o quanto isso fosse possível. Para começar, ao chegar ao Peloponeso, poderia ter desembarcado à noite. Isso seria arriscado, pela maior dificuldade de discernir rochas e baixios, e porque a escuridão dificultaria ter certeza do local exato onde se estaria atracando. Mesmo assim, navegar à noite ao longo da costa é comum, e a frota de Agripa pode ter corrido o risco, especialmente havendo luz do luar suficiente.[12]

Não era fácil tomar de assalto um lugar fortificado. Exemplos antigos bem-sucedidos envolveram aproveitar de lacunas, brechas ou outras fragilidades em fortificações defensivas (por exemplo, muros com algumas partes em ruínas, ou uma brecha nos muros causada por um erro da parte dos defensores, ou portões deixados abertos por imprudência); ou promover um ataque surpresa, geralmente à noite ou ao raiar do dia, da maneira mais furtiva possível; ou fazer uso massivo de catapultas e balistas ou aríetes e operações de escavação de túneis para infiltração subterrânea.[13] Em seu tratado de fortificações e defesa, Filo de Bizâncio, o autor de um livro sobre guerras de cerco de aproximadamente 200 a.C., aconselhava atacar uma cidade quando a maioria dos homens estivesse fora dos portões — por exemplo, durante um festival ou durante a colheita ou a vindima — e de preferência quando o inimigo estivesse bêbado.[14] Também recomendava aproximar-se do muro em segredo, com as escadas a postos, de noite ou durante uma tempestade. Filo aconselhava o comandante a oferecer recompensas aos primeiros homens que transpusessem os muros. Escreveu que era melhor fazer o primeiro assalto colocando escadas contra os pontos mais frágeis dos muros, a fim de invadir a cidade quando aqueles que estavam dentro ainda sentissem medo. Filo também recomendava o uso de equipamento especial para escalar, como escadas de couro e corda, com ganchos nas extremidades presos às ameias quando atirados por cima do muro; estacas de ferro temperado e afiado para colocar nas rachaduras e juntas do muro; e ganchos de ferro atirados sobre as ameias com cordas presas neles e dotadas de alças.[15]

Lançar um ataque anfíbio bem-sucedido a um lugar fortificado é ainda mais difícil do que atacar por terra. Agripa sabia disso por experiência própria. Em 36 a.C., havia capturado Tindari, uma fortaleza estratégica na Sicília, apesar de ter precisado realizar duas tentativas separadas. Tindari fica num promontório. Fontes antigas dizem que contava com uma localização admirável para a guerra naval e que era bem abastecida de provisões à época. Na primeira ocasião, Agripa entrou na cidade, presume-se que com a ajuda de apoiadores dentro dela, mas a guarnição que defendia lutou bravamente e expulsou-o. Então, não muito tempo depois, Agripa voltou e, por fim, tomou Tindari, mas não sobreviveram detalhes sobre a operação.[16] Para pegar outro exemplo, em 35 a.C., durante a Guerra da Ilíria, Agripa e Otaviano tomaram a cidade de Siscia (atual Sisak, na Croácia), que ficava na confluência de dois rios.[17] Depois de reunirem uma grande marinha, atacaram a cidade por terra e por mar. Os defensores ofereceram forte resistência, mas acabaram rendendo-se.

Metone era murada. Hoje em dia, há ali uma grande fortaleza veneziano-otomana, cobrindo um promontório raso que se projeta trezentos metros no mar. Não foi a primeira fortificação nessa localização estratégica. Fontes literárias referem-se a fortificações aqui ainda no quinto século antes de Cristo. Há relatos de muros de sustentação helenísticos e muros romanos do segundo século depois de Cristo, como partes da fortaleza veneziana, mas não foram feitas escavações sistemáticas. Há um quebra-mar curvo em formato de anzol em torno do lado leste do forte, construído talvez após o ano de 175 d.C. É o que podemos supor, já que não foi mencionado pelo geógrafo e historiador grego Pausânias, que visitou o local pouco antes dessa data. Simplesmente não sabemos a extensão da fortificação ou das obras do porto em 31 a.C. Mesmo assim, podemos estar certos de que então como agora havia um porto natural no lado leste do cabo, no qual se assenta Metone e uma praia estendendo-se a nordeste a partir do porto.[18]

A captura de Metone por Agripa reverberaria na memória de Roma, mas não sobreviveram relatos contemporâneos detalhados. Embora não se saiba muito sobre as atividades ali na campanha anterior à Batalha de Ácio, a tomada de Metone é mencionada em quatro fontes separadas: por Estrabão, geógrafo grego contemporâneo de Otaviano; Dião Cássio, ativo por volta do ano 200; o filósofo fenício Porfírio de Tiro, ativo por volta de 300; e Paulo Orósio, ativo no início dos anos 400.[19] Isso sugere que esses eventos figuraram de modo proeminente nos relatos de Augusto, talvez nas suas *Memórias*.

Podemos imaginar que Agripa capturou Metone em uma de várias maneiras possíveis. Depois de atravessar o mar vindo do Ocidente, Agripa pode ter parado na costa do Peloponeso para pegar água e dar aos seus homens um breve descanso. Depois navegaria diretamente até Metone. Ele pode ter aproveitado o impacto de sua chegada inesperada, que teria criado um efeito multiplicador suficiente para superar a vantagem que a luz do dia dava ao inimigo. Vários séculos antes, um general ateniense recomendava que a melhor maneira de capturar a cidade de Siracusa era navegar diretamente ao seu encontro e atacar o quanto antes.[20] O choque e o pânico, dizia ele, paralisariam o inimigo. Como o plano desse general não foi aceito, não podemos afirmar que teria funcionado, mas Agripa talvez tenha seguido um raciocínio similar em Metone. Um ataque ousado e direto durante o dia é a maneira mais simples de conceber o que as fontes antigas referem como capturar o lugar "por um ataque a partir do mar" (*ex epiplou*).[21] Estrabão, que usa essa expressão, é a fonte sobrevivente mais antiga a respeito dessa captura.

Uma operação mais complexa também pode ter ocorrido. É possível imaginar Agripa navegando não diretamente até Metone, mas a Sapienza, uma das ilhas Oinousses que ficam a cerca de três quilômetros de Metone.[22] Talvez tenha navegado a Sapienza à noite. De fato, às vésperas da Batalha de Milas, em 36 a.C., Agripa navegou com sua frota da ilha de Hiera (moderna Vulcano, uma das ilhas Eólias ou Lipárias) à noite, com isso aproveitando a escuridão para surpreender o inimigo junto à costa norte da Sicília.[23] Para pegar outro exemplo, o bem-sucedido ataque de Roma à cidade grega de Cálquida, em 200 a.C., começou com uma navegação noturna.²⁴ Sapienza era um bom local para ocultar navios, como ilustrado pelo auge da ilha como reduto de piratas no início da era moderna. A ilha já era habitada na era helenística. De Sapienza, Agripa poderia navegar a Metone e alcançá-la ao raiar do dia, desde que contasse com a assistência de pilotos locais.

Podemos imaginar uma noite tranquila de março com uma lua de quarto crescente ou minguante. Talvez fosse 14 de março ou 29 de março, que, em 31 a.C., marcavam o primeiro e o último quarto de lua do mês.²⁵ Ninguém em Metone esperava um ataque vindo de tão longe, dos portos do sul da Itália; portanto, a guarda não estava a postos. Agripa pode ter programado seu ataque para o amanhecer, quando os soldados inimigos provavelmente estariam sonolentos e desprevenidos. Foi exatamente nessa hora que os romanos programaram seu ataque a Cálquida.²⁶ Fugitivos haviam informado Agripa sobre os pontos em que a cidade tinha população mais esparsa, e ele mandou uma unidade de marinheiros atacar ali. Eles galgaram o muro com escadas, capturaram uma torre, mataram os primeiros guardas inimigos que encontraram ainda dormindo e combateram com os demais. Enquanto isso, outra unidade atacava os navios de Bógude. Por volta da hora em que o inimigo fez soar o alarme, já era tarde demais. Além disso, seus soldados com armas leves não foram páreo para os legionários de Agripa. Em pouco tempo, estes alcançaram um portão, derrubaram-no e puseram os demais soldados para dentro dos muros. Confusão e morticínio se seguiram, e só terminaram quando os homens de Agripa mataram Bógude.

No outro extremo do espectro de possibilidades, podemos imaginar um Bógude mais bem preparado e uma praia também bem armada por Agripa para desferir um ataque direto. Nesse caso, ele poderia ter desembarcado num local afastado e, então, marchado com seus homens por terra até Metone. Também é possível que Agripa dividisse suas forças para manter Bógude hesitando, tentando adivinhar. Pode ter lançado um ataque por mar e outro a partir de um lugar afastado em terra. Em 259 a.C., um general romano capturou cidades da Sardenha usando um estratagema como esse.²⁷ Após desembarcar seus soldados à noite, atacou as cidades quando seus navios expulsaram os defensores. Mas uma operação dessas era de fato difícil de empreender por uma marinha daquela época.

As fontes afirmam que Agripa matou Bógude, mas não indicam se isso aconteceu no decorrer da batalha ou se foi uma execução posterior. De qualquer modo, o mouro morreu bem distante de casa.

As consequências da tomada de Metone repercutiram fora dali.[28] Como se fosse algum antigo Sir Francis Drake – o capitão de mar inglês cujo ataque de 1587 destruiu os navios espanhóis de suprimentos e retardou o avanço da armada deles sobre a Inglaterra —,[29] Agripa havia desconcertado totalmente o inimigo.

Metone foi apenas o início dos problemas de Antônio na retaguarda. Agripa era agora capaz de usar a cidade e seu ótimo porto como base para atacar os navios de suprimentos do inimigo. Além dos navios que trouxe, tinha agora à disposição quaisquer navios que tivesse capturado de Bógude. Numa época em que os soldados com frequência eram obrigados a mudar de lado, ele provavelmente também colocou os homens de Bógude para ajudá-lo. Pode ainda ter mandado notícia de sua vitória à Itália e recebido reforços a fim de promover mais ataques.

Nos meses seguintes, Agripa capturou a base de Antônio em Patras — depois que Antônio saiu dali — e invadiu Corinto. Agripa parece ter trabalhado de modo metódico para impedir Antônio de compensar a perda de suas linhas de comunicação com o Egito ao sul estabelecendo uma rota alternativa. Ou seja, devemos supor que Antônio descarregou suprimentos no istmo de Corinto e recarregou-os no outro lado, reabastecendo suas forças pelo Golfo de Corinto. Isso explicaria os ataques de Agripa ao norte, a captura de Patras e seu(s) ataque(s) à própria Corinto. Agripa certamente fez isso, seja em reação aos esforços de Antônio para reconfigurar sua rota de suprimentos, seja prevendo que Antônio iria fazer isso, e, assim, preventivamente negou-lhe essa opção.

Antônio, por sua vez, teve que retirar navios de suas outras bases para tentar conter os movimentos de Agripa. Na realidade, esses gestos rápidos e múltiplos de Agripa deixaram Antônio cheio de incertezas e dúvidas. Uma fonte escreve que, depois de tomar Metone, Agripa "estava agora vigiando os navios mercantes que aportavam e fazendo incursões esporádicas a várias partes da Grécia, e tudo disso deixou Antônio muito aflito".[30]

Pode-se entender que os ataques de Agripa visavam produzir um enxame: uma série de ataques aparentemente amorfos, mas, na realidade, muito estruturados e coordenados, que pareciam vir de todas as direções.³¹ Agripa movia-se com grande rapidez e de maneira imprevisível, enquanto os comandantes de Antônio reagiam com lentidão e menor sucesso. O resultado foi uma perturbação da capacidade do inimigo de reagir de maneira efetiva.

A fim de poder alimentar seus homens, Antônio precisou cobrar um imposto sobre os grãos na Grécia, cujo solo pobre não era capaz de compensar a perda da rica produção do fértil vale do rio Nilo. Provavelmente é desse período que data uma anedota sobre a campanha de Ácio, que consta da *Vida de Antônio*, de Plutarco:

> Seja como for, meu bisavô Nicarco costumava contar que todos os seus concidadãos eram obrigados a carregar nos ombros uma medida estipulada de trigo até o mar em Anticira, e eram instados a acelerar o passo a chicotadas; haviam carregado um lote dessa maneira, disse ele, enquanto o segundo lote já era medido, e estavam quase partindo de novo quando chegou a notícia de que Antônio fora derrotado, e isso foi a salvação da cidade; imediatamente, os intendentes e soldados fugiram, e os cidadãos dividiram o trigo entre eles.³²

O período após a perda de Metone foi provavelmente também a época em que o fiel colaborador de Antônio, Quinto Délio, ofendeu Cleópatra ao queixar-se que tinham que tomar vinho azedo enquanto em Roma um dos favoritos de Otaviano tomava um ótimo vinho de boa safra italiana.³³

E havia mais. De Metone, era um dia de viagem até Esparta, a cidade-chave do sul do Peloponeso. Um dos homens mais destacados da cidade, Caio Júlio Êuricles, tinha ressentimento de Antônio por este ter executado seu pai como pirata. É provável que tenha sido então que desertou para o lado de Otaviano. Os espartanos ilustraram essa troca de fidelidade mudando o nome honrado em suas moedas, ATR, referência ao general antonino Lúcio Semprônio Atratino, para AGR, de Agripa.³⁴ Mais tarde, Atratino desertou e passou também para o lado de Otaviano.

Veleio Patérculo, escrevendo cerca de cinquenta anos após a Batalha de Ácio, diz que a vitória de Otaviano "era uma certeza muito antes da batalha".³⁵ Isso é um exagero. O prolífico autor britânico Michael Grant é mais preciso quando conclui que "a captura de Metone significou que a guerra já estava meio perdida".³⁶ Não se tratava apenas da captura de Metone, mas também da iniciativa de Agripa de se apoiar nesse sucesso para alcançar outras vitórias, e do fracasso de Antônio em estancar a sangria.

Antônio não retomou Metone. Se ela estava tão bem fortificada quanto afirmam as fontes, então tudo o que Agripa precisou fazer foi estar mais bem preparado que Bógude. Agripa, enquanto mantivesse sua guarda alerta, poderia assegurar a cidade. Além disso, Antônio agora tinha que dividir seus recursos para defender suas outras bases, mesmo sem sucesso. O mais impressionante de tudo é que não demoraria muito para que seu maior desafio ganhasse forma. Um pouco depois, na primavera de 31 a.C., quando as condições de navegação costumavam ficar mais seguras, Otaviano cruzou com o grosso de sua frota e alcançou as praias a leste do Adriático. O principal confronto agora surgia no horizonte.

CAPÍTULO 9

SENTAR NUMA CONCHA PARA SOPA

Grécia ocidental, abril de 31 a.C.

Por cerca de seis meses, entre outubro de 32 e abril de 31 a.C., Patras foi o centro do universo, ou pelo menos da sua metade oriental. Enquanto Antônio e Cleópatra estiveram ali, Patras tornou-se o núcleo de finanças, guerra de informação e intrigas, assim como local de festas e rituais religiosos.

Era um cenário bem diverso de Alexandria. Patras era uma cidade de marinheiros na entrada do Golfo de Corinto vindo do mar Jônico, cidade de mercadores, banqueiros e dignitários romanos de passagem para a Itália ou vindos de lá, até que Antônio e Cleópatra e sua enorme comitiva chegaram.

A maior parte do exército e da marinha estava em outros lugares. Ácio, mais ao norte pela costa, na entrada do Golfo de Ambrácia, era a principal estação da frota, mas os navios de Antônio espalhavam-se para cima e para baixo da costa ocidental da Grécia, e continuando ao sul em volta do Peloponeso e no sentido leste para Creta, Líbia e Egito. As legiões acampavam em várias localidades da Grécia. Mas um acampamento não era local para uma rainha e seu consorte; portanto, ambos passaram o inverno em Patras.

Localizada ao pé das montanhas da Aqueia, Patras oferecia belíssimas vistas para o norte, do golfo até as montanhas de Acarnânia. A cidade tem um clima tipicamente mediterrâneo, com verões quentes e secos e invernos brandos e úmidos. Olhando para a vastidão do mar num dia de inverno, Antônio poderia ter pensado no combate cada vez mais próximo. Ou teria preferido acolher pensamentos mais felizes numa noite chuvosa, recostado ao lado de Cleópatra em sofás de banquetes, num salão cintilando à luz de velas e aquecido pelo calor de braseiros de carvão.

Mesmo em alojamentos de inverno, os acampamentos militares são locais dinâmicos. As pendências sempre pressionam e, em Patras, Antônio cuidava de um assunto crucial: pagar seus soldados. Mandou cunhar milhões de moedas enquanto esteve na cidade. Eram quase todas denários de prata (de um valor baixo), exceto um pequeno número de moedas de ouro. Todas trazem a imagem de uma galé numa das faces, com os remos estendidos como se partissem para a batalha. O reverso mostrava dois estandartes militares flanqueando uma águia legionária. Os estandartes eram longas varas com bandeiras ou símbolos da legião que representavam; a águia encimava a vara. Tanto os estandartes quanto a águia representavam uma legião; eram símbolos pelos quais os homens combatiam e morriam. Em torno da galé, a legenda proclamava Antônio como triúnviro e áugure (autoridade religiosa), enquanto o verso nomeava a legião particular e seu número, por exemplo, LEG III, a terceira legião. César também havia sido um áugure, então Antônio poderia ter tentado tomar de empréstimo um pouco da glória do grande homem com esse título compartilhado. O que ele não podia, porém, era tomar emprestada a vasta fortuna de César. Mesmo com a riqueza do Egito, Antônio não conseguia pagar seus muitos soldados e marinheiros sem inflacionar a moeda, o que ele aliviava reduzindo o conteúdo de prata das moedas com a adição de cobre. Isso provavelmente não era bem visto por seus homens.

As imagens das moedas eram propaganda que visava realçar o poder do exército e da marinha de Antônio, ao mesmo tempo que esperava talvez desviar a atenção da redução do conteúdo de prata. Mas não eram as únicas moedas propagandísticas de Patras. Antônio cunhou outras ali, celebrando o consulado de 31 a.C., cargo que Otaviano havia forçado o Senado a retirar-lhe. Um dos lados dessas moedas trazia a imagem de Antônio; o outro, a de Cleópatra. A rainha figurava em outra cunhagem emitida em Patras. A cidade celebrava sua visitante real fazendo moedas com a imagem dela e a legenda "Rainha Cleópatra"; o reverso retratava uma coroa de Ísis.

Tanto Antônio, enquanto áugure, quanto Cleópatra, como Ísis, decoravam suas cunhagens com símbolos religiosos, um lembrete de que contavam com os deuses a seu lado. Cabe imaginar que a nova Ísis e o novo Dionísio realçaram isso mais vividamente em sua estada em Patras e presidiram pessoalmente rituais em exaltação a Ísis.

Em meio a todas as suas ocupações, os dois ainda olhavam também para oeste, para a Itália, aonde haviam enviado agentes para distribuir propinas, coletar informações e fomentar problemas para Otaviano. Sem dúvida, também interrogaram mensageiros que enfrentavam os mares de inverno e traziam notícias de Roma.

Presságios eram armas na guerra de informação.[1] Sabemos apenas daqueles que favoreciam Otaviano, mas provavelmente houve muitos presságios também pró-Antônio. Relatos falam de supostos prodígios, como estátuas de Antônio vertendo sangue ou suor; de danos promovidos por ventos e tempestades em imagens dos deuses padroeiros de Antônio, isto é, Hércules e Dionísio; e de um terremoto numa cidade italiana na qual Antônio fundara uma colônia de veteranos. Andorinhas teriam feito um ninho na nau capitânia de Cleópatra, a *Antonias*, mas depois outras andorinhas expulsaram as aves adultas e mataram os filhotes. A andorinha simbolizava a deusa Ísis, mas era também um símbolo da morte. Além desses presságios de desgraças para Antônio, havia sinais de morte para romanos de maneira geral, como corujas voando dentro de templos, danos de tempestades a várias estátuas e troféus e, alegadamente, uma serpente de duas cabeças com vinte e cinco metros de comprimento no centro da Itália. Os partidários de Otaviano chegaram a difundir a notícia que, depois de dois dias de confrontos entre grupos de crianças em Roma, as "cesarinas" venceram as "antoninas". Mais ou menos nessa mesma linha é a acusação de que Antônio deixara a Itália porque sempre perdia nos jogos com Otaviano, fossem dados ou brigas de galos, o que, segundo um vidente egípcio, provaria que o espírito de Antônio não estava no mesmo nível que o de Otaviano.[2]

Provocações inventadas também faziam parte do ambiente de informações.[3] Dizia-se, por exemplo, que Otaviano oferecera deixar Antônio desembarcar sem ser incomodado em portos e ancoradouros da Itália, depois que Otaviano retirara suas forças e ficara a um dia de cavalgada (cerca de oitenta quilômetros). Ou que Antônio, por sua vez, desafiara

Otaviano a um combate somente entre os dois; que, se não fosse possível, Antônio o desafiaria a desembarcar na Grécia e, então, marchar com seu exército até Farsalos, no centro do país, onde poderiam combater no mesmo campo de batalha em que César esmagara o exército de Pompeu em 48 a.C. Antônio teve um papel importante nessa batalha, comandando a ala esquerda de César, enquanto Otaviano, na época com catorze anos, vivia em segurança em Roma. A proposta de uma segunda batalha nesse local seria totalmente impraticável, pois a viagem da Grécia ocidental até Farsalos, pela rota mais rápida, levava bem mais que uma semana, e mais ainda pela rota mais lenta. Nenhuma dessas supostas propostas deles mereceria ser levada a sério.

Se Antônio planejasse invadir a Itália em 31 a.C., não teria ido muito longe depois que o inimigo atacou Metone em março. Mesmo assim, uma estratégia defensiva não era descartável. Poderia funcionar caso suas forças estivessem preparadas para o inesperado. Mas não estavam, como os eventos de março deixaram evidente.

Antônio e sua equipe haviam tido tempo para reagir à vitória de Agripa em Metone, mas um trovão soou ao norte: Otaviano e sua frota haviam cruzado o mar Adriático.

A chegada de Otaviano

Na primavera de 31 a.C., Otaviano preparava-se para ir à guerra. Reuniu suas forças em Brundísio, o porto preferido para viajar da Itália ao Oriente. Otaviano tinha um exército e uma frota ali, mas sua estada era tanto política quanto militar. Ordenou que todos os cavaleiros e senadores mais importantes se juntassem a ele na cidade portuária. Deveriam cruzar o mar com ele em campanha, e cada um traria certo número de criados, assim como os próprios suprimentos. O detalhe dos criados soa como o aparelhamento de um bando de primas-donas, o que era de certo modo. E, do ponto de vista militar, a reunião de figurões fazia apenas prever problemas. Mas Otaviano não estava pensando como um militar.

Essa convocação dos senadores para ir à guerra era algo sem precedentes e só um pouco menos bizarra do que, digamos, Winston Churchill ordenar que os membros do Parlamento o acompanhassem na expedição do Dia D de 1944. Mas Churchill, diferentemente de Otaviano, não se defrontava com a possibilidade de um golpe de Estado contra ele durante sua ausência. Portanto, Otaviano levou os membros do Senado com ele essencialmente como reféns, e o mesmo vale para a maioria dos cavaleiros capazes de Roma.

Para não sair da Itália nesse tom de tensão, Otaviano transformou o recrutamento da elite romana numa celebração da unidade italiana. Martelou no plano doméstico a mensagem que vinha repetindo desde a "descoberta" do testamento de Antônio: que o consenso da Itália o apoiava. Era esse, segundo ele, o sentido da extraordinária reunião em Brundísio. Ninguém melhor que Otaviano sabia o quanto a suposta unidade da Itália estava longe de ser sólida.

Provavelmente não foi muito tempo após a boa notícia da chegada de Agripa à Grécia que Otaviano partiu com a principal parte de sua frota. Era abril de 31 a.C.

Otaviano tinha 230 navios de guerra e um número desconhecido de embarcações de transporte. Se tudo corresse bem, cruzaria o Adriático e encontraria Agripa e sua frota, formada pelos navios com os quais Agripa partira (ou pelo menos os que haviam sobrevivido) e mais os que tivesse capturado de Antônio. Quando Otaviano juntou-se às forças de Agripa, a frota somada tinha mais de quatrocentos navios.

Enquanto isso, Antônio estacionara a maior parte da frota no Golfo de Ambrácia, em Ácio. Fazia quase um ano que havia saído de Éfeso com quinhentos navios de guerra. Depois de colocar destacamentos em suas bases distantes, ficara com uma marinha menor, mas ainda substancial, e precisava também lidar com as perdas por deserção e por doenças. Por isso, conseguiu reunir bem menos que quinhentos navios de guerra em Ácio na primavera de 31 a.C.

Otaviano tinha menos soldados que Antônio — cerca de oitenta mil a cem mil homens —, mas eles compensavam com qualidade a escassez em quantidade. Otaviano tinha menos soldados aliados, que geralmente desempenhavam papéis secundários em termos de armamento, mas tinha mais ou menos o mesmo número de legionários pesadamente armados. É provável que contasse com dezesseis legiões de quatro mil a cinco mil homens cada, isto é, vinha com força total. Antônio tinha dezenove legiões, mas elas talvez fossem menos poderosas; portanto, cada lado veio para a guerra com setenta mil a 75 mil legionários. Antônio tinha vinte mil a 25 mil homens de infantaria aliada com armamento leve. Cada lado contava com doze mil cavaleiros. Ambos tinham grande número de veteranos: os de Antônio haviam servido nas campanhas contra Bruto, Cássio e os partas; os de Otaviano, nas guerras da Perúsia, Ilíria e nas batalhas contra Sexto Pompeu. Otaviano, no entanto, talvez tivesse mais veteranos que Antônio, já que suas perdas em campanhas anteriores haviam sido relativamente poucas.

Antônio sofrera pesadas baixas lutando na Média: fontes hostis falam em 25%, o que é plausível. Considerando que tinha tantos soldados em 31 a.C. quanto antes, em 36 a.C., depreende-se que reabasteceu suas fileiras, em grande medida recrutando soldados novos, mas provavelmente também por despojar a Macedônia de suas três legiões. À parte essas legiões, poucos dos novos recrutas de Antônio seriam italianos, embora alguns fossem colonos italianos do Oriente ou filhos deles.

As forças aliadas de Antônio compunham um grupo diversificado, mas particularmente forte em cavalaria. No entanto, cada um desses líderes aliados vinha com sua própria agenda. Não era possível confiar na lealdade de nenhum deles. E tampouco seria fácil forjar uma unidade com eles. Apesar de aumentarem o poder de Antônio, também representavam um desafio.

Meia dúzia de reis aliados e chefes tribais, da Ásia Menor e da Trácia (*grosso modo*, a Bulgária), haviam se apresentado em Ácio com os próprios soldados. Muitos, talvez a maioria, traziam a cavalaria. Cada um havia sido escolhido por Antônio para governar um reino cliente. O mais importante deles nos eventos que se seguiriam era Amintas, rei da Galácia, a parte central da Ásia Menor. Ele apoiara Bruto e Cássio inicialmente em Filipos, mas depois mudara de lado antes da batalha final. Antônio recompensou-o com seu reino e expandiu suas fronteiras em boa medida. Amintas trouxe a Ácio dois mil cavaleiros gálatas, um grupo conhecido pela excelência em lutar montado a cavalo.

Quatro outros reis não estavam presentes, mas tinham enviado exércitos. Dois deles seriam figuras importantes nos eventos que se sucederiam.

Malco era rei dos Nabateus, situados no noroeste da Arábia, numa região rica que controlava comércio com as valiosas áreas de produção de especiarias do sul da Arábia. Malco, no papel de governante de uma zona de fronteira, tinha lealdades complicadas. Apoiara Júlio César, depois os partas. Antônio deu uma porção do território de Malco a Cleópatra e obrigou o rei a alugá-lo pagando uma soma anual de duzentos talentos de prata — mais de quinze mil libras. Mas o governante atrasou os pagamentos, e Antônio mandou seu vizinho, o rei Herodes da Judeia, atacar Malco, que foi derrotado. Herodes deve ter feito isso de bom grado, pois era ressentido com o governante nabateu por este ter recusado apoiá-lo alguns anos antes, quando Herodes era um refugiado de um ataque parta. Malco, com certeza, na esperança de contar com Antônio do seu lado, enviou soldados para apoiá-lo em Ácio.

Quanto a Herodes, ele e Cleópatra eram inimigos. Ela cobiçara seu reino, mas Antônio impediu-a de encampá-lo. O rei da Judeia, por seu turno, não poderia ter ficado feliz com o que Antônio acabou dando à rainha: os direitos sobre as plantações de bálsamo, uma medicação valiosa, que ficavam em torno de Jericó. Herodes também tinha que pagar um aluguel anual de duzentos talentos de prata. Nem Herodes, nem Cleópatra podem ter lamentado que ele ficasse em casa em vez de vir a Ácio, mas ele enviou soldados em apoio à causa.

Quando Otaviano desembarcou nas praias do leste do Adriático, recebeu mais um presente de Agripa. Seu leal amigo derrotara os navios de Antônio junto à ilha de Córcira e, em seguida, desviara a parte restante da frota de Antônio e seguira navegando e atacando nas águas em torno da Grécia. Era uma oportunidade perfeita para Otaviano atravessar o Adriático em segurança. Primeiramente ele parou no continente, ao pé das montanhas opostas à Córcira. Ali seus navios desembarcaram a cavalaria. Agripa já capturara Córcira e, com isso, livrara Otaviano de se preocupar com ataques inimigos vindos da ilha.[4] Em seguida, Otaviano e seus navios navegaram para o sul cerca de dois dias, acompanhando o continente, até Otaviano basear sua frota num lugar chamado Glykys Limen, "Porto Novo" (moderna Fanari), perto da foz do rio Aqueronte. O exército ocupou um lugar próximo chamado Torune, no norte da Grécia ocidental. Torune provavelmente corresponde à moderna cidade de Parga, e fica a menos de sessenta quilômetros ao norte de Ácio, ou seja, a dois dias de marcha por terra. A frota principal de Antônio e Cleópatra aportou no Golfo de Ácio, a cerca de 125 milhas náuticas de Patras, ou um dia e meio de navegação num navio a remo rápido.

A frota de Antônio e Cleópatra reagiu com passividade. Não desafiaram Otaviano, nem o impediram de montar acampamento. O historiador antigo Dião Cássio afirma que eles estavam confiantes demais para aceitar o convite de Otaviano para conversações e com temor excessivo para aceitar o desafio dele de entrar em batalha.[5] Quem sabe a frota estivesse em inferioridade numérica e esperasse a chegada de Antônio e do restante da força, ou talvez estivessem aguardando ordens.

Após o desastre de Metone, Antônio deveria estar pronto para revidar com vigor. Deveria ter se preparado para contra-atacar e repelir o inimigo onde mais atacasse, especialmente no norte, onde uma travessia a partir de Brundísio seria previsível. Em vez disso, parecia estar dormindo.

Ao não fazer nada para impedir o desembarque de Otaviano em seu acampamento estabelecido, Antônio deixou a desejar. Era como se tacitamente cedesse o comando do mar ao inimigo. Talvez justificasse a própria passividade relembrando a experiência que tivera ao cruzar o Adriático em 48 a.C. Os navios de Pompeu dificultavam a jornada de Antônio, mas, apesar da massiva superioridade numérica deles, não conseguiram detê-lo. Antônio talvez tenha concluído que não valeria a pena tentar impedir Otaviano. É verdade que estava ansioso para travar uma batalha em terra, e pode ter imaginado que, quanto mais cedo Otaviano e seu exército estivessem ao seu alcance, melhor. Mas se era esta a estratégia de Antônio, ele não demonstrava o espírito agressivo que se esperava de um comandante romano (bem como da maioria dos comandantes).

Antônio, Cleópatra e suas comitivas precisavam agora se apressar para o norte, mas a rainha egípcia manteve a calma e fez uma piada. Sua sagacidade cortante se fez presente.

"O que há de tão terrível", ela disse, "se César [isto é, Otaviano] senta numa concha de sopa?"[6] A piada tem múltiplos sentidos. Uma pessoa certamente parecerá ridícula sentada sobre uma concha. Um homem estará longe de parecer um guerreiro, já que uma concha é um péssimo substituto para uma lança ou uma espada. Mais importante, *concha* era, ao que parece, um termo obsceno, uma gíria obscura para "pênis", o que implica que Cleópatra acusava Otaviano de ser um *cinaedus*, o parceiro passivo de um ato sexual entre dois homens.[7] Em outras palavras, dizia que não era caso de se preocupar, já que Otaviano estaria habituado a sentar em "conchas". Para os gregos e os romanos, esse comportamento era profundamente inaceitável para um homem adulto. Antônio já acusara Otaviano de ter sido parceiro passivo de Júlio César na cama,[8] e fica-se imaginando que Cleópatra, que conhecera César intimamente, poderia ser a fonte dessa história. (O duplo sentido de *concha* ao que parece remonta à comédia ateniense do quinto século antes de Cristo; portanto, a piada de Cleópatra demonstra sua erudição.)

A configuração do terreno

Como mencionado, Ácio assenta-se ao pé das montanhas do Épiro. O Épiro era um país guerreiro, terra natal de Olímpia, a mulher que deu à luz o conquistador do mundo, Alexandre. Uma geração depois, Épiro seria governado por um rei guerreiro, Pirro. Ele matou um chefe inimigo num combate e atravessou o Adriático à conquista de um império italiano, mas acabou expulso da Itália e, ao voltar à Grécia, foi morto por uma telha que uma mulher enraivecida atirou em sua cabeça do alto de um terraço, durante um tumulto urbano. Épiro também era onde ficava a entrada para o mundo subterrâneo — via rio Aqueronte —, segundo pregavam os sacerdotes.

Mas não foi nas terras altas do Épiro que os deuses da guerra lutaram nessa ocasião. Esse combate teria lugar perto da costa. A praia é rasa e arenosa, tendo uma camada ondulada de montanhas em volta. A entrada é muito estreita — menos de oitocentos metros de largura —, a ponto de ocultar a presença do golfo de um viajante desavisado. Com cerca de quarenta quilômetros de comprimento e catorze de largura, o Golfo de Ambrácia é uma baía perfeita. Aqui Antônio e Cleópatra preservaram o orgulho de sua frota de guerra. Otaviano e Agripa tinham posicionado sua marinha perto.

Em Ácio, como é frequente na história das batalhas, a topografia conta metade da história. O nome Ácio refere-se em sentido amplo à abertura do Golfo de Ambrácia para o mar Jônico, num estreito pouco largo. Mais precisamente, porém, Ácio era o mais meridional de dois promontórios que guardam a entrada do golfo, como dois braços estendidos que quase se tocam. A área em torno de Ácio tinha numerosos bons portos que ofereciam ancoragem segura a frotas estrangeiras. Ácio era mais famosa, no entanto, pelo Templo de Apolo e pelo festival anual a ele associado.

Os dois acampamentos

Antônio e Cleópatra montaram seu acampamento em Ácio, o cabo do promontório sul. Seu acampamento era substancial o suficiente para que quase cinquenta anos depois ainda fosse possível visitar seus restos.[9] (Hoje, um memorial mais divertido marca o local: a Marina Cleópatra.) De ambos os lados da entrada, torres de guarda, capazes de disparar salvas e salvas de projéteis — pedras ou ferrolhos (espécie de flechas curtas e pesadas) —, impediam a maioria dos navios inimigos de entrar no golfo e, se necessário, navios de patrulha enviados pelo canal podiam expulsar os demais.

Os acampamentos militares romanos eram locais austeros, masculinos, famosos por sua ordem e regularidade. Este era diferente. Não que faltasse disciplina, mas era com certeza mais animado, pela presença de todos os soldados aliados e seus diferentes uniformes e equipamentos. E depois havia Cleópatra, com sua comitiva e seus modos reais. Ela dificilmente teria subsistido adotando a dieta forte em grãos de um legionário romano. Podemos imaginar o *imperator* e a rainha comendo as especialidades locais: sardinhas, camarões suculentos e outros peixes saborosos do Golfo de Ambrácia, e os patos dos pântanos do rio Louros.

Essa rica comida fazia acentuado contraste com as condições do acampamento, especialmente à medida que foram piorando ao longo do tempo. Apesar de suas vantagens estratégicas, o promontório de Ácio não era um lugar convidativo. Era plano, arenoso e, em grande parte, desprovido de solo terroso. Não tinha árvores nem água potável, e sua área pequena e fechada tornava a remoção de dejetos um desafio para um exército grande como aquele. Seus pântanos eram cheios de mosquitos. Tudo isso fazia prever dificuldades se o exército ainda ficasse ali nos meses quentes do verão, assim como problemas caso não conseguissem assegurar um suprimento regular de comida e água.

Otaviano montou seu acampamento num lugar conhecido hoje como Michalitsi. Com certeza teria gostado de controlar a entrada do Golfo de Ambrácia, mas este ficara firmemente nas mãos de Antônio. Michalitsi fica cerca de sete quilômetros ao norte da boca do golfo. Michalitsi é formado por uma serra com cumes que alcançam mais de 150 metros.[10] A tenda do quartel general de Otaviano — seu *praesidium* — provavelmente ficava no local do monumento à vitória, em uma elevação de cerca de oitenta e tantos metros.[11] O resto de seu acampamento provavelmente estendia-se pelas encostas de Michalitsi, avançando pela área da moderna Nicópolis (Smyrtoula). Além de ser facilmente defensável, a altitude oferecia várias outras vantagens. O local oferece uma vista panorâmica, o que não é um benefício desprezível numa era anterior aos binóculos. Em pé no monte, era possível ver o Golfo de Ambrácia logo abaixo; o mar Jônico no entorno; à distância, o perfil das serras das ilhas Lêucade (ao sul), Paxos e Antipaxos (a noroeste), com as montanhas de Acarnânia ao sul e as do Épiro elevando-se nas brumas ao norte. Além da vista, o frescor e a brisa da montanha também protegiam contra os mosquitos que frequentavam as terras baixas e traziam malária.

No lado das desvantagens, Michalitsi não provia acesso a um porto de mar protegido. Otaviano manteve alguns de seus navios em Glykys Limen, o "Porto Novo", um cais abrigado a cerca de vinte milhas náuticas ao norte. O porto mais próximo de Michalitsi não era ideal. Era Gomaros, menos de dois quilômetros a oeste, mas exposto à intempérie se soprasse um vento forte do oeste. É possível que Agripa tenha construído um molhe ou quebra-mar de pedra ali para oferecer alguma proteção aos navios; um molhe moderno naquele local talvez encubra hoje vestígios antigos.[12] Para conectar o cais ao campo, Otaviano construiu uma série de longos muros, o tipo de façanha de engenharia na qual os exército romano se destacava. Os muros permitiam que a entrega de suprimentos ao acampamento de Otaviano fosse feita com segurança.

Água potável constituía um desafio maior. Como uma inspeção da superfície revela, há hoje nascentes em Michalitsi, nas encostas e na planície embaixo.[13] Supondo que o mesmo ocorresse em 31 a.C., tais nascentes teriam se mostrado úteis mas insuficientes para as necessidades do grande exército de Otaviano. Sabendo disso, Antônio tentou cortar o acesso de Otaviano a fontes de água fora de seu acampamento. A uns três quilômetros de Michalitsi, havia a água potável do rio Louros, que desemboca no pântano da ponta norte do Golfo de Ambrácia. Era vulnerável à ação do inimigo.

Antônio nada fez para impedir Otaviano de tomar o terreno elevado de Michalitsi, mas com suas legiões ainda não instaladas em Ácio, não estava em posição de impedir o movimento de Otaviano. Antônio poderia também ter concluído que seu oponente caíra numa armadilha. Sem um bom porto e com o real risco de ter seus suprimentos de água cortados, Michalitsi pode ter se afigurado como o local da última resistência de Otaviano. Tudo o que Antônio precisaria fazer seria bloquear o acesso de seu inimigo a água potável.

Março e abril de 32 a.C. foram meses ruins para Antônio. Ele falhara em conter a travessia de Otaviano, e não impediu que o exército dele marchasse para o sul e tomasse o terreno elevado em Michalitsi, ao norte de Ácio. Havia sido uma falha de liderança, mas poderia ser reparada.

Antônio revida

A doutrina militar romana enfatizava a ofensiva. Otaviano foi quem primeiro assumiu uma posição agressiva, e começou com seus navios. Aproximou-se da boca do Golfo de Ambrácia ao raiar do dia, mas Antônio estava preparado.[14] Como suas legiões ainda não haviam chegado com força total, Antônio improvisou. Alinhou a entrada do golfo com seus navios de guerra, as proas direcionadas ao inimigo e os remos erguidos, como se prontos para começar a remar. No convés, remadores vestiram-se para parecer legionários, e, com isso, a impressão geral era de uma frota preparada para a luta. Otaviano deteve a ofensiva. Se foi porque caiu no engodo ou porque foi detido pelas catapultas de Antônio de ambas as margens, não sabemos.

Otaviano teve que se contentar em capturar os navios de transporte de Antônio. Em terra, enquanto isso, Otaviano colocou sua infantaria em ordem de batalha, mas Antônio recusou cruzar o estreito a partir de Ácio e lutar contra ele. Até que todas as suas legiões estivessem a postos,

Antônio julgou melhor não arriscar um confronto generalizado. Contentou-se de momento em enviar uns poucos soldados para realizarem escaramuças contra o inimigo.

Então, cerca de três semanas mais tarde, o jogo virou. Todas as legiões de Antônio haviam chegado, e ele atravessou o estreito de Ácio — a apertada entrada ao Golfo de Ambrácia — até a margem norte. Ali começou a erguer um segundo acampamento além do principal na península sul. Esse campo ficava cerca de três quilômetros ao sul do acampamento de Otaviano em Michalitsi.[15] Então, Antônio alinhou seu exército e ofereceu batalha, mas agora foi a vez de Otaviano recusar. Era tudo uma questão de vantagem estratégica.

Seria compreensível se Antônio estivesse esperando que ocorresse de novo o que se deu em Filipos, em 42 a.C., quando ele derrotou o exército dos assassinos de César. Otaviano estava presente ali também. Bruto, o comandante inimigo, deveria ter se disposto a esperar até que Antônio e Otaviano padecessem de fome. Em vez disso, atacou precipitadamente e foi derrotado.

Se Antônio conseguisse provocar Otaviano e Agripa para que descessem de seu acampamento em terreno elevado em Michalitsi, poderia esperar um bom desfecho. Mas Otaviano sabia que não poderia repetir o erro de Bruto. Melhor seria fazer Antônio esperar, enquanto seu exército se deteriorava de fome e doenças.

Contudo, Otaviano não poderia se dar ao luxo de ser paciente sem uma vitória no mar. Felizmente, Agripa deu-lhe novamente uma vitória. O almirante alcançou um sucesso importante ao derrotar as forças de Antônio na Ilha Lêucades, ao sul de Ácio — obtendo o prêmio "diante dos olhos de Antônio e sua frota".[16] Claramente, Antônio e seus navios haviam sido superados no mar. Agripa deu a Otaviano acesso ao ótimo porto de Lêucade, a apenas dez milhas náuticas de Michalitsi. Isso não só garantia o acesso de Otaviano a suprimentos como lhe permitia reforçar o bloqueio à frota de Antônio. Otaviano confiava muito menos no porto de Gomaros, onde seus navios corriam risco de sofrer com tempestades. Enquanto isso, qualquer navio de suprimentos de Antônio vindo do sul e tentando entrar furtivamente em Ácio precisava agora evitar a frota de Agripa e pegar uma rota mais longa, contornando a ilha Cefalônia, que não contava com proteção do mar e dos ventos.

Logo depois, Agripa derrotou uma esquadra da frota de Antônio perto de Patras, sob o comando de Quinto Nasídio, ex-oficial naval de Sexto Pompeu.[17] Nasídio havia fugido com Sexto para a Ásia Menor após a derrota em Náuloco, em 35 a.C. Depois de concluir que as coisas ali não tinham futuro, Nasídio desertou e passou para o lado de Antônio, junto com outros homens proeminentes, entre eles o sogro de Sexto. Agora Nasídio caía de novo diante de Agripa, o vencedor em Náuloco. Agripa assumiu o controle da cidade de Patras, que até recentemente havia sido o quartel-general de Antônio e Cleópatra. Foi um golpe no prestígio de ambos e reduziu ainda mais a capacidade de obter suprimentos, pela tomada de outro ponto de parada para os navios de transporte a caminho de Ácio.

O plano preferido de Antônio, provocar o inimigo para que lutasse uma batalha campal, falhara. Sua abordagem alternativa, isto é, sitiar o inimigo e fazê-lo passar fome, deparara com um grande obstáculo, pois Otaviano conseguia seus suprimentos de comida por mar. No entanto, havia ainda uma maneira de forçar Otaviano a combater.

Antônio poderia tentar bloquear o acesso de Otaviano a água potável. Antônio mandou seus soldados aterrarem as nascentes abaixo de Michalitsi e ordenou que sua cavalaria tentasse bloquear o acesso do inimigo ao rio Louros. Os pântanos, geralmente reduto de patos, garças, pelicanos e várias outras espécies de aves, de repente viraram local de confrontos sangrentos de cavaleiros. As fontes registram apenas o eventual fracasso dessas manobras, mas elas podem ter tido algum sucesso inicial. Evidências em moedas mostram que os homens de Antônio saudaram-no como seu *imperator* em algum estágio da campanha.[18] Trata-se de uma bela moeda de prata, com a cabeça de Antônio no anverso, e uma vitória alada muito bem realizada no reverso, segurando, numa mão, uma coroa de flores com uma faixa (ou tiara, como as usadas por atletas campeões) e um ramo de palma, na outra mão. Se Antônio alcançou algum sucesso sobre Otaviano perto de Michalitsi, foi um momento fugaz. Para derrotar de vez seu adversário era necessário manter uma linha de oito quilômetros de extensão — o que não era um feito menor. Devemos imaginar que por um tempo houve uma série de confrontos ao longo dessa linha. No final, uma carga bem-sucedida de cavalaria dos homens de Otaviano levou à deserção do rei Deiótaro Filadelfo da

Paflagônia (situa-se hoje no noroeste da Turquia) e sua cavalaria.[19] Outro rei, Rhoemetalces da Trácia, também passou para o lado de Otaviano por essa época.[20]

Assim como a Paflagônia, a Trácia era conhecida por seus cavaleiros. A cavalaria era crucial para controlar o acesso ao rio Louros; portanto, a deserção de dois reis e de seus homens para o lado de Otaviano foi um golpe nas esperanças de Antônio. Não devemos supor que estes mudaram de lado por acidente, nem que tenham avaliado por eles mesmos que os ventos sopravam a favor de Otaviano. Sem dúvida, desertaram após negociações com Otaviano. Com certeza, houve troca de mensagens; talvez também Otaviano tivesse agentes secretos no acampamento de Antônio. E é ainda provável que Otaviano tivesse enviado pessoas para sondar os aliados de Antônio bem antes de eles chegarem a Ácio.

Otaviano era mestre em subornar traições. Na realidade, um momento crucial de sua ascensão ao poder ocorreu bem antes, em 44 a.C., quando ainda não tinha vinte anos. Sabendo de insatisfações no acampamento de Antônio, agentes de Otaviano ali infiltrados convenceram duas legiões a desertarem para o jovem herdeiro de César.[21] Naturalmente, prometeram aos homens um substancial aumento no pagamento. Funcionou, e deu a Otaviano um exército particular — uma ferramenta de valor inestimável no turbulento período após o assassinato de César. Agora um homem experiente na casa dos trinta e poucos anos, Otaviano não teria encontrado dificuldades para subtrair novamente unidades de Antônio.

Outro momento infeliz para Antônio, se é que a anedota seguinte é verdadeira e não mera propaganda, ocorreu quando ele quase foi capturado.[22] Dois longos muros ligavam seu acampamento a um de seus portos, talvez no promontório norte. Ele normalmente percorria os muros a pé sem uma grande guarda. Um escravo percebeu isso e reportou a Otaviano. Este, então, preparou uma emboscada. Os homens à espreita quase capturaram Antônio, mas atacaram cedo demais, e ele escapou correndo, o que estava abaixo da dignidade de um *imperator*. Os homens de Otaviano tiveram que se contentar em capturar apenas o sujeito que ia à frente do grupo de Antônio.

A fim de afastar os soldados de Antônio, Otaviano enviou forças à Grécia e à Macedônia, o que se revelou uma dispersão temporária.

Mais tarde, perto de Michalitsi, Antônio tentou de novo bloquear o fornecimento de água de seu inimigo. Dessa vez, liderou pessoalmente o ataque, mas não teve sucesso, em razão de mais uma deserção: o rei Amintas da Galácia juntara-se a Otaviano. Amintas era um traidor contumaz, e já havia desertado de Bruto e Cássio em Filipos.

A traição de Amintas em Ácio teve consequências importantes, pois o rei levou com ele dois mil cavaleiros. Eram celtas, e de alta reputação como cavalaria. Em Roma, o poeta Horácio escreveu a respeito de dois mil cavaleiros gálicos (celtas) cantando "César" enquanto adentravam seu acampamento, desgostosos, escreveu ele, com a subserviência de Antônio a uma mulher e seus eunucos.[23]

Homens desertam porque gostam de seguir um vencedor. Na primavera e verão de 32 a.C., este parecia ser Otaviano. Ele era visto como capaz de oferecer apoio político, dinheiro e a promessa de vitória. Cada novo sucesso dele ou de Agripa fazia a balança pender em favor dos reis e príncipes que queriam sobreviver em seus tronos. E depois havia Cleópatra. Os governantes do Oriente provavelmente não se alinhavam em apoio à expansão do reino dela e do seu poder sob Antônio. Ciúmes, insatisfação e medo com certeza criaram terreno fértil para os agentes de Otaviano.

No verão de 32 a.C., Otaviano e Agripa haviam demonstrado um modelo de liderança e trabalho em equipe. Em contraste, Antônio decepcionava. Ele não conseguira impedir o inimigo de bloquear suas vias de suprimentos, estabelecer uma base forte em frente ao seu principal porto e obter sucessos estratégicos sobre esquadras de sua frota. Embora Antônio parecesse ter obtido uma vitória em terra, esta propiciou uma vantagem apenas temporária. E as alianças de Antônio mostravam fissuras.

Ao cruzar o estreito de novo e voltar ao seu acampamento em Ácio, Antônio teve que ponderar como poderia vencer aquela guerra.

PARTE 3
A BATALHA
Agosto a 2 de setembro de 31 a.C.

Rio Louros

Baía de Gomaros

Michalitsi

ACAMPAMENTO
DE OTAVIANO

Nicópolis

*Golfo de Ambrácia
(Arta)*

SEGUNDO
ACAMPAMENTO
DE ANTÔNIO

Preveza

FORTALEZAS

ACAMPAMENTO DE
ANTÔNIO E CLEÓPATRA

Ácio

LÊUCADE

Batalha de Ácio

0 — MILHAS — 4
0 — KM — 4

CAPÍTULO 10

A VINGANÇA DE APOLO
Ácio, agosto de 31 a.C.

Soldados morriam. Pelos cantos ao redor do acampamento, eram aniquilados, alguns com malária, outros com disenteria.[1] Muitos estavam famintos e sedentos, o que enfraquecia ainda mais sua resistência. O calor do verão certamente agravava a situação. A cena deve ter sido parecida com abertura da *Ilíada*. No grande épico, o poeta Homero descreve o deus Apolo castigando o acampamento grego com doenças — uma vingança pelo mau tratamento dispensado ao profeta do deus. Homero escreve:

> Frota à vista, lança as setas mortais
> Zunindo qual sinas emplumadas
> Que após infectarem mulas e cães
> Põem vinganças nos homens cravadas,
> Piras funéreas de brilho fugaz.[2]

Não era, porém, o exército grego em Troia que morria: era o exército romano em Ácio — em particular, o de Antônio.

Ao longo da história, morreram mais soldados por doenças do que combatendo. A força de Antônio em Ácio foi um desses casos. Não temos dados precisos, mas há uma indicação da gravidade da crise. Em Éfeso, em março de 32 a.C., Antônio havia reunido quinhentos navios de guerra. Na hora de combater em Ácio, só foi capaz de tripular menos da metade desse número. Alguns navios estavam estacionados em outras partes das suas longas linhas de suprimentos, e alguns haviam sido perdidos em confrontos com o inimigo, mas as fontes especificam que os navios dele tinham escassez de homens. Também afirmam que agentes de Antônio vasculharam o interior da Grécia para convencer ou pressionar homens em boas condições físicas a servirem como remadores.[3] Antônio teria observado que, enquanto houvesse homens na Grécia, não lhe faltariam remadores.[4] Por volta da mesma época, seus agentes tinham que chicotear homens livres no centro da Grécia para que se apressassem e carregassem sacos de trigo até o mar do Golfo de Corinto, para despachá-los ao acampamento de Antônio em Ácio.[5]

É possível mesmo que Antônio tenha pensado na *Ilíada*. Era um homem instruído, e, como qualquer romano de sua classe, deve ter estudado literatura grega. Portanto, teria lembrado de Apolo infligindo a doença ao exército grego em Troia. Dificilmente não lhe passaria pela mente que Apolo era também o deus favorito de Otaviano; claro que Antônio preferia Dionísio e Hércules. Um homem de ação como Antônio provavelmente não se demoraria nessas considerações, mas é algo que pode ter ocorrido a outros no acampamento, e com certeza não elevou o ânimo deles.

A estratégia de Otaviano vinha dando certo. Ao recusar combater em terra e liberar Agripa para obter vitórias no mar — capturando bases inimigas e derrotando suas esquadras —, as forças de Otaviano estavam sufocando as de Antônio. O controle do mar significava que Otaviano podia em grande medida impedir que chegasse comida ao acampamento inimigo. Ao mesmo tempo, seus homens desfrutavam de uma localização mais salutar em terreno elevado. Seu suprimento de alimentos estava assegurado, ao contrário do de Antônio, conseguiam neutralizar os esforços de Antônio de cortar seu suprimento de água, e o tempo todo aliados de Antônio, desiludidos, desertavam para Otaviano.

Antônio talvez alimentasse a esperança de conter a ira dos deuses, mas conhecia bem demais as realidades da guerra para achar que apenas com orações poderia salvar seus homens. Ao contrário, chegou à mesma conclusão que Aquiles na *Ilíada*: era tempo de ir. Como Aquiles perguntou a seus comandantes num conselho de guerra:

> Por que não deixar a fatal praia troiana
> E voltar pelos mares que cruzamos antes?
> A praga destrói quem a espada arrasaria,
> Hora de salvar os parcos restos da guerra.⁶

Mudando "praia troiana" para "praia grega", temos a situação de Antônio em Ácio. Era hora de partir e salvar o que fosse possível.

Foi um período de seis meses que abalou o mundo. Antes, no final de fevereiro, as forças de Antônio estavam prontas para acordar de seu sono de inverno e preparar tanto uma invasão da Itália como uma batalha culminante na Grécia. Então, veio o assalto a Metone, as incursões pela Grécia ocidental e as vitórias de Agripa sobre as esquadras navais de Antônio, a travessia bem-sucedida do Adriático por Otaviano e seu encontro com Agripa, e o fracasso dos sucessivos ataques inimigos para desalojá-los de seu acampamento elevado ao norte de Ácio. O tempo todo, o exército e a marinha de Antônio foram se degradando. Aliados cruciais desertaram para o inimigo. Por volta de agosto, era nítido: Otaviano e Agripa — especialmente Agripa — haviam se mostrado generais melhores do que o grande Marco Antônio. Antônio passara de sitiador a sitiado.⁷

Agripa parecia ter o toque mágico no mar, e, certamente com a ajuda dele, Otaviano manteve sua posição em terra diante dos ataques de Antônio. Como insulto final, em algum momento durante esses meses (não sabemos exatamente quando), Agripa navegou vigorosamente pelo Golfo de Corinto e por um breve tempo capturou sua joia da coroa: a cidade de Corinto.⁸ As forças de Antônio logo a reconquistaram, mas mesmo sua perda temporária acertou um golpe no prestígio dele.

Como era possível que o herói de Filipos tivesse caído tão baixo? Quanto a Otaviano e Agripa, haviam dominado a arte da guerra ao longo da última década. Somando o serviço prestado por Agripa na Gália e no Reno, sua contribuição à vitória de Otaviano na Guerra da Perúsia, a titânica engenharia de Agripa e seu sucesso operacional ao derrotar Sexto Pompeu e o esforço conjunto de ambos em estender a fronteira romana para o interior da Ilíria, tudo isso permitiria aos dois homens enviar ao Senado praticamente um arquivo inteiro de relatórios de vitórias coroadas de louros. Já Antônio ficara vulnerável por depender de uma cadeia de suprimentos que tinha elos demais para que pudessem ser defendidos de modo eficiente.

Antônio tivera a expectativa de conseguir uma vitória rápida numa campanha terrestre. Em vez disso, porém, enfrentou uma guerra de desgaste alimentada pela capacidade do inimigo de assumir o controle do mar.

Magnanimidade e severidade

Domício Enobarbo já tivera o suficiente.[9] Em Éfeso, um ano antes, expressara abertamente sua desaprovação em relação a Cleópatra. Agora surgia em sua mente uma nova queixa contra ela; as fontes não dão detalhes a respeito, mas foi algo suficiente para que ele decidisse ir embora. Não deve ter sido uma decisão fácil, pois Otaviano o havia condenado à morte pelo assassinato de Júlio César, mesmo Enobarbo sendo inocente. Em seguida, Enobarbo foi cônsul em 32 a.C., mas fugiu de Roma ao encontro de Antônio, em vez de tolerar Otaviano. Talvez considerando que Otaviano estivesse inclinado a incentivar mais deserções, Enobarbo pensou que seu antigo inimigo talvez o tratasse com cortesia.

Mesmo com febre, não se intimidou. Embarcou numa galé a remos muito pequena — provavelmente com menos de vinte remos — e foi levado a desembarcar na outra margem do estreito de Ácio, subindo o monte até o acampamento inimigo.

É possível que Enobarbo tenha fugido sem ser visto, mas, se assim foi, sua ausência logo foi notada. Antônio ficou desgostoso, para dizer o mínimo, já que Enobarbo era seu almirante mais experiente. Mas Antônio decidiu dedicar-lhe um belo gesto. Mandou levar a bagagem de Enobarbo até ele por seus subordinados e criados mais leais. Cleópatra ao que parece não aprovou, mas Antônio seguia assim o exemplo de César, que havia feito o mesmo uma vez que seu segundo no comando havia desertado.[10] O gesto magnânimo de Antônio pode ter tido o intuito de fazê-lo parecer mais apto a reivindicar o manto de César do que Otaviano. É possível também que incluísse uma ponta de desprezo, como se Antônio quisesse mostrar que Enobarbo significava tão pouco para ele que sua partida não o levava sequer a sentir raiva.

No entanto, a deserção de Enobarbo magoou Antônio, sim, embora Enobarbo estivesse doente e viesse a falecer não muito tempo depois de se juntar a Otaviano. Para começar, Enobarbo traria informações úteis ao inimigo ou no mínimo deixaria Antônio preocupado com essa possibilidade. Além disso, ao demonstrar o quanto desaprovava o estado de coisas no acampamento de Antônio, Enobarbo incentivava outros a segui-lo e aderir ao inimigo — e foi o que aconteceu.

A fim de interromper as deserções, Antônio recorreu à tortura. Matou dois proeminentes homens de cuja lealdade duvidava: Jâmblico, o rei sírio, e Quinto Postúmio, um senador romano.[11] Não funcionou. Uma fonte afirma que havia deserções diárias de Antônio para Otaviano, mas nenhuma do outro lado;[12] sem dúvida, um exagero, mas talvez não muito. A cronologia a respeito de quem desertou e quando não é clara, mas, entre outros desertores, estavam Marco Licínio Crasso, um ex-seguidor de Sexto Pompeu que se juntara a Antônio, e Marco Júnio Silano, que se desentendera com os apoiadores de Cleópatra.[13] Houve pelo menos mais um desertor com certeza.

Apenas três ex-cônsules (*consulars*, como eram chamados) — homens do mais elevado status político — permaneceram com Antônio: Canídio, Caio Sósio e Lúcio Gélio Publícola.[14] Publícola, como muitas figuras daquela época, daria assunto para um romance. Além da costumeira traição política — primeiramente, Publícola apoiou Bruto, depois passou a apoiar Antônio —, havia um drama familiar envolvido. Nascido num velho clã patrício, Publícola fora adotado por um homem proeminente que, no entanto, não era um nobre romano. Mais tarde, foi o boato que correu, Publícola teria cometido adultério com a segunda esposa de seu pai adotivo. O irmão de Publícola, Marco Valério Messala Corvino,[15] também apoiara Antônio, mas, por volta de 35 a.C., passara para o lado de Otaviano. Em 31 a.C., Corvino foi cônsul junto com Otaviano e com certeza serviu com seu colega em Ácio. Portanto, os dois irmãos enfrentavam-se, cada um de um lado do estreito de Ácio.

Fugas fracassadas

Com falta de soldados, Antônio enviou Délio e Amintas à Macedônia e à Trácia para recrutarem mercenários.[16] Antônio decidiu acompanhá-los, ao que parece porque duvidava de sua lealdade. Embora essa suspeita viesse a se justificar, ele talvez quisesse apenas se afastar de Ácio. Ou quem sabe imaginou que poderia induzir Otaviano a persegui-lo — e a cair numa armadilha. Se foi isso, não deu certo: nada de mercenários, nada de Otaviano cair na armadilha.

Assim, restou o mar como opção para Antônio fazer um movimento. E foi o que fez, mas sem comandar o contra-ataque naval em pessoa. Talvez preferisse poupar-se para uma batalha final, mas o mais provável é que Antônio tivesse noção de que não era um almirante. Havia preferido confiar a marinha a alguém que conhecesse o mar. Colocou seu destino nas mãos de Caio Sósio. Enobarbo era mais experiente em questões navais, mas não estava mais disponível. Sósio, como Antônio, era mais conhecido como comandante em terra, e comandante bem-sucedido, mas tinha uma conexão com o mar e era alguém leal.

Sósio construíra sua carreira em torno de Antônio. Havia servido, primeiramente, como questor de Antônio em 39 a.C. Antônio depois escolheu Sósio para atribuições importantes, como governar a Síria e a Cilícia e prover o músculo militar para colocar Herodes no trono da Judeia contra a oposição dos partos. Em retribuição, Sósio teve permissão para celebrar um triunfo em Roma em 34 a.C. Sósio também prestou serviços ao seu chefe em seguida, ao restaurar o Templo de Apolo em Roma, o que fazia o povo romano lembrar que seu patrono Antônio ainda se preocupava com eles. Em 32 a.C., Sósio assumiu o consulado e, nesse papel, atacou Otaviano. Mas quando Otaviano revidou, Sósio fugiu de Roma e foi se juntar a Antônio em Éfeso.

Que Sósio sabia alguma coisa a respeito de marinhas é sugerido por sua conexão com a ilha de Zacinto, estrategicamente localizada junto à costa norte-ocidental do Peloponeso. O nome dele aparece em moedas cunhadas na ilha entre 39 e 32 a.C.[17] São moedas que ostentam uma imagem de Antônio e uma águia — um símbolo dos Ptolomeus e, portanto, de Cleópatra. Abençoada por portos, Zacinto era certamente uma base naval, e as moedas de Sósio sugerem que era ele que estava no comando.

Portanto, Antônio escolheu Sósio para tentar furar o bloqueio. Era no meio do verão; talvez início de agosto. Profissional como era, Sósio programou bem a época de seu ataque. Esperou até que se formasse uma densa neblina e, então, navegou pelo estreito antes do amanhecer. Seu alvo era um pequeno esquadrão da frota inimiga ancorado à frente dele, comandado por Lúcio Tário Rufo. Homem de origens humildes, Tário era uma promessa ainda, e provavelmente já alcançara o Senado. Mas aquele não era o dia dele. Sósio pegou-o desprevenido, posicionou sua força e começou a persegui-lo, mas, de repente, Agripa apareceu com uma força superior. Tário escapou, e Sósio ainda teve a sorte de fazer o mesmo. Sofreu pesadas perdas, entre elas a do rei Tarcondimoto, de Amano, que foi morto.

Foi uma grande vitória de Agripa e Otaviano e, de modo correspondente, uma derrota para Sósio e Antônio. Ambas as incursões, por terra e por mar, haviam falhado. Provavelmente, foi a essa altura que Antônio decidiu retirar suas legiões para o promontório sul, um movimento que foi realizado à noite.[18] Antônio com certeza relutou em aliviar a pressão em cima de Otaviano em seu acampamento em Michalitsi, mas não havia escolha.

O fracasso estratégico de Antônio

O estado das coisas em Ácio no verão de 31 a.C. era extraordinário. Antônio havia começado a campanha com um porto excelente e a vantagem de estar abrigado na costa ocidental da Grécia há meses. Otaviano era um recém-chegado, contando com um único (e medíocre) porto. No entanto, meses depois, Otaviano estava em superioridade, e Antônio lutava para sobreviver.

A culpa real pelo estado da expedição era de Antônio. Ele não estava preparado para lutar uma guerra marítima. Ao que parece, a marinha era para ele um serviço de transporte e talvez pudesse ser uma arma de cerco caso ele fosse invadir de fato a Itália. Por que Antônio era despreparado? Na campanha de 48 a.C. que culminou com a vitória em Farsalos, o seu lado havia ganhado sem uma estratégia marítima, e o outro lado não havia usado seus recursos navais de modo eficaz. O mesmo ocorreu na campanha de Filipos de 42 a.C. Portanto, talvez Antônio tenha simplesmente imaginado que poderia fazer Otaviano se envolver numa batalha em terra, quer fosse na Itália ou na Grécia.

Antônio tampouco adotou o tom certo para se dirigir aos seus homens. Como supremo comandante, deveria ter se apresentado como alguém ousado e empreendedor, para inspirar seus almirantes. Deveria ter reforçado os pontos vulneráveis ao longo da costa após a derrota em Metone. Deveria ter feito maior esforço para salvar Patras, Córcira e Lêucade e para impedir que Corinto sofresse a humilhação de uma invasão inimiga.

Depois que Otaviano obteve o domínio do mar, ele assumiu postura agressiva e colocou Antônio na defensiva. Na época da Guerra de Ácio, costumava ser mais vantajoso estar na ofensiva do que na defensiva. Era raro alguém conseguir vencer uma guerra defensiva a não ser que encontrasse alguma maneira de direcionar a guerra de volta contra o inimigo. Quem defendia podia usar uma estratégia de terra arrasada para negar ao agressor comida ou atraí-lo de algum modo a lutar uma batalha em termos desfavoráveis. Podia abrir uma segunda frente, promover uma emboscada, levar o inimigo a cair em alguma armadilha, empregar uma inovação tecnológica, transformar uma derrota tática numa vitória moral e, portanto, estratégica, ou conquistar novos aliados e novos recursos. Antônio tentou negar água a Otaviano, tentou trazê-lo para a terra para travar uma batalha campal e tentou ganhar novos aliados, mas falhou em todos os seus esforços.

Ao falhar, Antônio deveria ter tomado a decisão dolorosa, mas necessária, de ir embora de Ácio. Tivesse feito isso em maio, por exemplo, poderia ter movido seu exército para o centro da Grécia e aguardado a chegada do inimigo, como fez César depois de perder em Dirráquio, em 48 a.C. Alternativamente, poderia ter recuado tanto o exército quanto a marinha para um perímetro defensável no Egeu, numa linha que se estendesse de Atenas, a Creta, até Cirene (moderna Líbia). Teria sido humilhado e perderia território (na Grécia ocidental) e provavelmente teria sofrido deserções, mas sobreviveria para lutar de novo mais adiante. Por volta de agosto, era tarde demais.

Entre as qualidades de um general bem-sucedido estão: bom julgamento, audácia, agilidade e uma liderança ao mesmo tempo corajosa e decisiva. Na primavera e verão de 32 a.C., Antônio mostrou-se deficiente nessas qualidades. Por quê? Talvez porque se tratasse do desafio de lutar sua primeira campanha naval de verdade. Mesmo com marinheiros experimentados como Enobarbo e Sósio, aprender a coordenar operações por terra e por mar pode ter sido difícil. Talvez Antônio já tivesse ultrapassado seu ponto de apogeu. Ou, então, foi simplesmente superado por Agripa em ousadia, experiência e puro talento. No início da guerra, a questão era se a experiência naval de Agripa e suas forças veteranas iriam prevalecer sobre os recursos materiais e financeiros do outro lado. Isso agora já não era mais a questão.

E há também a questão da liderança. Na década que antecedeu Ácio, Otaviano melhorara apenas em decisões estratégicas. Neutralizara o desafio político de Antônio na Itália e despojara-o de seus aliados em Ácio. Agripa, porém, provou ser magistral em tática.

A carreira prévia de Antônio tem a marca de um bom general, mas não a de um grande general. Ele mostrou determinação e inteligência ao transportar da Itália as legiões de César pelo Adriático em 48 a.C. Teve fibra quando estava ainda acampado em Brundísio. Ali conseguiu cortar o suprimento de água do inimigo que tentava bloqueá-lo. Em seguida, depois de cruzar o Adriático trazendo seus navios de guerra da Itália, evitou habilmente a frota inimiga e aportou na praia oriental, desviando ainda de uma emboscada do inimigo até se juntar a César. Logo depois, quando o exército de César foi sitiado em Dirráquio, Antônio desempenhou um corajoso papel ao apoiar as fileiras no momento em que o inimigo ameaçava rompê-las. Alguns meses mais tarde, comandou a ala esquerda das legiões na Batalha de Farsalos no centro da Grécia. Serviu bem, mas não foi dele a contribuição decisiva para a vitória, e tampouco estava no comando: era César que comandava. No entanto, Antônio tem, sim, os créditos pela vitória sobre as forças dos assassinos de César nas duas batalhas de Filipos em 42 a.C., e este foi sem dúvida um grande sucesso.

O desfecho em Filipos pode ser atribuído não só ao talento militar de Antônio, mas também a incidentes que o favoreceram, como o suicídio de Cássio e a impaciência de Bruto. E há duas falhas chamativas no registro militar de Antônio: o cerco a Mutina no norte da Itália, em 43 a.C., e o cerco a Fraaspa na Média Atropatene (noroeste do Irã), em

36 a.C. Ele falhou na tentativa de tomar essas duas cidades. Em ambos os casos, é mais lembrado por sua resistência na retirada do que pelo que conseguiu na ofensiva. Em resumo, Antônio mostrou coragem, engenhosidade e cabeça fria na adversidade, mas raramente foi arquiteto de vitórias.

O fracasso estratégico de Antônio em Ácio não foi um caso isolado. A história militar é cheia de campanhas marcadas por estratégias mal concebidas e por um planejamento logístico insuficiente, e isso vale mesmo para campanhas lideradas por grandes generais. É tristemente comum deparar com planos ousados e ambiciosos que levam pouco em conta a realidade da geografia ou das condições locais. Basta considerar o caso, durante a Revolução Americana, dos dois fracassados comandantes britânicos em Saratoga, Nova York, em 1777, John Burgoyne e Henry Clinton. Os dois prestaram destacados serviços em batalha durante a Guerra dos Sete Anos contra a França, assim como nos primeiros estágios da Guerra Revolucionária. No entanto, falharam na batalha crucial de Saratoga.

Passando de argumentos militares para argumentos psicológicos, há a explicação fornecida pelas fontes hostis: Antônio havia sido deixado sem mão de obra por Cleópatra. A suposição é que a rainha o mantinha sob controle e vetava todos os planos que não mantivessem suas forças na costa da Grécia ocidental, onde teriam melhores condições de impedir um movimento para sudeste em direção ao Egito e onde a marinha dela poderia obter uma parcela da glória que lhe seria negada caso a batalha fosse em terra. Piores ainda são as alegações de que Antônio mergulhara na bebedeira e na autoilusão.

O leitor não precisa aceitar essa versão de tabloide da história para concluir que a presença de Cleópatra teve efeito deletério na boa ordem e disciplina do exército de Antônio, especialmente em seu alto-comando. Mesmo Canídio Crasso, apoiador fiel em Éfeso no ano anterior, agora chegava à conclusão de que Cleópatra deveria partir.[18] Esse descarte da rainha por parte de Canídio não era um ataque à personalidade dela, e sim uma decisão de enviar para local seguro não só ela, que compunha o grosso da frota, como o tesouro egípcio, enquanto ainda era possível. De qualquer modo, certamente havia aqueles no alto-comando de Antônio que não gostavam de Cleópatra, mesmo após a deserção de Enobarbo.

Conselho de guerra

Por volta do final de agosto, ficara claro que Antônio não tinha escolha a não ser abandonar Ácio. A única questão era: como? Ele convocou um conselho de guerra.[20] Ao que parece foi realizado na tenda do comandante (*praetorium*), localizada no centro do acampamento, rodeada por fileiras e fileiras de tendas de soldados. A tenda era de couro, quase sempre de pele de cabra ou de bezerro, e ficava num terreno que media três mil e setecentos metros quadrados, ou seja, uma área de sessenta por sessenta metros. César dizia que no acampamento de Pompeu em Farsalos, em 48 a.C., havia tendas de oficiais decoradas com todo luxo, com tiras de grama fresca forrando o chão e talheres de prata à mesa.[21] Não seria surpresa se a tenda de Antônio tivesse a mesma opulência.

Antônio presidiu o conselho. Podemos reconstruir seus membros. Entre eles estariam Canídio Crasso, o comandante das legiões, e Sósio e Publícola, comandantes navais de mais alto escalão, assim como dois outros oficiais importantes, Marco Insteio e Marco Otaviano. Ex-tribuno do povo, Insteio era um leal membro que servira Antônio no cerco de Mutina. Otaviano possivelmente era um parente distante de Otaviano e comandara frotas contra as forças de César no Adriático e nas costas do norte da África durante a guerra civil de 49 a 46 a.C.

Depois havia Quinto Délio. Ele servira Antônio em cargos importantes como diplomata e oficial no Oriente, especialmente durante a Guerra Parta. Antônio despachara Délio a Alexandria em 41 a.C. para trazer Cleópatra ao encontro memorável dela com Antônio em Tarso. No ano seguinte, Antônio enviou Délio numa importante missão para apoiar o rei Herodes contra o rival deste rei. Em seguida, Antônio enviou Délio a Alexandria no início da sua campanha na Média em 36 a.C. para pedir que Cleópatra viesse até o quartel-general de Antônio na Síria. No entanto, não era fácil confiar em Délio, já que ele desertara de dois outros comandantes *antes* de se juntar a Antônio. Uma figura pública da época deu a Délio o rótulo de "Travesso Cavaleiro da Guerra Civil", por ele mudar de "cavalos" com tanta frequência.[22] E, mesmo que pouco valha a menção, algumas fofocas diziam que Délio escrevia cartas obscenas a Cleópatra, o que para alguns significaria que os dois eram amantes.[23]

É possível que Antônio tenha incluído ainda alguns veteranos centuriões no conselho, como César fazia às vezes. Os centuriões, equivalentes a capitães, eram os únicos oficiais profissionais do exército romano. Presume-se que outros comandantes aliados estivessem presentes, mas o único aliado com presença confirmada é Cleópatra. Não era a primeira vez na história antiga que uma governante participava de um conselho de guerra — por exemplo, a rainha Artemísia I da Cária estava no conselho de guerra do rei Xerxes I da Pérsia antes da Batalha de Salamina em 480 a.C. —, mas, mesmo assim, não era prática comum.

Outros comandantes foram ausências notáveis no conselho de guerra: alguns haviam desertado, outros tombaram em batalha, e um deles havia sido executado por Antônio. Com certeza houve conselhos de guerra anteriores nos quais todos haviam estado presentes. Mas saber de sua partida, e das razões disso, não deve ter melhorado o clima de uma ocasião já por si sombria.

Canídio defendeu uma retirada até a Macedônia ou a Trácia, onde poderiam decidir a guerra com uma batalha em terra. Ele até prometeu a ajuda de um certo Dicomes, Rei dos Getas.[24] Nada se sabe sobre Dicomes; os getas eram um povo rico e guerreiro, que vivia entre o rio Hister (Danúbio) e o mar Euxino, nas atuais Bulgária e Romênia. Uma fonte diz que eles viviam divididos demais entre si para ajudar Antônio. Mesmo assim, haveria esperanças. Não era vergonha evitar uma batalha naval com um almirante tão experiente quanto Agripa, como Canídio supostamente teria argumentado. Ele incentivou Antônio a usar a força de seu grande número de legionários em lugar desperdiçá-la ao distribuí-la entre os navios.[25]

Mas era tarde demais. Dicomes parecia um tiro no escuro, e era improvável que Otaviano fizesse a Antônio o favor de concordar em travar uma batalha campal, algo que Otaviano deliberadamente vinha evitando. Além disso, mesmo que Otaviano concordasse de repente em lutar, o exército de Antônio havia sido exaurido demais. Estavam famintos, afetados por doenças, em número reduzido e desmoralizados. Se Otaviano recusasse lutar, os homens ainda teriam que achar um jeito de voltar ao Egito, o que seria praticamente impossível sem uma marinha. E, para ser claro, uma retirada por terra significava abrir mão da frota.

Nem a marinha nem o exército estavam em boa posição para lutar e vencer uma batalha. A marinha, no entanto, tinha perspectivas melhores. O inimigo, é claro, tentaria impedir sua fuga, mas no mínimo *parte* da frota seria capaz de romper e escapar. Era até possível que a frota de Antônio conseguisse derrotar a de Otaviano; coisas ainda mais estranhas haviam acontecido. Já o exército via-se diante da aniquilação. Os navios de Antônio que conseguissem escapar teriam mobilidade muito maior que o exército, e poderiam alcançar um suprimento de comida mais rapidamente. Antônio ainda tinha uma base naval no Cabo Tênaro no sul do Peloponeso, cerca de três dias de viagem de Ácio para uma frota de navios de guerra aportando à noite.

Poderíamos esperar que Antônio planejasse tripular os navios com seus homens mais aptos e saudáveis. Talvez até garantisse a eles rações adequadas.

O sol no acampamento de Antônio em Ácio brilhava nos cintilantes capacetes dos legionários. O mar mudara a cor dos bicos de bronze dos navios de guerra para um bronze opaco e marrom-esverdeado. Do ponto de vista estratégico, a verdadeira luz que brilhava no acampamento era a da vasta provisão de ouro e prata: o tesouro de Cleópatra, que ela trouxera do Egito. Era sem dúvida substancial e provavelmente incluía outros valores — presentes dos aliados e o resultado de impostos que Antônio coletara no Oriente e declinara enviar de volta a Roma.

Todo mundo queria aquele dinheiro. A rainha e Antônio precisariam dele para contratar mais soldados, como teriam que fazer a fim de continuar combatendo. Otaviano havia praticamente quebrado a espinha dorsal do apoio de que precisava por ter espremido a Itália a fim de poder pagar seu exército e sua marinha. Estava tão ávido quanto seus inimigos para pôr as mãos na fortuna deles.

Dificilmente alguma marinha carregou recompensa tão significativa quanto a da frota de Antônio e Cleópatra em sua tentativa de fugir de Ácio. Poderiam ter decidido transportar o tesouro por terra, mas o mar parecia oferecer menos riscos. Embora uma viagem marítima nunca fosse isenta de perigos, era verão ainda, e o Mediterrâneo estava relativamente calmo. Considerando o estado periclitante do exército, a marinha era a escolha lógica.

As fontes afirmam que foi Cleópatra que convenceu os comandantes a aceitarem o plano que acabaram adotando.[26] Ela propôs deixar as guarnições em suas melhores posições estratégicas, talvez para forçar Otaviano a gastar recursos para bloqueá-las, e o resto da frota partiria, então, para o Egito com ela e Antônio. Se foi de fato Cleópatra que propôs a tese que prevaleceu, trata-se de um testemunho notável de sua capacidade de análise, de seu talento persuasivo e de sua influência. E foi, é claro, também um indício da importância do tesouro dela. Por mais raro que fosse uma mulher participar de um conselho de guerra no antigo Mediterrâneo, mais singular ainda era ela ter vencido a discussão.

Cleópatra talvez tenha apresentado outras razões a Antônio de modo privado.[26] Era tarde demais para salvar o exército, ela pode ter dito. Portanto, ao abandonar as legiões, não estavam deixando para Otaviano um presente caído dos céus, mas, sim, um cálice envenenado. Para obter a rendição dos soldados, ele teria que propor termos que incluíssem terras e dinheiro, e não tinha nenhuma dessas duas coisas. Uma vez mais, precisaria coletar impostos na Itália, o que poderia levar seus opositores a um renovado combate contra ele.

Quanto ao que os esperava no mar, Antônio e Cleópatra podem ter achado que teriam sorte suficiente para navegar a frota até uma condição segura antes de serem alcançados pelo inimigo.[28] Mas teriam que estar preparados para combater.

As fontes, como previsível, desacreditam os motivos de Antônio e Cleópatra. Antônio, diz Plutarco, era um mero apêndice de Cleópatra, e queria que a frota obtivesse a vitória apenas para satisfazê-la.[29] Cleópatra era supostamente apenas uma fêmea assustada que teria cedido a maus presságios.[30] Não é verdade, e ela tampouco estava pensando, de maneira egoísta, apenas na sua fuga, como alega uma tradição histórica hostil.[31] Antônio e Cleópatra simplesmente se rendiam aos fatos. Uma batalha em terra não era mais uma opção. Havia apenas uma maneira de sair de Ácio, e era pela água.

O plano

Nunca teremos certeza quanto ao plano de batalha de Antônio em Ácio. As fontes são poucas e hostis demais. O melhor que podemos fazer é juntar as peças para uma reconstrução plausível, o que o trabalho de uma geração de estudiosos torna possível. Há cerca de um século, houve um debate acirrado questionando se Antônio imaginava ter alguma chance de destruir a frota inimiga ou se julgava que o melhor que tinha a fazer era tentar romper as linhas inimigas e trazer o maior número possível de seus navios em segurança para o Egito, onde talvez pudessem lutar de novo em outra oportunidade. Desde então, emergiu o consenso em favor desta última hipótese, que abriria espaço para uma guinada oportunista caso os deuses se mostrassem favoráveis. Em outras palavras, o plano de Antônio em Ácio era escapar; mas, se o inimigo cometesse um erro ou se o tempo criasse uma brecha, permitindo-lhe derrotar o inimigo enquanto fugia, Antônio certamente tiraria partido da boa sorte.

Antônio não poderia ter a expectativa de conseguir fugir de Ácio sem que a frota de Otaviano tentasse detê-lo. Nem poderia ter planejado pegar o inimigo de surpresa — não com a sabida presença de espiões e com a visibilidade à distância de alguns de seus preparativos. Mas pode ter alimentado a esperança de que o inimigo teria que tentar adivinhar qual seria sua tática.

Essa esperança foi cortada por uma última deserção de alto escalão: Délio.[32] O veterano traidor estava envolvido em seu ato final de traição, o mais lucrativo, ao fornecer a Otaviano os detalhes do plano de ação de Antônio. Otaviano certamente convocou nesse momento seu conselho de guerra.

Entre os participantes estavam seguramente Agripa e os outros dois comandantes da frota: Lúcio Arrúncio e Marco Lúrio. Arrúncio tinha o histórico usual da guerra civil: vinha de uma cidade perto de Roma, de família rica, mas sem senadores. Escapara de uma sentença de morte dos triúnviros em 43 a.C., fugindo para se juntar a Sexto Pompeu na Sicília. Após a anistia de 39 a.C., Arrúncio voltou à Itália e acabou lutando para Otaviano. Quanto a Lúrio, era governante da Sardenha em 40 a.C. e perdeu a ilha para um dos comandantes de Sexto, que o derrotou no mar. Sem dúvida, Lúrio pretendia melhorar sua reputação em Ácio.

Tito Estacílio Tauro, comandante do exército, certamente também estava no conselho de guerra. Era um comandante notável, cujo registro militar o situava apenas atrás de Agripa em prestígio. Como Arrúncio, vinha de família não senatorial, provavelmente do sul da Itália. Destacara-se por seu serviço a Otaviano. Almirante na guerra contra Sexto Pompeu, mais tarde pacificou a África romana (moderna Tunísia), o que lhe permitiu celebrar um triunfo, e, em seguida, prestou serviço na Guerra da Ilíria.

Os mais importantes desertores de Antônio podem ter também participado do conselho, entre eles Amintas da Galácia e Délio.

Não resta dúvida de que a frota de Otaviano tentaria deter a fuga do inimigo. A única questão estava relacionada à tática. No conselho de guerra, ou talvez só mais tarde, depois que viram como Antônio preparara seus navios, Otaviano e Agripa travaram um debate.[33]

Segundo as fontes, Otaviano propôs que deixassem partir Antônio e Cleópatra sem oposição, para alcançá-los em seguida com seus navios mais rápidos e atacar sua retaguarda. Antônio e Cleópatra escapariam, mas o resto de sua frota seria facilmente convencida a mudar de lado. Otaviano acreditava que poderia vencer sem precisar lutar.

Agripa, porém, tinha outra visão.[34] Os navios do inimigo estariam preparados para fugir, com velas ainda por içar, enquanto seus próprios navios já estariam prontos para a batalha. A suposição era que Antônio esperaria ventos favoráveis para acelerar. Assim, os navios de Otaviano não conseguiriam alcançar a frota de Antônio e Cleópatra. A única opção, portanto, era bloquear a saída do inimigo. Otaviano concordou. De novo, demonstrou sua qualificação como líder por sua disposição de admitir que estava errado e que seu subordinado tinha razão.

A melhor aposta de Antônio em Ácio era tentar tirar partido do melhor recurso de seus navios. Como suas unidades maiores tinham reforços na proa, podiam desferir um golpe de maior impacto num confronto proa contra proa. Eles poderiam iniciar a batalha com uma carga contra a linha do inimigo a fim de abrir uma brecha nela. Em seguida, atacariam com bandos de marinheiros abordando os navios inimigos. Talvez até conseguissem criar um pânico que pusesse a frota inimiga em fuga.

No entanto, só poderiam fazer isso se o inimigo estivesse despreparado — o que não foi o caso, já que Délio levara a Agripa informações cruciais. Assim que Agripa foi informado do plano de batalha de Antônio, soube exatamente como contrapô-lo.

As informações haviam prevalecido no conflito antes que as frotas começassem a navegar, quando a disputa pelo Império Romano era travada ainda por meio de panfletos, discursos, cerimônias públicas e rituais religiosos. Agora, às vésperas do grande embate das armas, a informação desempenhava de novo um papel crucial.

Assim, o cenário estava pronto para a batalha.

CAPÍTULO 11

O EMBATE
Ácio, 2 de setembro de 31 a.C.: Manhã

Como as crianças, as batalhas têm mentes muitos particulares. Os comandantes podem fazer todos os preparativos de antemão; podem dispor suas forças em perfeita ordem; avaliar as chances de sucesso ou traçar uma rota de fuga prevendo um eventual fracasso; fazer discursos emocionados para os heróis que partem para enfrentar o inimigo; podem estar preocupados com os mínimos detalhes e, no entanto, nunca têm certeza do desfecho. As coisas às vezes dão errado. Soldados e marinheiros cometem graves erros, ou ventos começam a soprar sem aviso, ou uma flecha ou pedrada lançada por uma funda ou um projétil de catapulta podem por acertar e derrubar um líder. Os dois lados podem achar que são capazes de prever um desfecho e, no entanto, os destinos de uma guerra resistem às profecias. Foi assim em Ácio. Otaviano e Agripa, Antônio e Cleópatra, podem ter, cada um deles, imaginado que sabiam o que esperar da grande batalha, mas nenhum deles poderia ter alguma certeza.

Otaviano e Agripa tinham vantagens, como a experiência em guerras no mar, as tripulações veteranas, saudáveis e bem alimentadas, uma série de recentes vitórias, um influxo constante de desertores e controle das informações. Antônio e Cleópatra tinham apenas uma marinha combalida, mas mesmo uma força assim podia se mostrar perigosa. As chances de vitória poderiam ser pequenas, mas para eles e suas forças era uma questão de orgulho e sobrevivência. Sua marinha, menor e mais fraca, ainda contava com alguns grandes navios capazes de causar danos ao inimigo com um confronto proa contra proa, e ainda era superior em torres de catapultas para lançamento de projéteis. Agripa e Otaviano precisavam ter certeza de prever cada um de seus movimentos e evitar cometer quaisquer erros.

Vamos acompanhar as ações de ambos os lados, conforme se preparavam para o fatídico confronto final.

Fontes de evidências

A fim de compreender a batalha, primeiramente precisamos examinar as fontes de evidências. Existem dois relatos literários detalhados: o que Plutarco fez em *Vida de Antônio* e o de Dião Cássio, em seu *História de Roma*. Nenhum dos dois é contemporâneo do conflito, mas ambos os autores leram relatos da época que não estão mais disponíveis — particularmente as tendenciosas *Memórias* que Otaviano (já como Augusto) escreveu mais tarde. Nem Plutarco nem Dião Cássio produziram uma narrativa satisfatória, mas fornecem um bom volume de informações úteis. Os historiador Tito Lívio escreveu um relato detalhado, que provavelmente era um bom relato, mesmo inclinado a favorecer Otaviano, mas dele sobreviveu apenas um resumo bastante abreviado. O poeta Horácio descreve a batalha em dois poemas, assim como Virgílio, numa breve seção de seu épico *Eneida*, e o poeta Sexto Propércio, em vários de seus poemas. Esses textos têm valor limitado, já que são peças de contornos vagos e de adulação a Otaviano. Voltando aos relatos históricos, alguns deles breves — e tendenciosos — podem ser encontrados em obras posteriores, como nos escritos de Veleio Patérculo (que viveu de cerca de 20 a.C. a depois de 30 d.C.), de Floro (viveu no final do primeiro e início do segundo século d.C.) e de Paulo Orósio (viveu no final do quarto e início do quinto século d.C.).

A arqueologia fornece evidência adicional. Alguns poucos objetos foram encontrados sob as águas. Uma carranca de bronze de um barco, com a representação de cabeça e ombros de uma figura feminina armada com elmo e peitoral — possivelmente a deusa Atena —, foi descoberta na parte exterior da baía de Preveza, a cidade moderna na península norte à entrada do Golfo de Ambrácia, na área em que a batalha foi

Marco Antônio. A inscrição neste áureo (*aureus*, moeda de ouro) de 40 a.C. identifica Antônio com seus títulos de *imperator* (general vitorioso) e triúnviro.

Otaviano. Moeda de prata (denário) de 29–27 a.C. mostrando Otaviano jovem de perfil. O reverso retrata um arco da vitória encimado por uma carruagem de quatro cavalos, com Otaviano em pé. No arco, lê-se a inscrição: "Otaviano *Imperator* [general vitorioso]."

Cleópatra. Busto de mármore identificado pela maioria dos estudiosos como sendo de Cleópatra. O cabelo é penteado com esmero. Ostenta um largo diadema — tiara que denota realeza.

Moeda de Antônio e Cleópatra. Este tetradracma de prata, emitido por Marco Antônio no Mediterrâneo Oriental, entre 37–31 a.C., retrata os dois poderosos governantes. Cleópatra tem aparência madura e monárquica, enquanto Antônio transmite imponência.

Otávia. Em 39 a.C., Marco Antônio emitiu esta moeda de ouro que mostra sua nova esposa, Otávia, irmã de seu então aliado — e mais tarde rival — Otaviano.

Cleópatra e Cesarião. Relevo esculpido na parede do Templo de Hathor, Dendera, Egito, retrata a rainha e seu filho, alegadamente de Júlio César. Tendo em mente o público egípcio, os dois são mostrados em trajes egípcios, e não no estilo grego que seria usado para públicos gregos e romanos.

Alexandre Hélio. Esta estatueta de bronze, encontrada no Egito, foi identificada por alguns como retratando o filho mais velho de Antônio e Cleópatra. As calças e o chapéu piramidal não eram peças usuais na Grécia e em Roma, mas eram comuns na Armênia, onde o garoto foi nomeado príncipe.

Antônio, moeda legionária. Este denário de prata de Marco Antônio, datado de 32–31 a.C., celebra sua Terceira Legião e mostra um de seus navios de guerra no reverso. Antônio é identificado como áugure e triúnviro.

O Forte de Metona. Este forte veneziano-otomano foi construído no local das antigas fortificações. Ao fundo, a ilha de Sapienza.

Visão a partir do quartel-general de Otaviano. Olhando para o sul em direção ao Cabo Ácio a partir de Michalitsi, acima de Nicópolis, vê-se o local do posterior Monumento à Vitória.

Navio de guerra romano. Esta galé do Templo da Fortuna em Praeneste (moderna Palestrina), Itália, ilustra o tipo de homens armados e de torres de combate que poderiam ser encontrados em um dos navios de Ácio. Foram feitas datações variadas, do final do primeiro século a.C. à segunda metade do primeiro século d.C.

Morte de Marco Antônio nos Braços de Cleópatra. Esta gravura em papel de 1819, de Bartolomeo Pinelli, retrata a morte de Antônio nos braços de sua amante após ter se golpeado com a própria espada.

Dignitários marchando no Triunfo de Ácio. Vestindo togas e coroas da vitória, estes homens, presumivelmente senadores romanos, marcham atrás da carruagem de Otaviano. A imagem é parte de um relevo esculpido retratando o Triunfo de Ácio em Roma, e fazia parte do Monumento à Vitória em Michalitsi, nas colinas acima de Nicópolis.

Soquete de aríete no Monumento à Vitória de Ácio. Visão atual do soquete no muro do pódio do Monumento à Vitória de Otaviano. O soquete antes suportava um dos poderosos aríetes de bronze de Antônio.

Terraço de Aríetes, Monumento à Vitória de Ácio. Representação do pódio do Monumento à Vitória de Otaviano, com a linha de aríetes dos navios de guerra acoplada a um longo muro de contenção.

Augusto. Um áureo (*aureus*, moeda de ouro) de Augusto, de 20–19 a.C. O reverso mostra o escudo dourado da virtude flanqueado por ramos de louros, com as letras SPQR — o Senado e o Povo de Roma — e o nome Caesar Augustus. A coroa e o escudo de Augusto foram concedidos a ele pelo Senado.

travada. Por ser relativamente pequeno, com apenas quarenta e oito centímetros de comprimento, provavelmente vem de um navio menor. Em termos de estilo, parece datar do primeiro século a.C.; quanto à feitura, deve ser grego, talvez ptolemaico. Portanto, é provável que seja de algum dos navios de Antônio ou Cleópatra. Outro conjunto de artefatos que pode datar da época da batalha é uma série de pedras pequenas, em formato de ovo, fotografadas no leito marinho na mesma área em 1997, mas que não foram recuperadas. Talvez sejam bolas de catapulta usadas na batalha. A arqueologia marinha descobriu também cerca de trinta aríetes de navios de guerra — não em Ácio, mas em outra parte do Mediterrâneo —, a maioria datados do terceiro século a.C.[1] Esses aríetes de três lâminas ficavam à altura da linha d'água e permitiam às galés atacar a embarcação inimiga sem que o próprio navio sofresse danos. Finalmente, moedas e afrescos também fornecem informações indiretas.

A peça que é de longe a mais importante como evidência material é o monumento à vitória que Otaviano construiu, após a batalha, no local de seu acampamento. Ao longo dos últimos vinte e cinco anos, ele foi sistematicamente escavado por Konstantinos Zachos, do Serviço Arqueológico Grego. Os achados de Zachos e de sua equipe, especialmente o arqueólogo William M. Murray, fornecem novas evidências cruciais, particularmente a respeito dos navios de guerra.[2] Otaviano também construiu um segundo monumento, o chamado *dekanaia*, ou "monumento dos dez navios", no próprio promontório sul de Ácio.[3] As ruínas desse monumento não existem mais, mas uma fonte literária declara que incluía um exemplo de cada classe de navio da armada de Antônio, dos de tipo "um" aos de tipo "dez".

Infelizmente, esses itens não fornecem um alicerce sólido para a reconstrução da batalha, por serem unilaterais ou incompletos. Não surpreende que os estudiosos tenham divergido acirradamente sobre o que realmente aconteceu durante o combate no mar. Mesmo assim, como resultado de mais de um século de pesquisa e debate, emergiu um consenso do quadro geral, embora não dos detalhes.

Preparação

Antônio e Cleópatra tiveram que preparar a frota para a batalha sem deixar que os homens soubessem que o plano era para uma fuga, pois numa fuga alguns homens seriam deixados para trás. Uma batalha bem-sucedida voltada a uma fuga e contra um oponente numericamente superior tinha a probabilidade de custar caro. Antônio e Cleópatra sabiam que iriam perder navios e homens — possivelmente uma grande parte de suas forças. Pior ainda, a não ser que derrotassem a marinha inimiga, teriam que abrir mão de um enorme exército que precisaria arrumar o próprio jeito de fugir por terra. Afligido como estava pela fome, doenças e deserções, esse exército dificilmente conseguiria escapar da vingança de Otaviano e Agripa caso sobrevivesse a Ácio em grande parte intacto.

Antônio e Cleópatra precisavam impedir que suas forças entrassem em pânico ou se amotinassem antes do início da batalha. Era uma operação delicada. A primeira coisa que tiveram que fazer foi queimar alguns de seus navios.[4] Uma decisão dolorosa, mas simplesmente não tinham gente suficiente para tripular todos os navios. Melhor perdê-los que deixá-los com o inimigo. Antônio decidiu salvar seus navios maiores e melhores, que variavam de tamanho, dos "três" aos "dez". As citações a seu respeito variam, de 170 navios a menos de duzentos navios; portanto, *grosso modo*, eram três esquadrões de sessenta navios cada.[5] Antônio também decidiu poupar o esquadrão de Cleópatra, formado por cerca de sessenta navios de guerra egípcios, o que dá um total de cerca de 230 embarcações. O resto, os navios de guerra menores e a maioria dos navios mercantes, seriam todos queimados.

Havia uma boa razão para queimar também os navios maiores. Os "dez" eram grandes demais para uma carga proa contra proa, a não ser que tripulados por todo um complemento de remadores saudáveis e descansados, algo de que Antônio não dispunha. E tais navios tampouco eram bons candidatos a fazer uma fuga rápida à vela. No entanto, o impacto psicológico de queimar seus "dez" teria sido devastador e deixaria claro para os homens que as esperanças de vitória de Antônio eram escassas.[6] Talvez Antônio também achasse impossível admitir para si mesmo que sua causa estava perdida, e queimar seus maiores navios confirmaria isso.[7] Portanto, levou seus "dez" para a batalha, apesar de seu pouco valor militar.

Antônio era famoso como comandante por seu vínculo com seus homens; portanto, talvez até tivesse contado a eles a verdade. As fontes declaram que, na calada da noite, Antônio e Cleópatra carregaram seu considerável baú de guerra em seus navios.[8] Isso incluía o tesouro real de Cleópatra e sua riqueza pessoal, pagamentos de aliados, assim como impostos e tributos que haviam sido coletados de províncias orientais e que Antônio com certeza evitara despachar para Roma. Consistia de joias e pedras preciosas, além de moedas. Pode também ter incluído o pagamento acumulado de vinte mil legionários que lutaram a bordo dos navios. No Império Romano, um comandante de legião guardava grande parte da paga de cada soldado, a fim de garantir que não gastasse tudo no mesmo lugar — ou para que não desertasse.

A suposição é que conduziram a operação com o maior sigilo possível.[9] Mas obviamente não poderiam queimar seus navios em segredo.

Outra ação empreendida foi carregar mastros e velas a bordo dos navios — algo pouco ortodoxo para quem supostamente entraria em batalha. Em geral, navios de guerra dependiam mais do poder dos remos durante a batalha do que de velas desfraldadas com seus pesados mastros e equipamento. No entanto, quando seus timoneiros quiseram deixar mastros e velas para trás, Antônio obrigou-os a trazer o equipamento a bordo. Explicou que saindo de Ácio havia fortes ventos, e que seus navios eram pesados; então, após vencerem a batalha, precisariam contar com o poder dos ventos para caçar navios inimigos. "Não devemos deixar escapar nenhum navio fugitivo do inimigo", teria dito,[10] embora estivesse talvez mais preocupado em ser capaz de navegar rápido e escapar.

Por volta da mesma época ou pouco depois, Antônio estava com o restante de sua frota carregada e pronta para partir. Tendo em conta os diferentes portes dos navios e a provável escassez de homens, é difícil imaginar quantos remadores e tripulantes havia a bordo, mas é razoável estimar que fossem quarenta mil. Além disso, Antônio colocou a bordo vinte mil soldados fortemente armados e dois mil arqueiros. Naquela época, a abordagem e o lançamento de projéteis eram partes essenciais da guerra naval, junto com os golpes de aríete e a destruição dos remos dos navios inimigos, o que explica a escolha de pessoal.

Um soldado expressou divergir da decisão de Antônio de abordar os navios inimigos. Numa anedota que mais tarde foi utilizada por Shakespeare, Plutarco relata que um centurião dirigiu-se a Antônio quando este passava caminhando ao lado dele.[11] Cada centurião comandava uma centúria, isto é, uma unidade de oitenta homens, e era responsável pela administração e pela disciplina, ou seja, cuidava do dia a dia da legião. Júlio César respeitava seus centuriões e trazia os mais veteranos para seus conselhos de guerra. Antônio provavelmente fazia algo similar. Assim, o que o centurião disse nessa ocasião seria visto como relevante. Era um veterano, ostentando cicatrizes de batalha, o que lhe aumentava a importância.

"*Imperator*", supõe-se que teria se dirigido assim a Antônio, "por que está colocando suas esperanças nesses tristes troncos de madeira?".[12] Ele suplicou a Antônio que lhes desse terra sobre a qual pudessem lutar e conquistar a vitória ou morrer. Ao que parece, Antônio não respondeu, apenas fez um gesto de incentivo acompanhado por um olhar encorajador. Talvez algo nesse estilo tenha de fato acontecido. Não é implausível, já que os soldados romanos, especialmente os centuriões, às vezes falavam com franqueza com seus comandantes. No entanto, Plutarco (ou sua fonte) pode ter apenas exercitado sua imaginação.

Com certeza essa súplica provavelmente reflete o que os soldados de Antônio de fato sentiam naquele momento. A maioria não devia ter experiência em batalhas navais, e homens que nunca combateram no mar tendem a exagerar seus terrores. Como afirmou um escritor antigo a respeito de batalhas navais, era particularmente importante ter veteranos em combate ao escolher os marinheiros — os homens que lutariam no convés.[13] Com tantos novatos no mar, os homens de Antônio talvez pensassem como o centurião e preferissem lutar em terra.

Não sobreviveram detalhes sobre os preparativos no acampamento de Otaviano. Seu esquema de obter informações foi suficiente para que soubesse dos planos do inimigo. A fumaça dos navios de Antônio sendo queimados era visível a todos. Os batedores de Otaviano no promontório norte em frente a Ácio podiam obter um quadro mais detalhado ainda da frota de Antônio e das posições de seus navios. Os homens de Otaviano, com uma longa série de vitórias no mar, e com todas as deserções do inimigo, tinham motivos para estar confiantes. Contudo, foram também realistas o suficiente para não subestimar o perigo representado pelo choque frontal dos navios de Antônio ou o ataque que seus soldados iriam promover em grupo abordando seus navios. Por isso, precisavam contar com um preparo cuidadoso e um plano de batalha bem concebido. Sabiam que a meta principal de Antônio era furar o bloqueio e fugir. Sua segunda meta era causar graves danos à frota deles, mas apenas se houvesse batalha para se opor à sua fuga. Graças às informações fornecidas por Délio, sabiam que Antônio de início permaneceria perto da praia a fim de impedir que fosse ultrapassado — um real perigo, já que a frota de Otaviano era numericamente superior numa proporção de quase dois para um. Antônio esperava que o inimigo tivesse a tentação de se aproximar, para que ele pudesse lançar uma carga suficientemente bem-sucedida que permitisse à sua frota navegar para a segurança.

Superioridade numérica, experiência, vitórias recentes e a relativa boa saúde e nutrição de seus homens, tudo isso favorecia Otaviano e Agripa.

O alvorecer da batalha

Em 29 de agosto, estava tudo pronto, mas os navios de Antônio não partiram naquele dia nem nos três dias seguintes. Um forte vento, provavelmente vindo do oeste, impediu a marinha de sair do Golfo de Ambrácia. Os homens devem ter voltado à praia para aguardar, e, com isso, aumentava ainda mais o já elevado estado de tensão. Finalmente, o quinto dia foi marcado por uma "calma sem ventos nem ondas". Chegara finalmente a hora de lançar os navios. Era 2 de setembro de 31 a.C.

O dia raiou em Ácio às 6h07.[14] Podemos estar certos de que os homens e seus comandantes já estavam acordados bem antes. Tinham que estar prontos para partir assim que a luz permitisse navegar.

Os comandantes antigos sempre se dirigiam aos seus homens antes da batalha. Como não tinham um meio eficiente de amplificar sua voz no mar, e com dezenas de milhares de homens em centenas de navios, podiam ser ouvidos apenas por um pequeno grupo dos presentes. Sentados no convés inferior, por exemplo, poucos dos remadores, se é que algum, conseguiriam ouvir alguma coisa.

Plutarco registra que Antônio fez a ronda de seus navios numa pequena galé.[15] Exortou seus soldados a combaterem a partir de uma posição imóvel e estável — como se estivessem em terra, já que seus navios eram pesados. Orientou os timoneiros para encararem os ataques frontais do inimigo com calma, como se estivessem tranquilamente ancorados, e procurassem guardar os estreitos em torno da entrada do golfo. Todos bons conselhos, mas a última instrução era capciosa. Por um lado, fazia sentido ficar perto da terra a fim de impedir que a frota maior do inimigo se dividisse e viesse cercá-los. Por outro lado, a água era bem rasa na parte mais próxima da praia; então, os timoneiros precisavam ter cuidado para não encalhar seus navios. É provável que estivessem pelo menos a uns oitocentos metros da praia.

Plutarco não reporta o que Otaviano disse, mas Dião Cássio faz constar dois discursos pré-batalha, um de Antônio, outro de Otaviano. Os discursos na história grega e romana tinham um caráter levemente ficcional, voltados mais a fazer um registro daquilo que o orador *deveria* dizer do que daquilo que de fato teria dito. Os discursos registrados por Dião Cássio não merecem crédito factual, mas são plausíveis, já que aparentemente se baseiam na propaganda de guerra de época, e nisso se incluem as memórias de Otaviano.

Dião Cássio coloca Antônio fazendo alarde de sua experiência e de seu histórico impressionante como comandante, em comparação com a juventude de Otaviano e seus parcos feitos militares — ao mesmo tempo, é claro, em que evita mencionar tanto os próprios fracassos quanto os sucessos de Agripa.[16] Antônio compara os vastos recursos financeiros de seu lado com a relativa pobreza do inimigo. Ele destaca sua vantagem no equipamento: os navios fortemente guarnecidos por madeiras a ponto de serem resistentes a um confronto proa contra proa e também a choques laterais (na realidade, não tinham as laterais muito fortes); os conveses eram mais elevados e aptos a alojar torres de catapultas; Antônio tinha superioridade no número de arqueiros e atiradores providos de fundas. Ele diminui os méritos da vitória de Agripa sobre Sexto Pompeu, alegando que Sexto tinha navios inferiores e tripulados por escravos (nenhuma das duas coisas é de fato conclusiva, e o comentário sobre escravos é puro preconceito). Embora conceda uma vantagem ao inimigo em infantaria, assegura que, após vencer no mar,

Antônio lideraria seus homens para o sucesso em terra. Observa que, apesar da declaração oficial de guerra, Otaviano estava na realidade lutando contra Antônio e seus seguidores. Dião Cássio faz Antônio omitir de maneira astuta qualquer menção ao nome de Cleópatra. Antônio queixa-se do tratamento que Otaviano dera a ele e a outros rivais, e traça um quadro lúgubre do que aguardaria os homens numa derrota. Por fim, faz soar o velho tema romano da liberdade — *libertas* —, um lembrete de que, por estranho que pareça, a causa de Antônio exercia apelo aos últimos fanáticos apoiadores da República.

Plutarco continua o relato com Otaviano. Nas horas que precederam aquela manhã, enquanto ainda estava escuro, Otaviano deixou sua tenda. Descia o monte para uma ronda em seus navios quando encontrou um pastor com sua mula. Perguntou o nome do homem; ele respondeu que se chamava Eutuches ("Próspero") e que sua mula chamava-se Nikon ("Vitória").[17] Os presságios eram muito apreciados no mundo antigo, e este foi tão excepcionalmente positivo que temos que questionar se não foi uma ficção. Talvez os homens de Otaviano estivessem mais nervosos em relação à batalha do que esse registro possa sugerir. Anos mais tarde, Otaviano mandou erguer estátuas do homem e sua mula em algum lugar de seu monumento à vitória nas encostas de Michalitsi.

Dião Cássio dá outra versão do que Otaviano pode ter dito a seus soldados antes da batalha. Depois de enumerar alguns dos sucessos do passado militar de Roma, Otaviano traça um contraste com o atual inimigo: uma mulher e uma egípcia, portanto, duplamente não merecedora das atenções de Roma. Ele lamenta a submissão a Cleópatra de vários nobres romanos e, acima de tudo, de Antônio, seu antigo cunhado e parceiro no governo. Ao declarar guerra apenas a Cleópatra, Otaviano tivera a expectativa de fazer Antônio cair em si, mas isso não aconteceu. De qualquer modo, não haveria nada a temer de um adversário tão decadente quanto Antônio ou de sua coalizão com o Oriente, que Roma muitas vezes havia vencido no passado. Quanto aos navios de Antônio, eram grandes, de construção robusta, e altos, mas eram pesados demais para serem manobrados com agilidade em batalha e, portanto, seriam alvos fáceis. (Otaviano esquece de dizer que a carga inicial desses pesados navios poderia esmagar as proas dos seus.) Além disso, os homens de Otaviano já haviam derrotado os navios de Antônio no mar mais de uma vez. (É verdade, mas nunca haviam enfrentado sua frota inteira.) Por fim, diz Otaviano, o inimigo carregou seu tesouro a bordo, sinal de falta de fé na vitória.

O principal público para esses discursos costumava ser formado por seus comandantes. Alguns poderiam ouvir com atenção; outros talvez apenas fingissem ouvir. Alguns rezavam aos deuses e outros pensavam na empolgação da ação ou no pagamento que viria com a vitória. Os comandantes falavam, mas o tempo das palavras estava se esgotando rapidamente.

As duas frotas partiram para a batalha, ambas ao som das trombetas.

Preparativos para a batalha

A propaganda posterior dá um quadro falseado das duas frotas, argumentando que a armada de Antônio consistia de navios de guerra gigantescos contra as valentes fragatas da frota de Otaviano. O historiador Floro do século segundo d.C. afirma que os navios de Antônio eram tão desajeitados e pesados que faziam o mar gemer, enquanto os navios de Otaviano eram ágeis e fáceis de manejar.[18] Há comentários de que a frota de Otaviano tinha um grande número de embarcações leves e ligeiras. Isso se encaixa na narrativa de propaganda de Otaviano de um confronto entre o despotismo oriental, grandioso e irrestrito, e a disciplinada virtude republicana. Nada disso, porém, corresponde à verdade.

Na realidade, a maior parte dos navios de ambas as frotas era similar em porte e capacidade. Nas duas frotas, predominavam "quatros" e "cincos". Talvez trinta dos 230 navios de Antônio fossem maiores. Com base na evidência do Monumento à Vitória de Ácio, uma estimativa razoável é que ele tivesse quatro ou mais "dez", quatro "noves", cinco "oitos", seis "setes" e talvez oito "seis".[19] Embora Antônio tivesse queimado a maioria de seus navios menores, sem dúvida preservou alguns pequenos, galés rápidas para a função de batedores ou mensageiros durante a batalha. Deve ter conservado também um número de barcos pequenos para recolher homens que tivessem caído pela amurada dos navios.

A frota de Otaviano tinha poucas mudanças em relação à marinha que Agripa construíra para lutar contra Sexto Pompeu. As fontes descrevem a frota como "pesada".[20] Ela também incluía certo número de liburnianas. Essas galés rápidas eram baseadas em barcos de piratas usados pelos povos da Libúrnia na costa do Adriático, conquistada por Otaviano e Agripa na Guerra da Ilíria de 35 a 33 a.C. O próprio Otaviano passou a Batalha de Ácio numa liburniana, o que deu a seus propagandistas um incentivo a mais para exagerar o papel desses navios na luta. Na verdade, a parte principal e decisiva de sua frota consistia de navios pesados.

Numa típica batalha naval daquela época, as duas frotas rivais ficariam alinhadas uma em frente à outra. Em cada frota, os navios ficariam dispostos em formação, lado a lado. Então iriam se aproximar e entrar em combate.

As diferenças mais significativas entre as duas frotas em Ácio estavam no número, na tripulação e na construção. Os navios de Antônio tinham uma vantagem num choque proa contra proa, que era a maneira preferida pelas marinhas daquele tempo iniciar uma batalha. Isso também dissuadia o inimigo de se engajar numa manobra similar. Em vez do choque contra as proas inimigas, os capitães de Otaviano e Agripa tentariam passar entre os navios de Antônio ou dar a volta e atacá-los por trás. Também poderiam se engajar na manobra mais elegante e mais difícil de quebrar os remos do inimigo de um lado da embarcação, o que deixava o navio paralisado. Além do choque, ambos os lados se aproximariam de navios inimigos para tentar abordá-los e lutar no convés. Conforme se aproximassem, as duas frotas arremessariam lanças e pedras usando catapultas e fundas, assim como — a uma distância menor — flechas e dardos.

Os navios de Antônio estavam em desvantagem tanto nas cargas quanto na abordagem, por terem poucos homens para remar, especialmente homens aptos e saudáveis.[21] Antônio precisou tomar algumas medidas para proteger seus navios de um inimigo cuja frota era maior, mais rápida e de maior mobilidade, já que movida por todo um complemento de remadores saudáveis. Portanto, buscou ajuda de leigos no local. Fez sua frota beirar a praia depois de sair da entrada do Golfo de Ambrácia, como planejara. Dispôs seus navios numa linha norte-sul que se estendia por cerca de cinco quilômetros e meio, segundo uma estimativa. Ao ancorar cada uma das extremidades num ponto da praia ou num ponto onde houvesse proteção de águas rasas à esquerda ou à direita, ele impedia que sua frota fosse ultrapassada pelos flancos. E ao manter seus navios próximos uns dos outros, deixava pouco espaço para os navios inimigos se inserirem e atacarem os lados das embarcações.

Antônio comandava a ala direita, com a ajuda de Publícola. Insteio e Marco Otaviano comandavam o centro, e Sósio, a ala esquerda. Dada a fragilidade de sua frota, Antônio poderia ter feito bem em juntar suas forças para desferir um forte golpe em uma ala e depois esperar que o pânico fosse semeado no resto da frota inimiga.[22] Alternativamente, poderia ter tentado obrigar o inimigo a concentrar seu ataque num lugar, o que abriria uma lacuna por onde os demais navios de Antônio poderiam escapar. Em qualquer desses casos, Antônio teria posicionado seus navios maiores num só ponto: digamos, com ele, em sua ala direita (norte). Essa é uma hipótese plausível, embora não provada.

Antônio tinha 170 navios, ou três esquadras, em sua linha de frente. Na retaguarda, bem atrás da linha de frente, estava Cleópatra e sua esquadra de sessenta navios egípcios. Sua tarefa era reagir a quaisquer manobras de rompimento que o inimigo fizesse. Certamente Cleópatra contava com um almirante experiente, ou vários, nos quais poderia confiar. Seria pouco usual, para dizer o mínimo, uma mulher no comando de uma flotilha em batalha.

Diante de Antônio, a cerca de uma milha náutica de distância, estavam Otaviano e Agripa. Marco Lúrio comandava a ala direita, Agripa a ala esquerda, com Lúcio Arrúncio no centro. Como Agripa estava bem na direção oposta à de Antônio, ocupava a posição mais importante. Otaviano estava posicionado numa liburniana à direita, de onde podia apreciar a ação enquanto o comando geral ficava a cargo de Agripa.

A realidade era o oposto do arranjo que Virgílio imortalizou na *Eneida*. Ele compôs o poema cerca de uma década após a batalha. Nele, descreve a cena assim:

De César [Otaviano] na popa a couraça reluz,
Romanos e deuses ao combate conduz:
Das têmporas dele a chama emana

Acima da fronte a estrela juliana;
Com ventos ditosos Agripa o segue,
Com a ajuda dos deuses vitórias consegue;
Coroa naval cinge sua testa forte,
Prenúncio de luta repleta de sorte.[23]

Era Otaviano, é claro, que seguia Agripa e não o contrário.

Antônio não conseguiria manter sua posição junto à costa para sempre, não se quisesse combater o inimigo, e não se quisesse escapar de Ácio. A primeira razão era porque Agripa mantinha sua frota a cerca de uma milha de distância das proas de Antônio.[24] Comandando a frota maior e mais rápida, Agripa ficaria em melhor situação se combatesse em águas abertas, onde teria espaço para manobrar. Graças a Délio, sabiam que o inimigo pretendia desferir uma carga proa contra proa; portanto, mantinham-no longe, para obrigá-lo a remar por distância maior, com maior esforço e maior cansaço. Quando os aríetes de Antônio chegassem a eles, já teriam perdido muito de sua força. E, em seguida, havia o vento.

Os ventos não são um assunto que tenha muito destaque atualmente para a maioria das pessoas, mas isso era diferente nos tempos antigos, ainda mais para quem vivia em regiões costeiras e, acima de tudo, para marinheiros. A economia dependia do transporte por mar, onde o vento era uma importante fonte de poder, como o petróleo é hoje para os negócios que operam caminhões. Além disso, os ventos constituíam o ano agrícola; então, eram de conhecimento comum, a ponto de a maioria conhecer seus nomes e seus caprichos. Depois de terem passado meses nas vizinhanças de Ácio, os homens das duas frotas conheciam bem os ventos locais.

Antônio preparara-se para superar seu inimigo carregando suas velas a bordo, como mencionamos. Seus remadores não poderiam ter ilusões de sobrepujar os do inimigo, especialmente com os navios maiores da frota de Antônio e com os obstáculos da má nutrição e dos problemas de saúde. Tinham que ser capazes de velejar e, para velejar a boa velocidade, precisavam de ventos favoráveis.

Para Antônio e Cleópatra, o detalhe mais importante era o vento que soprava de oeste-noroeste todas as tardes, com um padrão mais ou menos previsível. Navios antigos eram de armação quadrada, o que permitia pouca capacidade de navegar à bolina — isto é, de ziguezaguear com vento contrário. Navios medievais e modernos, com velas triangulares, têm manobrabilidade bem maior. Para alcançar velocidade máxima, os navios de 31 a.C. precisavam ter o vento às suas costas ou pelo menos no seu quarto traseiro.

A geografia impunha uma complicação adicional. A ilha de Lêucade fica cerca de oito quilômetros a sul-sudoeste de Ácio. Para chegar ao sul dela, um navio tem que dar a volta na ilha pela costa oeste. Os navios de Antônio e Cleópatra, portanto, não conseguiriam escapar se ficassem perto da costa. Precisavam remar até mar aberto antes de pegar o vento e virar para o sul. Isso soa mais simples do que era na verdade.

Para remar até mar aberto, Antônio e Cleópatra teriam que lutar contra um vento intenso e contra um inimigo à espera deles. O que tinham pela frente era uma tarefa que desafiaria até a astúcia de um Odisseu.

Os homens

Otaviano embarcou em seus navios cerca de quarenta mil homens — os soldados de oito legiões e mais cinco guardas pretorianas.[25] Antônio embarcou vinte mil legionários e dois mil arqueiros.[26] Ou seja, Otaviano tinha cerca de duas vezes mais combatentes, mas eram também o dobro de navios aproximadamente — quatrocentos contra 230 —; portanto, o número médio de soldados no convés dos navios de ambos os lados era, *grosso modo*, similar: cerca de cem homens por embarcação.[27] Os legionários devem ter usado elmos de bronze ou ferro e armadura de cota de malha. Cada um carregava um grande escudo, um dardo e uma espada curta, o gládio [ou *gladius*].

Um legionário anônimo, que lutou para Antônio, deixou-nos sua reserva de moedas de 41 *denarii* ["denários"], que eram as moedas de prata padrão de Roma.[28] Encontradas em Ácio, há entre elas moedas cunhadas por Júlio César, Antônio e por Antônio e Cleópatra, e 31 são moedas de legionários cunhadas no inverno anterior em Patras. Podemos supor que o soldado que as enterrou antes da batalha imaginou que estariam mais seguras ali do que a bordo de seu navio, e tinha esperança de voltar e recuperá-las após a vitória.²⁹ Foi uma vã esperança.

Alguns dos legionários de Antônio eram veteranos de suas campanhas, as de Mutina e Filipos e as da Média e Armênia, e havia novos recrutas substituindo os que haviam sido perdidos na derrota da Média. Eram italianos, colonos romanos e seus descendentes no Oriente, e também não romanos treinados como legionários. Os arqueiros eram soldados aliados. Portanto, embora o latim fosse a língua predominante a bordo do navio, também seria possível ouvir outras línguas. Não há como saber os nomes dos soldados comuns.

Nesse aspecto, podemos ter melhor sorte com os legionários de Otaviano. Na maioria das situações, Ácio tem sido avessa a revelar seus segredos, mas os historiadores tiveram a sorte de encontrar algumas brechas. Ácio é uma das raras batalhas antigas em que alguns nomes de seus participantes comuns sobreviveram, e não apenas dos oficiais. Cinco túmulos do nordeste da Itália declaram que o falecido era um veterano de Ácio.³⁰ Isso é um diferencial em si, já que, pelo que sabemos, Ácio foi a única batalha da história romana a dar nome a seus veteranos.³¹ Cada um desses cinco homens autodenominava-se um "Combatente de Ácio" (*Actiacus*). Todos receberam terras numa colônia ao norte da Itália, fundada por Otaviano após a batalha.

É quase certo que três deles lutaram a bordo de navios, ou, talvez, os cinco. Um deles declara especificamente em seu epitáfio que serviu numa "batalha naval". Claro que pode ter exagerado, mas declara também que serviu na 11ª legião, e se houve alguma unidade na qual se podia confiar numa situação como a de uma batalha naval crucial, era a 11ª. Dois dos outros "Combatentes de Ácio" também declaram seu alistamento nessa unidade; portanto, provavelmente também serviram no mar. Os outros dois não especificam sua legião.

A 11ª teve uma história destacada. Originalmente criada por Júlio César para servir na Gália, também lutou nas sangrentas batalhas da guerra civil na Grécia e nos Bálcãs. Desmembrada em 45 a.C., foi reconstituída por Otaviano em 42 a.C. A nova 11ª legião demonstrou seu valor em algumas das grandes vitórias de Otaviano. Não admira que alguns homens tivessem o orgulho de mencioná-la em suas lápides.

Provavelmente eram rapazes da zona rural, sem dúvida de origem humilde; caso contrário, não teriam sido meros legionários, nem teriam precisado receber terras numa colônia. Mesmo assim, todos ostentaram nomes que desfrutavam de certa proeminência na história romana, talvez apontando para parentes distantes.

Marcus Billienus, por exemplo, o soldado da 11ª que especificou ter lutado numa batalha naval, faz lembrar de um certo Gaius Billienus, que, estranhamente, é o primeiro nome da história romana que com alguma certeza podemos atribuir a uma estátua de alguém de armadura (cerca de 100 a.C.).[32] Quinto Célio, outro soldado da 11ª, tem um nome de família que remete a destacados estadistas, generais e historiadores romanos. Seu colega legionário Salvius Sempronius faz lembrar de uma das grandes famílias da República, os Sempronii [Semprônios]. Um deles, Lúcio Semprônio Atratino [Lucius Sempronius Atratinus], serviu Antônio como oficial e, depois, em data desconhecida, desertou para Otaviano.[33] Quanto aos dois Combatentes de Ácio dos quais não consta a legião nas lápides, um deles, Quintus Atilius, compartilha o nome com outro personagem destacado da história romana, o memorável almirante Atílio Régulo, que derrotou Cartago no mar numa grande batalha do terceiro século a.C. O outro, Marco Aufústico, tem um nome de família menos comum, mas que compartilha com um gramático latino da época.[34]

Quatro desses cinco eram legionários comuns, e o quinto, Célio, era um oficial de baixo escalão. Era um *signifer*, ou porta-estandarte. Sua função era carregar a insígnia de sua unidade, que consistia de uma placa com uma alça de metal no alto, presa a uma vara de metal, coberta com emblemas circulares e com uma coroa de louros. Usava uma pele de urso sobre seu elmo, com as patas presas ao peito. Como porta-estandarte, Célio precisava ficar num local visível e perigoso do convés durante a batalha. Em terra, o porta-estandarte carregava um escudo similar aos dos legionários comuns.

Os navios de Cleópatra provavelmente levavam alguns legionários romanos, mas suas forças eram formadas mais por soldados ptolemaicos. A julgar pela ilustração de um mosaico,[35] esses soldados deveriam trajar-se com esplendor, com elmos variados e armaduras linotórax, carregando escudos redondos macedônios ou alongados escudos de corpo, ambos profusamente decorados. Vinham armados com piques [lanças longas] e espadas.

Não se conhece nenhum dos remadores de Ácio pelo nome. Raramente era o caso com os remadores antigos, pois costumavam ser pobres e sem condições de pagar por epitáfios que celebrassem suas carreiras. Alguns certamente eram escravos, como haviam sido vários remadores de Sexto Pompeu. Muitos dos remadores de Antônio haviam sido obrigados a servir relutantemente.

Os remadores sentavam-se embaixo do convés em compartimentos lotados e confinados. Seu maior medo era serem abalroados pelos navios inimigos, mas o segundo medo talvez fosse do dano causado pelo impacto do próprio navio ao abalroar a embarcação inimiga. Ninguém queria ficar preso sob o convés, com água invadindo. Ter o navio abordado e capturado talvez não fosse tão perigoso, já que os remadores eram valiosos demais para serem mortos: podiam vender seus serviços tanto para um lado quanto para o outro.

Navios de guerra também carregavam soldados especiais. As equipes de artilharia no convés operavam a catapulta. Torres de madeira portáteis podiam ser dispostas bem elevadas, tanto na proa quanto na popa de um grande navio de guerra, de onde os atiradores de funda e os arqueiros podiam desferir seus ataques.

Todo navio tinha também uma tripulação de marinheiros e especialistas. De longe, a pessoa mais importante era o timoneiro, que precisava operar o pesado leme duplo na popa para girar o barco. Também havia um capitão. Na melhor das hipóteses, seria um profissional experiente.

Ação

Então, as duas frotas aguardavam, cada uma na expectativa de que a outra fizesse algo temerário. Finalmente, ao meio-dia, a brisa marinha começou a soprar.[36] Antônio precisava executar as coisas na hora exata. Se partisse cedo demais, o vento ainda não teria soprado o suficiente para o norte nem acelerado o bastante a velocidade dos navios em seu rumo para o sul. Se esperasse tempo demais, o vento ficaria muito forte para permitir que os navios remassem no sentido noroeste para mar aberto. Portanto, a linha de Antônio iniciou seu avanço, começando com a ala esquerda (sul), que tinha maior trecho a percorrer para poder livrar-se do obstáculo da ilha de Lêucade. Bem em frente a eles, a ala direita de Otaviano começou a recuar, esperando levar o combate para mar aberto.

Na ponta norte do espaço de batalha, Agripa começou a estender sua linha a fim de tentar superar o inimigo pelo flanco. Publícola, na ala direita de Antônio, foi em seguida. Essa era a escolha correta, mas abriu uma lacuna entre a direita de Antônio e as esquadras do centro. Os capitães de Antônio sabiam que tinham que manter um espaço exíguo entre seus navios dentro do esquadrão, para impedir que o inimigo navegasse entre eles, virasse e abalroasse os navios pela lateral ou pela retaguarda. Para manter essa formação cerrada dentro de cada esquadra, os lugares-tenentes de Antônio eram obrigados a deixar lacunas entre as três esquadras. Isso era perigoso, mas não tão perigoso quanto deixar espaços abertos dentro da esquadra. De qualquer modo, Agripa certamente tiraria vantagem das lacunas entre as esquadras, para que não fosse mais possível a Antônio evitar combater.

Virgílio registrou a cena na *Eneida*: "Movem-se em luta: remos, tridentes na quilha/ A espuma se junta e a água do mar brilha".[37]

Embora cada batalha seja única, elas realmente têm certas coisas em comum. Podemos complementar as esquemáticas fontes sobre Ácio com informações de batalhas navais mais bem documentadas daquela época. Um detalhe que essas outras fontes enfatizam é o barulho colossal de uma batalha naval.

Em Ácio, o silêncio e a calma daquelas duas horas em que as frotas ficaram encarando-se, como dois pistoleiros nas ruas de Laredo no Velho Oeste, devem ter parecido assustadores a qualquer veterano de guerras no mar. Depois viria o choque, com seus ruídos mais familiares. Um relato das batalhas da Guerra da Sicília de 36 a.C. reporta os gritos dos remadores, os berros dos timoneiros e as exortações dos generais.[38] Quando os soldados saltavam no convés de um navio inimigo, gritavam seu lema para os companheiros a fim de poderem identificar-se. Com frequência, quando ouviam o inimigo proferir seu lema, começavam eles mesmos a gritá-lo também, a fim de enganar os oponentes. Havia o som vibrante das flechas, o zunido dos dardos, a detonação das catapultas ao descarregarem seus projéteis, o som sibilante das pedras cortando o ar e o estrondo quando atingiam o alvo. Sempre que um navio preparava-se para abalroar, os homens no convés agachavam-se e procuravam segurar firme em algo para não serem arremessados ou derrubados. O estrondo *crash*, violento e trucidante, do bico de um navio arrancando um pedaço da nave inimiga acompanhava cada golpe. Remos estalavam ao serem partidos. Havia ainda os sons do mergulho na água de cada homem que saltava ao mar para tentar salvar a vida. Enquanto isso, os soldados alinhados na praia observavam e aguardavam, tentando, ao longe, mas em vão, ter uma ideia da luta, mas sem discernir muito mais que os gemidos alternados dos homens de ambos os exércitos. Os homens na praia em Ácio gritavam ordens a cada um dos lados.[39] Por fim, quando tudo estava encerrado, horas depois do início da batalha, os homens a bordo do navio vencedor celebravam, e ouviam os gritos de seus companheiros na praia. O lado perdedor lamentava.

Os primeiros estágios de uma batalha, conforme as duas linhas de navios começavam a se mover uma em direção à outra, eram marcados por ataques antipessoais — primeiro, à distância, via catapultas, e depois, quando as frotas estavam mais próximas, com arcos e flechas e dardos. Ocasionalmente, alguém acertava um arremesso mortal que tirava de combate um timoneiro ou capitão, mas isso era realmente raro, especialmente com naves em movimento.

Se as coisas tivessem corrido bem para Antônio, ele teria sido capaz de lançar um devastador ataque proa contra proa no inimigo. Esse ataque não ocorreu. A razão mais provável é que os homens de Antônio estivessem fracos e cansados demais e em número muito reduzido para conseguir desferir um golpe contundente depois de terem acelerado por mais de um quilômetro e meio, o que era necessário para chegar à frota de Otaviano.[40] Era previsível que os grandes navios de Antônio tivessem os maiores problemas para realizar uma aceleração. E será que poderiam servir a algum outro propósito militar útil?

Talvez tivessem encenado uma tática de despiste.[41] Antônio sabia que o inimigo tentaria atacar cada um de seus navios maiores com um enxame de navios rápidos. Quanto mais conseguisse instigar o inimigo a fazer isso, melhores chances teriam de distraí-lo e evitar que impedisse outros navios seus de fugir.

As duas linhas foram chegando mais perto e os ataques começaram. Os navios de Antônio tiravam partido de seu porte e altura para fazer chover projéteis no inimigo. Uma das armas usadas era a "mão de ferro", um dispositivo para içar, provido de ganchos.[42] Os navios de Agripa empregavam outras táticas. Cercavam os navios de Antônio e abalroavam suas laterais. Se falhassem em sua primeira tentativa de abalroar o navio inimigo, recuavam para tentar de novo. Ambos os lados também se envolveram em combates de convés. Embora as fontes não registrem, Agripa empregava a fateixa, lançada por meio da catapulta, que ele havia usado com grande efeito junto às costas da Sicília, e podemos imaginar que tenha feito isso aqui também. Esse dispositivo, um gancho de içar preso a um guincho por uma extensão de corda, era usado como um arpão para capturar o navio inimigo e arrastá-lo de lado a fim de abordá-lo.

A batalha seguia devastadora, sem que nenhum dos lados ganhasse uma vantagem nítida. De repente, tudo mudou.

CAPÍTULO 12

O NAVIO DOURADO COM VELAS PÚRPURA

Ácio, 2 de setembro de 31 a.C.: Cerca de 2 a 3 da tarde

Quando o vento em Ácio soprou mais forte, a neblina que se formara desapareceu do céu. A brisa do mar foi ficando mais intensa e amenizou o calor daquela tarde de setembro. A brisa começou em ângulo reto em relação à praia. A superfície da água a ondulou. Depois, conforme o vento se intensificou, e em razão da rotação da Terra, ele passou de oeste a noroeste. As ondas ficaram mais altas, e surgiram os primeiros sinais de espuma branca sobre as ondas do mar azul-aço. Envolvidas no combate, as duas linhas de navios de guerra podiam parecer indiferentes às condições marinhas e atmosféricas, mas, na realidade, haviam acompanhado o vento com atenção o dia inteiro — e talvez ninguém mais intensamente que Cleópatra.

A rainha comanda

À medida que o vento ficava mais intenso, uma lacuna foi abrindo no centro da linha de Antônio. Dava a impressão de que talvez tivesse planejado isso. Com certeza havia disposto seus almirantes mais experientes em cada extremo da linha, assim como o inimigo havia feito. Talvez esperasse que a luta fosse menos intensa no centro, e isso abriria uma brecha — o lugar exato para uma penetração e fuga. Cleópatra explorou isso.

A rainha aguardava apenas o momento certo, quando ficasse claro que as duas frotas estavam envolvidas na batalha.[1] A certa altura, a luta ficou intensa demais para que o inimigo parasse de lutar para iniciar uma perseguição. Portanto, Cleópatra fez seu lance. A esquadra dela de sessenta navios mantinha-se como reserva na retaguarda da armada de Antônio. Ela ordenou que seus navios se movessem. As instruções eram para que remassem e cruzassem a brecha entre a ala direita e o centro. Em seguida, Cleópatra ordenou que seus capitães de navios erguessem as velas para aproveitar os ventos. "Ela convocou os ventos e soltou o cordame para inflar as velas cada vez mais",[2] como escreve Virgílio. A hora era provavelmente entre duas e três da tarde, ou assim avalia uma estimativa plausível.[3]

A nau capitânia de Cleópatra, a *Antonias*, era, sem dúvida, esplêndida. Os ptolomeus não eram de poupar gastos numa embarcação real. Basta lembrar da balsa em que Cleópatra, dez anos antes, remara rio acima em Tarso para encontrar Antônio. Quando uma fonte sobre Ácio diz que ela sinalizou a manobra de fuga erguendo uma vela púrpura em seu navio dourado, talvez não seja um exagero. Púrpura era a cor da realeza, e o navio pode muito bem ter ostentado decorações douradas.

Seja como for, foi um movimento ousado. Antes da batalha, o conselho de guerra decidira adotar uma estratégia de fuga, e Cleópatra a executava de maneira exemplar. As fontes concordam que foi ela que liderou a fuga.[4] Na realidade, mereceria uma medalha por liderar sua esquadra até local seguro. Mesmo assim, alguns autores antigos destilam desprezo por ela. Flávio Josefo, escrevendo pouco mais de um século após a batalha, não poupou críticas, afirmando simplesmente que Cleópatra desertou de Antônio.[5] Mas acontece que o historiador judeu *sempre* critica Cleópatra, pois era partidário do rival dela, o rei Herodes. Dião Cássio, escrevendo mais de um século depois de Josefo, concorda com ele. Diz que Cleópatra perdeu a serenidade e fugiu, comportando-se — diz Dião, numa combinação de sexismo e racismo — como uma mulher e como uma egípcia.[6]

Shakespeare segue a tradição hostil e faz um dos homens de Antônio declarar:

> Ah, lasciva e tola implicante do Egito,
> Que a lepra te carregue! – Em meio ao conflito,
> Quando a sorte aos dois igualmente sorria,
> Mas a nós uma vitória prometia,
> Qual vaca tangida por moscas no estio,
> Velas içaste e fugiste em teu navio.[7]

Na realidade, a frota de Antônio estava lutando uma batalha perdida, e ele sabia disso. Cleópatra não era, nos termos de Shakespeare, "como a vaca de Juno", mas, ao contrário, era uma raposa escapando dos cães numa caçada de Ano-Novo na Inglaterra.

No entanto, a flor da masculinidade romana na frota inimiga nada fez para deter Cleópatra. Por quê? Plutarco diz que ficaram perplexos demais para fazer alguma coisa.[8] E tem razão. Os romanos, na verdade, costumavam ser sexistas e preconceituosos. Provavelmente jamais imaginariam que uma esquadra greco-egípcia fosse capaz de realizar movimento tão ousado, ainda mais comandada por uma mulher. Tendo passado a vida subestimada por homens, Cleópatra soube como tirar partido do erro deles.

De qualquer modo, ela e seus comandantes executaram a manobra com rapidez e agilidade. O almirante inimigo à frente dela era Arrúncio, que estava encarregado do centro da frota de Otaviano. No calor do combate, Arrúncio teria achado difícil lançar seus navios a tempo numa perseguição, especialmente porque talvez lhe faltasse poder de decisão ou experiência. Deve ter sido surpreendido pela ação de Cleópatra, e a surpresa é um fator multiplicador da força.

Antônio, porém, não foi surpreendido, e logo seguiu Cleópatra. De novo, isso talvez correspondesse ao plano traçado, mas não impediu que algumas fontes antigas encarassem de outro modo. Josefo deixa implícito que, ao desertar traiçoeiramente de Antônio, a rainha obrigou-o a segui-la.[9] O resultado é que Antônio perdeu tanto seu exército como seu império. Veleio Patérculo, em contraste, coloca toda a culpa em Antônio, dizendo que fez a escolha de acompanhar a rainha em vez de liderar seus comandados. Em lugar de punir os desertores de seu exército, que segundo Patérculo é o que deveria ter feito, Antônio desertou de seu exército.[10] Plutarco encara de ambas as maneiras. Depois de escrever que Antônio foi movido não pela razão de um comandante ou de um homem, ou sequer dele mesmo, o historiador grego conclui que foi como se a alma de Antônio pertencesse ao corpo da mulher que ele amava.[11] Assim que Antônio viu o navio de Cleópatra zarpando, fugiu, abandonando e em última instância traindo os homens que lutavam e davam a vida por ele. Dião Cássio, por sua vez, poupa Antônio. Diz que, quando este viu a esquadra de Cleópatra fugindo, pensou que a culpa não era da rainha, mas do medo dos homens dela de serem derrotados. E assim decidiu segui-la. Em suma, diz Dião, Antônio foi movido por um cálculo racional e não por uma paixão de amante.[12]

Ao contrário da visão romântica, Antônio, assim como Cleópatra, agiu com uma precisão e decisão que sugerem haver um plano já traçado.[13] A nau capitânia dele talvez fosse um dez, um navio grande e pesado demais para uma fuga rápida. Ele passou para um "cinco", que era uma opção intermediária: embora não fosse o mais rápido dos navios, era pesado o suficiente para rechaçar um ataque inimigo. Quando alcançou Cleópatra, ela o reconheceu e ergueu um sinal; ele se aproximou do navio dela e foi levado a bordo.[14]

Como era de se esperar, a propaganda inimiga produziu uma versão que fazia com que a bem executada fuga de Antônio parecesse ridícula. Dizia que Antônio fora obrigado a abandonar sua nau capitânia e embarcar no navio de Cleópatra porque o navio estava imobilizado por um peixe conhecido como *echeneïs*, ou "bloqueador de navios", que às vezes ficava preso aos cabos do leme. O *echeneïs* é um tipo de rêmora, um peixe que gruda em tubarões e navios.[15] Por um feliz acaso, o nome comum desse peixe em inglês presta-se ao jogo de propaganda contra Antônio: *sucker fish* ["peixe-otário"].

Admitindo que Antônio e Cleópatra tenham fugido seguindo um plano pré-acertado, por que os dois fizeram isso numa esquadra egípcia e não numa romana? Cleópatra mandava em Antônio? Dificilmente seria isso. Antônio confiava mais nas esquadras romanas do que nas egípcias para combater. Melhor seria manter as egípcias como reserva, de cuja posição elas poderiam liderar a retirada se necessário. Além disso, o destino deles era o Egito, que receberia mais calorosamente os navios de guerra egípcios do que os romanos. Mais importante, era nos navios dela que Cleópatra trazia o tesouro, e não confiava em ninguém a não ser em seus homens. Assim, uma fuga em navios egípcios fazia sentido.

Muitos, se não a maioria dos navios de Antônio, tentaram segui-lo. A fim de aliviar suas cargas e fugir com maior rapidez, içaram velas e lançaram suas torres ao mar.[16] Mas a maioria não conseguiu chegar a local seguro. Não sabemos quantos navios dele fugiram. As estimativas variam, as mais altas falam em quarenta e as mais baixas em "alguns poucos". Algo entre dez e vinte navios fugitivos é um palpite razoável. Somados aos sessenta navios da esquadra de Cleópatra, temos um total de setenta a oitenta navios de guerra que conseguiram fugir de Ácio.

Antônio e Cleópatra começaram a batalha com 230 navios de guerra, o que significa que cerca de um terço da frota conseguiu escapar. Não era um total ruim. A história naval conheceu fugas mais bem-sucedidas, embora não sem perdas, mas o feito de Antônio e Cleópatra não deixa de ser considerável, dado que estavam em menor número, famintos, doentes e afetados por ventos caprichosos.[17] Sem dúvida, o fato de acabarem vendo-se nessa situação é antes de mais nada um monumento à má gestão. No entanto, se não tivessem planejado e executado a batalha tão bem quanto fizeram, poderiam ter escapado com bem menos navios ou com nenhum. Supondo que mais alguns navios ancorados em volta do Peloponeso ou em ilhas gregas tenham se juntado aos fugitivos, podemos dizer que Antônio e Cleópatra saíram da Grécia com uns noventa navios de guerra.[18]

Quando seguiam para o sul vindo da zona de batalha e movidos por uma boa brisa, não estavam ainda livres. Algumas liburnianas, que eram os navios mais rápidos da frota de Otaviano e Agripa, perseguiam os fugitivos. Antônio ordenou que seu navio virasse e os enfrentasse. Isso assustou todos os perseguidores exceto um certo Êuricles de Esparta.[19] Mais cedo naquela primavera, provavelmente logo após a queda de Metone, Êuricles desertara de Antônio e passara para o lado de Otaviano. Agora provava seu valor ao novo patrão perseguindo o rival de Otaviano.

Êuricles brandiu uma lança no convés e apontou-a ameaçadoramente para Antônio. Quando Antônio pediu que ele se identificasse, respondeu altivamente que era Êuricles, filho de Laçares, e que, graças à "boa sorte de César", estava ali para vingar a morte do pai. Um homem proeminente em Esparta, Laçares havia sido decapitado por Antônio sob acusação de pirataria. Assim disse Êuricles — ou pelo menos foi o que alegou mais tarde. Sua pequena comédia não se sustentou. A história de Êuricles de vingar a morte do pai, Laçares, parece tão suspeita quanto a história de Otaviano vingar seu pai (adotivo) assassinado, Júlio César.[20] Êuricles pode ter inventado esse seu discurso e comportamento ameaçador num relato posterior feito ao vencedor de Ácio.

Embora Êuricles não tenha causado dano a Antônio, conseguiu fazê-lo em outra nau capitânia que havia escapado — possivelmente da esquadra central de Antônio — capturando não só essa nau como outro navio que carregava parte do equipamento régio. Com esse último conjunto de troféus, a perseguição de Antônio e Cleópatra se encerrou.

Chamas em Ácio

A batalha não terminou com a partida de Antônio e Cleópatra; na realidade, continuou e, ao que parece, por um bom tempo.[21] Alguns historiadores têm duvidado desse relato das fontes, dizendo ser mais provável que os homens de Antônio tenham se rendido de vez, mas o grosso das evidências sugere que continuaram lutando por mais uma hora ou duas. Fontes antigas concordam que foi assim, embora alguns estudiosos descartem isso, afirmando que se tratava de propaganda para fazer Otaviano parecer um herói vencedor de uma batalha muito acirrada. No entanto, considerações práticas tendem a confirmar que a luta continuou.[22] Tanto as cifras de baixas para os homens de Antônio quanto os totais de navios capturados reivindicados por Otaviano indicam que várias dezenas de navios de Antônio foram afundados na batalha que se seguiu.

Há mais dados atualmente sobre as cifras, mas, antes de tudo, consideremos o provável curso dos acontecimentos depois que Antônio e Cleópatra fugiram. Os homens de Antônio não desistiram. Alguns atiraram suas torres e suas pesadas catapultas ao mar e tentaram fugir, mas sem sucesso. Alguns poucos conseguiram escapar. A maioria tentou lutar para abrir caminho. Os motivos certamente eram variados. Alguns acreditavam na causa da República, enquanto outros seguiam a pessoa de Antônio. A maioria provavelmente colocava mais fé em receber terras e dinheiro de Antônio e de sua rica mulher egípcia do que do avarento e falido Otaviano, caso este chegasse a aceitar sua rendição. Além disso, se Plutarco estiver certo, a maioria dos homens de Antônio sequer sabia que seu líder havia fugido.[23] Veleio acrescenta que Otaviano gritou várias vezes a verdade ao inimigo numa tentativa de levá-los a se render, mas em vão.[24] Isso soa mais como uma autojustificativa *ex post facto* das *Memórias* de Augusto.

Lutaram bravamente. Apesar de todas as vantagens que tinham, Agripa e Otaviano ainda não haviam vencido a batalha.[25] A frota de Antônio era tão forte que, mesmo inferiorizada em Ácio, ainda lutou e levou o inimigo a um impasse, até Agripa lançar mão de um último recurso: o fogo. Era incomum, mas não inédito, os romanos usarem o fogo como arma no mar.[26] Enobarbo usara flechas incendiárias com sucesso para derrotar uma força de resgate de navios quando estava a caminho para ajudar Antônio e Otaviano em Filipos. Talvez Enobarbo, após desertar, tivesse sido informado dessa experiência por Agripa e Otaviano. Seja como for, o uso de fogo em Ácio é um tributo à versatilidade de Agripa.[27]

A meta de todo almirante era capturar a frota do inimigo, e não destruí-la. Navios capturados podiam ser reformados para o próprio uso, mas navios queimados simplesmente afundavam. Agripa e Otaviano só teriam incendiado os navios de Antônio caso fosse necessário. Sequer consideraram usá-los enquanto o tesouro de Cleópatra ainda estava ao alcance; e havia o entendimento de que este, sim, era o prêmio mais valioso de todos.

No entanto, devemos admitir que o fogo alcançou duas metas positivas. Ele matou grande número de marinheiros e soldados que estavam no convés dos navios inimigos e ao mesmo tempo reduziu riscos para os próprios homens. E o fogo também enviou uma mensagem ao inimigo sobrevivente: rendam-se ou morram. Como ocorreu com a execução de Bógude em Metone, as chamas de Ácio proclamavam a disposição mortífera de Agripa. A perda de umas dezenas de navios inimigos era um preço que valia a pena pagar para acelerar a rendição de cem mil homens nos outros navios e na praia.

Vários relatos antigos mencionam o uso do fogo como arma em batalha, mas apenas Dião fornece detalhes. A narrativa dele, de teor sensacionalista, tem vários pontos que soam verdadeiros, tendo por base outras descrições de incendiários antigos. Se Dião está certo, Otaviano, ou mais provavelmente Agripa, entendeu que sem usar o fogo talvez não venceriam. E com o fogo fizeram prevalecer sua vantagem.

Os agressores abordaram os navios de Antônio vindo de várias direções ao mesmo tempo. Atiraram projéteis incendiados, arremessaram lanças com tochas presas a elas, e empregaram catapultas para atirar potes preenchidos com carvão e piche. Os navios de guerra romanos eram profusamente revestidos de piche, por dentro e por fora, e os potes de carvão aumentavam a combustibilidade. Os defensores tentaram desviar os projéteis, presumivelmente com seus escudos, mas alguns conseguiam atingir os navios e atear fogo. Primeiro, os defensores usaram a água potável a bordo para apagar o fogo, depois recorreram a baldes para coletar água do mar. Mas navios cobertos de piche produziam uma boa fogueira, especialmente depois de terem ficado ao sol quente do verão grego. As chamas continuavam ardendo. Em seguida, os homens usaram seus grossos cobertores de lã e, se esse detalhe sensacionalista for verdadeiro, usaram até cadáveres para tentar deter as chamas. No entanto, em seguida, um forte vento soprou — talvez o mesmo vento oeste ou noroeste que acelerou a fuga de Antônio e Cleópatra — e transformou cobertores e cadáveres em combustível.

Dião observa um detalhe intrigante dessa cena de horror. Diz que quando os defensores jogavam baldes de água salgada no fogo, esta apagava as chamas. Na realidade, o que a água provavelmente fazia era virar vapor com o calor do fogo. Segundo Dião, quando os defensores puxavam baldes cheios só até a metade e despejavam apenas pequenas quantidades no fogo, as chamas aumentavam, pois pequenas quantidades de água salgada fazem o fogo queimar mais vigorosamente ainda.[28] Isso, obviamente, é falso. O que, sim, é verdade é que a água salgada faz o fogo brilhar com uma chama amarela — um efeito que podemos ver, por exemplo, quando uma panela com água salgada ferve e transborda num fogão a gás. Água salgada despejada em piche ardendo pode levar alguns observadores a achar que o fogo queima melhor. Portanto, Dião talvez relatasse, embora erroneamente, algo que alguém tivesse de fato testemunhado.

Alguns homens recuavam até uma porção do navio ainda não afetada pelo fogo. Até tentavam contra-atacar e usar ganchos para capturar e arrastar o inimigo até as chamas, mas o inimigo mantinha distância. Então, sobreveio a morte por meio de vários expedientes desagradáveis: pelas chamas, por inalação de fumaça, por flechas do inimigo depois de os defensores tirarem a armadura prestes a fugir pelo mar ou por afogamento. Alguns eram agredidos na água por seus oponentes, que brandiam um remo quebrado ou uma lança. E alegou-se que outros eram comidos vivos por habitantes das profundezas. Tubarões não são mais comuns no Mediterrâneo, mas eram nos tempos antigos e atacavam humanos.[29] Segundo Dião, apenas os homens que matavam uns aos outros ou tiravam a própria vida a bordo de navios irremediavelmente em chamas é que encontraram uma morte feliz. Melodrama, sem dúvida, mas até mesmo um narrador sóbrio pode parar e refletir sobre a discrepância entre as esperanças daqueles homens naquela manhã e seu triste fim no morticínio.

Dião acrescenta que os homens de Agripa aguardaram até que fosse óbvio que o inimigo não poderia mais causar-lhes qualquer dano e, então, aproximaram-se rapidamente dos navios em chamas, esperando não só debelar o fogo e salvar os navios, mas saquear qualquer dinheiro que houvesse a bordo. O resultado foi que um bom número deles caiu vítima das chamas e da própria cobiça.

Vitória

Os homens de Antônio começaram a se render por volta de quatro da tarde, quando o vento soprava forte e altas ondas maltratavam os navios sobreviventes.[30] Fizeram isso com relutância, reportam as fontes.[31] As chamas de seus navios devem ter ardido por horas. Os ventos começaram a amainar quando o dia escurecia. O pôr do sol em Ácio em 2 de setembro foi às 20h05. Mesmo nessa hora, a situação era suficientemente incerta para que Otaviano evitasse ir para terra firme. Aparentemente, alguns navios de guerra de Antônio haviam recuado até o Golfo de Ambrácia e poderiam criar problemas. Otaviano passou a noite em sua liburniana.[32]

O dia 3 de setembro foi uma típica manhã de fim de verão em Ácio, com a primeira claridade irrompendo por sobre a serra de montanhas a leste. Com a neblina erguendo-se acima dos morros e vales, ficou visível o fantasmagórico perfil dos navios de guerra. A certa hora, o sol apareceu e projetou um brilho dourado, visto por quem olhasse para leste sobre as águas do Golfo de Ambrácia. Agripa e Otaviano podem ter imaginado que uma canção da vitória os acompanhava enquanto examinavam a cena naquela manhã. Até então, a plena extensão de sua vitória ainda não ficara evidente.

Souberam que estavam de posse da maior parte do que restara da frota de Antônio. A ameaça de uma invasão da Itália não mais existia. Otaviano e Agripa haviam capturado ou afundado cerca de 140 galés inimigas. O ganho era ainda maior considerando a campanha como um todo.

Otaviano afirmou mais tarde ter capturado trezentos navios de guerra do inimigo, uma cifra que certamente se refere à guerra de Ácio inteira, a começar de Metone em março, e que provavelmente exclui navios menores que um "três".[33] Se os 35 aríetes exibidos no Monumento à Vitória de Ácio representam um décimo do total, como era comum nas antigas consagrações, então essa cifra pode ser arredondada para cerca de 350.

A contagem de corpos tinha menor valor para os comandantes de antigamente — ainda mais numa guerra civil, quando muitos dos mortos eram concidadãos — e, portanto, havia menor motivo para vangloriar-se disso. Plutarco reporta cinco mil mortes na frota de Antônio, um total que vem diretamente das memórias de Augusto.[34] Escrevendo séculos mais tarde, Paulo Orósio aumenta esse número de mortos para doze mil, e mais seis mil feridos, com mil deles morrendo mais tarde.[35] Foi sugerido que a cifra de Plutarco se refere apenas a legionários, enquanto as de Paulo Orósio incluem marinheiros e tripulantes, mas não sabemos ao certo. Talvez seja suficiente pensar em Sexto Propércio (nascido em cerca de 50 a.C.), o poeta latino que fala em cadáveres romanos boiando no mar de Ácio.[36]

Uma fonte afirma que, após a batalha, era possível ver o vasto naufrágio da grande frota de Antônio. O vento e as ondas "continuamente deixavam à mostra os restos das decorações púrpura e douradas dos árabes e sabeus e de mil outros povos asiáticos".[37] Uma descrição exagerada, que contrapunha uma alegada decadência oriental a um decoro do

Oeste, e, no entanto, os sinais da derrota de fato flutuavam nas águas da zona de batalha e eram revolvidos pelas ondas na praia.

Após a batalha, os homens de Otaviano saudaram-no como *imperator*.³⁸ Era a sexta vez que recebia esse reconhecimento. As fontes não registram as palavras ou pensamentos de Otaviano ou de Agripa quando contemplaram a cena de seu sucesso. Por maior a satisfação que os dois homens pudessem sentir, provavelmente não se gabaram disso. César deixara um modelo que era uma combinação de vindicação e remorso, com a qual um bom romano deveria tratar seus adversários tombados numa guerra civil. César, após a Batalha de Farsalos, ao examinar os cadáveres de seus inimigos derrotados no campo observou: "Eles quiseram isso" (*hoc voluerunt*).³⁹

As fontes dão indícios de que Otaviano teria projetado uma persona pública similar. Ele lamentou o derramamento de sangue romano, ofereceu misericórdia aos soldados inimigos sobreviventes e colocou toda a culpa nos ombros de seus oponentes. Quer tenha dito ou não que foram Antônio e Cleópatra que "quiseram isso", Otaviano fez questão de ressaltar para os homens de Antônio que o *imperator* deles os abandonara. Após a fuga de Antônio e Cleópatra, e enquanto a batalha naval ainda transcorria, Otaviano teria se dirigido aos homens dos navios de Antônio energicamente, vociferando críticas ao seu comandante foragido e fazendo-lhes promessas de perdão e de poupar-lhes a vida.⁴⁰ A intenção era levá-los à rendição, que foi o que finalmente fizeram. O número menor de baixas nas *Memórias* de Augusto — seus cinco mil em comparação com os doze mil de Paulo Orósio — talvez indique uma estratégia para minimizar o número de romanos que ele havia matado. Afinal, muitos, se não a maioria dos mortos, eram cidadãos romanos, e não inimigos estrangeiros. A julgar por toda a propaganda que fez sobre a guerra a Cleópatra, Otaviano certamente levou isso em conta.

Outro sentimento que Otaviano sem dúvida expressou após a batalha foi o de piedade. Nenhum romano deixaria de agradecer aos deuses pela vitória, e com certeza não um romano tão político quanto Otaviano. Seu padroeiro era Apolo, e Ácio abrigava um famoso Templo de Apolo. Otaviano deve ter agradecido ao deus em alto e bom som e de maneira bem visível. Virgílio talvez estivesse dando a versão oficial da vitória divinamente inspirada sobre adversários estrangeiros ao compor esta passagem da batalha na *Eneida*:

> Em *Ácio*, Apolo tudo vê do alto,
> Despeja suas setas, que no aéreo assalto
> Abatem egípcios e indianos sem pena,
> Que fogem com os sabeus da aquática arena.[41]

Havia sido uma grande vitória, mas não uma vitória total. Antônio e Cleópatra escaparam com cerca de um terço de sua frota de guerra e com todo o seu tesouro. Este último era um recurso que poderia ser usado para comprar soldados e construir novos navios de guerra. Ao mesmo tempo, legiões de Antônio ainda estavam espalhadas pela Grécia. E quanto aos próprios Antônio e Cleópatra?

O homem que fugiu

A tentativa de escapar de Ácio havia sido corajosa, arriscada, mas necessária. Embora não tão bem-sucedida quanto se poderia almejar, alcançou sua meta primária de salvar a liderança, além de uma fração de navios e homens e de uma fortuna. No entanto, esse pequeno sorvo de glória não compensou a amarga taça de fracasso.

Conforme se dirigiam para o sul, os navios de Antônio e Cleópatra passaram por suas antigas bases no sentido oposto. Primeiramente, viram os rochedos brancos da ilha de Lêucade, que Agripa abocanhara praticamente diante dos olhos de Antônio; depois, passaram pelo canal que levava a leste até Patras, seu quartel-general de inverno e outro prêmio arrebatado por Agripa; em seguida, pelas águas cor de esmeralda da antiga base de Sósio na ilha de Zacinto; e, mais tarde, ao contornarem a ponta sudoeste do Peloponeso, as ilhotas que guardavam o porto de Metone, onde Agripa desferira seu golpe em março, matando o rei Bógude e iniciando a reação em cadeia que levou às privações da frota de Antônio e Cleópatra em Ácio. Com essas vistas à distância — e mesmo que estivessem às vezes invisíveis, sabia-se que lá estavam — deve ter sido difícil manter foco nos aspectos positivos. A jornada consumiu três dias.

Antônio não se comportara de acordo com o que se esperaria de um romano, um nobre, um *imperator*. Para os romanos, ele deveria ter ficado com suas legiões. No entanto, mal acreditariam que os cinquenta mil homens doentes e famintos que ele deixara para trás pudessem oferecer alguma resistência a Otaviano. Permanecer com as legiões teria sido, com efeito, equivalente a um suicídio. Diante disso, um romano mais severo poderia contrapor: então, que assim fosse. Se Cássio, Bruto e Catão, o Jovem, o mais obstinado inimigo de César, haviam feito exatamente isso, Antônio deveria ter seguido seus exemplos.

A resposta de Antônio poderia ter sido algo nos seguintes termos: como romano patriota, sua responsabilidade seria resistir à tirania de Otaviano, e isso ele ainda poderia fazer tendo Alexandria como base. O Egito possuía fortes defesas naturais. Antônio contava com quatro legiões na Cirenaica e poderia juntar a elas uma quinta com os soldados que haviam fugido com ele de Ácio e mais os que vieram com ele de suas bases em Tênaro, Creta e Corinto. Além disso, Cleópatra tinha também seus soldados. Com o tesouro dela, poderiam contratar mais. Ao mesmo tempo, a necessidade que Otaviano teria de assentar seus veteranos, e os de Antônio, imporia a ele severas pressões políticas e financeiras. O suporte a Otaviano talvez pudesse até ceder.

Se Otaviano não conseguisse tomar o Egito, Antônio poderia seguir adiante e teria ainda muito tempo para cometer suicídio mais tarde. Talvez fosse até imaginável que Antônio fosse para o leste até a Pártia. Afinal, Quinto Labieno, filho de Tito Labieno, o obstinado inimigo de César, havia apostado suas fichas na Pártia após a derrota do exército republicano em Filipos. As paixões se exacerbavam em épocas de guerra civil. Quinto chegou ao extremo de invadir províncias romanas orientais associando-se a um príncipe parta. Depois de conquistar a Síria e boa porção da Ásia Menor, e de matar um governante provincial, Quinto permitiu ser aclamado *Parthicus Imperator*, "Vitorioso na Pártia". Não muito tempo depois, foi derrubado e executado por uma contraofensiva de um dos comandantes de Antônio. Será que Antônio teria considerado um destino como esse, vendo-o como uma maneira gloriosa de morrer nas mãos de um tirano?

Portanto, o *imperator* que abandonara suas legiões talvez tivesse suas justificativas para isso. Mas teria de fato acreditado nelas? A campanha toda de 31 a.C. não foi uma mera derrota, foi também uma humilhação. Depois de Filipos, Antônio era o maior general de seu tempo. O "desastre" da Média envolveu uma retirada heroica e um segundo ato que propiciou a conquista da Armênia e permitiu arrancar a Média da órbita da Pártia, o que incluiu uma aliança política e um compromisso de casamento régio. Havia até a perspectiva de retomar uma guerra vitoriosa contra a Pártia. Mas Ácio foi diferente. Com a exceção talvez de uma vitória local em terra contra Otaviano perto de seu acampamento, a guerra havia sido um fracasso atrás do outro para ele. Antônio simplesmente fora superado pela habilidade e experiência do inimigo no mar. E se mostrara despreparado para fazer frente à ousadia do inimigo.

Plutarco reporta que Antônio teria ficado sentado, deprimido, sozinho na proa do *Antonias* enquanto se dirigia a Tênaro.[42] Supostamente não teria sequer dirigido a palavra a Cleópatra durante os três dias de viagem. Os leitores podem decidir por si mesmos se acreditam no relato ou não.

Quanto à rainha egípcia, as fontes não comentam nada sobre seu humor. Virgílio retrata-a saindo de Ácio pálida, como pressagiando a própria morte.[43] Indômita como era, a Cleópatra real provavelmente estaria num surto de atividade, ansiosa para dar seu próximo passo. Antes de tudo, porém, precisaria lidar com Antônio.

O comandante e a rainha reconciliaram-se, assim diz a história, apenas ao chegarem a Tênaro.[44] Este era um porto na extremidade sul da península do Peloponeso, a alguns quilômetros do cabo de mesmo nome (atual Cabo Matapan). Era um local ermo e rochoso, famoso pelos ventos, piratas e cavernas, uma delas tida como a entrada para o mundo subterrâneo. Tênaro ficava na rota marítima que seguia a leste para Creta, Cirene e Alexandria. Diferentemente da maior parte das bases de Antônio na Grécia, não fora tomada pelos navios de guerra de Agripa. Em Tênaro, as criadas de Cleópatra ajudaram a solucionar a briga entre o *imperator* e a rainha.[45] Eles voltaram a comer e a dormir juntos.

Antônio tinha razões para estar deprimido, e não só pela magnitude de sua perda. Pelo fato de ter sido salvo por Cleópatra, estava agora em poder dela, prestes a se tornar um romano no Egito sem uma força militar poderosa a apoiá-lo. Cleópatra não estaria inclinada a abandonar Antônio, seu consorte e pai de três dos filhos dela, mas monarcas às vezes tomam decisões precipitadas para salvar seus tronos. Antônio, porém, era homem de ação, e não ficou sentado enquanto esteve em Tênaro. Pesados navios de transporte chegaram, quer fugindo de Ácio, quer, mais provavelmente, vindo de algum outro porto grego que tivesse permanecido em mãos amigas. Alguns dos apoiadores de Antônio também foram até ele. Confirmaram o pior a respeito da destruição da frota em Ácio, mas continuaram com esperanças de que as legiões escapassem.

Antônio enviou mensagem a Canídio, o comandante das legiões, ordenando que fizesse o exército marchar o mais rápido possível pela Macedônia até a Ásia. Mas Antônio não se ofereceu para se juntar aos seus homens. Em vez disso, preparava-se para navegar até a África. Embora não estivesse cumprindo o dever de um bom romano com suas legiões, comportou-se bem com seus parceiros mais próximos oferecendo-lhes apoio. Escolheu um navio de transporte carregado de dinheiro em moedas e de utensílios régios de ouro e prata e ofereceu-o a seus amigos. Eles recusaram aceitar, mas Antônio reconfortou-os de maneira muito bondosa e calorosa. E também tomou outra medida prática para ajudá-los.

Antônio escreveu carta a Teófilo, seu *procurator* — isto é, seu gestor financeiro, um servidor que toda a elite romana deveria ter.[46] "Servidor" é o termo mais adequado, porque os *procurators* costumavam ser escravos libertos, como Teófilo era. Ele estava em Corinto nessa época. Antônio pediu que Teófilo mantivesse escondidos seus associados mais próximos em local seguro, até que eles fizessem as pazes com Otaviano. Nada mais se sabe desses homens, mas eles certamente fizeram o mesmo que Hiparco, filho de Teófilo: Hiparco foi o primeiro dos escravos libertos de Antônio a ir até Otaviano.[47] Havia prosperado sob Antônio e lucrado com as proscrições, mas Otaviano o aceitara como aliado.

O ponto é que Antônio sabia que, assim que saísse da Grécia, seus amigos ali teriam que entrar em acordo com o inimigo. Com o exército não era diferente. Ao não se juntar a eles pessoalmente, demonstrou quão pouca esperança tinha naquela força em dificuldades e muito reduzida.

Nem todo mundo em volta do casal derrotado em Tênaro era confiável.[48] Suspeitando que aqueles ali poderiam traí-los, Antônio e Cleópatra mandaram-nos embora. Alguns dos aliados que os dois queriam manter partiram por vontade própria, achando prudente ter a iniciativa de se afastar.

Quanto às legiões que marchavam sob o comando de Canídio, as fontes dizem que os soldados mantiveram-se leais a Antônio e que desejavam muito que ele voltasse para liderá-los — e também, pode-se acrescentar, que lhes pagasse o devido. Ao que parece, resistiram por sete dias. De acordo com a tradição pró-Otaviano, só se renderam depois que Canídio e outros destacados comandantes aliados romanos abandonaram o exército e fugiram.[49] O mais provável é que os líderes tenham fugido assim que perceberam que os soldados tendiam a entrar em acordo com Otaviano — o que não seria o caso deles.

Negociar era o forte de Otaviano. Ele tinha um bom histórico como negociador. Por exemplo, iniciara sua carreira em 44 a.C. ao subtrair duas legiões de Antônio. Daquela feita, ofereceu-lhes um aumento generoso e aplacou a raiva deles, atiçada pelas execuções de legionários e centuriões com as quais Antônio impusera disciplina. Desertaram para o lado de Otaviano.

Otaviano também sabia que, mais de uma vez durante as várias guerras civis de Roma, as legiões haviam demonstrado preferir negociar a combater. Agora, na esteira de Ácio, todos os sinais apontavam para conversações com representantes das legiões de Antônio. Eles ofereciam bons termos, e Otaviano propôs um acordo generoso.[50] Antônio reunira dezenove legiões em Ácio. Apesar das perdas em batalha e dos fugitivos, a maioria daquelas legiões provavelmente estava ainda intacta. Otaviano permitiu que pelo menos quatro das legiões, e provavelmente mais, mantivessem seus nomes e números; os soldados de outras legiões estavam acostumados a preencher vagas nas fileiras de Otaviano. Foram feitas promessas de terras após a desmobilização, que no final foram cumpridas, mas em assentamentos fora da Itália. Os veteranos de Otaviano foram assentados na Itália.

O que deu errado?

Essa é a pergunta que Antônio e Cleópatra podem ter feito a si mesmos em Tênaro. Uma resposta honesta seria algo na seguinte linha:

A frota aliada era magnífica, mas malgastava seus recursos. Sua vantagem comparativa era a capacidade de entrar de modo avassalador nos portos do sul da Itália e abrir caminho até Roma, o que permitiria a Antônio lutar e vencer seu estilo de guerra: uma guerra terrestre. Num empreendimento desses, a frota aliada era inigualável.

Em termos de guerra marítima, a frota aliada ficava a dever. Sem dúvida, tinha alguns pontos fortes: em particular, as proas reforçadas, que seriam devastadoras ao abalroar outros navios frontalmente, e suas torres de catapultas, capazes de fazer chover projéteis sobre o inimigo. Entre seus almirantes, estava o experiente Enobarbo, que já obtivera vitória no mar.

Mas tudo isso não os tornou vencedores quando enfrentaram o maior almirante da época, Agripa, nem contra a frota que derrotara o mais dinâmico guerreiro marítimo daquela época, Sexto Pompeu, e tampouco especialmente quando aqueles tinham também a liderança astuta e impiedosa de Otaviano.

Por mais arriscada que fosse uma invasão da Itália, a armada de Antônio e Cleópatra havia tido uma chance real de ser bem-sucedida. No entanto, se a vitória dependesse de comando no mar nas águas junto à Grécia ocidental, então a vantagem passava a Agripa e Otaviano. Antônio e Cleópatra poderiam ainda vencer, mas só se estivessem preparados para fazer um esforço extremo de vigilância e audácia. Não estavam.

Tampouco podemos deixar fora da equação as diferenças políticas e lutas internas que afetavam a aliança. Os republicanos não confiavam em Cleópatra, e ela retribuía essa desconfiança. Enobarbo havia sido uma grande perda, em razão de sua experiência naval; ele teria feito diferença em Ácio se tivesse permanecido leal e saudável. Príncipes do Oriente irritavam-se com as ambições de Cleópatra de expandir seu império à custa deles. Herodes, que continuou em casa e enviou soldados em vez de entrar em confronto com a rainha, foi um caso extremo, mas não o único. Apesar da divisão formal do império, Otaviano tinha amigos e contatos no Oriente Romano, que supostamente seria o domínio de Antônio. Sem dúvida, Antônio fez abordagens similares na Itália, mas, à medida que as derrotas foram se empilhando, seus avanços ali caíram em ouvidos surdos.

Antônio e Cleópatra haviam feito a correta opção estratégica de levar a guerra para o lado ocidental. Ficar na defensiva no Egito não teria sido uma boa opção, pois deixaria o resto do Oriente Romano ao inimigo e originaria uma deserção em massa de aliados — se não um golpe ou um colapso no próprio Egito. O erro não foi terem ido para Ácio, mas ficarem ali quando deveriam ter invadido a Itália e, ao permanecerem ali, não terem protegido as bases vulneráveis de sua retaguarda.

A liderança foi fator crucial. Tivesse Antônio posicionado seus recursos com habilidade, agressividade e eficácia, teria vencido, mesmo ficando na defensiva na Grécia ocidental. Em vez disso, mostrou-se mal preparado, reativo e inepto. Antônio e Cleópatra deram um exemplo de cisão na liderança. O inimigo deles estava unido. Otaviano e Agripa eram um inimigo duplo; Antônio e Cleópatra, uma casa dividida. Não admira que as deserções tenham ocorrido do campo deles para o de Otaviano.

Pois não seria a primeira vez na história, nem a última, em que o lado com mais dinheiro e melhor tecnologia optava pela estratégia errada. A partir dessa decisão, eles falharam também em executar corretamente a estratégia escolhida. E perderam a guerra.

CAPÍTULO 13

"PREFERI POUPAR A DESTRUIR"

Ácio-Ásia Menor, 3 de setembro de 31
à primavera de 30 a.C.

> Guerras, tanto civis quanto estrangeiras, empreendi ao redor do mundo, por mar e por terra, e, quando vitorioso, poupei todos os cidadãos que pleitearam perdão. As nações estrangeiras que com segurança podiam ser perdoadas, preferi poupá-las a destruí-las.
> — *Os feitos do deificado Augusto* (14 d.C.)[1]

O historiador Dião Cássio, dois séculos mais tarde, num exame retrospectivo, datou a partir de Ácio o início da "posse única de todo o poder" por Otaviano.[2] Isso é verdade apenas em retrospecto. Na época, as coisas pareciam menos estabelecidas.

A vitória em Ácio não pôs fim à guerra, mas deixou um desfecho positivo bem mais próximo para Otaviano. Às vésperas de seu aniversário de trinta e dois anos, em 23 de setembro de 31 a.C., talvez imaginasse ser capaz de cumprir o audacioso voto que havia feito aos dezenove: o de ter todas as honras que haviam pertencido a seu pai adotivo, Júlio César.[3] Isso significava, é claro, controlar todo o Império Romano e não apenas sua metade ocidental. A parte oriental era mais rica, mais populosa, mais urbanizada e mais aculturada que o Ocidente. Nenhuma das ambições de Otaviano poderia ser alcançada sem isso.

E quanto ao outro grande país do Mediterrâneo que não estava sob o domínio romano, o Egito? No mínimo, Otaviano insistiria em extrair a riqueza daquele país, como César havia feito. Mas certamente queria mais.

Otaviano podia ousar sonhar em obter o grande, cintilante e dourado prêmio no Nilo. Era o país mais rico do Mediterrâneo, o local de uma das grandes explorações de seu pai adotivo. E continha a solução para seus problemas financeiros: o tesouro de Cleópatra — ou melhor, o tesouro dela e mais o que Antônio tivesse extraído do Oriente por meio de impostos, extorsão ou saque. Essas eram as riquezas, é claro, que ele deixara escapar em Ácio. Otaviano precisava muito de dinheiro para pagar seus soldados, para aquietar os descontentes na Itália após a guerra de impostos que havia sido obrigado a travar internamente e para ajudar a bancar o novo regime que planejava para Roma.

O Egito, porém, ainda não era algo com que pudesse contar. Otaviano precisava conquistá-lo. Pode dar a impressão de que após Ácio tudo seria mais fácil. Otaviano certamente sabia que não.

Otaviano compreendeu que Antônio havia perdido uma batalha, mas era lugar-comum que os romanos ficavam mais animados na derrota do que na vitória.[4] A história mostrava que um adversário vencido ainda podia causar sérios problemas. Júlio César, por exemplo, derrotara os exércitos de seus inimigos romanos na Itália, Espanha, Grécia e Norte da África. Assistira à morte de seus principais opositores. E, mesmo assim, os filhos de Pompeu ainda haviam sido capazes de fomentar uma rebelião em Munda, na Espanha, em 45 a.C., que para César foi sua batalha mais desafiadora. Otaviano, que sentira pela primeira vez o gosto da guerra ao acompanhar seu tio-avô na reorganização que se seguiu à Batalha de Munda, dificilmente teria esquecido essa lição. Tampouco deixaria de lembrar que Enobarbo atacara as costas da Itália com sua frota mesmo depois que os aliados dele haviam sido derrotados em Filipos em 42 a.C., e que depois se suicidara. Por fim, também lembraria do caso de Sexto, cujo desafio exigiu um esforço hercúleo para ser superado. Otaviano sabia, portanto, que, desde que Antônio e Cleópatra estivessem vivos e livres, ainda não estariam vencidos.

Em suma, Antônio e Cleópatra continuavam tendo recursos e seguidores. Se fizessem pé firme, poderiam montar uma boa defesa no Egito, já que o país tinha fortes defesas naturais, com seu terreno inóspito e poderosas fortalezas, tanto a leste quanto a oeste, que bloqueavam a entrada de exércitos invasores.

O que havia pela frente após Ácio era uma luta pelo Egito. Podemos considerá-la a campanha final da Guerra de Ácio, mas os romanos veriam o Egito como uma guerra totalmente à parte. Chamaram-na de Guerra de Alexandria.

Havia conversas de que Antônio e Cleópatra estariam indo para a Hispânia, que, como vários inimigos de Roma haviam demonstrado — em particular Sertório e os irmãos Pompeu —, constituía um país fértil para a resistência armada.[5] A Hispânia tinha terreno montanhoso, povos nativos ainda hostis e também minas de prata, caso os amplos fundos de Antônio e Cleópatra se exaurissem. E, como a história posterior iria demonstrar, a Espanha era a terra da *guerrilla*, termo em espanhol para "pequena guerra", ou seja, táticas não convencionais, como as que foram usadas contra o imperador Napoleão I da França de 1808 a 1814 e nos legaram o termo "guerrilha". Não é por acaso que, na época posterior a Ácio, Otaviano tenha fortificado posições na costa da Hispânia, acrescentando uma camada de proteção contra invasões.[6] Consequentemente, Antônio e Cleópatra teriam que procurar outro refúgio possível no Oriente.

O dinheiro e as conexões do *imperator* e da rainha davam-lhes um grande raio de ação. Otaviano era bem ciente de que a adaga de um assassino podia mudar o mundo num instante. Uma fonte afirma que Antônio e Cleópatra procuravam maneiras de lançar mão de enviados e de subornos, seja para enganar Otaviano, seja para tentar matá-lo.[7] Fora isso, havia o perigo de uma rebelião na retaguarda, na Itália, enquanto Otaviano estivesse empenhado na guerra no Oriente — uma rebelião que Antônio e Cleópatra poderiam ajudar a fomentar.

O que Otaviano queria

Após derrotar Sexto Pompeu em 36 a.C., Otaviano e seus conselheiros começaram a pensar em como queriam governar Roma. Ou, como talvez preferissem dizer, em como "renovar a República". A expressão *res publica restituta* iria se tornar um slogan do novo regime que emergiu em Roma depois de Ácio. Geralmente traduzido como "a República restaurada", podia também significar "a República renovada" ou até, num sentido mais geral, "o bem-estar público renovado". Embora Otaviano ainda tivesse que elaborar os detalhes do novo regime, tinha certeza de uma coisa: não haveria um retorno à velha República. O governo havia matado Júlio César, e o filho de César não queria isso.

Se as coisas saíssem do jeito que Otaviano desejava, sua família ocuparia o centro do palco no novo regime. Seu programa de construções já deixara isso claro. No final da década de 30 a.C., antes de Ácio, ele começara a construir seu túmulo. Tinha apenas trinta anos, mas o momento era propício em termos políticos, pois provavelmente foi logo após ele denunciar Antônio, alegando que este teria dito que planejava ser enterrado em Alexandria. Otaviano tomou uma via diferente: seria enterrado em Roma. Mas não havia nada da austeridade republicana no túmulo que planejou.

Grandioso túmulo dinástico reservado a Otaviano e sua família estendida, era o edifício mais alto da cidade. A religião proibia enterros dentro dos muros da cidade; portanto, o monumento ficava logo após seus limites, na área em rápida urbanização de *Campus Martius*. O túmulo consistia numa colina artificial assentada sobre alicerces de mármore branco e coberta por sempre-vivas, que seriam coroadas por uma estátua de bronze de Otaviano. O exterior era decorado com saques de batalha, o que o tornava não só um túmulo, mas um memorial de guerra e um troféu. As ruínas massivas ainda são visíveis hoje na região (*rione*) de Campo Marzio, no centro de Roma. O monumento lembra os túmulos etruscos ou macedônios, e talvez o de Alexandre em Alexandria, embora só possamos tentar adivinhar qual teria sido o aspecto deste último. Certamente lembrava o mausoléu original, isto é, o túmulo do rei Mausolo de Halicarnasso (na atual Turquia), e por isso acabou sendo chamado de Mausoléu de Augusto.

O novo regime continuaria a ser conhecido como *res publica*, que originou nosso termo "República". Significa literalmente "coisa pública", já que *res publica* para os romanos era o oposto de *res privata*, "coisa privada" ou monarquia. Nenhum governo no qual o governante tivesse um túmulo como aquele, enorme, monumental e dominando o perfil da cidade, poderia ser considerado uma verdadeira república. Especialmente se o governante tivesse obrigado a Itália inteira a fazer um voto de lealdade a ele. E especialmente se tal pessoa se autodenominasse César. Mesmo assim, Otaviano teve o cuidado de se diferenciar dos modos monárquicos alegadamente decadentes de Cleópatra e de seu suposto escravo de amor, Antônio.

Otaviano, porém, aprendera com o exemplo de César a ser estratégico na maneira de ostentar seu poder. Nos últimos meses de sua vida, César assumira ares monárquicos. Vestia-se como os reis que haviam governado Roma séculos antes, antes de serem expulsos por uma rebelião armada que criou a República. Ele permitia ser adorado como um deus. Certa vez, assistindo a um evento público no qual lhe foi oferecida a coroa, recusou-a de maneira ostensiva, numa atitude que, no entanto, enaltecia o próprio ego — "Que fique registrado nos *fasti* [anais oficiais] que César rejeitou a coroa", disse ele —,[8] em vez de rejeitar indignado a ideia, como teria feito um republicano da velha cepa. Por fim, o que foi mais provocativo de tudo, aceitou o título de *dictator perpetuo*: "ditador perpétuo". Era um título inédito, que selava a direção que ele vinha tomando de estender a ditadura, originalmente um período de curta duração, e transformá-la em algo de maior duração: um ano, depois dez e, mais tarde, "perpetuamente". Apenas um mês depois, uma conspiração de senadores republicanos apunhalaria César até a morte numa sessão do Senado.

De maneira conveniente para Otaviano, o cargo de ditador havia sido extinto pouco depois disso e, ironicamente, por proposta de Antônio. Otaviano, portanto, não precisou cogitar assumir o título de ditador. Em vez disso, foi triúnviro, consul, *imperator*, e, é claro, César. Os detalhes constitucionais poderiam ser elaborados no devido tempo.

"Apresse-se devagar"

Outro comandante poderia ter seguido em frente depois de Ácio e ido atrás de Antônio e Cleópatra até o Egito, do jeito que César perseguiu Pompeu quando este fugiu após sua derrota em Farsalos, em 48 a.C. Ambas as batalhas tiveram lugar na Grécia, e ambos os grupos de líderes vencidos fugiram para o Egito. Mas Otaviano não. Em vez disso, foi fiel, talvez intuitivamente, a uma de suas máximas favoritas: *speûde bradéōs*, que em grego significa "apresse-se devagar".⁹ Ele sabia que a situação pedia uma preparação cuidadosa e bem pensada, sem ações precipitadas.

Otaviano precisava que seu exército e marinha garantissem a derrota final de Antônio e Cleópatra. Mas o talento político dele poderia tornar a tarefa bem mais fácil. Quanto mais fosse capaz de convencer seus oponentes de que iria se reconciliar com eles e perdoá-los, mais rápida e facilmente iriam se render. Otaviano poderia neutralizar Antônio e Cleópatra matando seus potenciais aliados de maneira gentil. E foi o que passou a fazer. Não era mais o assassino sanguinário das proscrições, não mais o insensível vencedor que cunhara a frase "É tempo de morrer" enquanto as execuções de seus oponentes derrotados eram levadas a termo. O novo Otaviano cada vez mais lembrava o homem que ele celebraria, anos mais tarde, em seu testamento "Os Feitos do Deificado Augusto", mais conhecido como *Res gestae divi Augusti*, ou simplesmente *Res gestae*. Mandou colocar esse documento, redigido com muito cuidado, diante de seu túmulo em Roma, assim como em locais públicos por todo o império. No Oriente, ficava exposto em grego e em latim, para ser mais compreensível aos habitantes locais. O texto mais completo que sobreviveu, em ambas as línguas, está em Ancara, na Turquia, nas paredes do Templo de Augusto e Roma.

Nesse documento, Otaviano afirma ter concedido perdão aos cidadãos romanos que assim haviam pedido e às nações estrangeiras que fosse possível perdoar com segurança — isto é, sem danos à segurança de Roma ou à dele.¹⁰ Em ambos os casos, usa termos que sugerem o mesmo tipo de perdão concedido a criminosos que se arrependiam. Era uma atribuição limitada e quase formal, legalista, da qual se inferia tanto a generosidade quanto seus limites.

Portanto, é preciso encarar com reservas a exaltação que o historiador Veleio Patérculo fez da brandura de Otaviano: "*Victoria vero fuit clementissima*" — "Foi uma vitória muito misericordiosa" — foi o que escreveu no início do primeiro século de nossa era.¹¹ Dião Cássio, escrevendo dois séculos mais tarde, primeiramente diz que houve muitas execuções e poucos perdões, mas depois afirma mais eufemisticamente que Otaviano puniu alguns e perdoou outros.¹² Essa sua segunda afirmação parece ser mais precisa.

Não houve proscrições, nem matanças em massa. Isso simplesmente não teria servido ao propósito de Otaviano de estabilizar o império sob seu governo. Mesmo assim, aconteceram execuções. Para deixar claro que havia um novo chefe no comando, ele precisava limpar a casa. Além disso, alguns homens eram simplesmente muito próximos de Antônio ou Cleópatra para que sua existência fosse permitida.

Sobreviveram os nomes de sete vítimas de alto escalão, embora certamente houvesse outras.[13] São eles: Canídio, o leal marechal de Antônio e comandante de suas legiões em Ácio; Públio Turúlio e Cássio de Parma, os últimos dois assassinos de César; e um certo Quinto Ovínio, um senador romano que administrava o setor têxtil de Cleópatra. Uma pena que não saibamos nada sobre Ovínio, porque certamente teria boas histórias para contar. Uma boa história — talvez boa demais para ser verdade — sobrevive a respeito de duas outras vítimas, os Aquilii Flori, pai e filho de uma família senatorial. Foi oferecida a eles a escolha de tirar a sorte para ver qual dos dois morreria. Quando o filho se entregou ao carrasco e foi executado, abrindo mão do sorteio, conta-se que o pai, em desespero, cometeu suicídio sobre o cadáver do filho.

O nome mais evocativo entre os executados é o de Caio Escribônio Curião.[14] Seu pai era um audacioso e eloquente tribuno que morreu lutando por César na guerra civil. Mas a pessoa mais relevante foi a mãe dele. Era ninguém menos que Fúlvia, que se casara com Antônio após a morte de seu marido Curião e mais tarde montou um exército para lutar contra Otaviano. Tal mãe, tal filho? O filho da ferrenha belicista da Perúsia pode muito bem ter se recusado a implorar misericórdia a Otaviano.

Quanto aos príncipes estrangeiros, Otaviano escolheu com astúcia. Puniu governantes de Estados pequenos e insignificantes por terem apoiado Antônio, mas perdoou os governantes que tinham poderes mais amplos. Quis deixar claro que havia um novo mestre, mas não quis abalar o equilíbrio da região. Além disso, Antônio já havia feito uma boa seleção, e não seria fácil encontrar bons substitutos. Mas o que ajudava também a salvar o trono era o governante mostrar disposição de ajudar Otaviano com dinheiro ou com mão de obra ou com ambos.

Herodes da Judeia é o caso mais conhecido. Na primavera de 30 a.C., ele navegara até a ilha de Rodes para encontrar Otaviano.[15] Antes de iniciar a conversação, Herodes havia tirado seu diadema — uma faixa de realeza, equivalente antigo de uma coroa — assim como, talvez, seus trajes reais. Talvez seja verdade o que Otaviano relatou mais tarde, que Herodes conversou com Otaviano de homem para homem, demonstrando até orgulho por tudo o que havia feito em favor de seu amigo Antônio. O ponto era deixar claro que Herodes sabia ser um bom cliente de um romano poderoso. Igualmente importante é que o rei fizera sua lição de casa. Antes do encontro, enviara uma força militar para ajudar o governante romano da Síria a conter um contingente de gladiadores a caminho do Egito para ajudar Antônio. O governante escrevera a Otaviano para informá-lo da ação de Herodes. Tendo demonstrado que poderia servir Otaviano, Herodes tinha razões para ser otimista a respeito de suas chances. De fato, Otaviano devolveu a Herodes seu diadema, sinal de que poderia manter seu trono.

O clemente

Sobreviveram os nomes de quatro beneficiários romanos do perdão de Otaviano. O mais destacado é o do almirante de Antônio, Caio Sósio. Depois de lutar para Antônio em Ácio, onde comandou a ala esquerda da frota, Sósio manteve-se um tempo escondido. Era justificável, pois havia sido cônsul em 32 a.C. e condenara Otaviano no Senado. A história que se conta é que Otaviano resistiu à ideia de conceder perdão a Sósio, mas que um de seus almirantes em Ácio, Arrúncio, o fez mudar de ideia. A sociedade romana funcionava à base de conexões; então, com toda probabilidade, Arrúncio e Sósio tinham laços pessoais que hoje desconhecemos. Ou quem sabe o que ligava os dois fosse o sofrimento compartilhado. Condenado durante as proscrições em 43, Arrúncio fugira de Roma disfarçado de centurião com um grupo armado de escravos como proteção e conseguiu chegar até Sexto na Sicília.[16] Alguns anos mais tarde, depois que os exílios foram anistiados, Arrúncio voltou a Roma e se juntou a Otaviano. Agora, talvez tivesse sido a reputação de Arrúncio como homem da tradicional *gravitas* ["seriedade"] que persuadiu Otaviano a perdoar Sósio depois que Arrúncio deu seu aval.¹⁷ E certamente também deve ter passado pela mente de Otaviano que ele poderia fazer bom uso de um homem com o talento e a reputação de Sósio.¹⁸

Se Otaviano concedeu perdão apenas àqueles que o solicitaram, como afirmou mais tarde, deve ter sido duro para Sósio implorá-lo, a julgar por seu histórico. Poucos anos antes, o almirante havia derrotado o pretendente ao trono da Judeia, Antígono II.¹⁹ Este se lançara aos pés de Sósio, suplicando misericórdia. Sósio riu às gargalhadas de Antígono, chamando-o de menina, "Antigone". Então, algemou-o, acorrentou-o e manteve-o preso. Felizmente, Sósio recebeu melhor tratamento depois de Ácio do que aquele que dispensara na Judeia. Depois de perdoado, conseguiu voltar a Roma, onde concluiu a restauração de um Templo de Apolo que havia sido iniciado anteriormente. Ao que parece, Sósio não teve nenhum outro alto cargo militar ou político, mas doze anos mais tarde exerceria um sacerdócio, algo que tinha prestígio, apesar de pouco poder, e planejaria um grande festival em homenagem a Augusto — como Otaviano passara então a ser chamado.²⁰

Outro perdão concedido por Otaviano a um apoiador de Antônio foi muito comentado em Roma: o de Marco Emílio Escauro.²¹ Ele tinha pais famosos. O pai de Escauro, com o mesmo nome dele, era famoso por sua rica mansão na cidade e por sua *villa* na área rural, ambas financiadas por sua corrupção no cargo, o que acabou obrigando-o a se exilar pelo resto da vida. Mas o velho Escauro era conhecido também por uma rixa com seu protetor, Cneu Pompeu. O problema era que Escauro se casara com a mulher de quem Pompeu se divorciara, Múcia Tércia, o que desagradou Pompeu. Ela teve de Escauro o filho que Otaviano perdoou. Se mais detalhes tivessem sobrevivido, Múcia certamente daria assunto para um livro inteiro a seu respeito. Antiga amante de Júlio César, tinha de fato poder político. Um dos filhos dela com Pompeu era Sexto Pompeu. Múcia fez a intermediação entre Sexto e Otaviano que levou ao tratado de 39 a.C. O acordo entre os dois não durou, é claro, e Sexto estava morto. Múcia agora voltava seus talentos de negociadora para Otaviano, tentando salvar seu único filho sobrevivente. Foi bem-sucedida.

O tour da vitória

Quando Otaviano viajou por terras gregas, refez os passos de Antônio. Não fica claro se ambos os homens simplesmente haviam parado nos lugares mais prováveis para efetuar uma parada ou se Otaviano premeditou um insulto ao seu rival, na suposição razoável de que a notícia chegaria a ele. Depois de sair de Ácio, Otaviano navegou até Atenas. Antônio vivera pelo menos duas vidas em Atenas, uma com Otávia e outra com Cleópatra. Agora Otaviano fazia de Atenas sua base temporária. A cidade tinha historicamente laços fortes com os Ptolomeus, então seria de esperar uma quantidade relativa de reparações e apoio. Otaviano "fez amizade com os gregos", escreve Plutarco, ele também grego;[22] é mais provável que tenham sido os gregos que buscaram fazer amizade com Otaviano. Alguns foram punidos por apoiar Antônio, mas a maioria recebeu tratamento generoso.[23] Os grãos que haviam sido deixados pelo exército, distribuiu-os aos atenienses e a outros gregos, cujo suprimento ficara exaurido por eles terem que alimentar os soldados de Antônio. Não menos importante, Otaviano anunciou o perdão geral das dívidas. Os locais concederam-lhe as mais altas honrarias religiosas iniciando-o no culto dos Mistérios de Deméter;[24] é possível que tivessem feito o mesmo para Antônio uma década antes.

Depois de Atenas, Otaviano cruzou o Egeu e parou na ilha de Samos, justamente o lugar em que Antônio e Cleópatra haviam feito escala na primavera de 32 a.C. Ali, realizaram um festival e fizeram um voto de lealdade a seus aliados. Agora Otaviano usava o local como seu quartel-general de inverno. Na realidade, entrou ali quando estava em seu quinto consulado, em 1º de janeiro de 30. De Samos, foi, por um exíguo estreito, à cidade continental de Éfeso, que antes saudara Antônio em êxtase como o novo Dionísio. Em Éfeso, o *imperator* e a rainha haviam se encontrado e organizado sua frota em março de 32. Na verdade, Éfeso era a maior cidade da Ásia Menor e um lugar que Otaviano provavelmente visitaria de qualquer modo, mas, mesmo assim, é de se imaginar que o itinerário tenha sido escolhido para desconsolar Antônio e Cleópatra. Ao visitar os locais de seus antigos triunfos, era como se Otaviano esfregasse na cara deles sua derrota.

Várias cidades orientais abandonavam, então, seu anterior apoio a Antônio e enviavam embaixadores e presentes ao vencedor. Uma cidade especialmente afortunada foi Rosso (moderna Arsuz, na Turquia), um pequeno porto marítimo a cerca de 120 quilômetros da grande metrópole de Antioquia.[25] Eles enviaram a Otaviano em Éfeso uma coroa de ouro, mas o mensageiro era mais valioso ainda. Um Seleuco, que servira Otaviano no mar em Ácio. Sua associação vinha de antes, possivelmente desde Filipos, e Otaviano havia tornado Seleuco e membros de sua família cidadãos romanos, isentando-os de pagar impostos. Em carta do final de 31 a.C., Otaviano expressou a esperança de visitar Rosso e retribuir à cidade pelos serviços a ele prestados por Seleuco. Não sobreviveu nenhum registro de que Otaviano tenha ido, mas, se não foi, certamente enviou um agente para garantir benefícios adicionais à pequena cidade.

Cruzando as ondas de inverno

No início de 30 a.C., Otaviano precisou voltar à Itália às pressas de Samos, onde havia ficado para passar o inverno.[26] O problema era com os veteranos. Depois de Ácio, veteranos que já haviam cumprido seu tempo de serviço foram desmobilizados e enviados de volta à Itália. Entre eles havia homens de Otaviano e de Antônio. Tinham recebido promessas de dinheiro e de terras, mas Otaviano ainda precisava levantar dinheiro. Eles não estavam gostando dessa demora em receber e podiam causar problemas, como já haviam feito no passado. Prevendo isso, Otaviano enviou Agripa de volta à Itália depois de Ácio, a fim de lidar com os soldados, mas Agripa continuava escrevendo a Otaviano dizendo que as coisas estavam fugindo ao controle. Ele teria que voltar à Itália, e logo.

Uma viagem no inverno não era coisa a ser encarada levianamente. Que Otaviano decidisse fazê-la indica a gravidade da ameaça. O tempo estimado de viagem era de oito dias, o que incluía o tempo gasto para que seus navios fossem carregados para atravessar o Istmo de Corinto, um passo necessário para evitar a rota mais longa e mais tormentosa contornando o sul do Peloponeso.[27] Ele viajou com uma pequena frota de galés, já que, afinal, ainda havia inimigos à solta.

Quando os navios de Otaviano saíram do Golfo de Corinto e rumaram para o norte, depararam-se com uma tempestade, e alguns dos navios naufragaram. Dias mais tarde, junto às escarpadas montanhas do continente ao norte da Córcira, os sobreviventes enfrentaram uma segunda tempestade. De novo, vários navios afundaram. Numa dessas duas ocasiões, o cordame do navio no qual Otaviano navegava foi arrancado, e seu leme quebrou. É de se imaginar como as coisas teriam sido diferentes para Antônio e Cleópatra se Otaviano também tivesse naufragado naquela tempestade. Ele deve ter sentido grande alívio quando, em um ou dois dias, seus navios cobriram o trecho final da viagem e chegaram a Brundísio.

Se podemos acreditar nas fontes (e elas provavelmente remontam às suas memórias), Otaviano foi recebido pela elite política de Roma: tanto senadores quanto equestres, assim como "a maior parte do populacho e outros mais".[28] Presumivelmente sua esposa, Lívia, estava no meio da multidão. Podemos supor que o comitê de recepção talvez incluísse Otávia, que teria vindo saudar seu querido irmão. Como teria ela reagido à notícia da derrota de seu ex-marido e da amante dele?

Não sabemos se Otávia encontrou-se pessoalmente com Otaviano ou não, mas os dois com certeza se correspondiam. Otaviano tinha pela frente assuntos delicados, como tentar convencer Antônio a se render. Poucos conheciam Antônio tão intimamente quanto sua ex-esposa, e o arguto Otaviano certamente apreciaria consultá-la. Otaviano poderia muito bem ver com bons olhos um suicídio de Antônio, mas teria sido imprudente declarar isso. Talvez Otávia sentisse o mesmo, pelo menos nos momentos mais difíceis.

Os veteranos descontentes também tinham vindo a Brundísio. Otaviano encontrou-se com eles e fez generosas promessas de terras e dinheiro. Também lidou com outro grupo que se sentia prejudicado: o de escravos libertos. Para financiar a guerra, em 32 a.C., Otaviano criara um imposto de 25% sobre a renda para todas as pessoas livres da Itália e presumivelmente do Ocidente. Escravos libertos tinham que pagar uma taxa adicional de 12,5% sobre suas propriedades, em quatro parcelas. Seus protestos incluíam arruaças, assassinatos e incêndios criminosos. Temendo que as confusões recomeçassem, Otaviano, então, isentou-os de pagar a parcela final.

Depois, Otaviano fez um grande gesto. Colocou sua própria propriedade em leilão, junto com a de seus companheiros mais próximos.[29] Era um blefe: ninguém ousaria arrematar nada. Mas blefe também foi sua promessa de pagar os soldados, com uma redução de impostos em bens. Tudo dependia de levantar dinheiro no Oriente, e isso significava, principalmente, pôr as mãos no tesouro de Cleópatra.

Otaviano passou apenas vinte e sete dias em Brundísio antes de dar meia-volta e fazer outra viagem de inverno para o leste. Não há relatos de quaisquer dificuldades nesta viagem. E tudo aconteceu tão rápido que, segundo alguns, Antônio e Cleópatra souberam das notícias da partida e da volta de Otaviano ao mesmo tempo.[30]

Após o retorno de Otaviano ao Leste, foi descoberto um complô para atentar contra sua vida. Alguns anos antes, Otaviano obrigara Lépido, o ex-triúnviro, a viver num exílio interno num ponto isolado do litoral italiano. Seu filho, Marco Emílio Lépido, o Jovem, foi acusado de conspirar para assassinar Otaviano.[31] O jovem Lépido foi preso sob acusação de alta traição e enviado para Otaviano, onde presumivelmente foi executado. Sua mãe foi presa também, sob alegação de ter conhecimento do crime, mas o marido dela ainda tinha influência suficiente para providenciar que fosse solta. A esposa do jovem Lépido, Servília, cometeu suicídio, ao que parece engolindo carvão em brasa. As fontes não fazem menção ao envolvimento de Antônio no complô. No entanto, tempos atrás ele havia sido bem próximo de seu colega triúnviro Lépido, e tinham em Otaviano um inimigo comum. Certamente Otaviano pode ter especulado se Antônio estaria envolvido.

O que fazer com Antônio e Cleópatra?

De certo modo, tomar o Egito era mais fácil do que decidir o que fazer com os egípcios — isto é, com Antônio, Cleópatra e os filhos deles.

Havia ainda um inconveniente: Antônio havia sido cunhado de Otaviano, era ex-marido da irmã dele e pai também de dois dos sobrinhos de Otaviano. Não seria fácil para Otaviano mandar matá-lo. De longe, o destino mais conveniente seria levar Antônio a cometer suicídio. Otaviano pode ter cogitado deixá-lo viver, de preferência num canto isolado sob guarda armada, como fizera com o triúnviro Lépido. Mas Lépido nunca fora uma ameaça séria, enquanto Antônio havia praticamente tomado de assalto os portões da Itália. Era de se suspeitar que qualquer exílio interno terminaria com Antônio sendo envenenado.

Com Cleópatra era mais fácil. Como o Estado romano declarara guerra a ela, a rainha teria que se render. Em princípio, Otaviano poderia permitir que ela mantivesse seu trono, como Roma havia feito com outros monarcas derrotados. Na prática, era mais provável que ele visse a rainha como uma ameaça perigosa. Cleópatra era inteligente demais e resiliente demais para se manter fora de atribulações. E talvez o conhecimento que ela tinha a respeito de Júlio César também pudesse se afigurar como uma ameaça. Ela precisava ser destruída, do mesmo modo que uma geração anterior de romanos concluíra que "Cartago deve ser destruída", embora os romanos, pelas armas, tivessem transformado o país de grande potência em um Estado menor. Se Otaviano conseguisse que as coisas saíssem do seu jeito, o futuro da rainha teria como opções o suicídio, a execução ou o tratamento indigno de ser obrigada a marchar num desfile triunfal em Roma.

Tampouco o filho mais velho dela, Cesarião, poderia ter permissão de continuar vivo, e muito menos de governar o Egito, já que colocava em risco a reivindicação de Otaviano de ser o único e legítimo herdeiro do nome de César.

Isso deixava os três filhos de Antônio e Cleópatra como potenciais sucessores da mãe no trono do Egito. Se Otaviano brincasse com essa ideia, a fim de manter o Egito nominalmente independente, mas, para propósitos práticos, subserviente a Roma — e também como sua mina de ouro —, é difícil imaginá-lo permitindo que os filhos ou a filha de seus inimigos governassem o país mais rico do Mediterrâneo.

Primeiro, porém, ele precisava vencer a guerra.

PARTE 4
O JOGO FINAL
Setembro de 31 a janeiro de 27 a.C.

CAPÍTULO 14

PASSAGEM PARA A ÍNDIA

Alexandria, setembro de 31 a agosto de 30 a.C.

Antônio e Cleópatra navegaram do Cabo Tênaro, no extremo sul do Peloponeso, até a ilha de Creta, e depois até a costa da África — uma viagem de cerca de seis dias. Cleópatra ficou em Alexandria. Antônio desembarcou em Paretônio (a moderna Marsa Matruh, Egito), cerca de 290 quilômetros a oeste de Alexandria, na província romana de Cirene.

Com suas praias de areia branca e águas azul-turquesa, Paretônio lembra um resort. No entanto, era uma cidade histórica, um daqueles remotos recantos do império espalhados pelo Mediterrâneo. Perto dali, um templo a Ramsés II lembrava o grandioso passado faraônico do Egito. Havia também um aroma de Alexandre, o Grande, pois Paretônio foi o ponto de partida para a famosa visita de Alexandre ao oráculo do deserto, onde ele, pela primeira vez, foi tratado como um deus. Para Antônio, Paretônio era um posto militar com um porto naval ptolemaico. O local protegia o acesso ao Egito para quem viesse do ocidente. Como o deserto era traiçoeiro, um invasor teria que seguir pela estrada costeira e, com isso, não poderia evitar passar pela cidade; teria que tomar a fortaleza ou desistir. Se fosse uma frota, precisaria enfrentar os navios de guerra que viriam rapidamente do porto de Paretônio.

No outono de 31 a.C., Paretônio era a base militar mais importante que restava a Antônio. No início da campanha de Ácio, ele colocara ali quatro legiões para proteger o Egito. Eram comandadas por Lúcio Pinário Escarpo. Era um associado de confiança e serviria como legado de Antônio em Filipos. Era também um dos herdeiros de Júlio César e primo de Otaviano.

Antônio quis assumir as legiões de Pinário, mas este tinha outras ideias. Com certeza, a notícia de Ácio chegara até ele, talvez junto com uma oportuna mensagem de seu primo. Antônio enviou alguns homens à frente dele até Paretônio, para prepararem sua chegada. Pinário reagiu como um chefe de gangue: mandou matá-los e, quando alguns homens sob seu comando fizeram objeção a isso, mandou matá-los também. Não permitiu que Antônio entrasse no acampamento. Foi um golpe bem executado e rendeu frutos para o perpetrador. Mais tarde, depois de Pinário entregar as legiões a um agente de Otaviano, foi recompensado com a permissão de manter o cargo de governante provincial por, no mínimo, mais quatro anos.

Mais cedo em 31 a.C., Pinário havia emitido moedas celebrando Antônio, que ele saudou como *imperator*.[1] Ao final do ano, porém, cunhou moedas celebrando Otaviano, que chamou de "César, o filho de um deus".

Antônio contava com a companhia de dois amigos próximos. Um deles, Lucílio, estivera também em Filipos, só que do outro lado. Como Herodes, Lucílio provou ter valor por sua lealdade — no seu caso, lealdade a Bruto. Após o combate em Filipos, Lucílio fingiu ser Bruto e rendeu-se aos homens de Antônio para que Bruto conseguisse escapar. Antônio certamente ficou furioso, mas, como bom romano, respeitava a lealdade e, então, aceitou Lucílio como associado. Segundo Plutarco, Lucílio agora retribuía o favor. Bruto cometera suicídio após perder Filipos. Agora era Antônio que queria se suicidar, depois de ter sido rechaçado em Paretônio. Lucílio e um político grego do Peloponeso que Antônio favorecera, chamado Marco Antônio Aristócrates,[2] conversaram com Antônio e o convenceram a não se matar, salvando sua vida. Antônio, então, foi para Alexandria.

Plutarco fala muito da depressão de Antônio no ano posterior a Ácio.[3] É difícil saber o quanto isso pode ser levado a sério. Antônio tinha boas razões para tender à melancolia, como os antigos chamavam. Também tinha boas razões para projetar uma imagem pública de melancolia, pois seria útil vestir essa máscara se fosse pedir o perdão de Otaviano — afinal, um homem deprimido pode ser muito perigoso, não?

Do mesmo modo, isso talvez dissuadisse seus assassinos, levando-os a pensar que Antônio estava fora de órbita, por assim dizer. Isso talvez explique, por exemplo, o fato de Antônio ter construído para si um refúgio num cais do porto de Alexandria.[4] Ele apelidou-o de *Timoneion*, inspirado no legendário Tímon de Atenas, mais tarde personagem de Shakespeare. Com isso, Antônio fazia saber que, como Tímon, sentia-se traído por seus amigos, mas, mais provavelmente, talvez sentisse que o risco que corria era com as adagas de seus inimigos.

A depressão pode ter servido também como desculpa pelo fato de Antônio ter cometido o ato tão pouco romano de abandonar suas legiões. Nesse meio-tempo, o verdadeiro Antônio não havia desistido.

Com as proas engalanadas da vitória

Quando Cleópatra voltou a Alexandria, navegou até o porto com as proas de seus navios engalanadas por guirlandas, como quem celebra uma vitória.[5] Os homens entoavam cantos de vencedores, acompanhados por flautistas. Cleópatra sempre soube como promover um espetáculo. Segundo o entendimento da rainha, seria perigoso contar a verdade a seu povo. Ela não havia desistido, portanto, por que deveriam saber? E ela voltara a uma cidade na qual ninguém suportava a ideia de ser perdedor.

Alexandre, o Grande, conquistara um império; depois, Ptolomeu havia criado Alexandria, a maior cidade que o mundo já conhecera. Alexandre passara cinco meses no Egito, mas não sabemos com certeza se planejava algo além de um forte portuário no local da futura cidade. Ptolomeu I, general de Alexandre, que foi o primeiro governante do Egito e depois seu rei, atribuiu a cidade a Alexandre como uma espécie de selo de qualidade, mas Ptolomeu e seu filho foram seus reais fundadores. Ptolomeu chegou a sequestrar a procissão funeral de Alexandre, quando ia da Babilônia para os campos funerários régios da Macedônia, e desviou-a para Alexandria. Exibiu o cadáver mumificado de Alexandre num túmulo esplêndido no centro da cidade. Haveria melhor maneira de inaugurar a nova capital do que uma apropriação como esta?

Situada entre o mar cor de vinho escuro e o deserto, Alexandria exemplificava um paradoxo. Ficava na fronteira entre Oriente e Ocidente, África e Ásia, gregos e egípcios, gentios e judeus. Falantes de grego vieram em bando para a nova cidade para fazer fortuna no Egito. Imigrantes da Judeia tornaram Alexandria a maior cidade judaica do mundo, com a comunidade judaica posicionada desconfortavelmente entre uma classe dominante greco-macedônia e uma classe de egípcios colonizada, mas recentemente assertiva. Tudo em Alexandria era eclético, até mesmo suas obras de arte. Um visitante podia ver uma alternância improvável de bronzes gregos e colossos egípcios de granito; figuras femininas helenísticas de terracota em miniatura e estelas hieroglíficas de calcário (placas verticais de pedra) pintadas e douradas; cães de caça retratados em mosaicos gregos e gatos egípcios mumificados em elegantes urnas de bronze; e uma simbólica cacofonia de coroas de louros, *ankhs* e menorás.*

Alexandria ficava a meio caminho entre a divina eternidade das pirâmides e a razão pura do Partenon de Atenas, o templo que simboliza a glória da Grécia Clássica. A cidade nutria a mente no Museu e na Biblioteca, a maior instituição de pesquisa do mundo, um centro de engenharia, astronomia, matemática, medicina e literatura. Alexandria cuidava da alma no grande templo a Serápis, um recém-inventado deus greco-egípcio que encorajou a assimilação cultural e praticara incesto. O templo também cuidava do corpo, já que o Serapeum, como o templo era conhecido, também funcionava como centro de cura, famoso por seus médicos. Havia ainda o Santuário de Ísis, conhecida como a deusa de mil nomes, a divina mãe cultuada por toda a bacia do Mediterrâneo.

Mas Alexandria era também a capital do poder, do prazer e da cobiça. Lanças macedônias haviam conquistado o Egito para os Ptolomeus, e um exército e marinha esmaecidos, mas ainda potentes, guardavam seu domínio. E Faros, o grande farol de Alexandria, altivo acima do horizonte, guiava os marinheiros para o porto.

---

* O *ankh* é um antigo símbolo sagrado egípcio que representava a vida e era usado tanto na arte como na escrita hieroglífica. A menorá é um candelabro de sete braços, sendo um dos símbolos mais antigos do judaísmo. [N.T.]

A agricultura egípcia era a mais fértil do mundo antigo. Monopólios régios comandavam a economia, que era uma cornucópia de riqueza. O comércio era o sangue vital da cidade. Pérolas indianas e seda chinesa circulavam igualmente à vontade, junto com o vinho grego e o charme amoroso do Vale do Nilo.

Os reis eram donos de tudo, ou então taxavam tudo, controlando, portanto, vastas riquezas, sem modéstia em ostentá-las. A dinastia era proprietária de minas de ouro na margem sul do reino, operadas por condenados submetidos a trabalhos forçados. Moedas de ouro, uma raridade entre os gregos, eram a cunhagem-padrão nos anos de abundância dos primeiros Ptolomeus. Mesmo os Ptolomeus posteriores, menos ricos, ostentavam o ouro em seus anéis e brincos, braceletes e gargantilhas, pingentes e enfeites, e taças e jarras de água douradas, tudo finamente elaborado.

A literatura alexandrina preferia o amor à guerra, as pastorais às odes, e o espírito refinado ao tom épico. Sua única grande obra épica, *A Argonáutica*, que conta a história do mito da viagem de Jasão e dos Argonautas, é, na realidade, anti-heroica. "Grande livro, grande mal", declarou um escritor de Alexandria, como quem diz que a vida é prazerosa demais para admitir qualquer coisa que seja muito pesada.[6] É verdade, pois o Museu estava cheio de estudiosos de literatura e gramáticos, mas, fora daquelas paredes, ninguém prestava atenção neles.

A ampla e principal avenida de Alexandria, a Via Canópica, tinha, de ambos os lados e em ambas as extremidades, edifícios de mármore e prostitutas. Desfiles de sacerdotes egípcios tonsurados alternavam-se com bandos de foliões dionisíacos, enquanto grupos de filósofos com seus discípulos passavam por entre os músicos de rua. As procissões régias eram famosas por seu luxo e pelos falos gigantes que eram carregados. O palácio real, erguendo-se junto ao mar, era famoso por sua elegância, pelas intrigas e por seus banquetes com muitas sequências de pratos.

Os alexandrinos eram conhecidos por falar rápido, por sua sagacidade e agressividade. Seus humores podiam se exaltar tão rápida e imprevisivelmente como uma tempestade se forma no mar ou como sopra um *khamsin*, o vento quente do sul que vem do deserto. Adoravam a música e as fofocas e facilmente se arrebanhavam para formar uma turba. Eram capazes de iniciar um incêndio, linchar um embaixador ou arrastar um rei impopular para fora do palácio e assassiná-lo.

Essa era a cidade de Cleópatra.

Na realidade, ainda havia pleno apoio a ela no Egito, especialmente quanto mais longe do litoral e das notícias sobre Ácio. Uma estela de arenito esculpida, com cerca de um metro de altura, contém um comentário irônico sobre o poder da negação.[7] A estela consiste de um texto de 31 linhas encimado por imagens em relevo. O texto é um contrato legal entre sacerdotes e duas corporações de fabricantes que forneciam para o templo deles. Vem de um lugar bem ao sul no Vale do Nilo, a cerca de oitocentos quilômetros de Alexandria. O alto da estela, acima do texto, é decorado com imagens do rei fazendo oferendas aos deuses. A inscrição se refere à "faraó, a filha do corpo de reis que eram, por sua vez, reis nascidos de reis, Cleópatra, a benevolente deusa que amava o pai, com o faraó Ptolomeu chamado César, o deus que amava pai e mãe". A data é 21 de setembro de 31 a.C., dezenove dias após Ácio. Cleópatra e o filho dela sentavam-se inquietos em seus tronos, mas ninguém diria. Claramente, a notícia da derrota ainda não chegara à zona rural egípcia. No entanto, os hieróglifos e as imagens tradicionais do relevo dão a impressão de que, mesmo que o desfecho de Ácio fosse conhecido, o Egito Eterno e seus deuses teriam dado de ombros a algo tão efêmero quanto um mero revés militar.

Assim que Cleópatra sentiu-se segura, decidiu pôr a casa em ordem. Ao contrário de Antônio, Cleópatra não é citada nas fontes com um indício sequer de melancolia. Ela é toda força e estratégia. A fim de silenciar velhos inimigos e poder confiscar suas propriedades, manda executar alexandrinos proeminentes. Se isso não for propaganda do inimigo, também saqueia os templos do Egito. Certifica-se de que seus soldados estejam bem armados. Em busca de aliados no exterior, executa o antigo rei da Armênia, que vivia detido em Alexandria. E manda entregar a cabeça dele ao rei da Média Atropatene, cuja filha fora prometida por Antônio ao filho de Cleópatra, Alexandre Hélio. Talvez Cleópatra tivesse a ilusão de que isso abriria as portas para receber ajuda não só da Média mas também da Pártia. Mas seu projeto era bem mais ambicioso.

No inverno de 31-30 a.C., Cleópatra mandou construir uma nova frota no Golfo de Suez.[8] Seu propósito ambicioso era usar a frota para levá-la, junto com Antônio e a família deles, a uma fuga segura ao exterior, talvez a um lugar tão distante quanto a Índia. Por mais improvável que tal plano de fuga possa soar, sua base era consistente. O Egito mantinha relações comerciais com a Índia. Cleópatra já fora ao exílio antes, durante as guerras civis Ptolemaicas de sua juventude. Sendo muito pequenas as chances de derrotar Otaviano, era algo audacioso, mas não irracional, pensar em fugir para o leste. E haveria sempre a possibilidade de voltar um dia.

O Egito já tinha uma frota no Mar Vermelho para fazer negócios com a Índia, mas, com toda probabilidade, esses navios já deviam ter sido enviados à campanha de Ácio e estavam, então, perdidos, por isso Cleópatra investiu na nova marinha. Poderia ter sido um golpe de mestre, mas falhou. Foi um velho inimigo, Malco, rei dos árabes nabateus, quem atrapalhou o plano. Ele queria vingar-se de Cleópatra por abusos passados — por ela ter arrebatado parte do território dele e tê-lo indisposto com o rei Herodes — e queria também fazer boa figura com Otaviano. Assim, instigado pelo governador da Síria, Malco queimou os navios dela. Como ocorreu em Ácio, o fogo revelou-se mais potente que a água. Mais uma vez, os sonhos de Cleópatra se perdiam no mar.

O dueto de Alexandria

Agora vem a parte mais intensamente complicada e mitológica da história toda: o jogo final em Alexandria. Os lances finais de Antônio e Cleópatra compuseram um assunto irresistível para os escritores antigos. Eles tinham tudo ali: amor, morte, traição, dinheiro, poder e até o fantasma de Alexandre, tudo na cidade mais charmosa do Mediterrâneo antigo. Conhecemos três relatos antigos[9] — um do médico de Cleópatra, um poema épico e os capítulos relevantes das memórias de Augusto — e possivelmente há outros cinco. Há também as narrativas orais e histórias que foram sendo transmitidas e, sem dúvida, enfeitadas para serem contadas a futuros visitantes de Alexandria, como Plutarco. Como é usual, nenhuma dessas fontes existe mais hoje, exceto alguns trechos curtos ou citações.

Não é fácil reconstruir a verdade a partir de fontes variadas, embora problemáticas, e com um pano de fundo tão carregado política e romanticamente. Todo historiador precisa decidir se o último ano da história de Antônio e Cleópatra é uma tragédia romântica ou um *film noir*. Seria Cleópatra a amante devotada da peça de Shakespeare, ou uma *femme fatale* maquinadora? Seria como uma das muitas atrizes que fizeram a protagonista feminina em *Antônio e Cleópatra* ou, digamos, uma Mary Astor ludibriando Humphrey Bogart em *Relíquia macabra*?

Cleópatra era uma rainha, e sua primeira obrigação era para com seu reino. Além disso, em termos afetivos, era tanto uma mãe quanto uma amante. Cleópatra não estava nisso apenas por si; tinha responsabilidades em relação aos filhos, ancestrais e a tudo que a dinastia dela defendera durante três séculos. Não podia se dar ao luxo de abrir mão de tudo em nome de uma relação romântica. Forçada a escolher, teria preferido seus filhos a seu homem.

Tampouco estava fora de questão que Antônio pudesse abrir mão da própria segurança em favor de Cleópatra. Diferentemente dela, não tinha um reino ou o resgate de um rei para barganhar, mas tinha, sim, recursos morais. Era o descendente dos Antonii, uma das casas mais nobres daquele país que liderava o mundo (segundo a visão dos romanos), era o vencedor de Filipos e quatro vezes proclamado *imperator*. A despeito de Ácio, ainda tinha muitos amigos e apoiadores em Roma. Derrotado em combate, Antônio seria apenas mais uma vítima da ascensão de Otaviano ao poder; mas, se tivesse permissão de viver no exílio como Lépido, seria um crédito para a clemência de Otaviano. E Antônio também era pai dos sobrinhos de Otaviano.

Não surpreende, portanto, que Antônio e Cleópatra se envolvessem em negociações com Otaviano separadamente, assim como juntos. Por sua vez, o vencedor de Ácio estava ansioso para se mostrar condescendente. "Dividir e conquistar", afinal de contas, era uma máxima na qual os romanos eram mestres.

As negociações foram a portas fechadas, e talvez sobreviva apenas a versão de Otaviano; portanto, as fontes precisam ser vistas com o costumeiro ceticismo. Mesmo assim, Plutarco e Dião Cássio concordam na maior parte das questões.[10] Tentando selecionar os detalhes mais plausíveis de seus relatos, podemos dizer que houve três missões de negociação, como exposto a seguir. Na primeira, Cleópatra e Antônio, juntos, fizeram uma proposta de paz a Otaviano e de dinheiro aos associados dele. Cleópatra, em seguida e sem Antônio saber, enviou um cetro, uma coroa de ouro e o trono real em troca de misericórdia. Demonstrava sua disposição de retomar seu status de leal aliada de Roma. Otaviano ignorou Antônio. Aceitou os presentes de Cleópatra e respondeu que ela teria que abrir mão de suas forças armadas e de seu reino e, sem isso, ele sequer consideraria o caso dela. Esta foi sua resposta *oficial*; ele também enviou uma mensagem secreta dizendo que, se ela mandasse matar Antônio, receberia total perdão e poderia manter seu reino.

Na segunda embaixada, Cleópatra e Antônio prometeram mais dinheiro, e Antônio ofereceu viver como uma pessoa privada no Egito ou, se isso não fosse aceito, em Atenas. Também entregou Públio Turúlio, o último assassino de Júlio César sobrevivente, que vivia com Antônio. Otaviano mandou executar Turúlio e respondeu a Cleópatra como antes — mas não enviou resposta a Antônio.

Da terceira vez, Antônio enviou seu jovem filho Antilo como embaixador, levando uma substancial quantidade de ouro. Otaviano ficou com o ouro, mas mandou o rapaz de volta de mãos vazias. E também respondeu a Cleópatra como antes. Além disso, enviou a ela um liberto de confiança, Tirso.[11] O receio de Otaviano era que ela e Antônio fugissem para a Hispânia ou para a Gália. Ao que parece, também temia que pudessem se dispor a combater. Não era um pensamento ocioso, porque Pelúsio, na fronteira leste do Egito, era uma fortaleza poderosa e bem defendida. Dominando a estrada a partir do leste, tinha um muro circundante de mais de três quilômetros de extensão. O território em volta consistia de deserto, de um lado, e pântano, do outro.

Otaviano provavelmente esperava que, com as forças à sua disposição, acabaria tomando Pelúsio. Também havia a esperança de negociar a rendição ou de subornar uma traição. A grande questão era o tesouro de Cleópatra, do qual Otaviano precisava para poder financiar suas promessas aos veteranos. Cleópatra o guardava numa nova edificação que estava construindo em Alexandria: um mausoléu.[12] O tesouro tinha ouro, prata, esmeraldas, pérolas, ébano, marfim e canela. Também eram guardados ali suprimentos de gravetos e lenha. Não era segredo que Cleópatra ameaçava destruir o tesouro, e presumivelmente ela mesma também, numa derradeira chama. Depois, seria difícil e consumiria um bom tempo recuperar e restaurar o que tivesse sido resgatado.

Portanto, Otaviano enviou Tirso a Cleópatra numa missão. Tirso teve uma longa entrevista privada com a rainha. Prometeu-lhe misericórdia de Otaviano se ela em troca providenciasse a morte de Antônio. Em uma das mensagens, Cleópatra implorou o trono para os filhos dela. Talvez Tirso também assegurasse isso, embora as fontes não mencionem nada a respeito. Elas afirmam, todavia, que Tirso contou-lhe que Otaviano estava apaixonado por ela, assim como haviam estado Antônio e César antes dele.

Dião Cássio enfatiza que Cleópatra traiu Antônio. Isso pode ser mera propaganda de Otaviano, mas é plausível. Se não dominasse as artes das trevas, a rainha jamais teria sobrevivido à homicida luta familiar interna que marcou sua juventude. Além disso, sua prioridade eram os filhos.

Antônio com certeza suspeitava dela. Após a longa entrevista de Cleópatra com Tirso, mandou prender o homem e chicoteá-lo. É espantoso pensar que em Roma a lei permitia que um patrão, isto é, um antigo senhor, infligisse punição corporal a seus escravos libertos. Otaviano era o patrão de Tirso, então apenas Otaviano teria direito legal de chicoteá-lo. Antônio reconheceu isso enviando Tirso de volta a Otaviano com uma mensagem escrita dando-lhe permissão para chicotear Hiparco em revide. Membro da comitiva de Otaviano, Hiparco era, tecnicamente, um escravo liberto de Antônio, e havia sido o primeiro liberto de Antônio a desertar e passar para Otaviano. A mensagem de Antônio serviu-lhe também para expressar seu desprezo por aqueles que o traíam.

Se Cleópatra planejava trair Antônio, não demonstrou isso, a não ser que estivesse deliberadamente fingindo.* Em contraste com a discrição com que celebrara o próprio aniversário, em dezembro ou começo

---

* No original, para sugerir que Cleópatra poderia estar dissimulando suas intenções, o autor usa uma frase-chavão na língua inglesa, extraída da peça *Hamlet*, de Shakespeare (naquela peça dentro da peça que Hamlet manda encenar para provar que o tio é o assassino do pai). Quando Hamlet pergunta à mãe o que achou daquela encenação, ela responde: *The lady doth protest too much, methinks* ("A dama exagera em sua ênfase, penso eu"), indicando que as manifestações da atriz que faz o papel dela, a rainha, são tão exageradas que sugerem um fingimento. [N.T.]

de janeiro, preparou uma celebração festiva do aniversário de Antônio, em 14 de janeiro. Ajudou a convencê-lo a sair de seu retiro num cais do porto e voltar ao palácio para uma rodada de festas. Eles dissolveram sua Sociedade dos Viventes Inimitáveis e a substituíram por uma nova, a Sociedade Daqueles que Morrerão Juntos, e nela passavam horas em extravagantes jantares festivos com seus amigos. O nome do grupo provavelmente vem de uma comédia romântica que, ao que parece, girava em torno de dois amantes arrancados das garras da morte. Enquanto calculavam suas chances e nervosamente tentavam imaginar quais de seus amigos desertariam primeiro, ou qual deles iria voltar-se contra algum outro, Antônio e Cleópatra dificilmente devem ter mantido o tom bem-humorado da peça.

Otaviano marcha

Na primavera de 30 a.C., Otaviano preparava-se para invadir o Egito. Talvez concluísse que as negociações haviam deixado Cleópatra mais flexível e criado uma brecha entre ela e Antônio, mas era nítido que a diplomacia não poria um fim à guerra segundo termos que Otaviano achasse aceitáveis. Ele queria Antônio morto, Cleópatra prisioneira dele e o tesouro dela em suas mãos. Só a força militar poderia conseguir isso.

Otaviano fez seu exército marchar para o sul vindo da Ásia Menor, passando pela Síria. Em Ptolemaida-Acre (atual Acre ou Akko, em Israel), o rei Herodes foi ao encontro dele. Os dois homens cavalgaram lado a lado numa inspeção dos soldados. Vale a pena parar um momento e avaliar a cena do rei da Judeia e do filho de deus — o homem que se autodenominava César — passando em revista dezenas de milhares de legionários e soldados aliados. Depois de oferecer a Otaviano e à sua equipe um lauto banquete, Herodes passou a atuar como intendente. Serviu um banquete ao resto do exército e forneceu água e vinho para a marcha pelo deserto do Egito. Também deu a Otaviano um presente pessoal de dois mil talentos de prata — que pesavam cerca de 6,8 mil quilos. Era um exemplo desnorteante da normalização da deslealdade, considerando que Herodes havia sido não só aliado de Antônio, mas que também era a ele que devia seu trono.

Por volta do verão, Otaviano estava pronto para lançar seu ataque. Tinha um plano sofisticado e coordenado e vinha de duas direções. No ocidente, enviara Lúcio Cornélio Galo a Cirene. Ali, Galo tomou posse das quatro legiões que Antônio não conseguira assumir em Paretônio no outono anterior. Em seguida, Galo marchou para a fronteira do Egito.

Em Alexandria, comentava-se que Antônio pretendia navegar até a Síria e reunir a trupe de gladiadores que o apoiava. Evidentemente, compunham uma força formidável, pois haviam obrigado o governador a tolerar sua permanência como unidade num subúrbio de Antioquia. Uma unidade de gladiadores bem organizada e disciplinada podia representar um sério problema mesmo para as legiões: basta pensar em Espártaco e seus homens. Só depois que Otaviano tivesse lidado com Antônio e Cleópatra é que seria capaz de dedicar os recursos necessários para esmagar os gladiadores. De qualquer modo, a abordagem de Galo manteve Antônio no Egito. Ele marchou contra Galo com infantaria e marinha. Contava com as legiões que trouxera de navio desde Ácio e também com soldados egípcios. Não é provável que fosse uma força muito numerosa.

Antônio tinha a esperança de convencer suas antigas legiões a se juntarem a ele de novo, como antes já havia persuadido legiões hostis na Gália a se unirem a ele durante uma guerra civil anterior. No entanto, segundo reza a história, quando se aproximou dos muros de Paretônio, Galo conseguiu afastá-lo dali ordenando que todos os seus corneteiros tocassem ao mesmo tempo. Em seguida, Antônio tentou um ataque surpresa que fracassou, como igualmente ocorreu com um ataque naval. A reação de Galo foi engenhosa: ele trouxe os navios de Antônio para dentro do porto e, então, usou guindastes para içar as correntes que estavam ocultas, submersas na água, paralisando os navios para desferir um furioso ataque, queimando alguns e afundando outros. Foi uma manobra criativa, à altura do homem que seguiria adiante e se tornaria um destacado poeta — na realidade, Galo tornou-se um poeta do amor, o que é surpreendente. Afinal, quantos generais na história se tornaram poetas do amor?

Antes de sair de Paretônio, Antônio recebeu uma notícia que o fez voltar às pressas a Alexandria: Pelúsio, a fortaleza que guardava a fronteira leste do Egito, caíra nas mãos de Otaviano. Os poetas favoráveis a

Augusto dizem que Otaviano tomou o lugar de assalto.¹³ Dião Cássio é mais persuasivo e escreve que Pelúsio caiu em razão de uma traição vinda de dentro.¹⁴ Plutarco refere-se de modo mais circunspecto a um relato de que o forte foi traído por seu oficial comandante, Seleuco, seguindo ordens de Cleópatra.¹⁵ Dião Cássio insiste: Cleópatra estava por trás disso. Ele acrescenta que ela teria compreendido que a situação militar era irremediável e que seria melhor tentar obter as graças de Otaviano. Além disso, afirma de modo bem menos convincente que ela havia sido persuadida a fazê-lo pela garantia de Tirso de que Otaviano estava apaixonado por ela. Uma jogadora tão astuta quanto Cleópatra não seria ludibriada tão facilmente. Antônio quis, então, vingar-se de Seleuco, e Cleópatra permitiu que Antônio ordenasse a execução da mulher e dos filhos do homem. Isso dificilmente permitiria que Antônio fosse bem visto pelos demais soldados egípcios.

Deus abandona Antônio

No final de julho, Otaviano e suas forças estavam acampados no hipódromo, logo a leste dos portões de Alexandria. Antônio, de volta à cidade, partiu com sua cavalaria e atacou. O movimento audacioso foi bem-sucedido. Os homens de Antônio dispersaram a cavalaria inimiga e os perseguiram até o acampamento deles. Otaviano, porém, não ficou muito apreensivo com isso, e atribuiu a derrota à exaustão de seus homens após a longa marcha.

Antônio, empolgado, voltou à cidade e foi direto ver Cleópatra, sem sequer tirar a armadura. Numa cena que pareceu tirada da *Ilíada*, quando um Heitor armado volta a Troia e vê sua esposa, Antônio beijou a rainha. Personagens que eram, devem ter curtido a cena. Ele presenteou-a com um de seus soldados, que havia lutado intensamente. Cleópatra complementou e deu ao soldado uma prenda valiosa: um peitoral e um elmo de ouro. O homem aceitou o presente, mas logo quebrou aquele clima de heroísmo desertando na mesma noite para o lado de Otaviano.

Como fizera antes em Ácio, Antônio enviou mensagem desafiando Otaviano a um combate, apenas os dois. Otaviano finalmente respondeu a mensagem de seu ex-cunhado, mas apenas para dizer que havia várias maneiras de morrer.[16] A troca de mensagem resumia bem a guerra. Antônio queria uma luta justa num único combate individual. Otaviano optava por uma reação indireta e astuciosa. Como em Ácio, Antônio decidiu que lutaria de qualquer jeito. No dia seguinte, lideraria seus soldados numa batalha da qual seria improvável que voltasse.

Na noite de 31 de julho, Antônio promoveu um jantar, que teve um tom macabro. Mandou os escravos encherem sua taça e servirem-no com abundância, porque no dia seguinte talvez tivessem outros senhores, e ele talvez fosse uma múmia. Quando seus amigos começaram a chorar, assegurou que iria poupá-los de participar da batalha; seu objetivo, disse, não era libertação ou vitória; sua meta era uma morte gloriosa.[17]

Ao trazer à baila o assunto da morte, Antônio pode ter pensado em Júlio César. Em 14 de março de 44 a.C., véspera daquele que seria, sem que ele soubesse, o dia de suas morte, César compareceu a um jantar em Roma.[18] Não sabemos se Antônio estava entre os convidados daquela noite, poderia muito bem estar, mas certamente ficou sabendo dos famosos comentários que César fez naquele momento. O próprio ditador foi quem sugeriu o tópico de conversa daquela noite: a maneira mais desejável de morrer. A resposta de César foi, segundo uma fonte, a frase "uma morte inesperada"; segundo outra fonte, "uma morte repentina"; e, de acordo com uma terceira, "uma morte repentina e inesperada". Sabendo o que poderia acontecer com ele no dia seguinte, Antônio pode ter lembrado de seu velho hábito de seguir os passos de César.

A cena seguinte é uma das que têm o toque mais refinado de Plutarco.[19] Segundo conta, por volta de meia-noite, numa cidade silenciosa e intimidada, ouviu-se de repente um som. Parecia ser um bando de foliões num desfile tumultuado. Gritavam "Evoé!", o grito dionisíaco característico, acompanhado por uma harmonia de instrumentos musicais. Embora ninguém pudesse vê-los, os sons sugeriam que marchavam quase no centro da cidade e que se dirigiam ao portão defronte ao exército de Otaviano. Ali, supostamente gritaram mais alto e, então, saíram da cidade.

Os antigos acreditavam que cada cidade tinha seu deus ou deusa padroeiro. O de Roma, por exemplo, era Júpiter. Também acreditavam que, quando uma cidade estava prestes a cair nas mãos de um inimigo, a divindade ia embora, já sabendo o que ocorreria. Os romanos tinham até uma cerimônia pré-batalha, chamada *evocatio*, na qual seu exército tentava convencer o deus a sair de uma cidade sitiada. Como Plutarco explica, alguns observadores concluíram que a ruidosa procissão significava que Dionísio, o deus que Antônio mais associara a ele, estava abandonando-o. Antônio teria que ir para a batalha sem a ajuda dos céus.

Plutarco não diz como Antônio reagiu. O poeta grego do século XX C. P. Cavafy, também habitante de Alexandria, imaginou o que o *imperator* talvez tivesse pensado:

"O DEUS ABANDONA ANTÔNIO"

Se de repente, à meia-noite, ouvires
Uma companhia passando invisível
Trupe de bela música, trupe de voz —
A sorte te fugiu, tua obra fracassou
Teus planos de vida revelaram que são
Pura ilusão: vaidades, não lamentes.
Com o valor de quem se prepara há anos,
Diz adeus a Alexandria: ela se foi.
Que não zombem de ti, nega que ela seja
Um sonho, ou que teus ouvidos mentiram.
Despreza esse tipo de anseio fútil.
Com o valor de quem se prepara há anos,
Como alguém que merece uma cidade assim,
Anda até a janela com teu passo firme
E escuta com emoção, porém evita
Suplicar e reclamar como um covarde.
Por última vez, sente o prazer desses sons,
Magistrais instrumentos da oculta trupe,
Estás perdendo Alexandria: diz-lhe adeus.[20]

No dia seguinte, 1º de agosto, o *imperator* de novo comandou seus soldados em batalha.

CAPÍTULO 15

A PICADA DA VÍBORA

Alexandria, 1º a 10 de agosto de 30 a.C.

Nas horas que precederam a aurora de 1º de agosto, Antônio vestiu sua armadura e liderou seus soldados até Alexandria. Uma vez mais, realizava um ataque conjunto; uma empresa ambiciosa, com infantaria e cavalaria em terra e navios de guerra no mar. Tentou intimidar o inimigo fazendo seus soldados atacarem o acampamento de Otaviano. Eles lançaram setas com panfletos que prometiam uma paga aos soldados que desertassem. Otaviano levou a ameaça a sério; Antônio infligira uma derrota a seus homens apenas alguns dias antes. Otaviano leu os panfletos em voz alta a seus soldados. Queria usar a vergonha da desonra e o medo de uma vingança sua para mantê-los na linha. Funcionou. E a cavalaria de Antônio desertou dele e sua infantaria foi derrotada.

Enquanto isso, no mar, as tripulações de Antônio remaram para encontrar o inimigo, mas, em vez de atacar, ergueram seus remos para saudá-los. Assim que a saudação foi correspondida pelos navios de Otaviano, as galés de Antônio se juntaram ao inimigo. Agora unidos, remaram contra a cidade. Antônio observou tudo, talvez como o poeta grego Cavafy recomendou, com emoção, mas sem reclamar, e voltou a Alexandria.

Os historiadores divergem se Cleópatra teria ordenado que seus navios e cavalaria desertassem. Dião Cássio declara que sim, enquanto Plutarco apenas comenta que Antônio, ao voltar à cidade, acusou-a disso, em alto e bom som.[1] Para alguns, tal acusação é uma calúnia difundida pela propaganda de Otaviano. No entanto, teria sido o lance mais inteligente de Cleópatra. Ao se render a Otaviano, mostraria sua disposição de servir como uma leal rainha cliente. Se pedir para manter o trono fosse excessivo, então talvez a lealdade dela favoreceria que um de seus filhos se tornasse sucessor dela.

Otaviano podia querer que ela matasse Antônio ou providenciasse um "acidente", mas um comandante romano como Antônio tinha guarda-costas e um provador de alimentos.[2] Além disso, a crítica que resultaria disso seria grande demais.

O que a rainha fez foi fugir do palácio para o seu mausoléu, que ficava perto, onde se trancou, atrás de um pesado portão, com um eunuco e duas criadas.[3] Enviou um mensageiro para dizer a Antônio que estava morta, não só porque tinha medo dele e queria mantê-lo afastado, mas porque decidira friamente livrar-se dele e esperava encorajar seu suicídio.

Ave atque Vale/Morte de um comandante

Antônio acreditou na mensagem de Cleópatra. Foi até o aposento privado dele no palácio e preparou-se para morrer.[4] Como seu velho inimigo Cássio, que cometera suicídio em Filipos, Antônio preparou um escravo para a tarefa de matá-lo, se necessário. O nome do escravo era Eros, o que indica uma origem grega. É uma palavra que significa "amor", e um nome quase bom demais para ser verdade, dada a reputação de Antônio como homem que agradava as mulheres, sem falar de seu relacionamento com Cleópatra.

Mas Eros negou-se a matar seu senhor. Em vez disso, saiu dali e se suicidou. Não há como não ficar especulando se o ato dele foi movido por afeto ou por desespero. Talvez o escravo tenha achado que não seria perdoado se matasse Antônio. Talvez soubesse, também, que o liberto que cumprira seu dever e matara Cássio, seu senhor, desaparecera depois, e suspeitava-se que tivesse sido ele o assassino — o que teria levado o liberto de Cássio a fugir, sabendo das acusações que lhe seriam feitas.[5]

Antônio não teve escolha a não ser fazê-lo ele mesmo. Enterrou a própria espada no abdome. A ferida, porém, não o matou. Antônio caiu em seu sofá, sangrando, mas ainda vivo. De fato, não é fácil conseguir uma morte imediata por meio de um golpe no abdome, a não ser que a perfuração seja profunda o suficiente para cortar o ramo descendente da aorta. No Japão, por exemplo, um praticante do tradicional ritual samurai de suicídio por meio da evisceração costuma contar com a ajuda de uma segunda pessoa para decapitá-lo depois que corta o ventre.

Então, Antônio pediu aos demais presentes — ao que parece havia outros presentes — que desferissem o *coup de grâce*, mas esses fugiram. De novo, não sabemos se o motivo deles foi amor ou medo. Os gritos de agonia de Antônio logo foram ouvidos, quando Diomedes, secretário de Cleópatra, chegou com ordens de levá-lo até a rainha. Pode-se especular como ela teria sabido o que estava acontecendo, mas é difícil imaginar que algo pudesse acontecer no palácio, ou mesmo na cidade, sem que os espiões de Cleópatra a informassem. Se isso acrescenta algo, Dião Cássio opina que ela pode ter ouvido um alvoroço e pressentido do que se tratava.[6]

Antônio ficou surpreso ao saber que Cleópatra ainda estava viva. Ordenou que seus criados o carregassem até o túmulo dela. Cleópatra não abriria o portão, mas um guindaste ou sistema de polias estava ali posicionado para erguer os blocos de pedra até o alto da edificação ainda não concluída. O sistema foi usado para levantar Antônio e introduzi-lo no andar superior do mausoléu. Plutarco descreve a cena bizarra:

> Nunca, como os que estavam presentes nos disseram, houve cena que despertasse mais piedade. Todo ensanguentado, lutando com a morte, foi içado, as mãos estendidas para ela enquanto balançava no ar. Pois não era tarefa fácil para uma mulher, e Cleópatra a duras penas puxava a corda, as mãos agarrando com força e o rosto contraído, enquanto os de baixo a incentivavam aos gritos e compartilhavam sua agonia.[7]

Finalmente, conseguiram introduzir Antônio na edificação e o deitaram no chão. Cleópatra entrou num ritual de pesar. Rasgou as próprias roupas, golpeou e lacerou seus seios e besuntou-se com o sangue de Antônio. Chamou-o de senhor, marido, *imperator*. Ele disse a ela que parasse e pediu uma taça vinho. Alguém poderia ver com desdém esse detalhe considerando-o uma última difamação do "bêbado" Antônio feita por propagandistas de Otaviano, mas seria um pedido razoável para alguém em sua agonia final. Plutarco parece ter consultado um relato testemunhal — possivelmente as hoje perdidas memórias de Cleópatra escritas pelo seu médico pessoal. Como usual na literatura antiga, porém, as últimas palavras de Antônio provavelmente são ficcionais. Supostamente Antônio teria aconselhado Cleópatra a fazer o possível para se salvar, desde que não cometesse nada fatídico. Disse que ela deveria confiar apenas em uma pessoa entre os homens de Otaviano: Caio Proculeio. Finalmente, como nobre romano, disse a ela que não lamentasse a má fortuna recente dele. Em vez disso, ela deveria regozijar-se com todas as boas coisas que ele havia alcançado e com o fato de ele ter se tornado o mais celebrado e poderoso dos homens. E que não haveria nada de indigno para ele, um romano, em ser derrotado por um romano. E, então, Antônio morreu. Tinha cinquenta e três anos.

Tributo a um *imperator*

Às vezes a impressão era que todo mundo amava Antônio, desde as mulheres que o adoravam aos homens que o rodeavam. Era um homem forte que compartilhava o sofrimento de seus soldados e fazia por merecer a lealdade deles. E Antônio tinha um acentuado gosto por mulheres fortes. Foi o primeiro romano a colocar o rosto de uma mulher mortal em suas moedas.

Foi o arquiteto da vitória sobre os assassinos de César na Batalha de Filipos. Como general, porém, é mais conhecido por suas retiradas. Alternadamente carismático e castigador, manteve seu exército unido nas perigosas estradas que atravessavam o turbulento país, ao voltar de Mutina e de Fraaspa. Talvez tivesse feito o mesmo após Ácio se tivesse havido uma mínima chance de vitória, mas suas legiões doentes e famintas não estavam em condições de nada a não ser de se render. Então, conseguiu romper a armadilha do inimigo com uma terça parte do que restara de sua frota, só que a maioria dos navios era de seu aliado, e não dele.

Antônio era um grande diplomata, e forjou um assentamento duradouro no Oriente romano. Entre Alexandria e os tronos que ele planejava ocupar com seus três filhos com Cleópatra, construiu uma base para um império no Oriente — e um império que talvez lhe permitisse conquistar também o Ocidente. Reuniu enormes recursos para lutar uma guerra, entre os quais uma das marinhas mais formidáveis que o mundo antigo já havia visto. Ele simplesmente não soube como usar efetivamente esses recursos. Falhou como líder e como estrategista. Ao relembrarmos sua única grande vitória, sobre Bruto e Cássio em Filipos, fica claro que o sucesso dele em grande parte decorreu de erros de seu inimigo. Antônio não contou com a mesma sorte diante de Otaviano e Agripa em Ácio.

A essa altura, porém, ele não era mais um agente livre. No momento em que Antônio decidiu depender de recursos de um aliado para travar uma guerra, perdeu parte de sua independência. Cleópatra pagou os navios e soldados dele; então, tinha voz em todas as decisões importantes de Antônio. Antônio precisou trilhar uma linha estreita entre ser *imperator* e ser um subordinado.

Mas teria sido também um tolo por amor? Tendo em conta suas necessidades financeiras, Antônio ficaria em posição incômoda se compartilhasse apenas uma aliança e não a cama com a monarca egípcia. No entanto, mesmo nos casamentos mais mercenários, as emoções têm um papel. Certamente a história deles teria sido diferente se Antônio e Cleópatra tivessem sido apenas amigos. Infelizmente, o coração não compartilha seus segredos com historiadores.

Antônio apaixonou-se pelo Oriente. Acolheu seus papéis como consorte de uma rainha, pai de príncipes e fundador de dinastias. Contou com seus encantos e com seu acesso a dinheiro e seu glamour para convencer romanos republicanos céticos, por um lado, e príncipes do Oriente, por outro. Eles invejavam seu poder e temiam o poder de Cleópatra. Poderia ter funcionado se Antônio tivesse apoiado isso com vitórias militares.

Antônio era um grande homem, mas, por viver numa era de gigantes, isso não foi suficiente, pois encontrou, sempre e repetidas vezes, alguém à altura. Tivesse achado uma parceira mais tratável que Cleópatra ou enfrentado um adversário mais fraco que Otaviano, poderia ter sido bem-sucedido. Contudo, parafraseando outra peça de Shakespeare, *A tragédia de Júlio César*, a falha não estava nos astros que influenciavam o destino de Antônio, mas nele próprio. Comparado à maioria das pessoas, era um colosso, mas, no nível em que jogava, era um subordinado ou, como o Shakespeare diz, um subalterno. Essa foi a tragédia de Antônio.

Enquanto um Antônio moribundo era carregado até Cleópatra, um de seus guarda-costas pegou a espada ensanguentada dele e levou-a ao acampamento de Otaviano. Ao saber da notícia, Otaviano chorou, mas provavelmente não foi muito. Logo chamou os amigos à sua tenda, pegou sua correspondência com Antônio e leu trechos para mostrar o quanto havia sido sempre razoável e justo no que escrevera, e que só recebera de Antônio respostas grosseiras e autoritárias. Mas não foi além, para evitar falar mal dos mortos. Comentou-se que Otaviano, depois que entrou em Alexandria, foi pessoalmente ver o cadáver de Antônio.[8] Se assim foi — e parece plausível —, o que não daríamos para saber quais foram os pensamentos que passaram pela cabeça de Otaviano? Teria sentido raiva? Satisfação? Remorso? Resignação, ao pensar que um dia também viraria cinzas e pó?

Ao que parece, houve muitos pedidos de vários reis e generais pela honra de enterrar o corpo de Antônio, se bem que, na realidade, poucos deles se arriscariam a incitar a raiva de Otaviano.[9] Tem sido proposto que talvez Otávia também tivesse requisitado o corpo, mas essa é apenas uma sugestão intrigante, sem apoio nas fontes. Em vez disso, Otaviano deu a Cleópatra permissão para que colocasse os restos de Antônio para descansar em seu mausoléu, onde ela esperaria segui-lo um dia. De acordo com uma fonte, o cadáver de Antônio foi embalsamado,[10] mas como esse processo demorava setenta dias, parece mais provável que tenha havido um enterro simples. Sem dúvida, encaixava melhor com a narrativa de Otaviano atender às alegadas disposições do testamento que ele havia "descoberto" anteriormente, no qual Antônio supostamente teria pedido para ser enterrado em Alexandria ao lado de Cleópatra. Causaria estranheza se Otaviano desse aos restos de Antônio um funeral adequado em Roma.

A morte de Antônio marcou o fim da guerra civil de Roma entre os dois triúnviros que restavam. Mas era apenas o primeiro dia do mês. Ainda havia mais e maiores mudanças históricas pela frente.

A captura da rainha

Antes de entrar em Alexandria em 1º de agosto, Otaviano enviou um associado de confiança numa missão crucial e delicada. Sua tarefa era entrar no mausoléu de Cleópatra e ganhar o controle tanto da rainha quanto do tesouro dela. Ele precisava impedir que ela ateasse fogo ao lugar e se matasse.

Otaviano confiou a missão a Caio Proculeio.[11] Cavaleiro romano, Proculeio era um dos amigos mais próximos de Otaviano. Vários anos antes, num momento de desespero na guerra contra Sexto Pompeu, quando tudo parecia perdido num combate no mar, Otaviano voltou-se para Proculeio e pediu que lhe tirasse a vida.[12] Esse gesto extravagante revelou-se desnecessário, e Otaviano conseguiu escapar num pequeno bote e sobreviver.

De algum modo Proculeio também ganhara a confiança de Antônio, e essa pode ter sido uma das razões que levou Otaviano a escolhê-lo para a missão. Embora Antônio tivesse dito a Cleópatra que ela poderia confiar em Proculeio, ela não o fez. Quando ele se apresentou no mausoléu dela, logo após a morte de Antônio, ela o fez falar através das barras do portão.[13] Pediu que seus filhos tivessem permissão de governar o Egito, e ele replicou que ela deveria confiar em Otaviano. Ela não confiava.

Sem ser atendido, Proculeio comunicou Otaviano, que enviou Galo para ajudar. Galo recentemente derrotara Antônio em Paretônio. Foi ao portão do mausoléu e tentou encantar a rainha, e o soldado-poeta de amor sabia ser muito encantador. Aproveitando um momento de distração dela, Proculeio pegou uma escada que dava acesso a outra parte da edificação e, acompanhado de dois serviçais, entrou pela janela do segundo andar. Era a mesma abertura por onde as criadas de Cleópatra haviam pouco antes içado o pobre Antônio, mortalmente ferido. Uma das mulheres avisou Cleópatra, e a rainha supostamente puxou uma adaga de seu cinto e tentou se matar, mas Proculeio impediu-a a tempo. Dessa maneira simples, Cleópatra perdia sua liberdade e sua influência: o tesouro. Otaviano agora tinha a fortuna do Egito e não precisava mais se preocupar com o risco de seus soldados se revoltarem exigindo ser pagos. Foi, a seu modo, um golpe tão grande quanto sua vitória em Ácio.

Ainda era preciso decidir o que fazer com a rainha, mas Otaviano enviou um liberto para ficar de olho nela e assegurar que permanecesse viva. O liberto recebeu também ordens de tratá-la bem. Ao que parece, ela foi levada de volta ao palácio.

Mais tarde naquele dia, apoiado pela notícia de seu grande sucesso, Otaviano entrou em Alexandria.

Otaviano ocupou seu tempo fazendo alianças, ajustando contas e providenciando assassinatos, em suma, os trabalhos usuais ao se assumir uma cidade conquistada. Além disso, era de seu interesse aguardar um tempo e deixar Cleópatra preocupada a respeito de suas intenções. A rainha, nesse ínterim, teve permissão de velar e enterrar Antônio.

As sociedades antigas levavam o luto a sério. Não era incomum uma mulher rasgar suas roupas, bater nos seios ou desnudá-los e arranhar as faces. Segundo as memórias de Olimpo, o médico de Cleópatra, os seios dela se inflamaram dos golpes que ela lhes infligiu. Ficou com febre e usou isso como pretexto para parar de se alimentar e, desse modo, cometer suicídio. Reza a história que Otaviano ficou sabendo e ameaçou causar dano aos filhos dela se não voltasse a comer. A rainha cedeu. Seja o que for que tenha acontecido — e essa história parece suspeita —, a real intenção de Cleópatra era forçar um encontro com Otaviano. Em uma semana, seu desejo foi atendido.

Otaviano e Cleópatra

Otaviano foi ver Cleópatra em 8 de agosto, no palácio real.

A literatura antiga relata vários encontros pessoais entre inimigos, como o de Cipião Africano com Aníbal na tenda deste após a Batalha de Zama. O encontro de Otaviano e Cleópatra foi um dos encontros pessoais mais dramáticos da história.

Ele era o vencedor; ela, a vencida. A rainha egípcia ameaçara invadir a Itália, mas, em vez disso, havia sido invadida e derrotada. Ele declarara guerra a ela, não a Antônio. Otaviano e Cleópatra eram rivais pelo legado de Júlio César. Otaviano negava que César fosse o pai de Cesarião e dizia que ele, Otaviano, era o único filho de César. Ele e Cleópatra eram impiedosos, ambiciosos, violentos. Nenhum dos dois era de se confiar.

A história não registra se ambos já haviam se encontrado antes. Considerando a extensão de tempo que Cleópatra passara em Roma, provavelmente sim, mas, na época, Otaviano era ainda um garoto. Agora era o governante do mundo romano. Ele cumprira o voto que havia feito aos dezenove anos: alcançar todas as honrarias de César.

Antônio e César eram homens mais velhos que Cleópatra, enquanto Otaviano era seis anos mais jovem. Deve ter sido um desafio para ela lidar com um romano que parecia impermeável à atração sexual dela, como era Otaviano, mas Cleópatra gostava de desafios.

Será que ambos falavam grego e latim? O grego de Otaviano era imperfeito. Nenhuma fonte registra que Cleópatra fosse capaz de falar latim, mas, dada sua fluência em línguas e suas relações íntimas tanto com César como com Antônio, provavelmente dominava o latim. E quaisquer que fossem os atributos de Cleópatra, sem dúvida era muito boa em interpretar um personagem. Se avaliasse que teria melhor chance de persuadir Otaviano falando em latim, teria sido capaz de articular algumas frases suficientemente bem construídas para deixar um Cícero satisfeito. Mas se achasse melhor se expressar em grego e lisonjear Otaviano elogiando o domínio dele da língua, por mais imperfeito que fosse, então teria atenuado sua dicção helênica para fazê-lo sentir-se mais à vontade.

Nunca saberemos o que cada um realmente disse. Otaviano provavelmente publicou sua versão em suas memórias, e talvez Cleópatra tenha contado a dela ao seu médico ou a outra pessoa do seu círculo íntimo que mais tarde publicaria um relato em segunda mão. Pelo menos um criado estava presente ou perto o suficiente em um aposento contíguo para poder ouvir. Outros contemporâneos podem ter simplesmente inventado versões para conseguir plateia ou bajular Otaviano. Escrevendo bem mais tarde, Plutarco e Dião Cássio oferecem relatos detalhados, mas com diferenças significativas entre eles. Embora os dois concordem que Cleópatra lançou mão de seus encantos, a Cleópatra de Dião tenta seduzir Otaviano, enquanto a rainha de Plutarco é mais contida.

Em Plutarco, Otaviano vem até Cleópatra; em Dião Cássio, a rainha pede uma audiência. Ambos os autores concordam que ela preparou a cena para a chegada dele, mas discordam quanto ao plano de ataque dela.

Plutarco coloca Cleópatra desolada, deitada numa cama de palha e vestindo apenas uma túnica. Assim que ele entra, ela levanta e se atira aos seus pés. Embora as feridas que ela mesma se infligira no rosto e no corpo fossem evidentes, mesmo assim seu encanto e beleza ainda brilhavam.

Dião Cássio enfatiza o luxo dos aposentos de Cleópatra e descreve-a em atraentes roupas de luto. Dião diz que ela havia disposto com muito bom gosto imagens de Júlio César no ambiente e que trazia junto ao peito as cartas manuscritas que ele lhe escrevera. Passou a ler em voz alta alguns trechos das cartas para demonstrar o amor de César por ela. Ao mesmo tempo, com olhares significativos e doces palavras, tentava seduzir Otaviano. Mas foi tudo em vão, porque Otaviano apenas ficou olhando para o chão e garantindo a Cleópatra que ela estaria em segurança. Como outro escritor romano expressou, "a beleza dela não foi capaz de prevalecer sobre o autocontrole dele".[14] Uma rainha frustrada cai de joelhos e implora pelo privilégio de morrer e ser enterrada com Antônio. Sem se comprometer, Otaviano diz a ela para ficar tranquila e parte. Ele tomou várias medidas para garantir que ela ficasse viva para poder participar do triunfo dele em Roma. Isso soa como a versão oficial das memórias de Augusto ou como algo contado por algum de seus bajuladores.

Plutarco é mais sutil, e mais malicioso. Ele faz Otaviano pedir generosamente que Cleópatra volte a deitar na cama e senta-se perto dela. Ela começa a justificar seu comportamento colocando toda a culpa em Antônio, mas Otaviano não acredita em nada disso. Ela muda de tom e implora misericórdia. Em seguida, passa a Otaviano uma lista completa dos seus tesouros, mas um dos mordomos revela que ela deixou de fora alguns valores. Cleópatra dá um salto e começa a bater no homem, mas Otaviano a detém. Ela, então, admite: estava reservando algumas joias para a irmã dele, Otávia, e para a sua esposa, Lívia.[15] Isso produz uma reviravolta tão favorável a ela que levanta a suspeita de que Cleópatra tivesse combinado com o mordomo essa "traição" dele. Seja como for, a cena funciona. Otaviano planejava trazer Cleópatra a Roma e humilhá-la fazendo-a marchar no triunfo dele, uma indignidade que costumava ser seguida pela execução. Convencido de que ela quer viver e que o suicídio não é um risco, sai e deixa ali sua guarda. Pensou que a tivesse enganado, escreve Plutarco, mas ele é que havia sido iludido.

Dião Cássio e Plutarco enfatizam os detalhes sinistros do encontro. O mais importante é o propósito da reunião, da maneira que cada um dos participantes o encarou. Havia uma questão-chave: se Cleópatra marcharia ou não no triunfo de Otaviano em Roma. Otaviano queria muito que ela aceitasse fazê-lo; Cleópatra queria com igual vigor evitar tal humilhação. Uma fonte reporta que, enquanto Cleópatra foi mantida em cativeiro por Otaviano — e tratada com generosidade —, teria dito mais de uma vez "Não serei exibida num triunfo" — "*ou thriambeusomai*" é a forte sonoridade da frase em grego.[16] A única saída era o suicídio.

Para Cleópatra, o objetivo do encontro era fazer Otaviano baixar a guarda de modo que ela pudesse contrabandear os meios de cometer suicídio. Para Otaviano, era fazer Cleópatra relaxar o suficiente para continuar vivendo e poder ser trazida a Roma.

Seja como for, era assim que as coisas pareciam ser superficialmente. No entanto, nenhum desses dois mestres da manipulação era superficial. Talvez cada um tivesse uma intenção mais profunda. Talvez o sentido real da entrevista fosse entrar em acordo quanto aos termos da morte de Cleópatra. Será que Otaviano queria mesmo fazer Cleópatra marchar no triunfo dele em Roma? Talvez tivesse outras intenções. Otaviano certamente tinha em mente executar Cleópatra, mas, como ele bem sabia, nem todo governante capturado era morto. Uma exceção em particular deve ter chamado sua atenção. Júlio César fez marchar Arsínoe, a irmã de Cleópatra, no triunfo dele em 46 a.C. O estado lamentável dela comoveu a tal ponto a multidão romana que forçou César a deixá-la viver; ele a enviou ao exílio em Éfeso. E se a multidão fizesse o mesmo com Cleópatra, que sem dúvida saberia desempenhar muito bem o papel de rainha infeliz? E se eles impedissem a execução dela? Otaviano não poderia contemplar essa possibilidade com bons olhos. Enquanto estivesse viva, Cleópatra poderia criar confusão.

Nessa mesma linha, Otaviano tampouco poderia simplesmente executar Cleópatra. Matar a popular rainha do Egito em Alexandria talvez fizesse eclodir uma revolta. Nem líderes nacionais executam seus adversários sem coçar nervosamente a cabeça. E o fato de Cleópatra ser mulher apenas tornava a posição de Otaviano mais desconfortável. Ele pode ter concluído que o suicídio de Cleópatra era a melhor solução, especialmente se ele ajeitasse as coisas de modo que parecesse não ter culpa nenhuma desse desfecho.

Cleópatra, com sua astúcia, certamente também percebeu isso. Ela não se intimidava com a possibilidade da morte, mas não tinha nenhuma intenção de gratificar Otaviano sem antes conseguir algo em troca. Embora nenhuma fonte o mencione, o que ela mais queria era a segurança de seus filhos — particularmente de seus três filhos com Antônio. Ao mandar Cesarião partir, ela tacitamente admitia que Otaviano não toleraria o filho que ela tivera com César.

Talvez fosse por pensar em seus filhos que Cleópatra tivesse mencionado Lívia e Otávia. As duas sacrossantas mulheres do lar de Otaviano eram ambas mães. Otávia já criava o filho mais novo de Antônio com Fúlvia. Cleópatra sabia que provavelmente caberia a Otávia e Lívia criarem os filhos dela. Portanto, se Cleópatra aludiu àquelas duas damas romanas, a mensagem dela a Otaviano teve provavelmente o seguinte sentido: prometa-me que minha família continuará, e eu lhe prometo que sairei com dignidade.

Será que Cleópatra podia confiar numa promessa de Otaviano? Talvez não, mas um romano não dava sua palavra levianamente, e Cleópatra saberia como lembrá-lo das obrigações de um romano. E ela tampouco teria qualquer dificuldade em ler a linguagem corporal dele, por mais que Otaviano tentasse ocultar suas reais intenções. Por fim, a presença do mordomo dela constituía uma testemunha que poderia contar tudo aos outros.

São especulações, mas, quando se trata de Otaviano e Cleópatra, não é sensato excluir uma possível barganha secreta — ambos sabiam negociar de modo implacável.

A rainha parte

Poucas coisas a respeito de Cleópatra são mais difundidas que sua morte pela picada de uma víbora. Otaviano retratou a cena com um carro alegórico em seu desfile triunfal em Roma. Shakespeare dramatizou o episódio. O artista Michelangelo, da Renascença italiana, retratou-a. Mas nunca saberemos se de fato aconteceu. Para começar, as duas principais fontes são modestas a respeito de como Cleópatra morreu. "Ninguém sabe a verdade", escreve Plutarco.[17] "Ninguém sabe ao certo", escreve Dião Cássio.[18] Talvez isso em si e por si já fale do sucesso de Cleópatra em permanecer no centro das atenções também quanto à maneira em que se deu sua morte.

Uma coisa é certa: a rainha cometeu suicídio. Talvez Otaviano tenha festejado isso ou mesmo sido conivente com esse desfecho. Cleópatra encenou a própria partida, preservando sua realeza.

Segundo Plutarco, o processo teve início com uma mensagem de um jovem oficial da comitiva de Otaviano chamado Cornélio Dolabela. Supõe-se que ele gostava de Cleópatra e que ela sabia disso, então mandou-lhe uma mensagem que ele respondeu em segredo. Ele avisou-a de que Otaviano planejava sair logo de Alexandria; que na realidade tinha intenção de despachá-la junto com os filhos em três dias. A história é suspeita quanto à suposta ingenuidade do jovem e à facilidade de enviar mensagens. Talvez Dolabella estivesse seguindo ordens de Otaviano. Mesmo assim, Cleópatra poderia estar agindo de modo sedutor, e o jovem talvez fosse seduzido; talvez a história simplesmente seja verdadeira, e ela estivesse mesmo dando início ao seu ato final.

Cleópatra pediu e recebeu permissão de prantear a morte de Antônio no túmulo dele. Em seguida, voltou ao palácio, tomou um banho e preparou uma refeição elaborada. A essa altura, um homem nativo chegou com uma grande cesta. Os guardas pediram para ver o conteúdo e o homem removeu as folhas e mostrou alguns figos, grandes e especialmente atraentes. Ofereceu alguns aos guardas; isso os fez relaxar, e o deixaram entrar. Cleópatra passou a desfrutar de sua refeição. O quarto tinha janelas com vista para o mar. Talvez, admirando a paisagem, ela tenha pensado em Ácio e no que aquilo tudo poderia ter sido. Se assim foi, o pensamento não deve tê-la ocupado por muito tempo, pois Cleópatra era pragmática. Concluindo a refeição, enviou uma tabuleta selada a Otaviano, ordenou que todos saíssem exceto suas mais fiéis serviçais, Iras e Charmion, e fechou as portas.

Otaviano recebeu a mensagem e começou a lê-la. Cleópatra suplicou que ele lhe permitisse ser enterrada ao lado de Antônio. Suspeitando do pior, Otaviano enviou imediatamente mensageiros para apurar. Eles foram correndo, mas era tarde demais. Forçaram abrir as portas da câmara de Cleópatra e depararam com uma visão sinistra. Ela jazia morta sobre um sofá dourado, com seus trajes reais. Iras estava deitada aos pés dela. Charmion agonizava e tentava rearranjar o diadema da rainha. Um dos mensageiros teria dito, "Bela façanha, esta, Charmion!".[19] Ela teria respondido, "De fato, muito bela, e adequada a alguém que descende de tantos reis". E, então, tombou morta.

Era 10 de agosto de 30 a.C. Cleópatra tinha trinta e nove anos.

O que matou Cleópatra? Plutarco e Dião Cássio aludem à possibilidade de que Cleópatra tenha sido morta por uma víbora. *Víbora* não é um termo técnico, mas uma palavra genérica para uma cobra venenosa. No contexto egípcio, *víbora* provavelmente refere-se a uma serpente. A história mais difundida diz que a serpente estava escondida sob os figos. Outra versão diz que a serpente estava oculta num jarro d'água, e que Cleópatra ficou remexendo-o com um fuso dourado de roca de fiar, até que a víbora picou seu braço. Uma terceira versão diz que ela escondera a serpente num buquê de flores. As fontes mais antigas falam em duas serpentes.[20]

Alguns fazem a objeção de que a serpente egípcia tem quase dois metros de comprimento, chegando, em alguns casos, a três metros; portanto, teria sido difícil escondê-la numa cesta de figos. Não se poderia achar que somente uma cobra mataria três pessoas, e é difícil imaginar que duas cobras tivessem sido trazidas escondidas para dentro da câmara. Tampouco a morte por picada de cobra é necessariamente indolor. Ressalve-se também que o par de cobras era um símbolo da realeza egípcia, e que a morte de Cleópatra tem forte conteúdo simbólico. Uma razão a mais para que Otaviano alegasse que aquela que ostentava a coroa de serpentes fosse eliminada por uma.

Mas isso não conclui a história. Um filhote de cobra egípcia[21] é suficientemente venenoso e agressivo para matar um humano adulto.[22] Com apenas quarenta a 45 centímetros, uma cobra filhote poderia facilmente ser escondida numa cesta de figos ou num jarro d'água. Na realidade, não teria sido difícil contrabandear três cobras dessas. Tampouco é difícil fazer com que uma cobra pique.

Talvez Iras e Charmion tivessem optado por uma forma menos dramatizada de tomar veneno. Quem sabe Cleópatra tenha feito isso também. Eram muitos os precedentes de suicídio por envenenamento, do filósofo Sócrates tomando uma taça de cicuta, ao estadista ateniense Demóstenes sugando o veneno escondido numa caneta, ou Ptolomeu de Chipre, que em 58 a.C. tomou veneno para pôr fim à vida como rei e não se submeter a Roma abrindo mão de seu trono. Era tio de Cleópatra.

Plutarco menciona um relato de que Cleópatra havia mantido o veneno num pente oco escondido em seu cabelo, enquanto Dião Cássio diz que ela tinha o veneno guardado numa presilha. Levantou-se a hipótese de que Cleópatra teria usado o período em que Otaviano se aproximava de Alexandria para experimentar vários venenos mortais e animais peçonhentos em prisioneiros condenados, para ver quais produziam a morte mais rápida e indolor.[23] Alexandria era a capital da medicina do mundo antigo, e Cleópatra tinha acesso aos seus melhores médicos.

No entanto, as fontes insistem em que não havia prova de envenenamento. Não havia bolhas ou outros sinais no corpo dela. Nem sinal de picada de cobra, embora alguns tenham afirmado que havia pequenas perfurações no braço de Cleópatra. Nenhuma cobra foi encontrada na câmara em que ocorreram as mortes, embora alguns afirmassem ter visto seu rastro perto dali, próximo ao mar. Fatos consistentes com uma picada de cobra são o corpo de Cleópatra não estar desfigurado e ela ter morrido no mesmo dia, embora não provem isso de maneira cabal.

Otaviano afirmou ter tentado reviver Cleópatra, pelo uso de drogas e enviando especialistas em sugar veneno de cobra. Ao que parece, ele, no mínimo, suspeitou de uma picada de cobra. Nesse caso, nenhum desses esforços teria adiantado. Somos deixados com o veredito das nossas fontes: ninguém sabe ao certo como foi que Cleópatra se matou.

Otaviano ordenou que ela fosse enterrada com todas as honras reais e colocada para descansar ao lado de Antônio, supostamente no mausoléu dela. Como tratamento-padrão dispensado a adversários derrotados, esse ato de graça também atendia aos propósitos de propaganda de Otaviano, que afirmara que Antônio desonrara a si mesmo ao insistir em ser enterrado ao lado de Cleópatra em Alexandria, e não no túmulo da família nos arredores de Roma.

Elogio a uma rainha

Cleópatra foi uma das maiores mulheres estadistas da história. Depois de dois séculos de declínio e derrota, promoveu uma guinada nos destinos do Egito. Em casa, levou o país à prosperidade. Primeiro monarca em três séculos de sua dinastia a falar egípcio, e possivelmente ela mesma em parte de ascendência egípcia, desfrutou de grande popularidade em meio ao seu povo. No exterior, recuperou a maior parte dos territórios perdidos do Império Ptolemaico. Elevou o Egito a uma posição de poder e influência que o país não tinha havia gerações. Foi a maior governante macedônia desde Alexandre e a maior rainha egípcia desde Hatshepsut.

Cleópatra não teria alcançado sucesso sem formar alianças com os dois romanos mais poderosos da sua época, Júlio César e Marco Antônio. Uma das ferramentas que usou foi o sexo. Quer fosse bonita ou não, era indiscutivelmente charmosa e atraente. Provavelmente era de César o filho que gerou, e definitivamente deu dois filhos e uma filha a Marco Antônio. Altamente estratégica em sua escolha de parceiros, pode também tê-los amado. Portanto, gostaríamos de pensar: afinal, era simplesmente humana.

Por meio de sua parceria com Antônio, chegou perto de conquistar o controle da própria Roma e, com isso, assegurar a independência a longo prazo de seu reino. Os navios e o tesouro de Cleópatra levaram Antônio às portas da Itália, mas talvez ela tenha sido também a força que o deteve. A decisão de ficar na costa ocidental da Grécia e esperar o inimigo foi um erro fatal.

Ela mostrou resolução na derrota. Não tão leal como amante — ao que parece, sacrificou Antônio —, mostrou extrema bravura como mãe. Tentou salvar Cesarião e foi bem-sucedida em preservar a vida de seus outros três filhos. Quando finalmente encontrou seu inimigo Otaviano, Cleópatra foi incapaz de repetir suas grandes entradas em cena anteriores: com César, foi trazida oculta à presença dele enrolada em mantas; com Antônio, deslumbrou-o ao chegar numa balsa dourada. Mas foi capaz de revisitar e talvez melhorar sua fuga fluida e repentina de Ácio: abandonou a vida nos próprios termos, num tempo e num lugar que ela mesma escolheu, e não seu inimigo, e vestida em trajes reais como uma rainha.

Horácio, um dos poetas do séquito de Otaviano, escreveu admiravelmente sobre o fim de Cleópatra. No hoje famoso Poema 37 de seu primeiro livro de Odes, na que hoje é conhecida como "Ode a Cleópatra", o poeta reconhece que Otaviano quis fazê-la desfilar acorrentada por Roma no triunfo dele, mas que "ela conseguiu morrer/ Mais dignamente". Horácio escreveu:

> No salão do grande palácio em ruínas
> Ergueu o rosto calmo, sem nenhum palor.
> E o negro veneno das cobras ferinas
> Ao seu sangue fundiu, superando o temor,
> Desígnio de morte estampado na face;
> Negou aos navios a glória almejada,
> Que dama de altivo porte adornasse
> Sem coroa um triunfo, escravizada.[24]

CAPÍTULO 16

"QUERIA VER UM REI"
Alexandria, 30 a.C.

Em 1º de agosto, com Cleópatra e o tesouro dela nas mãos, o vencedor entrou em Alexandria. Otaviano percorreu a cidade numa carruagem, não com algum bravo legionário, mas com seu antigo tutor, Ário Dídimo, um nativo de Alexandria. Como a maior parte da elite local, Ário era grego, na língua e na cultura. Otaviano foi ao extremo de vir segurando com sua mão direita a mão de Ário, um gesto de respeito que tinha intenção de tranquilizar os habitantes locais. Otaviano entrou no edifício público mais bonito da cidade, o *Gymnasium*, o grande símbolo da civilização grega. Era o lugar em que, quatro anos antes, Antônio e Cleópatra haviam celebrado o triunfo sobre a Armênia e apresentado seus filhos aos alexandrinos como futuros monarcas.

No *Gymnasium*, Otaviano ergueu-se numa tribuna e dirigiu-se ao povo. Deve ter sido uma visão estranha. Ele era baixo e magro, bem diferente do marcial e encorpado Antônio. Otaviano vestia-se como um romano, sem qualquer sinal de Dionísio ou dos modos orientais. No entanto, ao se dirigir à assembleia, não usou o latim, mas o grego. Sabendo que seu domínio da língua era limitado, Otaviano escreveu seu discurso em latim e providenciou a tradução para o grego, possivelmente feita por Ário.

A multidão certamente estava em pânico, apesar da presença de Ário. "O povo", escreve Plutarco, "estava fora de si de tanto medo e prostraram-se diante dele [Otaviano]."[1] Este vinha precedido pela reputação de Roma como conquistadora, escrita com o sangue de Cartago e

Corinto, entre outros lugares. No entanto, Otaviano disse a seus ouvintes que se erguessem. Então, anunciou a uma plateia aliviada que sua intenção era ser misericordioso. Disse que pouparia o povo de Alexandria por três razões: pela memória de Alexandre, o Grande, por reconhecer o porte e a beleza da cidade e como um favor ao seu mestre.[2] O discurso passou a ser celebrado e citado com frequência. A combinação de realeza, cultura e nepotismo era clássica em Otaviano. A leniência em relação a uma cidade que teria talvez meio milhão de pessoas era incidental.

Otaviano tratou os habitantes de Alexandria com generosidade. Um político de seu calibre não precisaria ser alertado de que era melhor ter nativos amigos do que hostis. Ele perdoou até Filóstrato, uma espécie de filósofo da corte que animava os entretenimentos de Cleópatra com sua habilidade para falar de improviso. Filóstrato fez tamanho espetáculo público ao suplicar a ajuda de Ário que Otaviano finalmente cedeu.[3] Teria sido ruim para os negócios matar um homem idoso, de longas barbas brancas.

Antônio morreu em 1º de agosto; Cleópatra, em 10 de agosto. Mas e os filhos deles: dois de outros esposos, e três do casal? Em particular, o que seria feito de Cesarião, o irmão adotivo de Otaviano?

O último faraó

De todos os rostos do mundo antigo que olham fixo para nós em silêncio, o de Cesarião é o mais eloquente. Sabemos tanto a seu respeito que quase daria para escrever um livro, mas, no final do dia, concluímos não saber nada. Temos a letra, não temos a música. Não temos nada escrito por ele e o que se escreveu a seu respeito é precioso justamente por ser muito escasso. Fofocas, piadas e imagens circulam em torno de sua memória, mas não conseguimos penetrar em seu ser real.

"Na história, encontramos apenas umas poucas linhas a teu respeito", escreve o poeta Cavafy, dirigindo-se a Cesarião, cuja aparência o poeta imagina.[4] Na realidade, podemos fazer melhor. Duas estátuas no estilo greco-egípcio foram plausivelmente identificadas como sendo de Cesarião e preservam seu rosto, pelo menos do jeito que a propaganda régia apresentava-o ao público.[5] Em cada uma delas, Cesarião tem na cabeça o pano listrado tradicionalmente usado pelo faraó, mas há cachos de cabelo em estilo grego projetando-se por baixo e caindo em sua testa. Tem traços faciais agradáveis, regulares, de jovem. Seu rosto é plano, numa das estátuas, e arredondado, na outra. Uma das estátuas mostra um nariz pequeno e olhos bem desenhados. A outra é menos bem preservada — foi tirada das águas do porto de Alexandria —, mas mostra, como a sua equivalente, uma boca carnuda, com as extremidades dos lábios voltadas para baixo, e um queixo bem formado. São todos traços convencionais dos retratos ptolemaicos do primeiro século a.C.; então, não apresentam o verdadeiro Cesarião, muito menos os relevos tradicionais em estilo faraônico que o mostram de perfil, com a falsa barba, sobrancelhas espessas e a coroa dupla do Alto e Baixo Nilo sobre a cabeça.[6]

"Parecia César na aparência e no andar"

Segundo o biógrafo dos imperadores, Caio Suetônio Tranquilo, "vários gregos relatam que ele parecia César na aparência e no andar".[7] As fontes concordam que César era alto e tinha pele clara e olhos vivazes, escuros. Seria de compleição robusta ou magro — os retratos em bustos e moedas sugerem mais o último aspecto. As fontes também sugerem uma boca ampla, e tanto o nariz como o pomo de adão, proeminentes, embora esses traços talvez fossem menos visíveis num César mais jovem e saudável.[8] Se Cesarião foi de fato parecido com César, então tinha alguns desses traços.

Os romanos davam muita importância ao andar de uma pessoa. Famílias nobres contratavam atores para que observassem seus membros ilustres, de modo que um ator pudesse personificar um grande homem em seu funeral, reproduzindo até sua maneira de andar. Cesarião talvez já caminhasse espontaneamente como César, ou então havia sido ensinado a caminhar como ele. A provável semelhança física, porém, era natural.

Com toda probabilidade, Cesarião era fruto da união de dois dos estadistas mais talentosos, ambiciosos, visionários, implacáveis e violentos do mundo antigo. De sua mãe, não há dúvida. No que se refere ao pai: deixando à parte a imagem propalada pela propaganda de Otaviano a respeito de Cleópatra como mulher promíscua, o que temos é uma monarca astuta e calculista; ou seja, a rainha tinha todos os motivos para ser cautelosa em escolher seus parceiros na cama. Para começar, a história oficial provavelmente procede: que ela teria dormido com apenas dois homens, Júlio César e Marco Antônio. Dificilmente essa escolha dos dois romanos mais poderosos de seu tempo como companheiros teria sido acidental.

Que César fosse o pai natural de Cesarião era algo amplamente aceito, mesmo que Antônio e inimigos de Cleópatra vociferassem o contrário. Sabemos, principalmente, que Otaviano odiava e temia essa associação. Estava determinado a se livrar de Cesarião.

O progresso de um príncipe

O pouco que sabemos da vida de Cesarião registra o progresso de um príncipe. Ele nasceu provavelmente em 47 a.C. Cleópatra pode ter trazido o bebê com ela quando visitou Roma em 46 a.C. ou em sua segunda viagem ali em 45 a.C., que foi a melhor visita para obter os favores de César. Enquanto esteve em Roma, César deu a ela permissão para chamar a criança por seu nome.[9]

De volta ao Egito, em 44 a.C., o tio de Cesarião, Ptolomeu XIV, irmão de Cleópatra e cogovernante, faleceu. Após essa morte, conveniente — e, portanto, suspeita —, Cleópatra nomeou Cesarião seu cogovernante. Como todos os governantes ptolemaicos, ele era ao mesmo tempo um rei grego e um faraó egípcio. Ostentava títulos faraônicos tradicionais: "Herdeiro do deus que salva, escolhido por Ptah, portador da Justiça de Rá, imagem viva de Amon".[10] Como seus pais, Cesarião foi declarado deus. Recebeu o título de "deus amante do pai e da mãe, o primeiro uma referência a César. Mais tarde, aos treze anos, recebeu a grandiosa denominação de rei dos reis.

Cesarião foi criado no luxo do palácio e, sem dúvida, nada lhe faltou. Podemos imaginá-lo vestindo ora um chapéu macedônio de aba larga, ora ostentando o diadema real ou a coroa dupla do Egito. Dependendo da ocasião, poderia trajar a tradicional tanga egípcia ou o manto grego, com certeza tingido de púrpura e dourado.

O jovem Cesarião certamente recebeu excelente educação. Nicolau de Damasco, por exemplo, que ensinou seus meios-irmãos, é uma indicação do calibre de seus tutores na corte real.[11] Intelectual, diplomata e escritor, Nicolau mais tarde serviu Herodes e, depois, Augusto. Sem dúvida, latim foi uma das coisas que Cesarião aprendeu, já que o conhecimento dessa língua o ajudaria a lidar com Roma. E o garoto, afinal de contas, era supostamente filho do romano mais famoso de sua época.

Cleópatra não era sutil quando se tratava de celebrar Cesarião e o pai dele. Em Alexandria, construiu um templo imenso dedicado a César, o Cesareu. Era uma edificação em estilo grego, construída em escala monumental e sem poupar gastos, conhecida por suas obras de arte, bibliotecas e estátuas em ouro e prata. No Vale do Nilo, Cleópatra ergueu um templo em estilo egípcio para celebrar o nascimento de Cesarião. Havia um imenso relevo dela mesma e do filho fazendo oferendas aos deuses, esculpido na parede do fundo do enorme templo à deusa Hathor, também no Vale do Nilo.

O templo que celebrava o nascimento de Cesarião identificava o jovem príncipe com o deus Hórus. Na mitologia egípcia, Hórus vingava o assassinato do pai, Osíris. Isso sugeria que Cesarião vingaria um dia a morte de seu pai, César. No entanto, Otaviano afirmava ser ele o filho que vingaria César; portanto, a alegação de Cesarião era potencialmente desconfortável para Otaviano.

Em algum momento, Cesarião alcançou um marco importante nos meses posteriores a Ácio. Foi quando Cleópatra o alistou no efebato, a organização de jovens que alcançavam a idade de prestar serviço militar.[12] Tinha dezesseis anos. Este era um rito de passagem à fase adulta. O propósito foi que seus súditos se habituassem à ideia de que Cesarião estava pronto para governar sozinho como rei, caso algo acontecesse com ela. Sem dúvida, Cleópatra deve ter avaliado adiar esse passo, já que, se Cesarião ainda pudesse ser considerado um garoto, receberia tratamento mais misericordioso de Otaviano. Aos dezesseis, porém, Cesarião não era mais uma criança; portanto, Cleópatra pode ter concluído que, no final das contas, seria melhor declará-lo maior de idade. Se estaria ou não pronto para governar é outra história. Ele certamente sabia como se portar na corte real, mas é difícil imaginá-lo liderando um exército para sufocar uma revolta e fundar uma cidade, como fez Alexandre, o

Grande, aos dezesseis anos. Seja como for, a cerimônia de maioridade de Cesarião foi celebrada com uma rodada de banquetes e com a distribuição de presentes à população.

Cesarião nasceu e foi criado para a grandeza. Poderia ter crescido e se tornado um monarca como a mãe ou um guerreiro ou um escritor, assim como um estadista, como o pai. Sua herança era épica, mas, em vez disso, o que sobreveio foi uma tragédia.

Fuga para o exílio

Conforme Otaviano se aproximava de Alexandria no verão de 30 a.C., Cesarião corria para se salvar. Cada um de seus pais, em sua trajetória, também havia prudentemente batido em retirada em algum momento: César, ao ir para as montanhas temendo o ditador Sula, e Cleópatra, quando foi expulsa do Egito por seu irmão. César e Cleópatra voltaram, e Cesarião pode ter sonhado em fazê-lo também.

Quando César fugiu de Sula, no entanto, saiu por vontade própria. Cesarião foi encaminhado a local seguro por sua mãe. Ela mandou que ele fosse pelo Vale do Nilo até um porto na costa do mar Vermelho, carregando parte do tesouro real para poder distribuir propinas e subornos ao longo do caminho. Seu último destino era a Índia. Talvez o plano fosse conseguir refúgio em algum dos reinos na costa ocidental do subcontinente indiano, com cujo governante Cleópatra sem dúvida teria tido contato. Ele poderia se estabelecer ali e talvez um dia retornar ao Egito.

Presume-se que Cesarião saiu de Alexandria antes de Otaviano entrar na cidade em 1º de agosto. Fica-se imaginando se Cleópatra em meio às lágrimas conseguiu despedir-se dele. O início de agosto é a época mais quente do ano no Egito. Cesarião teve que trocar as brisas do oceano de Alexandria pelo calor escaldante do Sul, mas não havia escolha.

Cesarião nunca chegou a seu destino. As fontes divergem quanto ao que deu errado. Segundo algumas, foi capturado pelos homens de Otaviano no caminho e trazido de volta a Alexandria. Plutarco tece uma história mais patética. Diz que o tutor de Cesarião, um certo Rodão, convenceu-o a voltar a Alexandria dizendo que Otaviano decidira torná-lo rei. A suposição é que Otaviano teria enviado uma mensagem nesse sentido para atrair Cesarião de volta. Não se sabe se Rodão acreditava nisso ou se decidiu trair seu pupilo em troca de uma recompensa. Mas, se Cesarião realmente se deixou convencer a voltar para as ternas misericórdias de seu "irmão" Otaviano — oficialmente Caio Júlio César —, então o jovem teria desapontado seus país por sua ingenuidade. É difícil imaginar o jovem César precisando de um tutor ou a jovem Cleópatra dando ouvidos a um.

Antilo

A última coisa que Otaviano planejava era reconhecer Cesarião como rei. Tinha em mente, em vez disso, dar-lhe o destino que havia dado ao meio-irmão de Cesarião e filho mais velho de Antônio e Fúlvia. Este garoto era Marcus Antonius, apelidado de Antilo. Vivera com o pai em Alexandria; seu irmão mais novo estava em Roma. Quando Cesarião foi alistado como efebo vários meses antes, Antilo vestiu a "toga viril" (*toga virilis*). Tinha provavelmente quinze anos à época. Essa cerimônia romana de maioridade foi celebrada com vários dias de banquetes e festas em Alexandria. Os dois eram precoces. Otaviano usou a maioridade de Antilo como desculpa para mandar executá-lo. Antilo havia sido prometido à filha de Otaviano, Júlia, quando ambos eram crianças, mas esse acordo certamente já havia sido desfeito muito tempo antes.

Otaviano tinha várias razões para se mostrar implacável. Antilo havia servido de intermediário nas negociações que tentaram manter o poder de Antônio depois de Ácio. Entregara uma vultosa propina a Otaviano, que, como mencionamos, ficou com o dinheiro e mandou Antilo de volta ao pai sem qualquer acordo. Otaviano, que fez carreira como vingador do seu pai adotivo, pode ter visto com preocupação o status de Antilo de herdeiro de seu pai segundo a lei romana e pode ter desejado vingar-se de Antônio. E havia o fato de Antilo já ser, tecnicamente, um homem. Portanto, pelo cálculo brutal da guerra civil, a execução faria sentido.

Antilo, como Cesarião, foi traído por seu tutor.[13] Ao que parece, Antilo teria se refugiado em Alexandria, talvez num santuário de Antônio que Cleópatra construíra ou junto a uma estátua de Júlio César. O adolescente implorou por sua vida, em vão. Depois de decapitado pelo criado de Otaviano, seu tutor teria roubado a pedra preciosa que Antilo usava em volta do pescoço e costurado em seu cinto para guardá-la. O homem foi considerado suspeito de furto, negou isso, mas foi condenado, preso e morto — crucificado ou empalado.

Excesso de Césares

Não há registro de como exatamente Cesarião foi executado. O que ficou registrado é um trocadilho que pretendia suavizar a brutalidade de sua execução. Otaviano não precisava ser aconselhado a matar Cesarião; na realidade, toda a sua carreira fora marcada pela eventualidade de matá-lo, pois só assim asseguraria sua condição de filho de César. Mas seria favorável aos propósitos de Otaviano poder dizer que a ação havia sido ideia de outra pessoa. E quem melhor para esse papel que um grego de Alexandria? E não apenas um grego, mas um filósofo. E não só um filósofo qualquer, mas Ário, que desempenhara papel tão crucial na entrada de Otaviano em Alexandria. Sim, Ário era o homem certo para isso.

Conta-se que foi ele que aconselhou executar Cesarião e que fez isso recorrendo a uma fina ironia, que os alexandrinos, adeptos como eram do humor, saberiam apreciar — se a vítima não fosse seu rei.[14] Ário fez referência à *Ilíada*, obra que todo grego instruído conhecia. Nesse épico, o sábio Odisseu adverte os rebeldes de seu exército que "não é bom ter reis demais (*Ouk agathon polukoiraniē*)". O filósofo Ário aconselha Otaviano dizendo que "não é bom ter muitos Césares (*Ouk agathon polukaisariē*)", o que exige trocar apenas duas letras em grego. E assim, com o próprio Homero parecendo abençoar o ato, o último rei grego do Egito foi morto. Não que isso torne o ato mais justificado, mas, como filho de Júlio César, ele era também o primeiro rei romano do Egito.

Cleópatra morreu em 10 de agosto. Durante dezoito dias, se é que uma fonte antiga merece crédito, Cesarião governara o Egito como seu único rei.[15] Então, em 29 de agosto, Otaviano anunciou a anexação do Egito. A partir daí, o país pertenceria a Roma ou, mais precisamente, a Otaviano, pois ele reivindicou o país como propriedade pessoal.

Não seria surpresa se Otaviano permitisse a Cesarião um enterro real, pois Cesarião havia sido faraó, e Otaviano era sempre cuidadoso para não ofender as sensibilidades dos egípcios, especialmente sua elite sacerdotal.

Após a morte de Cesarião, os sacerdotes do Egito passaram a representar Otaviano como faraó, mas ele mesmo nunca reivindicou o título, nem os que o sucederam como imperadores romanos. O Egito havia sido governado por reis por três milênios. De algum modo, parecia apropriado que o último homem a sentar no trono de Quéops, Tutmés e Ramsés fosse o filho de Júlio César.

Os três filhos de Antônio e Cleópatra foram poupados. Otaviano voltou a Roma trazendo os três.

O túmulo de Alexandre

Se Alexandria era uma cidade de reis, então o túmulo de Alexandre era o lugar da máxima realeza. Havia um palácio, é claro, mas o túmulo era um santuário de herói e um local sagrado. Assim como o próprio Alexandre ao passar por Troia havia visitado o Túmulo de Aquiles (ou um túmulo que assim foi identificado), também Otaviano visitou o Túmulo de Alexandre quando em Alexandria. E usou isso como um momento pedagógico, para mostrar que o império tinha agora um novo herói.

Otaviano prestou seus respeitos à múmia de Alexandre ao colocar uma coroa de ouro em sua cabeça e espalhar flores sobre seu cadáver.[16] No entanto, segundo a história relatada, Otaviano não só viu a múmia de Alexandre como a tocou. Conta-se que ao fazer isto um pedaço do nariz da múmia se desprendeu. Será que o próprio Sigmund Freud teria ousado contar uma história dessas? Otaviano, às vésperas de completar trinta e três anos, tinha quase a mesma idade de Alexandre ao morrer. Ao quebrar acidentalmente um pedaço do nariz do maior conquistador lendário do Mediterrâneo, Otaviano estava dizendo, com efeito, que ele era ainda maior. É algo que revela com tamanha força simbólica que havia um novo rei na cidade que fica até difícil acreditar que tenha de fato ocorrido.

Mas havia mais. Os anfitriões de Otaviano queriam mostrar-lhe os restos dos reis ptolemaicos, que descansam perto de Alexandre. Alexandre foi o único a ser mumificado; seus sucessores haviam sido cremados e colocados em urnas. Otaviano declinou o convite. Não estava à altura de sua dignidade de cônsul romano — cargo que ele exercia pela quarta vez em 30 a.C. —, ou como *imperator*, prestar respeitos a um grupo que ele já havia considerado inferior a ele. De fato, alguns dos Ptolomeus haviam sido clientes de Roma.

Otaviano respondeu em tom malicioso, "Queria ver um rei, não cadáveres".[17] E deu resposta parecida quando lhe pediram que fosse ver Ápis, um touro sagrado cultuado na cidade de Mênfis, a antiga capital localizada rio Nilo acima, um pouco ao sul das Grandes Pirâmides. Ápis era considerado divino; uma espécie de representação do deus da criação. De novo, Otaviano recusou o convite, dizendo que prestava culto a deuses, não a gado.

Em geral, inclinamo-nos a trazer a grande inauguração do Império Romano para Roma. Afinal, é a Cidade Eterna, e já era conhecida assim na Antiguidade. E a fundação da Roma Imperial foi o primeiro passo para o nascimento da Europa moderna. Contudo, na realidade, a passagem para o império teve lugar em Alexandria. Hoje ela é a segunda cidade do Egito, ofuscada por Cairo, e há muito tempo é parte do mundo islâmico — exércitos árabes conquistaram a cidade em 641 d.C. Alexandria parece distante do Ocidente, ainda representado por Roma. No entanto, Alexandria era um lugar crucial no antigo Mediterrâneo. Era sua capital cultural.

Embora não se soubesse disso na época, a cidade estava prestes a entrar numa nova fase como lugar de síntese do cristianismo. Aqui seria elaborada boa parte da teologia cristã primordial. Foi na cidade que se difundiu a noção de monaquismo cristão, algo inventado no Egito, e Alexandria desempenharia um grande papel na formação da cultura ocidental, assim como Roma ou Jerusalém. Em suma, portanto, Alexandria foi o palco esplêndido onde foram entregues as chaves do reino.

O mês de agosto de 30 a.C. foi um dos mais decisivos na história do mundo. Começou logo no primeiro dia, com a morte de Antônio e a entrada de Otaviano em Alexandria.[18] No décimo dia, Cleópatra cometeu suicídio. Depois, em algum dia perto do final do mês, Cesarião foi assassinado. Em 29 de agosto, Otaviano anunciou a anexação do Egito. Segundo o calendário egípcio, 29 de agosto é o Dia de Ano Novo, portanto, era propício para Otaviano iniciar seu governo junto com o início de um novo ano e um recomeço. Em Roma, o Senado datou retroativamente a anexação à entrada dele na cidade em 1º de agosto. Declararam feriado nesse dia, porque Otaviano havia "livrado a República de um dos seus piores perigos".[19]

A anexação do Egito por Otaviano decretou o fim dos três séculos de domínio da dinastia Ptolemaica. E também o fim de algo ainda maior: a história de três mil anos dos reis egípcios.

Foi o início da Roma Imperial e, portanto, a fundação do Ocidente moderno. As províncias romanas eram tradicionalmente governadas por senadores, mas com o Egito foi diferente. Para manter o Senado fora disso, Otaviano colocou o Egito sob o controle da cavalaria romana. Escolheu como primeiro governador Galo, o poeta e general que se revelara tão eficaz na campanha para conquistar o Egito, ao derrotar Antônio com armas e Cleópatra com mentiras.

Logo depois de fazer seu pronunciamento, Otaviano partiu do Egito e fez o caminho de volta à Itália. Sua viagem para casa levou-o a cruzar o mar. Cada povo em torno do Mediterrâneo tinha o próprio nome para chamar aquele mar. Para os fenícios, era o Grande Mar. Para os egípcios, era o Grande Verde. Para os gregos, o Mar no Meio da Terra, que é o sentido literal de "Mediterrâneo", como o conhecemos hoje. Para os judeus, era o Mar Posterior, pois se uma pessoa olhasse para o leste o mar ficava atrás dela. Para os cartagineses, era o Mar da Síria. A partir de 30 a.C. e pelos cinco séculos seguintes, até a queda do Império Romano no Ocidente, o Mediterrâneo se tornaria simplesmente o *Mare Nostrum*: o "Nosso Mar". Poucas expressões manifestam melhor a arrogância de um império que considerava que o mundo era seu.

CAPÍTULO 17

O TRIUNFO DE AUGUSTO
Roma, agosto de 29 a.C. a janeiro de 27 a.C.

Na noite de 12 de agosto de 29 a.C., a expectativa tomou conta de Roma. Depois de dois anos e meio fora, Otaviano voltava para casa. Ele e milhares de seus soldados estavam reunidos fora dos muros da cidade. Na manhã seguinte, marchariam pelas ruas da cidade atravessando a multidão empolgada, passariam pelo Circo Máximo e depois seguiriam pelo Fórum ao longo da Via Sacra. Finalmente, subiriam ao Monte Capitolino e fariam sacrifícios a Júpiter, o Melhor e o Maior. Tal procissão, o famoso triunfo romano, era um ritual que marcava o fim de uma campanha militar vitoriosa. Apenas os generais mais bem-sucedidos tinham o privilégio de celebrar um triunfo, uma honra concedida por meio de votação no Senado. Otaviano já havia sido honrado não com um, mas com três triunfos, uma rara distinção que ele celebrou de uma maneira inédita, com três dias de cerimônias, emendando um no outro. O primeiro dia seria um triunfo pela Guerra da Ilíria, de 35 a 33 a.C. O segundo dia seria um triunfo pela Guerra de Ácio, de 32 a 31 a.C. E o terceiro dia seria um triunfo pela Guerra de Alexandria, de 30 a.C.

Havia várias razões para os triunfos. Otaviano queria mostrar que era um grande vencedor; que havia vencido uma guerra civil; que era o homem número um em Roma; que acrescentara novos domínios ao império; e que era agora o senhor do mundo. Também queria dar um tom diplomático à sua vitória sobre Antônio, pois não seria adequado fazer alarde disso a concidadãos romanos. Ele resolveu o problema evitando qualquer menção a Antônio, encaixando o triunfo de Ácio entre o da Ilíria e o de Alexandria, e exibindo o butim de Alexandria nos três dias.[1] Não tinha intenção, porém, de deixar ninguém esquecer a magnitude de sua façanha na Guerra de Ácio.

Como estudos acadêmicos cuidadosos têm mostrado, é difícil reconstruir um triunfo típico ou mesmo saber ao certo se existia realmente algo "típico". As evidências da ordem dos eventos em cada um dos dias de 29 a.C. sobrevivem em fontes literárias e, de maneira mais vívida, num friso que ilustra o triunfo. Este friso decorava o altar do Monumento à Vitória em Nicópolis, construído por Augusto entre 29 e 27 a.C.[2] Trata-se provavelmente de uma representação idealizada e deve ser visto com certo ceticismo. De acordo com o friso, a procissão começou com músicos, seguidos por um navio sobre rodas — presumivelmente uma galé capturada do inimigo. Este era seguido por touros destinados ao sacrifício. Em seguida, vinham servos com macas nos ombros, carregando troféus, butins de guerra, prisioneiros de guerra e pinturas retratando cenas do conflito. Outro relevo esculpido dessa época, originário de um templo de Roma, também é interpretado como representando uma cena de um dos dias desse triunfo tríplice.[3] Mostra dois prisioneiros sentados descalços no chão olhando para baixo, vestindo túnicas, as mãos amarradas às costas. Várias peças de armadura capturadas são vistas acima deles.

A seguir vinham os lictores, ou servidores do cônsul (título este que Otaviano detinha em 29 a.C.), com coroas de louros e carregando *fasces*, isto é, feixes de varas que simbolizavam o poder de um magistrado romano. Por fim, havia Otaviano. É possível que ele tenha entrado na cidade apenas uma vez, no último dos três dias dos triunfos. Quando Otaviano tomou parte desse desfile, veio em pé numa carruagem puxada por quatro cavalos, decorada com ilustrações de folhas de acanto e colunas coríntias, e talvez entrelaçadas com ouro e marfim. Vestia a túnica debruada e a toga púrpura de um triunfador. Seu rosto estava pintado de vermelho. Otaviano carregava um ramo de louros numa mão e um cetro na outra, e tinha a cabeça cingida por uma coroa de louros. Não há sinal nas fontes de outra pessoa que supostamente teria participado desse triunfo, como algum escravo que segurasse uma coroa dourada acima da cabeça do triunfador. Tal escravo teria a tarefa de cochichar ao ouvido do vencedor, de vez em quando, "Lembre-se, você é mortal".

Fontes literárias declaram que Otaviano estava acompanhado por dois jovens de sua família.[4] Cavalgando à esquerda dele, estaria Tibério, o filho mais velho de sua esposa, Lívia, de um casamento anterior dela. Montado no cavalo da direita, Marcelo, o filho de sua irmã, Otávia, do seu primeiro casamento. Duas crianças mais novas iam em pé ao lado de Otaviano na carruagem: seriam Júlia, a filha do primeiro casamento de Otaviano; e Druso, o filho mais novo de Lívia de seu casamento anterior.[5]

Atrás de Otaviano vinha o outro cônsul, os magistrados e os senadores que haviam participado da vitória, certamente incluindo Agripa. Embora fosse costume que o cônsul e os magistrados liderassem a procissão, nesse caso eles seguiam atrás do triunfador.[6] Seria provavelmente mais um gesto de reconhecimento do que uma ofensa, porque muitos senadores (incluindo alguns magistrados) haviam tomado parte na campanha de Ácio; certamente Otaviano deve tê-los obrigado a fazer isso. De qualquer modo, a ordem da marcha simbolizava as novas relações de poder em Roma: Otaviano vinha primeiro. Soldados com coroas de louros vinham atrás, marchando e gritando "Urra ao triunfo!". Também cantavam canções de zombaria, com frequência obscenas, a respeito de seu comandante.

No primeiro dia, Otaviano celebrou vitórias na Guerra da Ilíria. Não sabemos que cativos ou butim ele expôs. O segundo dia marcou vitórias na campanha de Ácio. A fim de evitar a mancha da guerra civil, não fez nenhuma representação de Antônio ou de quaisquer outros inimigos romanos. Tampouco exibiu imagem de Cleópatra, que ele guardou para o terceiro dia. Em vez disso, fez desfilar dois reis aliados de menor importância; Otaviano perdoara os principais. O primeiro, Adiatorix, governante de um pequeno reino no norte da Ásia Menor no Mar Euxino, foi obrigado a marchar com sua esposa e dois filhos.[7] Pouco antes da Batalha de Ácio, Adiatorix liderara um bem-sucedido ataque noturno ao acampamento de Otaviano que matou vários homens de seu exército. Adiatorix tentou colocar a culpa em Antônio, mas Otaviano não ficou persuadido e ordenou a execução tanto de Adiatorix como de um de seus filhos após o triunfo. O segundo rei era Alexandre de Emesa (Homs, na Síria).[8] Antes de Ácio, Alexandre havia informado Antônio que seu irmão, então o rei Jâmblico, planejava desertar. Antônio mandou torturar Jâmblico e matá-lo, e deu o trono dele a Alexandre.

Agora Otaviano fez Alexandre marchar em seu triunfo e mandou também executá-lo em seguida.

No entanto, apesar da ausência de qualquer imagem de Antônio, a procissão triunfal não ficou com sutilezas a respeito do resultado da batalha naval em que ele havia tomado parte. O friso de Nicópolis mostra um navio de guerra capturado sobre rodas sendo exibido no triunfo, como mencionado. Um poeta romano escreve que as proas (*rostra*) dos navios capturados eram exibidas no triunfo, mas isso pode ser uma figura de linguagem para se referir aos navios como um todo.[9] Essas proas foram mais tarde afixadas diante do Templo do Deificado Júlio, por ordem do Senado.[10]

Os triunfos constituíram um espetáculo esplêndido. Virgílio celebrou-os na *Eneida*, escrevendo:

> O vencedor, aos deuses agradecido,
> Em Roma, benta por tê-lo recebido,
> Trezentos templos na cidade colocou;
> Com espólios e altares, todos enfeitou.
> Três noites brilharam, três dias seguidos,
> Louvores e aplausos nas ruas ouvidos,
> Nos domos canções, e nos teatros funções.
> Altares ardem e diante deles jazem,
> Em meio ao sangue, os sacrifícios que fazem.[11]

Nada superou o terceiro dia do triunfo, o de clima mais exaltado: o da vitória em Alexandria. Mostras da riqueza egípcia e uma vívida representação do Nilo competiam pela admiração do público com o raro espetáculo de rinocerontes e hipopótamos desfilando pela Via Sacra. A visão mais impressionante de todas era a da família real ptolemaica.

Os dois filhos mais velhos de Antônio e Cleópatra iam diante da carruagem do vencedor: os gêmeos Alexandre Hélio, de onze anos, e Cleópatra Selene.[12] Não é possível saber se marchavam ou se eram carregados em macas. Não há nenhum registro sobre o irmão deles, de sete anos, Ptolomeu Filadelfo. Talvez tenha sido omitido pelas fontes por algum equívoco ou foi poupado por ser jovem demais, ou então já havia morrido, talvez pelo suplício do exílio e do cativeiro.

A mãe deles não foi esquecida. Havia morrido quase exatamente um ano antes, e tal aniversário talvez tivesse sido lembrado por seus filhos enlutados. Apesar de ausente do triunfo, a imagem de Cleópatra estava presente, como um painel pintado, ou como uma efígie. Em vez da virago da propaganda dos tempos de guerra de Otaviano, foi mostrada na derrota: cometendo suicídio, com duas víboras nos braços. Não há registro de que Cesarião fosse representado, mas Otaviano certamente fez com que o povo logo esquecesse daquele seu rival como filho de César.

O tríplice triunfo foi um grande momento para Otaviano. Marcou não apenas suas vitórias, mas o fim das guerras civis. Pela primeira vez em quinze anos, desde o assassinato de Júlio César em 44 a.C., Roma não temia a violência. Antes, em 30 a.C., o Senado votara o fechamento dos portões do santuário da deusa Jano no Fórum Romano, mas a própria lei talvez tivesse sido adiada até os triunfos. Os portões haviam ficado abertos durante o tempo de guerra, ou seja, a maior parte do tempo, e eram fechados apenas para assinalar a paz, um evento raro.

Os triunfos também passaram outra mensagem. Ao final das guerras civis, restara Otaviano. Era ele que havia liderado os magistrados de Roma, e não o contrário. Era seu o rosto de todas as moedas. Era seu o mausoléu que se erguia com porte majestoso fora dos muros da cidade, no Campo de Marte. Era ele o único filho vivo de César, o homem deificado cujo nome ele ostentava.

Otaviano permitiu que seus veteranos se autodenominassem accianos (*Actiaci*), mas assentou-os no norte da Itália, longe da capital. Construiu um magnífico monumento à vitória de Ácio, mas não em Roma, e sim em Nicópolis, na Grécia. Em Roma, ergueu um tributo mais modesto: um arco triunfal a Ácio na parte de fora do Fórum, embora nem mesmo isso seja confirmado, pois há alguma discussão a respeito de se o arco de fato existiu. De qualquer modo, se Otaviano realmente chegou a construí-lo, reformou-o uma década mais tarde alterando seu tema.

Em 2 a.C., Otaviano montou uma simulação de batalha em Roma, numa represa construída do outro lado do Tibre, para celebrar a dedicação de um templo. A batalha em questão, porém, era a Batalha de Salamina, entre gregos e persas, em 480 a.C., não a Batalha de Ácio.

Como essa simulação de batalha ocorreu quase trinta anos depois, um observador poderia concluir que Ácio ainda era um assunto delicado.

A estátua de Cleópatra foi mantida no recinto do Templo de Vênus Genetrix (Vênus, a Mãe Ancestral), onde Júlio César a havia erguido. As imagens de Antônio foram em grande parte destruídas. Quando lembrado, costumava ser em termos que o desfavoreciam. Seu aniversário, 14 de junho, por exemplo, estava incluído naqueles dias de todos os anos em que nem os tribunais nem as assembleias tinham permissão de se reunir, embora todos os demais negócios funcionassem como de hábito. O público em geral considerava esses dias de mau agouro. Mas as celebrações da vitória eclipsaram todos os pensamentos negativos.

Voltando aos eventos de agosto de 29 a.C.: Otaviano prosseguiu com todas as pompas depois do terceiro triunfo. Antes do final do mês, inaugurou a nova Casa do Senado de Roma, a Curia Julia, que recebeu o nome da família de Júlio César, e o Templo do Deificado Júlio, evento seguido por dias de espetaculares jogos públicos e banquetes. Deu à Casa do Senado um altar e uma estátua de Vitória — a deusa alada que personificava a vitória — decorada com espólios egípcios. Como escreve Dião Cássio, equivalia a dizer que Otaviano recebera sua autoridade política de uma vitória militar.[13]

Talvez um dos objetos egípcios do templo fosse uma obra-prima de pintura grega que mostrava Vênus — deusa padroeira de César e sua alegada ancestral —, emergindo do oceano. Além do templo propriamente dito, a edificação consistia de uma plataforma retangular, decorada com proas de navios capturados em Ácio. Simbolizavam a aprovação divina da nova ordem.

As vitórias em Ácio e Alexandria não criaram em si e por si a Roma Imperial, mas deram a Otaviano o tempo e o dinheiro para fazer isso. Mesmo antes de Ácio, ele já vinha pensando no tipo de governo que queria. Agora, elaborava os detalhes. Foi um processo de longo prazo e que envolveu tentativas e erros.

Tornar-se Augusto

Depois de derrotar Antônio e Cleópatra, Otaviano enfrentava mais um grande desafio, de outro tipo: estabilizar o sistema político de Roma após um século de guerra e revolução. E precisava fazer isso de uma maneira que o deixasse no comando sem expô-lo às adagas que haviam derrubado César. O sistema que Otaviano elaborou constituía, nominalmente, uma república conduzida por seus primeiros cidadãos, mas, na realidade, era uma monarquia.

Otaviano adaptou os tradicionais procedimentos constitucionais romanos a novas circunstâncias. O Senado continuou existindo, mas funcionou mais como uma caixa de ressonância e um campo para recrutar oficiais confiáveis do que o organismo governante de Roma. Os magistrados mantiveram o cargo, mas eram escolhidos por Otaviano, não por eleição popular. Roma era governada pelo estado de direito, mas Otaviano, em termos práticos, estava acima da lei.

Cerca de ano mais tarde, ele decidiu adotar uma nova dignidade. Em 16 de janeiro de 27 a.C., o Senado votou um novo nome para Otaviano. Ele já se fazia chamar Caio Júlio César, com os títulos acrescentados de *imperator* e filho de um deus. Agora recebia uma honraria adicional: a de "o reverenciado" ou Augusto. Sim, é o nome pelo qual costumamos nos referir a ele hoje, ao menos quando se trata do seu longo reinado de 27 a.C. a 14 d.C. Na época, porém, "Augusto" foi uma novidade, para não dizer um choque. Nenhum romano jamais havia sido chamado assim.

O senador que propôs essa moção era um homem que entendia de títulos: ninguém menos que Lúcio Munácio Planco. Em 32 a.C., Planco desertou para o lado de Otaviano e trouxe a notícia do testamento de Antônio. Havia sido aliado de Antônio antes disso e um festeiro habitual na corte de Cleópatra em Alexandria. Agora, mais velho e mais sóbrio, Planco com certeza havia recebido a aprovação de Otaviano para apresentar essa moção.

Três dias antes, em 13 de janeiro, Otaviano anunciara estar abdicando do poder, mas todos sabiam que era apenas um jogo de cena.[14] Tinha apenas trinta e cinco anos e ainda muito tempo para governar. Entretanto, o cuidado com que encenava tudo nos dá indícios da maneira pela qual Augusto, como passaremos a chamá-lo agora, quis romper o ciclo de guerras e violência.

Augusto pediu ao Senado que lhe garantisse os poderes de um tribuno — isto é, os poderes de propor legislação e de exercer um veto. Também solicitou poder militar supremo, tanto em Roma quanto nas províncias. O Senado concordou, como sem dúvida teria que fazer, mas isso colocou o governo de Augusto em bases legais.

Augusto ganhou vários poderes políticos e militares, mas sua posição em Roma nunca se apoiou apenas em sua competência legal. Era algo decorrente também de sua autoridade — o que os romanos chamavam de *auctoritas*, que significava não apenas autoridade, mas prestígio, respeito e capacidade de inspirar admiração. Augusto tinha um tato sensível ao poder, algo tipicamente romano. Entendeu que regimes bem-sucedidos não esmagam meramente a oposição, mas conseguem cooptá-la. Nessa linha, garantia aos senadores certo grau de influência e de prestígio. Ele e seus sucessores, porém, voltaram-se cada vez mais para um grupo rico, situado logo abaixo dos senadores em autoridade, os cavaleiros romanos, para fazê-los servir como comandantes e administradores. Isso não agradou ao Senado.

E Augusto tampouco permaneceu na cidade de Roma. Depois de voltar das guerras civis em 29 a.C., passou outra década fora da Itália, numa série de viagens militares e políticas ao redor do império — acumulando mais tempo no exterior do que qualquer outro imperador até Adriano, que governou de 117 d.C. a 138 d.C. Apesar de visitar o Oriente, Augusto nunca pôs os pés de novo no Egito. Era arguto demais para testar sua sorte num país que, afinal, preferira apoiar seus inimigos.

Em tese, Roma era ainda uma República. Augusto era apenas uma autoridade pública exercendo poderes ampliados a pedido do SPQR: *Senatus Populusque Romanus*, o Senado e o Povo Romanos. Na prática, Augusto era um monarca, mas o fundador do Império Romano jamais se autodenominou rei, nem imperador, pelo menos não em Roma. No Oriente de fala grega, Augusto era muitas vezes chamado de rei, mas não permitia ser chamado assim na capital. Em vez disso, em Roma referia-se a si mesmo usando uma variedade de títulos, dos quais os mais importantes eram os de César, Augusto e *Princeps*, ou Primeiro Homem.

Nossa palavra *imperador* vem do latim *imperator*, que significa "general vitorioso". Augusto sabia que o espírito de liberdade republicano ainda sobrevivia. Assim, após conquistar supremo poder, procurava mascará-lo.

Augusto vivia numa casa na Colina Palatina de Roma. Seus sucessores construiriam ali esplêndidos palácios, mas ele vivia em circunstâncias relativamente modestas — apenas relativamente, já que sua propriedade incluía aspectos como um Templo de Apolo. Anteriormente bairro de famílias ricas, o Palatino começava a se fundir ao império. Virou local exclusivo do imperador e de sua corte. Além disso, quando Augusto descia do Palatino e chegava ao Fórum para participar das reuniões do Senado, não deixava de cumprimentar cada membro pelo nome, sem precisar que alguém o ajudasse a lembrar, e não exigia que ninguém se levantasse do assento em sua presença.

Augusto havia conseguido aquilo que planejara para si aos dezenove anos. Tinha todo o poder e toda a glória de Júlio César. Mas levara quinze anos para isso, que exigira alto preço em sangue e tesouros. Pelo menos, Augusto aprendera algo no processo: como construir uma paz duradoura e estável.

Ele escolheu seus conselheiros com sabedoria. Ninguém fez mais para concretizar a visão de Augusto que seu velho amigo Marco Agripa. Arquiteto das vitórias navais, Agripa mostrou-se igualmente capaz como político e diplomata. Tanto internamente quanto no exterior, era quem detectava os problemas, quem administrava, construía e, quando necessário, fiscalizava. Negociou com senadores e reis e patrocinou grandes programas de infraestrutura. Agripa não era desprovido de ambição pessoal, mas sempre colocava em primeiro lugar a lealdade a Augusto. O poeta Horácio chamou Agripa de "uma raposa esperta imitando um leão nobre", uma referência tanto à astúcia de Agripa quanto à sua ambição de ascensão social.[15]

A Paz Augustana

As guerras civis romanas tinham um padrão bem definido: primeiro vinha o derramamento de sangue, depois o assentamento. Era mais fácil vencer a guerra do que forjar a paz, já que poucos generais eram tão bons em construir a paz quanto em travar guerras. Augusto foi exceção. O assassino a sangue-frio foi crescendo e mudando no exercício do ofício.

De 44 a 30 a.C., brigou, mentiu, trapaceou e passou por cima da lei. Estima-se que tenha matado mais de uma centena de senadores. Depois, após derrotar todos os seus inimigos domésticos, Augusto dedicou-se a construir a paz interna e a promover uma limitada expansão militar contra os inimigos estrangeiros — nunca mais contra romanos. Ainda assim, por mais gentil que tenha se tornado, sempre levou em conta que seu domínio dependia de seus soldados.

A vitória em Ácio significou paz. Augusto desmobilizou cerca de metade de suas legiões. A riqueza egípcia permitiu-lhe comprar terras na Itália e ao redor do império e criar novas colônias onde pôde assentar seus veteranos. Depois, quando essa riqueza começou a se exaurir, após o ano 6 d.C., passou a taxar os ricos. Não havia mais confisco de propriedades para assentar ex-soldados, como ocorreu em 46, 45 e 41 a.C. Augusto conseguiu resolver uma das maiores causas de conflito em Roma: a propriedade de imóveis. Reduziu o tamanho do exército, que passou de mais de sessenta legiões para 28, o que resultou numa força militar de cerca de trezentos mil homens, incluindo infantaria leve e cavalaria.

Ele encerrou um século de guerras civis e lançou os alicerces de duzentos anos de paz e prosperidade: a famosa *Pax Romana*, ou "Paz Romana". O comércio floresceu na paz augustana. A maneira mais barata de transportar bens era por mar. Graças às vitórias de Agripa, Roma reinava sobre as ondas, e a pirataria praticamente desapareceu. Roma representava um imenso mercado para importação de grãos, mas muitos outros bens eram também comercializados. A estabilidade e a segurança da lei romana incentivavam a emprestar dinheiro. A redução no poderio militar tirou pressão dos impostos. Em suma, as condições estavam maduras para bons tempos.

Na época, não se sabia disso, mas Ácio foi a última grande batalha naval travada no Mediterrâneo por 350 anos. Só houve outro conflito naval em 324 d.C., com a Batalha do Helesponto, que ajudou o imperador romano do Ocidente, Constantino I, a ganhar controle do Leste. Os puristas podem argumentar que o Helesponto é um estreito que sai do Mediterrâneo, e isso permitiria adiar a data da primeira grande batalha naval nesse mar após Ácio até 468 d.C. Nesse ano, uma frota dos vândalos destruiu uma armada romana do Oriente na Batalha do Cabo Bon (na costa da Tunísia) e, com isso, apressou o fim do Império Romano do Ocidente.

Augusto não deteve a expansão — longe disso. Os romanos esperavam que seus líderes conquistassem novos territórios e, por meio disso, demonstrassem os favores dos deuses. Augusto assumiu essa responsabilidade com entusiasmo. Como escreveu o seu poeta favorito, Virgílio, Roma tinha o dever de alcançar um "império sem fim".[16] Assim, Augusto conquistou novas terras na Hispânia e no norte dos Bálcás, além de ter anexado o Egito. O imenso esforço de conquistar a Alemanha seguindo a leste até o rio Elba terminou num desastre militar já no final da vida de Augusto, embora os romanos tivessem sido capazes de se manter na margem esquerda do Reno.

Os partas de novo

Antes de aceitar o desafio de guerrear contra Otaviano em 32 a.C., Antônio tentara sem sucesso obter uma vitória sobre a Pártia. No fundo, Antônio nutria a ambição de concluir a agenda de Júlio César. Antes de ser assassinado, César planejara entrar em guerra contra a Pártia para vingar a grande derrota que os romanos haviam sofrido dos partas em 53 a.C.

Augusto não tinha a menor intenção de seguir os passos de Antônio e correr o risco de fracassar no front parta. Em vez disso, negociou, embora sem prescindir de uma demonstração de força. Anexada por Antônio, a Armênia aproveitou o caos da Guerra de Ácio para recuperar sua independência. Roma e a Pártia competiam pelo controle do reino. Augusto enviou um exército romano à Armênia para colocar no trono desse Estado fronteiriço o candidato favorito de Roma. Os partas tinham também seu candidato, mas desistiram. Roma teve sucesso na Armênia sem derramar sangue. Augusto, provavelmente como retribuição, concordou em retirar o apoio a um pretendente ao trono parta que vivia exilado em Roma.

Havia outra parte do acordo. Em 20 a.C., a Pártia concordou em devolver as várias águias legionárias romanas e estandartes de batalha que haviam sido capturados em 53 a.C., na invasão de 41-40 a.C. do Oriente romano, e em 36 a.C. contra Antônio. Os partas também devolveram prisioneiros de guerra romanos, alguns dos quais haviam passado mais de trinta anos no exílio.

Foi um grande lance de Augusto. O Senado encheu-o de honrarias, e Augusto declinou da maioria delas. No entanto, não deixou de construir um arco triunfal. Talvez tenha sido um novo arco, ou, se ele de fato havia erguido um arco para celebrar Ácio, uma modificação desse arco já existente. O arco ficava ao lado do Templo do Deificado Júlio e tinha três seções, o que fez dele o primeiro arco triplo de Roma. No alto, ostentava uma carruagem transportando Augusto, o triunfador. De ambos os lados dele, um parta segurava os estandartes resgatados.

Augusto, que era dotado de senso de humor, pode ter imaginado seu ex-companheiro de Triunvirato e ex-cunhado em agonia no mundo subterrâneo, ao receber a notícia da vitória dele sobre os partas. Uma década após a morte de Antônio, Otaviano finalmente realizava a tarefa de Antônio e trazia os estandartes capturados de volta a Roma. Finalmente, a mancha de desonra era apagada. Era como se os livros por fim se fechassem e pusessem um fim à última pendência daqueles dias ruins dos triúnviros.

Augusto foi além. As profecias diziam que a vitória sobre os partas era precondição para o estabelecimento de uma era de ouro. Agora que o sucesso havia sido alcançado, Augusto promoveu uma magnífica celebração de uma nova era em 17 a.C. Os *Ludi Saeculares*, ou Jogos da Nova Era, que foram uma magnífica série de duas semanas de eventos, presididos por Augusto e Agripa. O poeta Horácio escreveu um hino que foi cantado por um coro misto de meninos e meninas. Foi um espetáculo que teria causado admiração até mesmo na Alexandria ptolemaica.

Augusto

Em 8 a.C., o Senado e o povo concederam nova honraria a Augusto: decidiram dar o nome dele a um dos meses do ano.[17] Com isso, ele seguia os passos de seu pai adotivo, já que Júlio César era o outro único romano a ter um mês renomeado em sua homenagem: o antigo Quintilis tornou-se Julius — nosso julho. Agora uma distinção similar era concedida ao seu herdeiro.

As assembleias do povo romano e os tribunos que as presidiam, que antes eram poderes efetivos dentro do Estado, passavam agora a ser em grande medida cerimoniais. Mesmo assim, fizeram saber que queriam ter o mês de setembro renomeado como Augustus, em homenagem ao aniversário de seu governante, celebrado em 23 de setembro. O próprio Augusto, no entanto, preferiu dar seu nome ao mês precedente, o Sextilis, do final do verão. Observou que havia sido em Sextilis que se elegera cônsul pela primeira vez e que também obtivera várias vitórias brilhantes nesse mês. Talvez argumentasse que fazer aniversário em certo mês era algo que contemplava muitas pessoas, mas que suas realizações civis e militares eram únicas. Além disso, pode ter preferido colocar "seu" mês o mais próximo possível do mês de seu pai, para enfatizar a própria legitimidade. Finalmente, pode ter passado pela mente de Augusto que, no calor do verão, as pessoas tendem a trabalhar menos e, com isso, prestariam mais atenção a uma questão pública como o nome do mês. Em setembro, quando começa a esfriar de novo, as pessoas voltam a exercer suas ocupações. Como sempre, Augusto cuidava de sua imagem pública; como sempre, sua vontade prevalecia: então Sextilis foi escolhido.

E assim sucedeu. O mês em que Augusto entrou em Alexandria, no qual seus inimigos Antônio e Cleópatra e seu rival Cesarião morreram, no qual anunciou a anexação do Egito e no qual celebrou seu tríplice triunfo um ano mais tarde, tornou-se Augustus — o nosso agosto. O decreto do Senado foi preservado e pode ser lido a seguir:

> Como o *Imperator* César Augusto entrou em seu primeiro consulado no mês de Sextilis, e celebrou três triunfos na Cidade de Roma, e as legiões no Monte Janiculum [fora de Roma] o seguiram e confiaram em seus auspícios, e como o Egito foi cedido ao poder do povo romano neste mês, e como este mês trouxe o fim das guerras civis, por conta disso o mês é e tem sido propício ao império, e o Senado decidiu nomear este mês como Augustus.[18]

Foi Sexto Pacúbio, um tribuno do povo, que propôs a lei por meio da qual a Assembleia do Povo promoveu a mudança oficial.[19]

Cidade de Mármore

No verão de 14 d.C., Augusto deitou-se, moribundo. Viajava pelo sul da Itália quando adoeceu e recolheu-se à sua cama. Instalou-se numa *villa* na pequena cidade provincial de Nola. Por ironia, era a mesma casa — na realidade, o mesmo quarto — em que seu pai, Caio Otaviano, havia morrido setenta anos antes. Era como se o quase semideus que governara o mundo romano tivesse deixado cair a máscara e se tornado mortal de novo. Nem César, nem Augusto, nem Otaviano; era simplesmente Caio Otaviano.

Qualquer que fosse seu nome, em 14 d.C. era o último dos principais personagens sobreviventes da Guerra de Ácio. Com quase setenta e sete anos, vivera mais que todos eles. Antônio, Cleópatra e Cesarião haviam morrido em 30 a.C. Agripa morreu em 12 a.C. Otávia seguiu-o cerca de um ano mais tarde, quando tinha por volta de cinquenta e oito anos.

Agora, em seus últimos dias, Augusto talvez relembrasse sua irmã com amor e afeição. Ele havia dado a Otávia um funeral de Estado, uma honraria rara para uma mulher. Augusto ordenou que seu corpo fosse velado no Templo do Deificado Júlio, e o funeral foi realizado ali. O local fazia o público lembrar que Otávia era sobrinha de César e que ela, como seu irmão, descendia de uma das famílias mais destacadas da cidade. O próprio Augusto fez o discurso fúnebre. Quando Agripa morreu, Augusto prestou-lhe tributo e descreveu-o como um homem cujas virtudes todos reconheciam.[20] Suas palavras a respeito de Otávia não foram registradas, mas Augusto pode ter elogiado sua irmã como paradigma da maternidade. Este era um tema central na política de renovação dos valores familiares que ele perseguiu nas décadas que se sucederam a Ácio. Bem distantes estavam agora aqueles seus modos marotos da juventude.

E que mãe foi Otávia! Após as mortes de Antônio e Cleópatra, ela acolheu os três rebentos sobreviventes em sua casa. Criou cinco filhos

Dião Cássio (Lucius Cassius Dio). *História romana*, especialmente os livros 49–51.

Estrabão. *Geografia*.

Floro (Florus). *Epítome da História de Tito Lívio*.

Horácio. *Epodos* 1, 9; *Odes* 1.37 ("Ode a Cleópatra").

Josefo. *Contra Apião*.

_____. *Antiguidades judaicas*.

Lívio (Titus Livius). *História de Roma*.

_____. *Periochae* (resumos).

Nicolau de Damasco. *Autobiografia*.

_____. *Vida de Augusto*.

_____. *The Life of Augustus and the Autobiography*. Editado por Mark Toher. Cambridge: Cambridge University Press, 2016.

Paulo Orósio. *Histórias contra os pagãos*.

Plínio (o Velho). *História Natural*.

Plutarco. *Vida de Antônio*.

Plutarco. *Life of Antony*. Editado por C. B. R. Pelling. Cambridge: Cambridge University Press, 1988.

Porfírio. *Da abstinência de comer alimento de animais*.

Propércio, Sextus. *Elegias*, 2.15; 1; 3.11; 4.6.

Reinhold, Meyer. *From Republic to Principate: An Historical Commentary on Cassius Dio's Roman History Books 49–52 (36-29 B.C.)*. Atlanta: Scholars Press, 1987.

Suetônio (C. Suetonius Tranquillus) *Life of Augustus*.

_____. *Life of Augustus = Vita Divi Augusti*. Traduzido com introdução e comentário histórico de D. Wardle. Oxford: Oxford University Press, 2014.

Veleio (Marcus Velleius Paterculus). *História romana*.

_____. *The Caesarian and Augustan Narrative (2.41–93)*. Editado por A. J. Woodman. Cambridge: Cambridge University Press, 1983.

Virgílio. *Eneida*, livro 8.

_____. *Bucólicas*, écloga 6.

Obras de referência

Hornblower, Simon, Anthony Spawforth e Esther Eidinow. *The Oxford Classical Dictionary*. 4. ed. Oxford: Oxford University Press, 2012.

Hubert Cancik e Helmut Schneider, eds.; Edição em inglês, Christine F. Salazar e David E. Orton, eds. *Brill's New Pauly: Encyclopaedia of the Ancient World.* Boston: Brill, 2002–2010. A editora oferece uma excelente edição on-line.

"Mantis: A Numismatic Technologies Integration Service." Este banco de dados, que contém moedas antigas da extensa coleção da *American Numismatic Society*, pode ser acessado on-line em http://numismatics.org/search/.

"Orbis: The Stanford Geospatial Network of the Roman World." *Stanford University Libraries.* http://orbis.stanford.edu.

Talbert, Richard J. A., ed. *The Barrington Atlas of the Ancient Greco-Roman World.* Princeton, NJ: Princeton University Press, 2000. Este livro também é disponível como aplicativo.

Introdutório

Green, Peter. *Alexander to Actium: An Essay on the Historical Evolution of the Hellenistic Age.* Berkeley: University of California Press, 1990.

Osgood, Josiah. *Caesar's Legacy: Civil War and the Emergence of the Roman Empire.* Cambridge: Cambridge University Press, 2006.

Pelling, Christopher. "The Triumviral Period." In *The Cambridge Ancient History*, 2. ed., vol. X, The Augustan Empire, 43 B.C.–A.D. 69, editado por Alan K. Bowman, Edward Champlin e A. W. Lintott. Cambridge: Cambridge University Press, 1996: 1–69.

Strauss, Barry. *The Death of Caesar: the Story of History's Most Famous Assassination.* Nova York: Simon & Schuster, 2015.

Syme, Ronald. *The Roman Revolution.* Oxford: Oxford University Press, 2002. Primeira publicação em 1939 pela Clarendon Press (Oxford, Reino Unido).

Cleópatra

Burstein, Stanley Mayer. *The Reign of Cleopatra.* Westport, CT: Greenwood Press, 2004.

Chauveau, M. *Egypt in the Age of Cleopatra.* Traduzido por David Lorton. Ithaca, NY: Cornell University Press, 2000.

Gentili, Giovanni. *Cleopatra: Roma e l'Incantesimo Dell'Egitto.* Milão, Itália. Skira, 2013.

dela até a idade adulta, quatro filhas e um filho, entre os quais as duas Antônias que ela dera a Marco Antônio. Otávia também criou quatro dos filhos de Antônio com outras mulheres: não apenas o filho Iullus Antonius, filho de Antônio com sua terceira esposa, Fúlvia, mas também as três crianças de Antônio e Cleópatra: Alexandre Hélio, Ptolomeu Filadelfo e Cleópatra Selene II. Os meninos haviam morrido: um deles talvez antes dos triunfos de 29 a.C.; o outro, em algum momento posterior que desconhecemos. Selene viveu e prosperou.

Com nada menos que nove crianças ao mesmo tempo sob seu teto, sendo quatro delas a progênie de seu ex-marido — e três do caso amoroso dele com uma mulher com a qual a havia traído —, Otávia era praticamente detentora de um recorde mundial de maternidade. O processo teve desfechos irônicos. Três dos descendentes dela com Antônio tornaram-se imperadores romanos: seu bisneto, Caio (mais conhecido como Calígula, que reinou de 37 a 41), seu neto, Cláudio (reinou de 41 a 54), e Nero (reinou de 54 a 68). Este último era bisneto de Otávia por parte de pai e tataraneto por parte de mãe. Como os estudiosos de Roma Imperial sabem, Calígula e Nero foram dois dos mais notórios governantes do império, e Cláudio, embora tivesse feito um bom governo, foi humilhado por sua primeira esposa e sobrepujado pela segunda — que, por sua vez, era outra descendente de Otávia e Antônio. Enquanto isso, Cleópatra Selene teve uma carreira brilhante.

Augusto promoveu o casamento dela com Juba II, um príncipe do norte da África. Quando criança, Juba também fora trazido a Roma para participar de um triunfo — o de Júlio César sobre o pai dele, Juba I, que cometera suicídio, assim como Cleópatra. Juba II foi criado na casa de Augusto, que não ficava longe da casa de Cleópatra Selene. Augusto patrocinou o casamento dos dois em 20 a.C. Deu a Juba o controle do reino da Mauritânia, que já havia sido governado por Bógude, o homem que perdeu Metone. Juba e Cleópatra governaram desde uma cidade que renomearam como Cesareia (a moderna Cherchell, na Argélia), numa homenagem a Augusto, mas tiveram um filho ao qual puseram o nome de Ptolomeu, referência à dinastia da mãe de Cleópatra Selene. Como os pais dela, Cleópatra Selene mostrou talento para liderar. Promoveu um programa de construções, importou intelectuais e estudiosos de Alexandria e emitiu moedas em seu próprio nome. Era quase como reviver a animada corte da Alexandria Ptolemaica.

Cleópatra Selene morreu provavelmente em 5 a.C.[21] Ela e o marido, que sobreviveu até 23 d.C., compartilharam um mausoléu que ainda está preservado. Mesmo na morte, fizeram um aceno às realidades do poder. Uma estrutura circular encimada por um cone ou pirâmide, este mausoléu mauritano lembra o mais conhecido Mausoléu de Augusto, em Roma.

Foi neste último monumento que os restos mortais de Otávia foram postos para descansar. Foi enterrada ao lado de seu filho Marcelo. Por acaso, o epitáfio de Otávia, inscrito em mármore, ainda existe. E a descreve simplesmente como:

OCTAVIA C F SOROR AUGUSTI[22]
OTÁVIA, FILHA DE CAIO, IRMÃ DE AUGUSTO

Otávia já chegara tempos atrás a ser cultuada como uma deusa em Atenas. Agora tinha uma denominação mais simples, mas não menos sugestiva de influência. Otávia havia sido esposa de Marco Antônio, o triúnviro, governante de metade do mundo romano. Ele já tinha partido e, apesar de não ter sido esquecido, era maldito — uma pessoa excluída da cidade onde sua esposa rejeitada era pranteada intensamente. Os navios de guerra de Ácio poderiam ter criado um império romano-egípcio. Em vez disso, deram origem à Era Augustana. Com seu jeito discreto, Otávia havia sido a parteira da nova era.

Em seu leito de morte, talvez Augusto se reconfortasse com o pensamento de que seus restos mortais também repousariam no mausoléu que ostentava seu nome. Era a edificação mais espetacular que ele construíra em Roma, mas de modo algum era a única. Ele empreendeu um monumental programa de construção que deu à cidade finalmente uma série de espaços públicos à altura de uma capital imperial. A modéstia republicana foi substituída pela altivez dinástica. Augusto praticamente refez o estilo de Roma com seu nome e o de sua família. Construíram templos, aquedutos, termas, teatros, pórticos e parques. Augusto concluiu a reforma da Casa do Senado iniciada por César; construiu uma nova *rostra*, a plataforma dos oradores; e um novo Fórum de Augusto para competir com o Fórum de César. O novo fórum tinha uma enorme estátua de mármore do Espírito Guardião de Augusto (*Genius Augusti*), similar a ele na aparência. Era como dizer que, embora Augusto não se autodenominasse rei, não tinha menos autoridade que qualquer monarca.

Ele ergueu em 9 a.C. um impressionante Altar da Paz Augustana. Era uma estrutura de mármore branco, originalmente pintada em cores vivas, mostrando um relevo esculpido da família de Augusto marchando numa digna procissão. Lembrava a escultura do monumento à vitória de Nicópolis (cerca de 29 a.C.) e também o friso do Partenon da Atenas clássica (século quinto a.C.). No entanto, não era apenas Atenas que Augusto evocava: era Alexandria.

Por todos os cantos de Roma, havia reminiscências da conquista do Egito por Augusto.[23] Ele adornou a cidade com obeliscos e imagens de Ísis. Entre os espólios trazidos para Roma, havia pinturas, estátuas, travessas e vasos de ouro e prata, camafeus e escaravelhos, amuletos, anéis e outras joias. A arte augustana exibia motivos como esfinges, flores de lótus, crocodilos, hipopótamos e coroas de serpentes estilizadas. Um destacado amigo de Augusto colocou uma estátua de Ápis, o touro sagrado egípcio, nos jardins de sua mansão urbana, e um dos associados de Agripa construiu para ele um túmulo em forma de pirâmide nos arredores da cidade.

A reforma augustana da cidade produziu uma nova Roma, que agora, pela primeira vez, começava a ser conhecida como a Cidade Eterna.[24] Era uma mudança suficiente para justificar uma das observações mais memoráveis de Augusto, feita em seu leito de morte: "Fundei uma Roma de tijolos; deixo a vocês uma Roma de mármore".[25] Graças a Augusto, Roma não mais ficava aquém ao ser comparada com a esplêndida paisagem urbana de Alexandria. Augusto vencera. No entanto, antes de passar à eternidade em 19 de agosto de 14 d.C., pode ter pensado na rainha cuja cidade inspirou aquela imagem de grandiosidade urbana. Com seu gosto pela ironia, Augusto talvez tenha até refletido: apesar dos aríetes de Ácio, das espadas que tomaram Alexandria e da picada da víbora, no final das contas, Cleópatra conseguiu chegar a Roma.

AGRADECIMENTOS

Escrever um livro de história é uma tarefa dura. Em contrapartida, é um prazer fazer um balanço daqueles que ajudaram você ao longo do caminho e poder agradecer.

Amigos, colegas e estudantes de diversas instituições, em três continentes, foram suficientemente gentis para compartilhar conhecimento e competência em assuntos vastos e restritos. Meus agradecimentos a: Annetta Alexandridis, Darius Arya, Caitlin Barrett, Elizabeth Bartman, Colin Behrens, Bettina Bergmann, Nikki Bonanni, Peter Campbell, Robert Coates-Stephens, Simon Cotton, Tristan Daedalus, Craig e Jad Davis, Philip de Souza, Ertürk Durmus, Jason Feulner, Michael Fontaine, Bernard Frischer, Mikel Gago, Harry W. Greene, Sandra Greene, Matthew Guillot, Martha Haynes, John Hyland, Barbara Kellum, Thomas Kerch, Jeffrey Kline, Eric Kondratieff, Arthur Kover, Lynne Lancaster, Olga Litvak, Tamara Loos, Thomas Lucas, Daniel Meegan, Sturt Manning, Brook Manville, Ann Michel, Jake Nabel, Gary Ohls, Carl Oros, John Pollini, Eric Rebillard, Jeffrey Rusten, Daniel Schwarz, Matthew Sears, Aaron Taylor, Kostas Vergos, Karl Walling, Kevin Weddle, Peter Yao, Theo Zemek.

Contei com a sorte de ter amigos e colegas que leram todo ou partes do esboço manuscrito. Seus comentários introduziram melhoras substanciais. As falhas, é claro, continuam sendo minhas. Agradeço a: Maia Aron, John Arquilla, Philippe Boström, Serhan Güngör, David Guaspari, Adrienne Mayor, Gordon McCormick, Adam Mogelonsky e Josiah

Ober. Gostaria particularmente de expressar minha gratidão a William M. Murray, um dos grandes estudiosos de Ácio, de seus monumentos e da guerra naval helenística, por ter compartilhado generosamente sua expertise. Gostaria também de agradecer a Konstantinos Zachos, cujas escavações em Nicópolis estão reformulando nosso conhecimento de Ácio e do seu impacto na cultura romana.

Tenho uma dívida de gratidão para com cinco grandes instituições acadêmicas por tornarem este livro possível — este fato por si é testemunho de minha boa sorte. Na Universidade Cornell, devo muitos agradecimentos ao apoio e à ajuda de vários colegas, tanto do corpo docente quanto dos funcionários e estudantes da instituição, particularmente nos Departamentos de Estudos Clássicos e História, e à Biblioteca John M. Olin por seus esplêndidos recursos bibliográficos. Sou grato à Cornell por me conceder licenças sabáticas para trabalhar neste projeto.

Não poderia ter escrito este livro sem a oferta de um ano acadêmico como Distinguished Visiting Professor no Departamento de Análises de Defesa da Escola de Pós-Graduação Naval de Monterey, Califórnia. Fazendo de mim mesmo um tormento, espero ter conseguido aprender algo a respeito de como uma guerra é travada. Quero expressar minha gratidão tanto aos meus colegas quanto aos estudantes ali.

A Hoover Institution da Universidade de Stanford nomeou-me primeiro Visiting Fellow e depois Corliss Page Dean Fellow. A Hoover oferece um notável ambiente intelectual para o estudo de história e assuntos militares. Gostaria de agradecer particularmente à Diretora e Senior Fellow Condoleezza Rice e ao Senior Fellow Victor Davis Hanson. Entre meus muitos colegas no Grupo de Trabalho da Hoover sobre o papel da história militar nos conflitos contemporâneos, gostaria de agradecer a David Berkey e a Hy Rothstein.

A Academia Americana em Roma generosamente me recebeu de novo como acadêmico visitante no verão de 2019, o que me permitiu acesso a locais-chave em Roma e a ter conversações ainda mais importantes com acadêmicos especialistas. Muitas horas produtivas na Biblioteca Arthur and Janet C. Ross me tornaram mais capaz de compreender as inexauríveis riquezas de Roma.

A Escola Americana de Estudos Clássicos em Atenas concedeu-me a Bolsa Heinrich Schliemann em 1978-79. O falecido Colin N.

Edmonson, um grande educador, que era então Mellon Professor de Estudos Clássicos na Escola, liderou a viagem que conduziu a mim e a meus colegas estudantes ao sítio de Nicópolis no outono de 1978. Ali teve início meu interesse por Ácio.

Na Simon & Schuster, o incrível editor Bob Bender mais uma vez operou essa magia num rascunho refratário. Johanna Li, sua assistente, é ao mesmo tempo eficiente e afetuosa. O diretor de Marketing Stephen Bedford é generoso e sábio. Phil Metcalf e Philip Bashe contribuíram com uma edição de texto cuidadosa. Agradeço a eles e a toda a equipe da Simon & Schuster.

Angela Baggetta é uma excelente publicitária. Quanto à minha agente literária, Cathy Hemming, ela faz tudo acontecer.

Minha esposa, Marcia Mogelonsky, ofereceu-me insight, apoio e conselhos em grandes e pequenas questões. Tenho certeza de que ela compreende Cleópatra melhor que eu, e provavelmente também sabe muito bem quem foi de fato Antônio.

Minha mãe faleceu enquanto eu escrevia este livro. Meu pai já se foi há alguns anos. Avós devotados, Diane e Aaron Strauss amavam compartilhar a vida de nossos filhos, Michael e Sylvie. Eles teriam ficado empolgados ao vê-los continuar florescendo e entrando na vida adulta, como Marcia e eu tivemos a bênção de ver. Dedico este livro à memória de meus pais.

FONTES E REFERÊNCIAS

O que está neste capítulo é uma lista das obras mais relevantes que consultei, quase todas em inglês, para leitores que desejem informações adicionais.

Fontes antigas

As obras a seguir estão disponíveis em várias traduções. Todas aparecem na Loeb Classical Library, publicada pela Harvard University Press, que oferece os originais em grego e latim, assim como traduções. A maior parte delas está disponível em inglês na internet em sites como LacusCurtius: Into the Roman World, http://penelope.uchicago.edu/Thayer/E/Roman/Texts/home.html; Livius.org: Articles on Ancient History, https://www.livius.org/; e Perseus Digital Library, www.perseus.tufts.edu. Muitas dessas obras estão disponíveis em traduções precisas e de boa leitura publicadas, por exemplo, pela Oxford University Press e pela Penguin. Incluo aqui alguns comentários históricos úteis.

Augusto (Augustus). *Res Gestae.*
Augusto e Alison Cooley. *Res Gestae Divi Augusti: Text, Translation, and Commentary.* Cambridge: Cambridge University Press, 2009.
Carmen de Bello Actiaco.
Cícero. *Filípicas.*
Courtney, E., ed. *The Fragmentary Latin Poets.* Oxford: Clarendon Press, 1993, 334–40.

Grant, Michael. *Cleopatra*. Nova York: Simon & Schuster, 1972.
Haley, Shelley P. "Black Feminist Thought and Classics: Re-membering, Reclaiming, Re-empowering." In *Feminist Theory and the Classics*, Editado por Nancy Sorkin e Amy Richlin. Nova York: Routledge, 1993, 23–43.
Hughes-Hallett, Lucy. *Cleopatra: Histories, Dreams and Distortions*. Nova York: Harper & Row, 1990.
Jones, Prudence J. *Cleopatra: a Sourcebook*. Norman, OK: University of Oklahoma Press, 2006.
_____. "Cleopatra's Cocktail," *Classical World* 103, n. 2 (2010): 207–20.
Kleiner, Diana E. E. *Cleopatra and Rome*. Cambridge, MA: Belknap Press of Harvard University Press, 2005.
Mayor, Adrienne. "Cleopatra & Antony Go Fishing." *Wonders & Marvels*. https://www.wondersandmarvels.com/2014/06/cleopatra-and-antony-go-fishing.html.
Preston, Diana. *Cleopatra & Antony: Power, Love, and Politics in the Ancient World*. Nova York: Walker, 2009.
Roller, Duane W. *Cleopatra: A Biography*. Oxford: Oxford University Press, 2010.
Schiff, Stacy. *Cleopatra: A Life*. Nova York: Little, Brown, 2010.
Tarn, W. W. "Alexander Helios and the Golden Age." *Journal of Roman Studies* 22, no. 2 (1932): 135–60.
Tsoucalas, Gregory e Marcos Sgantzos. "The Death of Cleopatra: Suicide by Snakebite or Poisoned by Her Enemies?" Cap. 2 in *Toxicology in Antiquity*. Vol. 1, editado por Philip Wexler. History of Toxicology and Environmental Health. Waltham, MA: Academic Press, 2014: 11–20.
Tyldesley, Joyce A. *Cleopatra: Last Queen of Egypt*. Nova York: Basic Books, 2008.
Walker, Susan e Peter Higgs, eds. *Cleopatra of Egypt: From History to Myth*. Londres: British Museum, 2001.

Antônio

Carbone, Lucia. "Mark Antony: Rogue with Monetary Insight." *ANS* on-line, no. 3 (2017): 7–19.
Duane W. Roller, "The Lost Building Program of Marcus Antonius." *L'Antiquité Classique* 76 (2007): 87–98.
Fraser, P. M. "Mark Antony in Alexandria: A Note." *Journal of Roman Studies* 47, nos. 1/2 (1957): 71–3.

Goldsworthy, Adrian Keith. *Antony and Cleopatra*. New Haven, CT: Yale University Press, 2010.

Huzar, Eleanor Goltz. *Mark Antony, A Biography*. Minneapolis: University of Minnesota Press, 1978.

Jones, Kenneth R. "Marcus Antonius' Median War and the Dynastic Politics of the Near East." In *Arsacids, Romans, and Local Elites: Cross-Cultural Interactions of the Parthian Empire*, editado por Jason Schlude e Benjamin Rubin. Oxford: Oxbow Books, 2017, 51–63.

Rossi, Ruggero F. *Marco Antonio Nella Lotta Politica Della Tarda Repubblica Romana*. Trieste, Itália, 1959.

Schieber, A. S. "Anthony and Parthia." *Rivista storica dell'Antichità* 9 (1979): 105–24.

Scott, Kenneth. "Octavian's Propaganda and Antony's De Sua Ebrietate." *Classical Philology* 24, no. 2 (1929): 133–41.

Southern, Pat. *Mark Antony: A Life*. Stroud, Reino Unido: Tempus, 1998.

Strauss, Barry S. e Josiah Ober. "Mark Antony: The Man Who Would Be Caesar." In *The Anatomy of Error: Ancient Military Disasters and Their Lessons for Modern Strategists*. Nova York: St. Martin's Press, 1990.

Weigall, Arthur E. P. Brome. *The Life and Times of Marc Antony*. Garden City, NY: Garden City, 1931.

Otávia

Dixon, Suzanne. "A Family Business: Women's Role in Patronage and Politics at Rome: 80–44 B.C." *Classica et Mediaevalia* 34 (1983): 104.

García Vivas, Gustavo. *Octavia Contra Cleopatra. El Papel De La Mujer En La Propaganda Política Del Triunvirato. 44–30 A. C.* Madri: Liceus Ediciones, 2013.

Kellum, Barbara. "Representations and Re-Presentations of the Battle of Actium." In *Citizens of Discord: Rome and Its Civil Wars*, editado por Brian Breed, Cynthia Damon e Andreola Rossi. Oxford: Oxford University Press, 2010, 187–202.

Moore, Katrina. "Octavia Minor and the Transition from Republic to Empire." Tese de Mestrado, Clemson University, 2017. https://tigerprints.clemson.edu/all_theses/2738.

Osgood, Josiah. *Turia: A Roman Woman's Civil War*. Oxford: Oxford University Press, 2014.

Raubitschek, Antony E. "Octavia's Deification at Athens." *TAPhA* 77 (1946): 146–50.
Singer, Mary White. "Octavia's Mediation at Tarentum." *Classical Journal* 43, no. 3 (1947): 173–8.
_____. "The Problem of Octavia Minor and Octavia Maior." *Transactions of the American Philological Association* 79 (1948): 268–74.
Ziogas, Ioannis. "Singing for Octavia: Vergil's *Life* and Marcellus's Death." *Harvard Studies in Classical Philology* 109 (2018): 429–81.

Otaviano

Bowersock, G. W. *Augustus and the Greek World*. Oxford: Clarendon Press, 1965.
Everitt, Anthony. *Augustus: The Life of Rome's First Emperor*. Nova York: Random House, 2006.
Gaddis, John Lewis. *On Grand Strategy*. Nova York: Penguin Press, 2018, 69–91.
Galinsky, Karl. *Augustus: Introduction to the Life of an Emperor*. Nova York: Cambridge University Press, 2012.
Goldsworthy, Adrian Keith. *Augustus: First Emperor of Rome*. New Haven, CT: Yale University Press, 2014.
Holmes, T. Rice. *The Architect of the Roman Empire*. Oxford: Clarendon Press, 1928.
Smith, Christopher John, Anton Powell e Tim Cornell. *The Lost Memoirs of Augustus and the Development of Roman Autobiography*. Swansea, País de Gales: Classical Press of Wales, 2009.
Southern, Pat. *Augustus*. 2. ed. Abingdon, Reino Unido: Routledge, 2014.

Agripa

Powell, Lindsay. *Marcus Agripa: Right-Hand Man of Caesar Augustus*. Barnsley, Reino Unido: Pen & Sword Books, 2015.
Reinhold, Meyer. *Marcus Agripa: A Biography*. Ed. Anastatica. Roma: "L'Erma" di Bretschneider, 1965.
Roddaz, Jean-Michel. *Marcus Agripa*. Roma: École Française de Rome, 1984.
Wright, F. A. *Marcus Agripa: Organizer of Victory*. Londres: G. Routledge & Sons, 1937.

Os anos de Triunvirato

Berdowski, P. *Res Gestae Neptuni Filii: Sextus Pompeius I Rzymskie Wojny Domowe*. Rzeszów, Polônia: Wydawnictwo Uniwersytetu Rzeszowskiego, 2015. Resumo em inglês, 397–404.

Delia, Diana. "Fulvia Reconsidered." In *Women's History and Ancient History*, editado por Sarah B. Pomeroy. Chapel Hill: University of North Carolina Press, 1991, 197–217.

Lange, Carsten Hjort. "Civil War and the (Almost) Forgotten Pact of Brundisium." In *The Triumviral Period: Civil War, Political Crisis, and Socioeconomic Transformations*, editado por Francisco Pina Polo. Saragoça, Espanha: Prensas de la Universidad de Zaragoza, 2020, 139–41.

_____. *Res Publica Constituta: Actium, Apollo, and the Accomplishment of the Triumviral Assignment*. Leiden, Holanda: Brill, 2009.

Osgood, Josiah. *Caesar's Legacy: Civil War and the Emergence of the Roman Empire*. Cambridge: Cambridge University Press, 2006.

_____. *Turia: A Roman Woman's Civil War*. Oxford: Oxford University Press, 2014.

Powell, Anton, Kathryn Welch e Alain M. Gowing. *Sextus Pompeius*. Swansea, País de Gales: Classical Press of Wales, 2002.

Rich, John. "Warlords and the Roman Republic." In *War, Warlords and Interstate Relations in the Ancient Mediterranean*, editado por T. Ñaco del Hoyo e F. López Sánchez. Boston: Brill, 2018, 284–6.

Scott, Kenneth. "The Political Propaganda of 44–30 B.C." *Memoirs of the American Academy in Rome* 11 (1933): 7–49.

Strauss, Barry. "Sextus Pompeius and the Strategy and Tactics of Ancient Sea Power." In *Rector maris. Sextus Pompeius und das Meer*, editado por Laura Kersten e Christian Wendt. Bonn, Alemanha: Habelt (Antiquitas I, vol. 74), 2020: 121–40.

Welch, Kathryn. *Magnus Pompeius: Sextus Pompeius and the Transformation of the Roman Republic*. Swansea, País de Gales: Classical Press of Wales, 2012.

Bógude e Metone

Andrews, Kevin. *Castles of the Morea*. Princeton, NJ: American School of Classical Studies at Athens, 1953.

Brizzi, Giovanni. "La Battaglia d'Azio." In Gentili, *Cleopatra*, 19–22.

Camps, G. "Bogud." *Encyclopédie berbère*, vol. 10. Aix-en-Provence, França: EDISUD, 1991: 1557–8.
Lawrence, A. W. *Greek Aims in Fortification*. Oxford: Clarendon Press, 1979.
Roller, Duane W. *The World of Juba II and Kleopatra Selene: Royal Scholarship on Rome's African Frontier*. Nova York: Routledge, 2003.

Ácio, a Batalha

Carter, John. *The Battle of Actium*. Londres: Hamish Hamilton, 1970.
Fratantuono, Lee. *The Battle of Actium 31 a.C.: War for the World*. Barnsley, Reino Unido: Pen & Sword Books, 2016.
Kromayer, J. "Actium: Ein Epilog." *Hermes* 68 (1933): 361–83.
_____. "Kleine Forschungen zur Geschichte des Zweiten Triumvirats. VII. Der Feldzug von Actium und der sogenannte Verrath der Cleopatra." *Hermes* 34, no. 1 (1899): 1–54.
Lange, Carsten Hjorst. "The Battle of Actium: A Reconsideration." *Classical Quarterly* 61, no. 2 (2011): 608–23.
Leroux, J. "Les problèmes stratégiques de la bataille d'Actium." *Recherches de Philologie et de Linguistique* 2 (1968): 29–37, 55.
Murray, William M. "Reconsidering the Battle of Actium — Again." In *Oikistes: Studies in Constitutions, Colonies, and Military Power in the Ancient World. Offered in Honor of A. J. Graham*, editado por Vanessa B. Gorman e Eric W. Robinson. Leiden, Holanda: Brill, 2002, 339–60.
Richardson, G. W. "Actium." *Journal of Roman Studies* 27, no. 2 (1937): 153–64.
Sheppard, Si. *Actium 31 a.C.: Downfall of Antony and Cleopatra*. Oxford, Reino Unido: Osprey Publishing, 2009.
Tarn, W. W. "The Battle of Actium." *Journal of Roman Studies* 21 (1931): 173–99.

Ácio, o sítio e os monumentos

Murray, William M. "The Dedication Inscription." In Konstantinos Zachos, ed. *The Victory Monument of Augustus at Nicopolis*. Atenas: Sociedade Arqueológica de Atenas, a ser publicado.
_____. "The Rostral Display on the Podium's Façade." Ibid.
Murray, William M. e Photios M. Petsas. *Octavian's Campsite Memorial for the Actian War*. Philadelphia: American Philosophical Society, 1989.

Zachos, Konstantinos. *An Archaeological Guide to Nicopolis. Rambling Through the Historical, Sacred, and Civic Landscape*. Trad. Deborah Brown. Monuments of Nicopolis 10. Atenas: DIPCA-Comitê Científico de Nicópolis, 2015.

———. "Excavations at the Actian Tropaeum at Nicopolis, A Preliminary Report." In *Foundation and Destruction, Nikopolis and Northwestern Greece: the Archaeological Evidence for the City Destructions, the Foundation of Nikopolis and the Synoecism*, editado por Jacob Isager. Atenas: Instituto Dinamarquês de Atenas, 2001, 29–41.

———. *To Mnēmeio tou Oktavianou Augoustou stē Nikopolē — To Tropaio tēs Naumachias tou Aktiou*. Atenas: Hypourgieo Politismou, 2001.

———. "The *Tropaeum* of the Sea-Battle of Actium at Nikopolis: Interim Report." *Journal of Roman Archaeology* 16 (2003): 64–92.

Navios antigos e guerra naval

Belfiglio, Valentine J. *A Study of Ancient Roman Amphibious and Offensive Sea-Ground Task Force Operations*. Lewiston, NY: Edward Mellen Press, 2001.

Beresford, James. *The Ancient Sailing Season*. Leiden, Holanda: Brill, 2013.

Callahan, Harold Augustin. *The Sky and the Sailor: A History of Celestial Navigation*. Nova York: Harper and Brothers, 1952, 10–8.

Casson, Lionel. *Ships and Seamanship in the Ancient World*. Princeton, NJ: Princeton University Press, 1971.

De Souza, Philip. *Piracy in the Graeco-Roman World*. Cambridge: Cambridge University Press, 1999.

Kromayer, J. "Die Entwickelung der römischen Flotte vom Seeräuberkriege des Pompeius bis zur Schlacht von Actium." *Philologus* 56.JG (dezembro de 1897): 458–66.

Morrison, J. F. e J. S. Coates. *Greek and Roman Oared Warships, 399–30 a.C.* Oxford, Reino Unido: Oxbow Books, 2016. Primeira publicação em 1996 pela Oxbow Books, Oxford: Reino Unido.

Morton, Jamie. *The Role of the Physical Environment in Ancient Greek Seafaring*. Leiden, Holanda: Brill, 2001.

Murray, William M. *The Age of Titans: the Rise and Fall of the Great Hellenistic Navies*. Nova York: Oxford University Press, 2012.

Pitassi, Michael. *The Navies of Rome*. Woodbridge, Reino Unido: Boydell, 2009.

Rodgers, William Ledyard. *Greek and Roman Naval Warfare: A Study of Strategy, Tactics, and Ship Design from Salamis (480 B.C.) to Actium (31 B.C.)*. Annapolis, MD: United States Naval Institute, 1937.

Starr, Chester G. *The Influence of Seapower on Ancient History*. Nova York: Oxford University Press, 1989.

_____. *The Roman Imperial Navy: 31 B.C.–A.D. 324*. Ithaca, NY: Cornell University Press, 1941.

Taylor, E. G. R. *The Haven-Finding Art: A History of Navigation from Odysseus to Captain Cook*. Nova York: Abelard-Schuman, 1957.

Thiel, J. H. *Studies on the History of Roman Sea-Power in Republican Times*. Amsterdã, Holanda: N. v. Noord-hollandsche uitgevers mij., 1946.

Exército romano

Austin, N. J. E. e N. B. Rankov. *Exploratio: Military and Political Intelligence in the Roman World*. Nova York: Routledge, 1995.

Gilliver, Catherine, Adrian Keith Goldsworthy e Michael Whitby. *Rome at War*. Oxford, Reino Unido: Osprey, 2005.

Goldsworthy, Adrian Keith e John Keegan. *Roman Warfare*. Nova York: Smithsonian Books/Collins, 2005.

Keppie, L. J. F. *Colonisation and Veteran Settlement in Italy, 47–14 B.C.* Londres: British School at Rome, 1983.

_____. *The Making of the Roman Army: From Republic to Empire*. Totowa, NJ: Barnes & Noble Books, 1984.

_____. "Mark Antony's Legions." In *Legions and Veterans: Roman Army Papers 1971–2000*. Stuttgart, Alemanha: Franz Steiner Verlag, 2000, 74–96.

_____. "A Note on the Title Actiacus." In *Legions and Veterans*, 97–8. [=*Classical Review* 21, no. 3 (1971): 329–30.]

Roth, Jonathan P. *The Logistics of the Roman Army at War (264 B.C.–A.D. 235)*. Leiden, Holanda: Brill, 1999.

Depois de Ácio

Beard, Mary. *The Roman Triumph*. Cambridge, MA: Belknap Press of Harvard University Press, 2007.

Gray-Fow, Michael. "What to Do with Caesarion?." *Greece & Rome* 61, no. 1 (2014): 38–67.

Gurval, Robert Alan. *Actium and Augustus: The Politics and Emotions of Civil War*. Ann Arbor: University of Michigan Press, 1995.

Ober, Josiah. "Not by a Nose: The Triumph of Antony and Cleopatra at Actium, 31 B.C." In *What If 2: Eminent Historians Imagine What Might Have Been*, editado por Robert Cowley. Nova York: G. P. Putnam's Sons, 2001, 23–47.

Östenberg, Ida. *Staging the World: Spoils, Captives, and Representations in the Roman Triumphal Procession*. Oxford: Oxford University Press, 2009.

Zanker, Paul. *The Power of Images in the Age of Augustus*. Ann Arbor: University of Michigan Press, 1988.

NOTAS

Prólogo

1. William M. Murray, "The Dedication Inscription", em Konstantinos Zachos, ed. *The Victory Monument of Augustus at Nicopolis* (Atenas: Sociedade Arqueológica de Atenas, em preparação), esp. 21-2; William M. Murray e Photios M. Petsas, *Octavian's Campsite Memorial for the Actian War* (Philadelphia: American Philosophical Society, 1989), 62-76; Konstantinos Zachos, *An Archaeological Guide to Nicopolis. Rambling Through the Historical, Sacred, and Civic Landscape*, Monuments of Nicopolis 10, trad. Deborah Brown (Atenas: DIPCA–Comitê Científico de Nicópolis, 2015), 65.
2. O nome oficial era *Actia Nicopolis* — "Cidade da Vitória de Ácio" —, um nome híbrido, greco-latino.
3. Winston S. Churchill, "Foreign Affairs" (debate na Câmara dos Comuns, em 23 de janeiro de 1948), transcrição disponível em Hansard 1803-2005, acessado em 11 de abril de 2021, https://api.parliament.uk/historic-hansard/commons/1948/jan/23/foreign-affairs#S5CV0446P0_19480123_HOC_99.

Capítulo 1: A estrada para Filipos

1. Cícero, *Cartas a Ático*, 14.20.2; ver, para comparar, Joyce Tyldesley, *Cleopatra: Last Queen of Egypt* (Nova York: Basic Books, 2008), 107-8.
2. Tecnicamente, ele ofereceu-lhe um diadema, ou filete — isto é, uma tiara, símbolo de realeza —, e não uma coroa, já que, ao contrário dos monarcas modernos, os reis no mundo greco-romano usavam essas tiaras em lugar de coroas.

3   Sobre o assassinato de Júlio César, ver meu *The Death of Caesar: The Story of History's Most Famous Assassination* (Nova York: Simon & Schuster), 2015.
4   É possível que tenha sido sua tia-avó, e não sua avó, a dar esse testemunho.
5   *o puer, qui omnia nomini debes*, Cícero, *Filípicas*, 13.24.
6   Suetônio (C. Suetonius Tranquillus), *Vida de Augusto*, 77. Ver o comentário de D. Wardle em Suetônio, *Life of Augustus (Vita Divi Augusti)*, ed. D. Wardle (Oxford: Oxford University Press, 2014), 468.
7   Suetônio, *Vida de Augusto*, 11.
8   William Shakespeare, *Júlio César*, ato 4, cena 1, linhas 12-3: "um homem fraco, sem méritos/ Só serve para dar recados".
9   Veleio (Marcus Velleius Paterculus), *História romana*, 2.86.3.
10 Plutarco (Lucius Mestrius Plutarchus), *Vida de Bruto*, 29.9.
11 "Silver Denarius, Uncertain Value, 43 B.C.–42 B.C. 1944.100.4554", *American Numismatic Society* on-line, acessado em 11 de abril de 2021, http://numismatics.org/collection/1944.100.4554.
12 "Julius Caesar 'Assassination Coin' Sets World Record of Nearly $4.2 Million", *ArtDaily*, acessado em 11 de abril de 2021, https://artdaily.cc/news/129649/Julius-Caesar--assassination-coin--sets-world-record-of-nearly--4-2-million.
13 Shakespeare, *Júlio César*, ato 5, cena 5, linha 73.

Capítulo 2: O comandante e a rainha

1   Marcial (Marcus Valerius Martialis), *Epigramas*, 11.20.
2   Duane W. Roller, *Cleopatra: A Biography* (Oxford: Oxford University Press, 2010), 116.
3   William Shakespeare, *Antônio e Cleópatra*, ato 1, cena 2, linhas 196-210.
4   Plutarco, *Vida de Antônio*, 26.1–2; Plutarco (Lucius Mestrius Plutarchus), *Plutarch's Lives*, vol. 9, *Demetrius and Antony. Pyrrhus and Caius Marius*, trad. Bernadotte Perrin (Londres: W. Heinemann, 1920), 193-5.
5   Ibid., 26.5; ibid., 195, modificado.
6   Plutarco, *Vida de Antônio*, 26.3–4; ver, para comparar, Shakespeare, *Antônio e Cleópatra*, ato 2, cena 2, linhas 225-32.
7   Flávio Josefo, *Antiguidades judaicas*, 15.4.1, e *Contra Apião*, 2.5; Apiano de Alexandria, *Guerras civis*, 5.9; Dião Cássio (Lucius Cassius Dio), *História romana*, 48.24.2. As fontes contêm contradições e um viés anti-Cleópatra.
8   Plutarco, *Vida de Antônio*, 29.1.
9   Shakespeare, *Antônio e Cleópatra*, ato 2, cena 2, linha 240.

10 Plutarco, *Vida de Antônio*, 27, ver, para comparar, 25.4–5; Dião Cássio, *História romana*, 42.34.4–6.
11 "Silver Tetradrachm of Cleopatra VII of Egypt/Mark Antony/Cleopatra VII of Egypt, Antioch, 36 a.C. 1977.158.621", *American Numismatic Society* on-line, acessado em 11 de abril de 2021, http://numismatics.org/collection/1977.158.621.
12 "Bronze 80 drachm of Cleopatra VII of Egypt, Alexandreia, 51 a.C.–29 a.C. 1941.131.1158", *American Numismatic Society* on-line, acessado em 11 de abril de 2021, http://numismatics.org/collection/1941.131.1158.
13 "Bronze 80 drachm of Cleopatra VII of Egypt, Alexandreia, 51 a.C.–29 a.C. 1944.100.75442", *American Numismatic Society* on-line, acessado em 11 de abril de 2021, http://numismatics.org/collection/1944.100.75442.
14 Susan Walker e Peter Higgs, *Cleopatra of Egypt: From History to Myth* (Londres: British Museum, 2001), catálogo n. 179, p. 177; moeda de prata: catálogo n. 220, p. 234.
15 "Silver Tetradrachm of Antony and Cleopatra, Antioch, 36 a.C. 1967.152.567", *American Numismatic Society* on-line, acessado em 11 de abril de 2021, http://numismatics.org/collection/1967.152.567.
16 "Silver Tetradrachm of Antony and Cleopatra, Antioch, 36 a.C. 1967.152.567", *American Numismatic Society* on-line, acessado em 11 de abril de 2021, http://numismatics.org/collection/1944.100.65512.
17 Ou ela poderia ter uma quarta parte egípcia, mas isso parece menos provável, considerando: a) o grau em que Cleópatra enfatizava a língua egípcia; b) as honras feitas a uma família sacerdotal egípcia pela filha de Cleópatra. Para este argumento complexo e engenhoso, ver Roller, *Cleopatra*, 165-6. Sobre a raça de Cleópatra, ver também Shelley P. Haley, "Black Feminist Thought and Classics: Re-membering, Re-claiming, Re-empowering", em *Feminist Theory and the Classics*, ed. Nancy Sorkin Rabinowitz e Amy Richlin (Nova York: Routledge, 1993), 23-43.
18 Horácio, *Odes* 1.37.7, 9–10, 12,13,14. Os poetas Horácio (Quinto Horácio Flaco) e Sexto Propércio refletem a interpretação de Otaviano sobre o relacionamento de Antônio com Cleópatra: Kenneth Scott, "The Political Propaganda of 44–30 B.C.", *Memoirs of the American Academy in Rome* 11 (1933): 49.
19 Dião Cássio, *História romana*, 50.1, 3, 5, 24–5; Horácio, *Epodos*, 9.11–6, e *Odes*, 1.37. 7.12,13,14.
20 Por exemplo, ver Ovídio (Publius Ovidius Naso), *Metamorfoses*, 15.827; Dião Cássio, *História romana*, 50.26.2.
21 Horácio, *Epodos*, 9.12.
22 Propércio, *Elegias*, 2.16.39–40, 4.6.21–2.
23 Horácio, *Epodos*, 9.12.
24 Josefo, *Contra Apião*, 2.59.

25 Dião Cássio, *História romana*, 50.25.3.
26 Josefo, *Contra Apião*, 2.59.
27 Propércio, *Elegias*, 4.6.21–2.
28 Comentadores de Virgílio (Públio Virgílio Maro), *Eneida*, 8.696.
29 Floro, *Epítome da História de Tito Lívio*, 21.3.11.
30 Entre eles estão al-Masudi e (Agapius) Mahbub ibn Qustantin. Ver Okasha El Daly, *Egyptology: The Missing Millennium, Ancient Egypt in Medieval Arabic Writings* (Londres: UCL Press, 2005), 121-3, 130-7.
31 Filóstrato (Lucius Flavius Philostratus), *Vidas dos sofistas*, 1.5.
32 Plutarco, *Vida de Antônio*, 27.4–5.
33 Suetônio, *Vida de Júlio César*, 52.1.
34 Ver Ronald Syme, "No Son for Caesar?", *Historia: Zeitschrift für Alte Geschichte*, 29, n. 4 (1980): 422-37.
35 Arnaldo Momigliano, Theodore John Cadoux e Ernst Badian, "Oppius", em Simon Hornblower, Anthony Spawforth e Esther Eidinow, eds., *The Oxford Classical Dictionary*, 4. ed. (Oxford: Oxford University Press, 2012).
36 Plutarco, *Pompey*, 10.5.
37 Nicolau de Damasco, *Vida de Augusto*, 68; Dião Cássio, *História romana*, 47.31.5.
38 Suetônio, *Vida de Júlio César*, 52.2.
39 Plutarco, *Vida de Antônio*, 29.5–7; Adrienne Mayor, "Cleopatra & Antony Go Fishing", *Wonders & Marvels*, acessado em 11 de abril de 2021, http://www.wondersandmarvels.com/2014/06/cleopatra-and-antony-go-fishing.html.
40 Plínio, o Velho, *História Natural*, 9.119–21.
41 Prudence J. Jones, "Cleopatra's Cocktail", *Classical World* 103, n. 2 (2010): 207-20.
42 Plutarco, *Vida de Antônio*, 29.
43 Suetônio, *Vida de Augusto*, 15.1.
44 Ibid., 25.4.

Capítulo 3: Três tratados e um casamento

1 "Filters", *American Numismatic Society* on-line, acessado em 11 de abril de 2021, http://numismatics.org/search/results?q=year_num%3A%5B-50+TO+-30%5D+AND+domitius+ahenobarbus+AND+department_facet%3A%22Roman%22&lang=en.
2 Suetônio, *Vida de Augusto*, 70.2; Plutarco, *Vida de Antônio*, 33.2–3.
3 Apiano, *Guerras civis*, 5.59.
4 Nicolau, *Vida de Augusto*, 28; ver Nicolaus, *The Life of Augustus and the Autobiography*, ed. Mark Toher (Cambridge: Cambridge University Press, 2016), 214-5.
5 Apiano, *Guerras civis*, 3.91–2.

6   Ibid., 3.14; Nicolau, *Augustus*, 52-4.
7   Plutarco, *Vida de Antônio*, 31.2.
8   Apiano, *Guerras civis*, 4.32-4.
9   Plutarco, *Vida de Antônio*, 31.4-5.
10 Tácito (Publius Cornelius Tacitus), *Anais*, 1.10, *subdolae adfinitatis*, trad. Tacitus, John Yardley e Anthony Barrett, *The Annals: the Reigns of Tiberius, Claudius, and Nero* (Oxford: Oxford University Press, 2008), 9.
11 "Silver Cistophorus of Marc Antony, Ephesus, 39 a.C. 1944.100.7032", *American Numismatic Society* on-line, acessado em 11 de abril de 2021, http://numismatics.org/collection/1944.100.7032?lang=en.
12 Prisciano (Priscianus), *Institutio de arte grammatica*, X.47 (ed. H. Keil II, 536 [Leipzig, Alemanha, 1855]), citado em Emily A. Hemelrijk, *Matrona Docta: Educated Women in the Roman Élite from Cornelia to Julia Domna* (Nova York: Routledge, 1999), 107, 293n43.
13 Dião Cássio, *História romana*, 48.31.2; Attilio Degrassi, *Inscriptiones Latinae Liberae Rei Publicae*, 2. ed., aucta et emendata (Florença: La nuova Italia, 1972), 562a = Hermann Dessau, *Inscriptiones Latinae Selectae* (Berolini: Weidmann, 1892) 3784; Josiah Osgood, *Caesar's Legacy: Civil War and the Emergence of the Roman Empire* (Cambridge: Cambridge University Press, 2006), 193.
14 "Gold Aureus, Uncertain Value, 38 B.C. 1976.10.1", *American Numismatic Society* on-line, acessado em 11 de abril de 2021, http://numismatics.org/collection/1976.10.1?lang=en.
15 Jackie Butler, "Fulvia: The Power Behind the Lion?", *Coins at Warwick* (blog), 1º de agosto de 2018, https://blogs.warwick.ac.uk/numismatics/entry/fulvia_the_power/. Antônio não colocou o nome de Otávia nas moedas, mas ela é facilmente identificada por sua acentuada semelhança familiar com as imagens contemporâneas de Otaviano.
16 Virgílio, *Eclogues*, trad. J. B. Greenough (Boston: Ginn, 1895), linhas 8-12, http://www.perseus.tufts.edu/hopper/text?doc=Perseus%3Atext%3A1999.02.0057%3Apoem%3D4.
17 Ver a discussão em Osgood, *Caesar's Legacy*, 193-201.
18 Attilio Degrassi, *Inscriptiones Italiae*, vol. 13.1: *Fasti Triumphales et Consulares* (Roma: Libreria dello Stato, 1947), 86-7, 568; ver, para comparar, 342-3, Fasti Barberiniani. Discutido por Carsten Hjort Lange, "Civil War and the (Almost) Forgotten Pact of Brundisium", em *The Triumviral Period: Civil War, Political Crisis, and Socioeconomic Transformations*, ed. Francisco Pina Polo (Saragoça, Espanha: Prensas de la Universidad de Zaragoza), 139-41.
19 Plutarco, *Vida de Antônio*, 32.5-8; Apiano, *Guerras civis*, 5.73; Dião Cássio, *His-

tória romana, 48.38.1–3. Ver Pat Southern, *Mark Antony: A Life* (Stroud, Reino Unido: Tempus, 1998), posição 2773 de 4044 (ebook Kindle).
20 Píndaro, frag. 64.
21 Gustavo García Vivas, *Octavia Contra Cleopatra. El Papel De La Mujer En La Propaganda Política Del Triunvirato. 44–30 A. C.* (Madri: Liceus Ediciones, 2013), 71, citando Joyce Maire Reynolds e Kenan T. Erim, *Aphrodisias and Rome: Documents from the Excavation of the Theatre at Aphrodisias Conducted by Professor Kenan T. Erim, Together with Some Related Texts* (Londres: Society for the Promotion of Roman Studies, 1982), doc. 8 l.26, comentário, na mesma posição.
22 Apiano, *Guerras civis*, 5.76, trad. Horace White, em Appianus, Horace White e E. Iliff Robson, *Appian's Roman History* (Cambridge, MA: Harvard University Press, 1912), 507.
23 Dião Cássio, *História romana*, 48.39.2; Sêneca, o Velho (Lucius Annaeus Seneca), *Suasoriae*, 1.6. A acusação pode vir de propaganda anti-Antônio.
24 Dião Cássio, *História romana*, 49.21; Plutarco, *Vida de Antônio*, 34.4.
25 Ibid.; ibid., 34.5.
26 Em 117/118, o imperador romano Trajano (Marcus Ulpius Traianus) teve permissão póstuma de celebrar um triunfo sobre a Pártia. Ver Plutarco, *Life of Anthony*, ed. C. B. R. Pelling (Cambridge: Cambridge University Press, 1988), 212.
27 Sobre a conferência de Tarento, ver Apiano, *Guerras civis*, 5.92–5; Dião Cássio, *História romana*, 48.54; Plutarco, *Vida de Antônio*, 35; Plutarco, *Life of Antony*, ed. comentada, Pelling, 213-6.
28 Ver, por exemplo, Ronald Syme, *The Roman Revolution* (Oxford: Oxford University Press, 2002 [Oxford: Clarendon Press,1939]), 225-6n2.
29 Sobre as moedas, ver Susan Wood, *Imperial Women: A Study in Public Images, 40 B.C.–A.D. 68* (Boston: Brill, 1999), 41-51.
30 Beth Severy, *Augustus and the Family at the Birth of the Roman Empire* (Nova York: Routledge, 2003), 42.

Capítulo 4: Vitória de Otaviano, derrota e recuperação de Antônio

1 Apiano, *Guerras civis*, 5.111–2.
2 Ver William M. Murray, *The Age of the Titans: The Rise and Fall of the Great Hellenistic Navies* (Nova York: Oxford University Press, 2012), 166-7.
3 Augusto, *Res Gestae*, 25.
4 Suetônio, *Vida de Augusto*, 16.3.
5 Augusto, *Res Gestae*, 29.1.
6 Ver Marjeta Šašel Kos, "Octavian's Illyrian War: Ambition and Strategy", em *The Century of the Brave: Roman Conquest and Indigenous Resistance in Illyricum Dur-*

ing the Time of Augustus and His Heirs: Proceedings of the International Conference, Zagreb, 22.–26.9.2014, ed. Marina Milecivic Bradač e Dino Demechili (Zagreb, Croácia: FF Press, 2018), 48-9.

7   Ver Scott, "Political Propaganda", 48-9.
8   Suetônio, *Augustus*, 70; Suetônio, *Life of Augustus (Vita Divi Augusti)*, ed. comentada, D. Wardle, 443-6; Marleen Flory, "*Abducta Neroni Uxor:* The Historiographic Tradition on the Marriage of Otaviano and Livia", *Transactions of the American Philological Association* 118 (1988): 343-59.
9   Plutarco, *Vida de Antônio*, 33.2.–4; Suetônio, *Vida de Augusto*, 70.2.
10 Christopher Pelling, "The Triumviral Period", em *The Cambridge Ancient History*, vol. 10, *The Augustan Empire, 43 B.C.–A.D. 69*, ed. Alan K. Bowman, Edward Champlin e A. W. Lintott (Cambridge: Cambridge University Press, 1996), 49.
11 Plínio, *História Natural*, 14.22. Ver Kenneth Scott, "Octavian's Propaganda and Antony's De Sua Ebrietate", *Classical Philology* 24, n. 2 (1929): 133-41.
12 Suetônio, *Vida de Augusto*, 69.1–2.
13 Ibid., 69.2. Esta última sentença, "Ela é minha esposa?", poderia também ser traduzida como "Ela é minha esposa", porque o latim não tem ponto de interrogação, e a ordem das palavras poderia indicar tanto uma afirmação quanto uma pergunta. No entanto, uma afirmação faria pouco sentido, já que o argumento da longa lista citada por Antônio sobre os casos de Otaviano é que ambos os homens traíam suas esposas — e não que Antônio era bígamo (o que envolvia ninguém menos que a irmã de Otaviano). Portanto, certamente era uma pergunta: "É ela minha esposa?".
14 Plutarco, *Vida de Antônio*, 37.3–4, 38.1–2; A. S. Schieber, "Anthony and Parthia", *Rivista storica dell'Antichità* 9 (1979): 111.
15 Plutarco, *Life of Antony*, ed. comentada, Pelling, 225.
16 Plutarco, *Vida de Antônio*, 37.3; Schieber, "Anthony and Parthia", 111.
17 Plutarco, *Vida de Antônio*, 53.1–4.
18 Ibid., 53.2; Dião Cássio, *História romana*, 49.33.3–4; Plutarco, *Life of Antony*, ed. comentada, Pelling, 244-5.
19 Plutarco, *Vida de Antônio*, 54.1; Plutarco, *Life of Antony*, ed. comentada, Pelling, 248, propõe que, na realidade, talvez Otaviano apenas tivesse sugerido em público que Otávia teria justificativas para se divorciar de Antônio, caso desejasse.
20 Dião Cássio, *História romana*, 49.38.1. Não fica claro se o voto veio do Senado ou por meio de uma lei do povo. Ver R. A. Bauman, "Tribunician Sacrosanctity in 44, 36 and 35 B. C.", *Rheinisches Museum Für Philologie* 124, n. 2 (1981): 174-8.
21 Richard A. Bauman, *Women and Politics in Ancient Rome* (Londres: Routledge, 1992), 93.

22 Note que Dião Cássio, *História romana*, 49.38.1, antepõe o nome de Otávia ao de Lívia, apesar da maior importância de Lívia, em geral, na história de Roma.
23 Como sugerido por Marleen B. Flory, "Livia and the History of Public Honorific Statues for Women in Rome", *Transactions of the American Philological Association* 123 (1993): 295-6.
24 Plutarco, *Vida de Antônio*, 50.6; Dião Cássio, *História romana*, 49.40.3–4.
25 Dião Cássio, *História romana*, 49.40.3–4.
26 Plutarco, *Vida de Antônio*, 54.4–9; Dião Cássio, *História romana*, 49.41.
27 Estrabão, *Geografia*, 17.795.
28 Plutarco, *Vida de Antônio*, 54.5.

Capítulo 5: A chegada da guerra

1 Tim G. Parkin, *Old Age in the Roman World: a Cultural and Social History* (Baltimore: Johns Hopkins University Press, 2003), 20-1.
2 Plutarco, *Vida de Antônio*, 56.2.
3 Por exemplo, Geminius, que, em nome dos amigos de Antônio, viera de Roma para tentar persuadi-lo a mandar Cleópatra de volta ao Egito (ibid., 59.1–5).
4 É possível que Antônio também tivesse feito isso, uma realização que mais tarde a propaganda hostil de Augusto apagou. Ver Duane W. Roller, "The Lost Building Program of Marcus Antonius", *L'Antiquité Classique* 76 (2007): 87-98.
5 W. W. Tarn, "Alexander Helios and the Golden Age", *Journal of Roman Studies* 22, n. 2 (1932): 135-60; Michael Grant, *Cleopatra* (Nova York: Simon & Schuster, 1972), 172-5.
6 Plutarco, *Vida de Antônio*, 56.6.
7 Ibid., 56.7-10; Plutarco, *Plutarch's Lives*, vol. 9, trad. Perrin, 267.
8 Plutarco, *Vida de Antônio*, 57.2–3.
9 Ibid., 57.4; Dião Cássio, *História romana*, 50.3.2.
10 Dião Cássio, *História romana*, 50.3.2; Sêneca, *Suasoriae*, 1.6.
11 Antônio tinha duas casas em Roma: uma no Monte Palatino (Dião Cássio, *História romana*, 53.27.5) e a outra — antiga posse de Pompeu, o Grande — do outro lado do vale do Fórum, numa colina que daria para o posterior Coliseu. Ver Eva Margareta Steinby, *Lexicon Topographicum Urbis Romae*, vol. 2 (Roma: Quasar, 1993), 34, e Plutarco, *Vida de Antônio*, 54.5. Ambas eram residências muito bonitas. Não fica claro em qual delas Otávia viveu. Sobre a data de maio ou junho, ver Suetônio (C. Suetonius Tranquillus), *Life of Augustus (Vita Divi Augusti)*, trad., introd., ed. comentada, D. Wardle, 442.
12 Sarah Rey, "Les larmes romaines et leur portée: une question de genre?", *Clio: Women, Gender, History* 41, n. 1 (2015): 243-64.

13 Plutarco, *Vida de Antônio*, 57.4.
14 Plutarco, *Life of Antony*, ed. comentada, Pelling, 259, sugere que Antônio se divorciou de Otávia a fim de impedir que ela o fizesse antes dele.
15 Apiano, *Guerras civis*, 5.144.
16 Veleio, *História romana*, 2.83.2.
17 Ibid.
18 Dião Cássio, *História romana*, 50.3.2.
19 Plutarco, *Vida de Antônio*, 58.4.
20 Veleio, *História romana*, 2.83.1. Outro problema pode ter sido a perda dos favores de Cleópatra: Plutarco, *Vida de Antônio*, 58.4.
21 Plutarco, *Vida de Antônio*, 58.4–6; Dião Cássio, *História romana*, 50.3.3–5; Suetônio, *Vida de Augusto*, 17.
22 Plutarco, *Vida de Antônio*, 58.7.
23 Dião Cássio, *História romana*, 50.4.3–4.
24 Suetônio, *Vida de Augusto*, 99.1.
25 Plutarco, *Vida de Antônio*, 58.10.
26 Ibid., 60.1.
27 Dião Cássio, *História romana*, 50.4.5; ver, para comparar, Augusto, *Res Gestae*, 7.3.
28 Augusto, *Res Gestae*, 25, trad. Frederick W. Shipley, *Velleius Paterculus and Res Gestae Divi Augusti* (Londres: W. Heinemann, 1955), 385.

Capítulo 6: Os invasores

1 Ver Tomislav Bilič, "The Myth of Alpheus and Arethusa and Open-Sea Voyages on the Mediterranean — Stellar Navigation in Antiquity", *International Journal of Nautical Archaeology* 38, n. 1 (2009): 116-32; James Morton, *The Role of the Physical Environment in Ancient Greek Sailing* (Leiden, Holanda: Brill, 2001),151, 153-4, 185-7.
2 William M. Murray, comunicação pessoal com o autor, setembro de 2020.
3 Júlio César, *A Guerra Civil*, 3.23–8; Plutarco, *Vida de Antônio*, 7.1–6; Apiano, *Guerras civis*, 2.59; Dião Cássio, *História romana*, 41.48.
4 Plutarco, *Vida de Antônio*, 35.1; Apiano, *Guerras civis*, 5.56–61, 66, 93–5.
5 Plutarco, *Vida de Antônio*, 58.1–2; Dião Cássio, *História romana*, 50. 10.3–6.
6 Dião Cássio, *História romana*, 50.7.3, 9.1; Sérvio (Servius Marius Honoratus), *Comentário da Eneida de Virgílio*, 7.684; Grant, *Cleopatra*, 198.
7 Dião Cássio, *História romana*, 50.7.3.
8 Ibid., 50. 11.5; Syme, *Roman Revolution*, 292-3.
9 Lívio (Titus Livius), *Periochae*, 132.2.
10 Veleio, 2.82.4.

11 Plutarco, *Vida de Antônio*, 58.1–3; Plutarco, *Life of Antony*, ed. coment., Pelling, 259-60.
12 Dião Cássio, *História romana*, 50.9.2.
13 Ibid., 50.5.4; Propércio, *Elegias*, 3.11.45–6; *Latin Anthology*, 1.462.3; Ovídio, *Metamorfoses*, 15.826–8; [Autor desconhecido], *Elegy for Maecenas*, 1.53–54; Floro, *Epítome da História de Tito Lívio*, 2 21.2; Eutrópio, *Breviário da História Romana*, 7.7.1.
14 Apoiei-me no trabalho pioneiro de William Murray; ver Murray, *Age of Titans*, 242-3.
15 O termo erudito para esses navios maiores é *polyreme*, que em grego significa "muitos remos".
16 Murray e Petsas, *Octavian's Campsite Memorial*, 142-51; William M. Murray, "Reconsidering the Battle of Actium — Again", em *Oikistes: Studies in Constitutions, Colonies, and Military Power in the Ancient World. Offered in Honor of A. J. Graham*, ed. Vanessa B. Gorman e Eric W. Robinson (Leiden, Holanda: Brill, 2002), 342-3; Murray, *Age of Titans*, 235-8.
17 Houve alguns exemplos de cercos navais romanos, como o liderado por Públio Cornélio Cipião Africano em Utica (na atual Tunísia), em 204 a.C., mas foram exceções.
18 Ver Murray, *Age of Titans*, 95-100, 125-8, *et passim*.
19 Diodoro Sículo, *Library of History*, trad. Russel M. Geer (Cambridge, MA: Harvard University Press, 1954), vol. 10, livro 20, p. 361, 20.83.2.
20 Dião Cássio, *História romana*, 50.9.2.
21 Plutarco, *Vida de Antônio*, 58.3; ver Plutarco, *Life of Antony*, ed. comentada, Pelling, 260.

Capítulo 7: A coroa naval

1 Lívio (Titus Livius), *Periochae*, 129; Dião Cássio, *História romana*, 49.14.3; Sêneca, o Velho (Lucius Annaeus Seneca), *Sobre os benefícios*, 3.32.4; Veleio, *História romana*, 2.81.3; Virgílio, *Eneida* 8.683–4; Ovídio (Publius Ovidius Naso), *A arte de amar*, 3.392; Plínio, *História Natural*, 16.7–8. Ver a discussão em Meyer Reinhold, *From Republic to Principate: An Historical Commentary on Cassius Dio's Roman History Books 49–52 (36–29 B.C.)* (Atlanta: Scholars Press, 1987), 34; Lindsay Powell, *Marcus Agripa: Right-Hand Man of Caesar Augustus* (Barnsley, Reino Unido: Pen & Sword Books, 2015), 63, 276nn124–27.
2 Virgílio, *Aeneid*, trad. John Dryden, 8.683.
3 Ver, por exemplo, "RIC I (Second Edition) Augustus 158" ou "RIC I (Second Edition) Augustus 160", *American Numismatic Society* on-line, acessado em 12 de abril

de 2021, http://numismatics.org/ocre/id/ric.1(2).aug.158, ou http://numismatics.org/ocre/id/ric.1(2).aug.160, respectivamente.

4   Roger Crowley, *City of Fortune: How Venice Ruled the Seas* (Nova York: Random House, 2011), 120.

5   Da Córcira, é uma distância de 1.114 milhas, ou 968 milhas náuticas, ou 1.793 quilômetros até Alexandria, Egito ("Orbis: The Stanford Geospatial Network of the Ancient World", *Stanford University Libraries* on-line, acessado em 12 de abril de 2021, http://orbis.stanford.edu).

6   Vegécio, *Compêndio da arte militar*, 3.26, trad. Paul Erdkamp, *Hunger and the Sword: Warfare and Food Supply in Roman Republican Wars (264–30 B.C.)* (Amsterdã: J. C. Gieben, 1998), 27.

7   Muitos exemplos em Jonathan P. Roth, *The Logistics of the Roman Army at War (264 B.C.–A.D. 235)* (Leiden: Brill, 1999), *et passim*.

8   Apiano, *Guerras civis*, 5.118.

9   Shakespeare, *Antônio e Cleópatra*, ato 2, cena 2, linha 247.

10 Distâncias são baseadas em cálculos de "Orbis: Stanford Geospatial Network", http://orbis.stanford.edu. O site não inclui Metone, mas menciona o Cabo Akitas, ou Cabo Akritas, hoje um percurso de cerca de dez milhas náuticas a sudeste de Metone ("Sailing Distance Calculator", *Sail Greece*, acessado em 12 de abril de 2021, https://www.sailgreeceyachts.com/sailing-distances-greece.html).

11 Ver Tomislav Bilič, "The Myth of Alpheus and Arethusa and Open-Sea Voyages on the Mediterranean — Stellar Navigation in Antiquity", *International Journal of Nautical Archaeology* 38, n. 1 (2009): 116-32; Morton, *Role of Physical Environment in Ancient Greek Sailing*, 185-7.

12 Distâncias baseadas em cálculos de "Sailing Distance Calculator", acessado em 12 de abril de 2021, https://www.sailgreeceyachts.com/sailing-distances-greece.html. Uma distância de 751 quilômetros, ou cerca de 395 milhas náuticas, vem do "Orbis: Stanford Geospatial Network", http://orbis.stanford.edu, mas segue uma rota menos direta.

13 Sobre navegação antiga, ver Morton, *Role of Physical Environment in Ancient Greek Sailing*, 122-3, 185-94; James Beresford, *The Ancient Sailing Season* (Leiden, Holanda: Brill, 2013), 173-212; E. G. R. Taylor, *The Haven-Finding Art: A History of Navigation from Odysseus to Captain Cook* (Nova York: Abelard-Schuman, 1957), 3-64; Harold Augustin Callahan, *The Sky and the Sailor: A History of Celestial Navigation* (Nova York: Harper and Brothers, 1952), 10-8.

14 Lívio (Titus Livius), *História de Roma*, 31.23.

15 A começar, ao que parece, por J. Kromayer, "Kleine Forschungen zur Geschichte des Zweiten Triumvirats. VII. Der Feldzug von Actium und der sogenannte Verrath der Cleopatra", *Hermes* 34, n. 1 (1899): 9. Ver também Giovanni Brizzi, "La Bat-

taglia d'Azio", em *Cleopatra: Roma e l'Incantesimo Dell'Egitto*, ed. Giovanni Gentili (Milão, Itália: Skira), 2013, 21-2.

16 Kromayer, "Kleine Forschungen", 9; 25, n. 2, defende que Agripa não poderia ter iniciado viagem muito depois de março, se quisermos incluir todas as suas explorações em 31 a.C., antes da Batalha de Ácio em 2 de setembro. A respeito de navegar no inverno, ver Beresford, *Ancient Sailing Season*, 269-70.

17 Este argumento foi proposto por Jean-Michel Roddaz, *Marcus Agripa* (Roma: École Française de Rome, 1984), 168-9.

18 O comandante era C. Lucrécio Galo, e a data era 171 a.C.; Lívio (Titus Livius), *História de Roma*, 42.48.9.

19 Sobre o uso pelos romanos de navios de reconhecimento e camuflagem azul-mar, ver Políbio, *Histórias*, 3.95–6; Júlio César, *A guerra africana*, 26.3–4; Vegécio, *Compêndio da arte militar*, 4.37; N. J. E. Austin e N. B. Rankov, *Exploratio: Military and Political Intelligence in the Roman World* (Nova York: Routledge, 1995), 59-60, 62, 237.

20 C. Lucrécio Galo, 171 a.C.; Lívio, *História de Roma*, 42.48.9.

21 Sobre a velocidade das frotas romanas, ver Lionel Casson, *Ships and Seamanship in the Ancient World* (Princeton, NJ: Princeton University Press, 1971), 292-6.

22 Dião Cássio, *História romana*, 50.9.4.

23 Ibid.

Capítulo 8: O rei africano

1 Sobre Bógude, ver *inter alia*, G. Camps, "Bogud", *Encyclopédie Berbère* vol. 10 (Aix-en-Provence, França: EDISUD, 1991), 1557-8; Duane W. Roller, *The World of Juba II and Kleopatra Selene: Royal Scholarship on Rome's African Frontier* (Londres: Routledge, 2003), 55-8.

2 Suetônio, *Vida de Júlio César*, 52.1; Salústio (Gaius Sallustius Crispus), *A Guerra Jugurtina*, 80.6.

3 Dião Cássio, *História romana*, 43.36.1, 38.2–3.

4 Sobre cavaleiros mouros, ver Michael Speidel, "Mauri Equites: The Tactics of Light Cavalry in Mauretania", *Antiquités africaines* 29 (1993): 121-6.

5 Apiano, *Guerras civis*, 2.104.

6 Tucídides, *História da Guerra do Peloponeso*, 2.35.1–3; Invasores ilírios: Pausânias, *Descrição da Grécia*, 4.35.6–7.

7 N. A. Bees, "Modon", em *Encyclopaedia of Islam*, 2. ed., ed. P. Bearman *et al*., consultado on-line em 14 de dezembro de 2020, http://dx.doi.org.proxy.library.cornell.edu/10.1163/1573-3912_islam_SIM_5250.

8 Paulo Orósio (Paulus Orosius), *Histórias contra os pagãos*, 6.19.6.

9   Ver Murray, *Age of Titans*, 140, 290-1.
10 Plutarco, *Vida de Bruto*, 47.1-4; Roth, *Logistics of the Roman Army at War*, 282.
11 Maev Kennedy, "Lord Nelson's Watch Expected to Fetch up to £450,000 at Sotheby's", *Guardian* (Reino Unido) on-line, 22 de junho de 2018, https://www.theguardian.com/world/2018/jun/22/lord-nelson-watch-battle-of-trafalgar-auction-sothebys; William Clark Russell e Sérgio Anthony Sapucahy da Silva, *Horatio Nelson and the Naval Supremacy of England* (Nova York: G. P. Putnam's Sons, 1890), 203.
12 Morton, *Physical Environment in Ancient Greek Sailing*, 229-30.
13 Ver a lista de relatos de ataques e defesas em A. W. Lawrence, *Greek Aims in Fortification* (Oxford: Clarendon Press, 1979), 53-66. Ver também Philip de Souza, "Naval Forces", em *The Cambridge History of Greek and Roman Warfare*, vol. 1, *Greece, the Hellenistic World, and the Rise of Rome*, ed. Philip Sabin, Hans van Wees e Michael Whitby (Cambridge: Cambridge University Press, 2007): 450-1.
14 Filão de Bizâncio, *Poliorcética*, 4.1.1-4; Lawrence, *Aims in Fortification*, 99, 101.
15 Ibid., 4.3.72-5; 107.
16 Apiano, *Guerras civis*, 5.109, 116.
17 Apiano, *Guerras Ilíricas*, 22-4 (obra em que a cidade é chamada Segesta); Dião Cássio, *História romana*, 49.37.
18 Fortaleza veneziano-otomana: Ver Kevin Andrews, *Castles of the Morea*, ed. rev., prefácio de Glenn R. Bugh (Princeton, NJ: American School of Classical Studies at Athens, 2006), 58-83. Revestimentos helenísticos: Lawrence, 473-4. Muros romanos: John C. Kraft e Stanley E. Aschenbrenner, "Paleogeographic Reconstructions in the Methoni Embayment in Greece", *Journal of Field Archaeology* 4, n. 1 (Primavera 1977): 22; Pausânias, *Descrição da Grécia*, 4. 35.1-2.
19 Agripa tomou Metone de assalto e matou ali o Rei Bógude (Estrabão, *Geografia*, 359 8.4.3; Dião Cássio, *História romana*, 50.11.3; Porfírio, *Da abstinência de comer alimento de animais*, 1.25). O ataque de Agripa veio do mar (Estrabão, *Geografia*, 359 8.4.3). Embora a cidade de Metone fosse supostamente defendida por uma forte guarnição de apoiadores de Antônio, Agripa lançou um assalto bem-sucedido. (*Mothonam urbem ualidissimo Antoniano praesidio munitam expugnauit*, Orosius, *Histórias contra os pagãos*, 6.19.6.)
20 O general Lâmaco [Lamachus], 415 a.C., como observado por Tucídides, *História da Guerra do Peloponeso*, 6.49.
21 Estrabão, *Geografia*, 359 8.4.3.
22 Sapienza é o nome moderno da ilha; o nome antigo é desconhecido. A distância navegável entre Prote e Sapienza é de cerca de vinte milhas náuticas, segundo o "Sailing Distances Calculator", *Sail Greece*, acessado em 12 de abril de 2020, https://www.sailgreeceyachts.com/sailing-distances-greece.html.

23 Apiano, *Guerras civis*, 5.106. Sobre lançar um ataque naval de surpresa à noite, ver Políbio, *Histórias*, 1.49.6–50.64, e Philip de Souza, "Naval Battles and Sieges", em *The Cambridge History of Greek and Roman Warfare*, vol. 1, *Greece, the Hellenistic World, and the Rise of Rome*, ed. Philip Sabin, Hans Van Wees e Michael Whitby (Cambridge: Cambridge University Press, 2007): 444.

24 Lívio, *História de Roma*, 31.23.

25 Fred Espenak, "Phases of the Moon: -0099 to 0000 (0100 to 0001 BCE)", Astro-Pixels.com, última modificação em 21 de dezembro de 2014, http://astropixels.com/ephemeris/phasescat/phases-0099.html.

26 Lívio, *História de Roma*, 31.23.

27 Frontino (Sextus Julius Frontinus), *Estratagemas*, 3.9.4. Frontino refere-se ao general como Lúcio Cornélio Rufino, o que talvez seja uma referência a Lúcio Cornélio Cipião.

28 Apoiei-me em Michael Grant, *Cleopatra*, 204-5, em sua discussão das consequências estratégicas da queda de Metone.

29 O ataque de Drake teve lugar em Cádiz, Espanha, em 1587.

30 Dião Cássio, *História romana*, 50.11.3 trad. Cassius Dio, Earnest Cary e Herbert Baldwin Foster, *Dio's Roman History*, vol. 5 (Nova York: G. P. Putnam's Sons, 1917), 459.

31 A respeito de enxamear, ver John Arquilla e David Ronfeldt, *Swarming & the Future of Conflict* (Santa Monica, CA: Rand, 2000).

32 Plutarco, *Vida de Antônio*, 68.4; Plutarco, *Plutarch's Lives*, vol. 9, trad. Perrin, 295.

33 Plutarco, *Vida de Antônio*, 59.8.

34 Grant, *Cleopatra*, 204.

35 Veleio, *História romana*, 2.84.1.

36 Grant, *Cleopatra*, 205.

Capítulo 9: Sentar numa concha para sopa

1 Plutarco, *Vida de Antônio*, 60.2–7; Dião Cássio, *História romana*, 50.8.1-6, 10.2.3.

2 Plutarco, *Vida de Antônio*, 33.2–4; *Sobre a sorte dos romanos*, 319–20.

3 Plutarco, *Vida de Antônio*, 62.2–4; Dião Cássio, *História romana*, 50.9.5–6.

4 Dião Cássio, *História romana*, 50.11.1; Paulo Orósio, *Histórias contra os pagãos*, 6.19.7. Reinhold, *From Republic to Principate*, 102, contrapõe-se de modo convincente às alegações de Dião de que Otaviano já tentara capturar Córcira no inverno, mas teria sido rechaçado por uma tempestade, e que finalmente capturara a ilha na primavera. Agripa merece o crédito.

5 Dião Cássio, *História romana*, 50.12.1.

6 Plutarco, *Vida de Antônio*, 62.6.

7   Plutarco, *Life of Antony*, ed. comentada, Pelling, 62.6, 272, citando J. N. Adams, *The Latin Sexual Vocabulary* (Londres: Duckworth, 1982), 23; Amy Coker, "How Filthy was Cleopatra? Looking for Dysphemistic Words in Ancient Greek", *Journal of Historical Pragmatics* 202 (2019): 186-203.
8   Suetônio, *Vida de Augusto*, 68.1.
9   Tácito, *Anais*, 2.53.
10 Google Earth; William M. Murray, comunicação pessoal ao autor, 11 de setembro de 2020.
11 Seriam 83 metros, segundo Vergos Kostas, palestrante e guia. Ioannina, Grécia, comunicação pessoal ao autor, 14 de setembro de 2020.
12 Fica num lugar chamado Mytikas.
13 Murray, comunicação pessoal ao autor, setembro de 2020.
14 Plutarco, *Vida de Antônio*, 63.1; Plutarco, *Life of Antony*, ed. comentada, Pelling, 273.
15 T. Rice Holmes, *The Architect of the Roman Empire* (Oxford: Clarendon Press, 1928), 1:149.
16 Veleio, *História romana*, 2.84.2.
17 Apiano, *Guerras civis*, 5.139; Dião Cássio, *História romana*, 50.13.5; Veleio, *História romana*, 2.84.1.
18 Southern, *Mark Antony*, posição 3528 de 4044 (Kindle e-book); "RRC 545/1", *American Numismatic Society* on-line, acessado em 12 de abril de 2021, http://numismatics.org/crro/id/rrc-545.1.
19 Dião Cássio, *História romana*, 50.13.5.
20 Reinhold, *From Republic to Principate*, 103.
21 Apiano, *Guerras civis*, 3.40; Dião Cássio, *História romana*, 45.12.1–2.
22 Plutarco, *Vida de Antônio*, 63.9–11. Ver Plutarco, *Life of Antony*, ed. comentada, Pelling, 276.
23 Horácio, *Epodos*, 9.17–20.

Capítulo 10: A vingança de Apolo

1   Essas são as doenças mais prováveis que afetaram os homens de Antônio.
2   Homero, *The Iliad*, trad. Alexander Pope, livro 1, ll. 67–72.
3   Plutarco, *Vida de Antônio*, 62.1.
4   Paulo Orósio, *Histórias contra os pagãos*, 6.19.4.
5   Plutarco, *Vida de Antônio*, 68.4.
6   Homero, *The Iliad*, trad. Pope, livro 1, ll. 79–82.
7   W. W. Tarn, "The Battle of Actium", *Journal of Roman Studies* 21 (1931): 188.
8   Dião Cássio, *História romana*, 50.13.6; Veleio, *História romana*, 2.84.2.

9. Plutarco, *Vida de Antônio*, 63.3–4; Veleio, *História romana*, 2.84.2; Suetônio, *Vida de Nero*, 3.1; Dião Cássio, *História romana*, 50.13.6. Não sabemos qual foi a rota de Enobarbo até o acampamento de Otaviano, mas o mar costuma ser bravo demais na Baía de Gomaros para que ele tenha ido remando até lá num pequeno bote (Vergos, comunicação pessoal ao autor, 18 de setembro de 2020).
10. Plutarco, *Vida de Júlio César*, 34.5. Ver Plutarco, *Life of Antony*, ed. comentada, Pelling, 63.3–4, 274.
11. Dião Cássio, *História romana*, 50.13.7.
12. Veleio, *História romana*, 2.84.1.
13. Plutarco, *Vida de Antônio*, 59.6; para a cronologia, ver Syme, *Roman Revolution*, 295.
14. Ver "Publicola", em Hubert Cancik *et al.*, *Brill's New Pauly: Encyclopaedia of the Ancient World*, edição inglesa (Leiden, Holanda: Brill, 2002-2010). A adoção entre os nobres romanos costumava envolver adultos. Como o casamento, tinha o intuito de forjar alianças políticas.
15. Ver "Corvinus", em Cancik *et al.*, *Brill's New Pauly*.
16. Dião Cássio, *História romana*, 50.13.8.
17. Michael Grant, *From Imperium to Auctoritas: A Historical Study of Aes Coinage in the Roman Empire, 49 B.C.–A.D. 14* (Cambridge: University Press, 1946), 39-41.
18. Dião Cássio, *História romana*, 50.14.1–3.
19. Plutarco, *Vida de Antônio*, 63.6.
20. Ibid., 63.6–8; Dião Cássio, *História romana*, 50.14.4.
21. Júlio César, *A Guerra Civil*, 3.96.1.
22. Sêneca, *Suasoriae*, 1.7.
23. Sêneca, *Suasoriae*, 1.7; Holmes, *Architect*, 1:149.
24. Plutarco, *Vida de Antônio*, 63.4; Dião Cássio, *História romana*, 51.22.8.
25. Plutarco, *Vida de Antônio*, 63.7; Plutarco, *Life of Antony*, ed. comentada, Pelling, 275.
26. Plutarco, *Vida de Antônio*, 63.8; Dião Cássio, *História romana*, 50.15.1–3.
27. Si Sheppard, *Actium 31 a.C.: Downfall of Anthony and Cleopatra* (Oxford: Osprey, 2009), 62. De fato, Otaviano teve que enfrentar quase um motim de veteranos desmobilizados na Itália no inverno após a batalha, mas isso não incluía os homens de Antônio: Dião Cássio, *História romana*, 51.4–5.
28. Plutarco, *Vida de Antônio*, 64.1; Dião Cássio, *História romana*, 50. 15.3; Paulo Orósio, *Histórias contra os pagãos*, 6.19.8.
29. Plutarco, *Vida de Antônio*, 62.1.
30. Dião Cássio, *História romana*, 50.15.2–3.
31. Plutarco, *Vida de Antônio*, 63.8.

32 Ibid., *Vida de Antônio*, 59.6; Dião Cássio, *História romana*, 50.23.1; Veleio, *História romana*, 2.84.2; Sêneca, *Suasoriae*, 1.7.
33 Dião Cássio, *História romana*, 50.31.1–2.
34 Dião Cássio, *História romana*, 50.31.1–3. A afirmação de Dião de que a frota de Antônio sofrera com fortes ventos na manhã da batalha certamente é equivocada (Reinhold, *From Republic to Principate*, 113-4), como também sua sugestão de que Otaviano e Agripa esperaram até a manhã da batalha para conceber um plano.

Capítulo 11: O embate

1 Murray, "The Rostrate Façade of the Victory Monument", pp. 5–6 n.9.
2 Murray e Petsas, *Octavian's Campsite Memorial*, 55-6; Murray, *Age of Titans*, 38-47.
3 Estrabão, *Geografia*, 7.7.6.
4 Plutarco, *Vida de Antônio*, 64.1; Dião Cássio, *História romana*, 50.15.4. Ver Plutarco, *Life of Antony*, ed. comentada, Pelling, 276.
5 Floro, *Epítome da História de Tito Lívio*, 2.21.5; Paulo Orósio, *Histórias contra os pagãos*, 6.19.6.
6 Devo este argumento a Peter Yao.
7 Murray, *Age of Titans*, 243.
8 Dião Cássio, *História romana*, 50.16.3, 30.4; ver, para comparar, comentário de Reinhold, *From Republic to Principate*, 106.
9 Dião Cássio, *História romana*, 50.15.4.
10 Plutarco, *Vida de Antônio*, 64.4, Plutarco, *Plutarch's Lives*, vol. 9, trad. Perrin, 283, modificado.
11 Plutarco, *Vida de Antônio*, 64.2–4; Shakespeare, *Antônio e Cleópatra*, ato 3, cena 7, linhas 61–6.
12 Plutarco, *Vida de Antônio*, 64.3.
13 Fílão de Bizâncio, *Poliorcética*, 21[98.24], citado em Murray, *Age of Titans*, 296.
14 Refiro-me à luminosidade que permite navegar, "Preveza, Greece — Sunrise, Sunset, and Daylength, September 2020", *Time and Date AS*, acessado em 12 de abril de 2021, https://www.timeanddate.com/sun/greece/preveza?month=9&year=2020.
15 Plutarco, *Vida de Antônio*, 65.4.
16 Para o discurso de Antônio, ver Dião Cássio, *História romana*, 50.16–23.
17 Plutarco, *Vida de Antônio*, 65.5, e presume-se que a fonte última seriam as hoje perdidas *Memórias de Augusto*.
18 Floro, *Epítome da História de Tito Lívio*, 2.21. Ver, numa linha similar, Lívio, *Periochae*, 133; Veleio, *História romana*, 2.84.1; Dião Cássio, *História romana*, 50.18.5; 23.2–3; 29.1–4.

19. Murray, *Age of Titans*, 236.
20. Apiano, *Guerras civis*, 5.11.98–9; ver, para comparar, Dião Cássio, *História romana*, 50.19.3.
21. Veleio, *História romana*, 2.84.1.
22. Ver a sugestão de Murray, "Reconsidering the Battle of Actium", 348-9.
23. Virgílio, *Aeneid*, trad. Dryden, 8.679– 84.
24. Plutarco, *Vida de Antônio*, 65.6; John Carter, *The Battle of Actium* (Londres: Hamish Hamilton, 1970), 215-20; Murray, "Reconsidering the Battle of Actium", 350-1.
25. Paulo Orósio, *Histórias contra os pagãos*, 6.19.8.
26. Plutarco, *Vida de Antônio*, 64.1.
27. Carter, *Battle of Actium*, 217, estima que os navios de Antônio tinham em média cerca de 110 a 120 soldados de convés, e os de Otaviano, cerca de noventa; William M. Murray, "The Ship Class of the Egadi Rams and Polybius's Account of the First Punic War", em Jeffrey G. Royal e Sebastiano Tusa, eds., *The Site of the Battle of the Aegates Islands at the End of the First Punic War: Fieldwork, Analyses and Perspectives 2005–2015* (Roma: "L'Erma" di Bretschneider, 2019), 29, estima que Antônio tinha 95 homens em cada navio.
28. "Actium (Greece; ACT)", *American Numismatic Society* on-line, acessado em 12 de abril de 2021, http://numismatics.org/chrr/id/ACT; Irène Varoucha-Christodoulopoulou, "Acquistions du Musée d'Athènes", *Bulletin de Correspondance Hellénique* 84 (1960): 495-6.
29. Certamente as moedas devem ter pertencido a outro dos soldados de Antônio, e não a algum dos que lutaram a bordo de navios.
30. L. J. F. Keppie, "A Note on the Title 'Actiacus'", em *Legions and Veterans: Roman Army Papers, 1971–2000* (Stuttgart, Alemanha: Franz Steiner Verlag, 2000), 97-8.
31. Otaviano e seus propagandistas podem ter tido em mente Maratona, a batalha grega cujos veteranos ostentavam orgulhosamente o rótulo de "Combatentes de Maratona" (*marathonomachoi*).
32. Ver "Billienus, C.", em Cancik *et al.*, *Brill's New Pauly*.
33. Ver "Sempronius", ibid.
34. G. Funaioli, ed., *Grammaticae Romanae fragmenta* (Leipzig, Alemanha: Teubner, 1907), 491-2.
35. Mosaico do Nilo, Palestrina, Itália.
36. Plutarco, *Vida de Antônio*, 65.5.
37. Virgílio, *Aeneid*, trad. Dryden, 8.689– 90.
38. Apiano, *Guerras civis*, 5.106–8, 118– 21.
39. Dião Cássio, *História romana*, 50.32.1.

40 Como sugerido por Murray, "Reconsidering the Battle of Actium", 342, e *Age of Titans*, 241.
41 Sheppard, *Actium 31 a.C.*, 78.
42 Dião Cássio, *História romana*, 50.32.5.

Capítulo 12: O navio dourado com velas púrpura

1 Murray, "Reconsidering the Battle of Actium", 353.
2 Virgílio, *Eneida*, 8.707–8.
3 Carter, *Battle of Actium*, 224. Erguendo uma vela púrpura em seu navio dourado: Floro, *Epítome da História de Tito Lívio*, 2.21.11.8; ver, para comparar, Plínio, *História Natural*, 19.5.22, e Plutarco, *Vida de Antônio*, 60.3.
4 Plutarco, *Vida de Antônio*, 66.5; Dião Cássio, *História romana*, 50.32.1–3; Veleio, *História romana*, 2.85.3; Floro, *Epítome da História de Tito Lívio*, 2.21.11.8.
5 Josefo, *Contra Apião*, 2.59.
6 Dião Cássio, *História romana*, 50.32.1–3.
7 Shakespeare, *Antônio e Cleópatra*, ato 4, cena 10, linhas 13–8.
8 Plutarco, *Vida de Antônio*, 66.6.
9 Josefo, *Contra Apião*, 2.59.
10 Veleio, *História romana*, 2.85.3.
11 Plutarco, *Vida de Antônio*, 66.7–8.
12 Dião Cássio, *História romana*, 50.33.3.
13 Plutarco, *Vida de Antônio*, 66.8–67.1.
14 Plutarco, *Vida de Antônio*, 67.1.
15 Plínio, *História Natural*, 32.2–4; Aristóteles, *História dos animais*, 2.14.
16 Dião Cássio, *História romana*, 50.33.4.
17 Por exemplo, a fuga da maior parte da frota sueca no episódio da "Manopla de Vyborg" (1790) ou da maioria da frota aliada no cerco de Toulon (1793). Em ambos os casos, os fugitivos bem-sucedidos sofreram pesadas perdas.
18 Murray, "Reconsidering the Battle of Actium", 346-7.
19 Plutarco, *Vida de Antônio*, 68.2–4; *Plutarco, Life of Antony*, ed. comentada, Pelling, na mesma posição. Ver, para comparar, Dião Cássio, *História romana*, 51.1.4.
20 Devo a Philip de Souza essa sugestão, em comunicação pessoal ao autor, em 22 de novembro de 2019.
21 Plutarco, *Vida de Antônio*, 68.1; Veleio, *História romana*, 2.85.4; Suetônio, *Vida de Augusto*, 17.2.
22 Sobre esta discussão, ver Jacqueline Leroux, "Les Problèmes stratégiques de la bataille d'Actium", *Recherches de philologie et de linguistique* 2 (1968) 52-5; Murray, "Reconsidering the Battle of Actium", 346-7, 353-4.

23 Plutarco, *Vida de Antônio*, 68.3.
24 Veleio, *História romana*, 2.85.4.
25 Dião Cássio, *História romana*, 50.34.1.
26 Projéteis em chamas haviam sido usados com sucesso na campanha de Filipos de 42 a.C. Apiano, *Guerras civis*, 4.115; William Ledyard Rodgers, *Greek and Roman Naval Warfare: A Study of Strategy, Tactics, and Ship Design from Salamis (480 B.C.) to Actium (31 B.C.)* (Annapolis, MD: United States Naval Institute, 1937), 494.
27 Dião Cássio, *História romana*, 50.34–5; Horácio, *Odes*, 1.37.13; Floro, *Epítome da História de Tito Lívio*, 2.21.6; Sérvio (Servius Marius Honoratus), *Comentário da Eneida de Virgílio*, 8.682; Virgílio, *Eneida*, 8.694; ver, para comparar, Apiano, *Guerras civis*, 5.121.
28 Dião Cássio, *História romana*, 50.34.4. Tenho dívida para com Adrienne Mayor, pesquisadora acadêmica na área de Estudos Clássicos e História e Filosofia da Ciência, da Universidade Stanford, e para com o doutor Simon Cotton, do Departamento de Química da Universidade de Birmingham, em e-mail de 17 de julho de 2020.
29 Ver Joshua Rapp Learn, "Historical Art Paints a Picture of Past Shark Abundance", *Hakai*, última modificação em 22 de maio de 2018, https://www.hakaimagazine.com/features/historical-art-paints-picture-past-shark-abundance/.
30 Plutarco, *Vida de Antônio*, 68.1; Dião Cássio, *História romana*, 50.34.5.
31 Plutarco, *Vida de Antônio*, 68.1; Veleio, *História romana*, 2.85.5.
32 Suetônio, *Vida de Augusto*, 17.
33 Plutarco, *Vida de Antônio*, 68.1.
34 Ibid.
35 Paulo Orósio, *Histórias contra os pagãos*, 6.19.12.
36 Propércio, *Elegias*, 2.15.41, trad. Jasper Griffin, "Propertius and Antony", *Journal of Roman Studies* 67 (1977): 19.
37 Floro, *Epítome da História de Tito Lívio*, 2.21.11.7, em Floro, *Epitome of Roman History*, trad. E. S. Forster (Cambridge, MA: Harvard University Press, 1929), 327.
38 Paulo Orósio, *Histórias contra os pagãos*, 6.19.14; *Inscriptiones Latinae Selectae*, 79.
39 Suetônio, *Vida de Júlio César*, 30.
40 Veleio, *História romana*, 2.85.3–5.
41 Virgílio, *Aeneid*, trad. Dryden, 8.704–6.
42 Plutarco, *Vida de Antônio*, 67.1, 5.
43 Virgílio, *Eneida*, 8.709.
44 Plutarco, *Vida de Antônio*, 67.6.
45 Ibid.
46 Ibid., 68.9.
47 Ibid., 68.10; Plínio, *História Natural*, 35.200.

48 Dião Cássio, *História romana*, 51.5.3.
49 Ibid., 51.1.5; Plutarco, *Vida de Antônio*, 68.5; Veleio, *História romana*, 2.85.6.
50 Keppie, "Antony's Legions", 81-3; L. J. F. Keppie, *The Making of the Roman Army: From Republic to Empire* (Totowa, NJ: Barnes & Noble Books, 1984): 134-6.

Capítulo 13: "Preferi poupar a destruir"

1   *Res Gestae Divi Augusti* 3, trad. Frederick W. Shipley, *Velleius Paterculus and Res Gestae Divi Augusti* (Londres: W. Heineman, 1955), 349.
2   Dião Cássio, *História romana*, 51.1.1, trad. M. Reinhold, *From Republic to Principate*, 118.
3   Cícero, *Cartas a Ático*, 16.15.3.
4   Para as fontes, ver Carlin A. Barton, *Roman Honor: The Fire in the Bones* (Berkeley: University of California Press, 2001), 50.
5   Dião Cássio, *História romana*, 51.6.3.
6   Osgood, *Caesar's Legacy*, 387-8, e Dessau, *Inscriptiones Latinae Selectae*, 2672; Adrian Keith Goldsworthy, *Antony and Cleopatra* (New Haven, CT: Yale University Press, 2010), posição 6076 e 6076n7 de 8957, Kindle e-book.
7   Dião Cássio, *História romana*, 51.6.4.
8   Cícero, *Filípicas*, 2.85–7.
9   Suetônio, *Vida de Augusto*, 25.4.
10 Augusto, *Res Gestae*, 3.
11 Veleio, *História romana*, 2.86.2.
12 Dião Cássio, *História romana*, 51.2.4, 51.16.1.
13 Ibid., 51.2.4–6; Veleio, *História romana*, 2.87.3; para as fontes, Reinhold, *From Republic to Principate*, 124.
14 Dião Cássio, *História romana*, 51.2.5; Syme, *Roman Revolution*, 299.
15 Flávio Josefo, *A Guerra Judaica*, 1.391–92, e *Antiguidades judaicas*, 15.187–95.
16 Apiano, *Guerras civis*, 4.46; Veleio, *História romana*, 2.77.2.
17 Veleio, *História romana*, 2.86.2.
18 Não há evidência para a encantadora tese de Syme, *Roman Revolution*, 297, de que o perdão foi uma recompensa por Sósio ter traído a frota de Antônio na batalha.
19 Josefo, *A Guerra Judaica*, 1. 1.353, 357; Barton, *Roman Honor*, 144.
20 Em 17 a.C. *Corpus Inscriptionum Latinarum* (Berlim: Berlin-Brandenburgische Akademie der Wissenschaften, 1863-) vol. 6: 32323. Ver "Sosius", em Cancik *et al.*, *New Pauly*.
21 O tribuno do povo era um certo Gaius Furnius. Ver Reinhold, *From Republic to Principate*, 124.
22 Plutarco, *Vida de Antônio*, 68.6.

23 Ibid.; Dião Crisóstomo, *Orações*, 31.66; G. W. Bowersock, *Augustus and the Greek World* (Oxford: Clarendon Press, 1965), 85n4; Osgood, *Caesar's Legacy*, 385-6.
24 Dião Cássio, *História romana*, 51.4.1, 54.9.10; Suetônio, *Vida de Augusto*, 93; Plutarco, *Vida de Antônio*, 23.2; *Plutarco, Life of Antony*, ed. comentada, Pelling, 176.
25 Sobre Rosso, Seleuco e Otaviano, ver Osgood, *Caesar's Legacy*, 375-7, 386, com referências.
26 Plutarco, *Vida de Antônio*, 73.2; Suetônio, *Vida de Augusto*, 17.3; Dião Cássio, *História romana*, 51.3–5.1.
27 "Orbis: Stanford Geospatial Network", http://orbis.stanford.edu.
28 Dião Cássio, *História romana*, 51.4.4, trad. Cassius Dio, Earnest Cary e Herbert Baldwin Foster, *Dio's Roman History*, vol. 6 (Londres: W. Heinemann, 1914): 13.
29 Dião Cássio, *História romana*, 51.5.2.
30 Ibid., 51.4.7–8.
31 Veleio, *História romana*, 2.88.

Capítulo 14: Passagem para a Índia

1 "Filters", *American Numismatic Society* on-line, acessado em 12 de abril de 2021, http://numismatics.org/search/results?q=issuer_facet: %22L.%20Pinarius%20 Scarpus%22&lang=en.
2 Jean-Sébastien Balzat e Benjamin W. Mills, "M. Antonius Aristocrates: Provincial Involvement with Roman Power in the Late 1st Century B.C.", *Hesperia: The Journal of the American School of Classical Studies at Athens* 82.4 (2013): 651-72.
3 Plutarco, *Vida de Antônio*, 67.1, 5–6.
4 Ibid., 69.6-70.8; Plutarco, *Life of Antony*, ed. comentada, Pelling, 291.
5 Dião Cássio, *História romana*, 51.5.4.
6 Callimachus, em Rudolf Pfeiffer, *Callimachus*, vol. 1: Fragmenta (Oxford: Clarendon Press, 1949), frag. 465, p. 353.
7 Walker e Higgs, *Cleopatra*, cat. n. 173, pp. 174-5.
8 Plutarco, *Vida de Antônio*, 69.3–5; Dião Cássio, *História romana*, 51.7.1.
9 Ver Plutarco, *Life of Antony*, ed. comentada, Pelling, 26, 28-9, 294, 296.
10 Dião Cássio, *História romana*, 51.6.4–6, 7.1, 8.1–6, 9.5–6; Plutarco, *Vida de Antônio*, 72–3.
11 Ibid., 73.1–5; ibid., 51.8.6–7, 9.5.
12 Plutarco, *Vida de Antônio*, 74.2; Dião Cássio, *História romana*, 51.6.5–6.
13 Propércio, *Elegias*, 3.9.55; *Carmen de bello actiaco*, col. ii., 14–9.
14 Dião Cássio, *História romana*, 51.9.5–6.
15 Plutarco, *Vida de Antônio*, 74.1.

16 Ibid., 75.1.
17 Ibid., 75.4.
18 Ver Barry Strauss, *The Death of Caesar: History's Most Famous Assassination* (Nova York: Simon & Schuster, 2015), 105-6.
19 Plutarco, *Vida de Antônio*, 75.4–6.
20 "Apoleipein O Theos Antonion", Constantine Cavafy e Geōrgios P. Savvidēs, *Poiēmata* (Atenas: Ikaros, 1984), 24; primeira publicação, 1911. Trad. Barry Strauss.

Capítulo 15: A picada da víbora

1 Dião Cássio, *História romana*, 51.10.4; Plutarco, *Vida de Antônio*, 76.3.
2 Plínio, *História Natural*, 21.9.12, afirma que Antônio não confiava o suficiente em Cleópatra, chegando ao ponto de insistir em ter um provador toda vez que ambos comiam e bebiam juntos.
3 Plutarco, *Vida de Antônio*, 76.4; Dião Cássio, *História romana*, 51.10.6. Não sabemos o local do mausoléu de Cleópatra, mas muitos estudiosos acreditam que ficava perto do palácio; ver, por exemplo, Owen Jarus, "Where Is Cleopatra's Tomb?", *Live Science*, última modificação em 27 de julho de 2020, https://www.livescience.com/where-is-cleopatra-tomb.html.
4 Para as fontes sobre o suicídio de Antônio, ver Plutarco, *Vida de Antônio*, 76.3; Dião Cássio, *História romana*, 51. 10.4; Lívio, *Periochae*, 133.
5 Plutarco, *Vida de Bruto*, 43.8. O nome do liberto era Píndaro.
6 Dião Cássio, *História romana*, 51.10.8.
7 Ver, para comparar, ibid., 51.8–9; Plutarco, *Vida de Antônio*, 76.2–3.
8 Suetônio, *Vida de Augusto*, 17.4.
9 Plutarco, *Vida de Antônio*, 82.1; Roller, *Cleopatra*, 146.
10 Dião Cássio, *História romana*, 51.15.1; Plutarco, *Vida de Antônio*, 84.3, fala em enterro.
11 Segui a versão mais detalhada de Plutarco, *Vida de Antônio*, 78.5–79.6. Para uma versão diferente e mais compacta, ver Dião Cássio, *História romana*, 51.11.4–5.
12 Plínio, *História Natural*, 7.46; Suetônio, *Vida de Augusto*, 16.3.
13 Não sabemos se falaram em grego, latim ou por meio de um intérprete.
14 Floro, *Epítome da História de Tito Lívio*, 2.21.11.9; Floro, *Epitome*, trad. Forster, 327.
15 Dio faz Cleópatra enviar os presentes para Lívia a Otaviano após o encontro, a fim de despertar-lhe a complacência a respeito do risco de suicídio. Dião Cássio, *História romana*, 51.13.3.
16 Lívio, *Fragmentos* 54, mais notas de Ácron e Porfírio.

17 Plutarco, *Vida de Antônio*, 86.4.
18 Dião Cássio, *História romana*, 51.14.1.
19 Plutarco, *Vida de Antônio*, 85.7; Plutarco, *Plutarch's Lives*, vol. 9, trad. Perrin, 329, tradução modificada.
20 Virgílio, *Eneida*, 8.697; Horácio, *Odes*, 1.37.27; ver, por exemplo, Floro, *Epítome da História de Tito Lívio*, 2.21.11, e Propércio, *Elegias*, 3.11.53.
21 Quanto ao tamanho, ver "Cobra", San Diego Zoo Wildlife Alliance on-line, acessado em 12 de abril de 2021, https://animals.sandiegozoo.org/animals/cobra.
22 Sobre esta e outras questões envolvendo picada de cobra, confio numa comunicação pessoal de Harry W. Greene, autor de *Snakes: The Evolution of Mystery in Nature* (Berkeley: University of California Press, 1997) e professor emérito, Departamento de Ecologia e Biologia Evolucionária, Universidade Cornell, 13 de setembro de 2020. Sou também grato a Adrienne Mayor, acadêmica pesquisadora, Estudos Clássicos e História e Filosofia da Ciência, Universidade Stanford.
23 Plutarco, *Vida de Antônio*, 6–8; Dião Cássio, *História romana*, 51.11.2; Eliano, *Sobre a natureza dos animais*, 9.11; Galeno de Pérgamo, 14.235–36; *Carmen de Bello Actiaco*, col. v 36–43; Plutarco, *Life of Antony*, ed. comentada, Pelling, 296-7.
24 Horácio, *Odes*, 1.37, trad. John Conington, *The Odes and Carmen Saeculare of Horace*, 3. ed. (Londres: Bell and Daldy, 1865), 38.

Capítulo 16: "Queria ver um rei"

1 Plutarco, *Vida de Antônio*, 80.2.
2 Ibid., 80.1; Dião Cássio, *História romana*, 51.16.3–4; Temístio, *Orações*, 8.108b–c, 173b–c; Juliano, *Carta a Temístio*, 265c; *Os Césares*, 21.326b; *Epístolas*, 51.433d–34a.
3 Plutarco, *Vida de Antônio*, 80.30–4; Plutarco, *Life of Antony*, ed. comentada, Pelling, 311-2.
4 C. P. Cavafy, "Caesarion", linhas 16–7, trad. Barry Strauss.
5 Walker e Higgs, *Cleopatra*, cat. n. 171–2, pp. 172-4.
6 Ver a estela de granito de Cleópatra e Cesarião de Karnak, hoje no Museu de Antiguidades Egípcias de Turim, cat. 1764, em Turim, Itália, em Giovanni Gentili, ed., *Cleopatra: Roma e l'incantesimo dell'Egitto* (Milão, Itália: Skira, 2013), cat. n. 17, 100-2, 251-2.
7 Suetônio, *Vida de Júlio César*, 52.2.
8 Sobre os traços de César, ver Jeremy Paterson, "Caesar the Man", em *A Companion to Julius Caesar*, ed. Miriam Griffin (Chichester, Reino Unido: John Wiley & Sons, 2015), 126-7.
9 Suetônio, *Vida de Júlio César*, 52.1.

10 Michael Gray-Fow, "What to Do with Caesarion?", *Greece & Rome* 61, n. 1 (2014): 38n3.
11 Nicolaus, *Life of Augustus and Autobiography*, ed. Toher, 3-6, 288.
12 Plutarco, *Vida de Antônio*, 71.3; Dião Cássio, *História romana*, 51.6.1.
13 Para os detalhes do fim de Antilo, ver Plutarco, *Vida de Antônio*, 81; Dião Cássio, *História romana*, 51.6.2, 15.5; Suetônio, *Augustus*, 17.5.
14 Plutarco, *Vida de Antônio*, 81.5.
15 Clemente de Alexandria, *Miscelânia*, 21.129.1–2.
16 Dião Cássio, *História romana*, 51. 16.5; Suetônio, *Vida de Augusto*, 18.1.
17 Ibid.
18 As datas neste parágrafo se baseiam no calendário romano *em uso na época*, não no posterior, revisado por Augusto, que começa em 8 a.C. Para os detalhes, ver T. C. Skeat, "The Last Days of Cleopatra: A Chronological Problem", *Journal of Roman Studies* 43 (1953): 98, 100.
19 *Corpus Inscriptionum Latinarum*, 2. ed., vol. 1: p. 323 e 244 = *IIt*. 13.2.191 (Fasti Amiternini); Dião Cássio, *História romana*, 51.19.4–6; Reinhold, *From Republic to Principate*, 148-9.

Capítulo 17: O triunfo de Augusto

1 Dião Cássio, *História romana* 51. 21.7–8.
2 Konstantinos Zachos, *An Archaeological Guide to Nicopolis. Rambling Through the Historical, Sacred, and Civic Landscape*, Monuments of Nicopolis 10 (Atenas: DIP-CA–Comitê Científico de Nicópolis, 2015), 60, 66-8; Zachos, "The Tropaeum of the Sea-battle of Actium at Nikopolis: An Interim Report", *Journal of Roman Archaeology* 16 (2003): 90-2; Zachos, "The Triumph of Augustus on the Actium Monument at Nicopolis" (palestra, 24 de setembro de 2013), https://www.youtube.com/watch?v=LmaOgpXJHMA.
3 Um friso do Templo de Apolo Sosiano, hoje exposto no Centrale Montemartini, em Roma.
4 Suetônio, *Vida de Tibério*, 6.4.
5 Mary Beard, *The Roman Triumph* (Cambridge, MA: Harvard University Press, 2009), 224-5.
6 Dião Cássio, *História romana*, 51.21.9.
7 Estrabão, *Geografia*, 12.3.6, 35; Robert Alan Gurval, *Actium and Augustus: The Politics and Emotions of Civil War* (Ann Arbor: University of Michigan Press, 1995), 28-9.
8 Dião Cássio, *História romana*, 51. 2.2; Gurval, *Actium*, 29.
9 Propércio, *Elegias*, 2. 1.31–4.

10 Dião Cássio, *História romana*, 51.19.2.
11 Virgílio, *Aeneid*, trad. Dryden, 8.714–20.
12 Dião Cássio, *História romana*, 51.21.9.
13 Ibid., 51.22.1–2.
14 Ibid., 53.2–12.
15 Horácio, *Sátiras*, 2.3.185–6.
16 Virgílio, *Eneida*, 1.279.
17 Dião Cássio, *História romana*, 55.6.6–7; Suetônio, *Vida de Augusto*, 31; Macróbio (Macrobius Ambrosius Theodosius), *Saturnais*, 1.12.35.
18 Macróbio, *Saturnais*, tradução minha, 1.12.35.
19 Afora isso, não há informações a seu respeito. Ibid.
20 P. Köln, 4701, linhas 12–14, em Köln *et al.*, *Kölner Papyri* (Wiesbaden, Alemanha: VS Verlag für Sozialwissenschaften, 1987), 113-4.
21 Roller, *World of Juba II and Kleopatra Selene*, 251.
22 "Académie des inscriptions & belles-lettres", *L'Année Épigraphique*, Année 1928 (Paris: Presses Universitaires de France, 1929): 26, número 88.
23 Ver M. E. J. J. van Aerde, *Egypt and the Augustan Cultural Revolution, An Interpretative Archaeological Overview*, Babesch Supplements, 38 (Leuven, Bélgica: Peeters, 2019).
24 Stephanie Malia Hom, "Consuming the View: Tourism, Rome, and the Topos of the Eternal City", *Annali d'Italianistica*, "Capital City: Rome 1870–2010", 28 (2010): 91-116.
25 Dião Cássio, *História romana*, 56.30.3.

CRÉDITOS DAS ILUSTRAÇÕES

1. bpk Bildagentur / Muenzkabinett, Staatliche Museen, Berlim, Alemanha/ Reinhard Saczewski/ Art Resource, NY
2. Metropolitan Museum of Art
3. Metropolitan Museum of Art
4. bpk Bildagentur / Antikensammlung, Staatliche Museen, Berlim, Alemanha/ Christoph Gerigk/ Art Resource, NY
5. Katherine K. Adler Memorial Fund/The Art Institute of Chicago
6. bpk Bildagentur / Muenzkabinett, Staatliche Museen, Berlim, Alemanha/ Dirk Sonnewald/ Art Resource, NY
7. Rowan/Wikimedia Commons
8. Metropolitan Museum of Art
9. Metropolitan Museum of Art
10. Foto de Matthew Sears
11. Foto de Barry Strauss
12. Scala / Art Resource, NY
13. Rijksmuseum, Amsterdã, Holanda
14. Imagem cortesia de Konstantinos L. Zachos
15. Foto de Barry Strauss
16. Ilustração de Richard Scott. Imagem cortesia de William M. Murray
17. Metropolitan Museum of Art
18. Metropolitan Museum of Art

ÍNDICE

Números de página em *itálico* referem-se a mapas.

A

Acarnânia, montanhas, *120*, 155, 165
Ácio, 124-5, 273-4, 276-7
   cadeia de suprimentos a, 136-7
   localização e topografia de, 155, 162-4
   uso do nome, 163-4
Ácio, Batalha de, 95, 148-9, *172*, 173-242, 250-1, 257-9, 282-3, 285-6, 292-3, 307
   acampamentos opostos para a, 163-7
   ação naval após a fuga, 2016-23
   ações militares que levaram à, 173
   baixas da, 18-9, 220-1
   combate naval na, 200-4, 207-10, 211-21
   comparação entre a força naval e a de soldados na, 159-64, 204-88
   consequências da, 116-7, 152-4, 178-82, 219-23
   críticas às ações de Antônio na, 213-5
   discurso de Antônio antes da, 197-200
   discurso de Otaviano antes da, 198-9
   estratégia de fuga na, 182-9, 193-8, 211-7
   estratégia de Otaviano para a, 158-9, 165-7
   falhas de estratégia na, 18-9, 178-83, 226-8
   fontes de evidências sobre a, 192-4
   fuga da marinha de Cleópatra na, 211-7
   fuga de Antônio e Cleópatra para o Egito após a, 245
   importância histórica da, 18-22, 296-7, 300-1, 306-7
   início da ação na, 197-205, 207-10
   memorial à, 17-23, 130-1, 193-4, 200-1, 220-1
   preparativos para a, 155-65, 193-8
   soldados a bordo na, 204-8
   vantagem naval de Otaviano na, 159-60, 191-2, 196-8
   veteranos da, 205-7, 294-5
   vitória de Otaviano na, 28-30, 169-70, 219-23
Ácio, Estreito de, 166-7
Ácio, Golfo de, *ver* Golfo de Ambrácia
Ácio, Guerra de, 22-3, 245, 303-4
   Antônio e Cleópatra nas negociações com Otaviano após a batalha de, 253-6
   batalha de Metone na, ver Batalha de Metone

batalha naval de Patras [Patrae] na, 167-8
bloqueio e fuga na, ver Ácio, Batalha de
como uma guerra civil não declarada, 104-5, 115-6, 265-6, 291-5
conselho de guerra de Antônio na, 182-7
conselho de guerra de Otaviano na, 186-9
decisão de Antônio de adotar posição defensiva na, 134
declaração de guerra de Otaviano na, 114-7
duas batalhas campais na, 163-6
estratégia de batalha de Antônio para a, 121-5
estratégia naval de Antônio na, 126-30, 162, 202-3, 227
etapa egípcia da, ver Guerra de Alexandria
força dos soldados de Antônio na, 159-62, 173-4, 195-7, 204-8
marinha de Antônio na, 125-33, 137-8, 151-2, 155-6, 159-63, 166-8, 202-4
marinha romana (Agripa e Otaviano) na, 121, 129-30, 133, 137-42, 147-50, 153-4, 158-63, 165-8, 173-4, 180-1, 202-4
plano de Antônio de invadir a Itália na, 121-2, 125-9, 131-4
plano de Antônio de vitória em três partes na, 127-9
quase captura de Antônio na, 168-70
tour da vitória de Otaviano na, 238-40
triunfo de Otaviano celebrando a, 291-5
Ácio, Monumento à Vitória de,17-23, 130-1, 200-1, 220-1
Acrópole, Atenas, 109
Adiatorix, 293
Adriano, 298
Adriático, mar, 29, 32, 36, 42, 63, 79, 83, 107, 123, 126, 135, 153, 158-9, 161-3, 175, 181, 183, 201

afrescos, 193
África, 46, 115, 143-4, 183, 225, 230, 245, 248, 305
Agripa, Marco Vipsânio,19-20, 40, 71-3, 97-8, 121-2, 126-7, 134, 158-9, 164-5, 169-70, 194-5, 197-8, 222-3, 240, 292-3, 302-3, 307
destreza diplomática e política de, 298-300
destreza naval e militar de, 22-3, 79-81, 129-30, 135-42, 146-9, 152-4, 159-62, 166-70, 173-6, 178-81, 183-4, 187-93, 198-204, 208-10, 217-20, 299-301
estratégia de Agripa na Batalha de Ácio, 166-70
morte de, 304-8
Otaviano e, 27-9
vitória em Metone de, 143-54, 159-60
Alexandre de Emesa, 293
Alexandre Hélio, 65, 89, 94, 96, 98, 250, 294, 305
Alexandre, o Grande, 46, 83, 102, 115, 245, 247, 280
funeral de, 232, 247
túmulo de, 287
Alexandria, Egito, 19-20, 47-50, 90-2, 103, 122, 155-6, 182-4, 223-4, 231-2, 245-59, 271-3, 302-3, 305-7
apreço de Antônio por, 56-8
celebração triunfal de Antônio e Cleópatra em, 93-9
discurso de Otaviano em, 279-80
encontro de Otaviano com Cleópatra em, 267-76
entrada de Otaviano em, 266-8, 302-3
fundação, importância e cultura de, 247-51, 286-9
importância estratégica de,96-8
transferência do império em, 287-9
volta de Cleópatra a Alexandria após Ácio,246, 250-2
"Antônio e Cleópatra" (Shakespeare), 29, 46-7
Altar da Paz Augustana, 307

ÍNDICE 353

Amintas, Rei da Galácia, 88, 160, 170, 178, 188
Aníbal, 102, 268
Antígono II, 237
Antilo (Marcus Antonius; filho de Antônio), 76, 110, 253, 285-6
Atilius, Quinto, 206
Antioquia, Síria, *15*, 89, 239, 256
Antipaxos, 20, *120*, 165
Antônia (filha mais velha de Antônio), 73
Antônia, a Jovem (filha de Antônio), 73, 77
Antonias (nau capitânia de Cleópatra), 157, 212, 224, 305
Antonii, família, 30, 111, 252
Antônio, Lúcio, 58-9
Antônio, Marco "Creticus" (pai de Antônio), 30-1
Antônio, Marco (avô de Antônio), 29-31
Antônio, Marco (Marcus Antonius), 288-9, 292-4
  a serviço de Júlio César, 30-3
  aliados de, 39, 160-2
  ambivalência do status marital de, 97-8
  apoiadores de, 234-6
  após a morte, 263-6
  ascensão de, 27-35
  avaliação póstuma de, 263-6
  campanha da Pártia de, 22-3, 45-6, 63-4, 72-5, 83, 87-94, 116-7, 133, 146-7, 181-2, 300-1
  características e aparência pessoal de, 52-3
  casamento de Otávia com, 63-8, 72-5, 86-7, 91-3, 108-11
  casamentos de, 32-6, 83, 104, 250-2, 271-2, 304-7
  casos amorosos de, 47-8, 64-5, 83, 87-8, 214-6, 252-3, 264-5, 304-5
  celebração do aniversário de, 254-6, 255-6
  Cleópatra e, 19-20, 22-3, 27-8, 45-59, 64-7, 83, 86-7, 89-92, 95-6, 169-70, 185-7, 269-80, 276-7
  como ameaça a Otaviano, 229-31
  como ameaça constante a Otaviano, 241-2
  como retratado em moedas, 51-2, 67-8, 75-6, 157-8, 167-9, 178-9
  condenação pelo Senado de, 113-4
  conflitos territoriais de Otaviano com, 85-5
  confronto de Bruto e Cássio com, 40-4
  controle de Roma conjunto com Otaviano, 39
  depressão pós-Ácio de, 245-7
  destreza militar de, 89-91, 97-9, 263-5
  deuses identificados com, 45-7, 72-4, 86-7, 108-9, 157-8, 173-4
  em Ácio, *ver* Ácio, Batalha de; Guerra de Ácio
  em Éfeso, 102-7
  em Filipos, *ver* Batalha de Filipos
  enterro de, 265-8
  estilo de vida devasso de, 96-7, 232-3
  estilo político de, 45-6, 88-9
  exército do Leste reunido por, 107-8
  falhas de estratégia de, 73-4, 133, 145-6, 162, 167-83, 209-10, 213-5, 221-8
  falhas de liderança de, 165-6, 169-70, 180-1, 228
  filhos de, 89-98, 103-4, 113-4, 224-5, 241-2, 250-1, 264-5, 271-2, 275-6, 279-80, 294-5, 304-5
  Grécia ocidental dominada por, 124
  guerra de Otaviano contra, *ver* Guerra de Ácio
  habilidade diplomática da, 264-5
  historiadores antigos sobre, 128-30
  histórico de, 27-9
  histórico de escândalos da família de, 29-31
  idade como um fator para, 101-4
  Império Romano como visto por, 97-9
  Império Romano do Oriente como meta de, 43-4, 87-94, 113-4
  inovação militar de, 165-7

jogo final em Alexandria, 251-6
na fuga para o Egito, 245
na Guerra da Perúsia, 57-9
na invasão fracassada da Média
    Atropatene, 89-94, 112-3, 133-4,
    160-1, 180-4, 205-6, 223-4
natureza mítica de, 22-3
no cerco fracassado a Mutina, 38-9,
    133, 182-4, 205-6, 263-4
no Triunvirato, 40
o encontro em Tarso, 45-8
Otávia no divórcio de, 108-13, 115-6
propaganda contra, 95-7, 107-8 110-5,
    129-32, 136, 199-200, 214-5, 254-5,
    275-6
propaganda usada por, 84-8
riqueza de, 37-8
ruptura e reconciliação pós-Ácio,
    224-7
Sexto Pompeu e, 62-4
suicídio de, 262-7, 279-80, 288-9,
    301-7
suspeitas a respeito de, 254-6
testamento de, 112-4, 159-60, 265-6,
    297-8
trajetória militar-política de, 30-3
tributo a, 263-6
túmulo de, 272-3
Antonius, Iullus (filho de Antônio), 305
Apiano de Alexandria, 30
Apolo, 173-4
    Otaviano identificado com, 21, 85, 221
    Templo de, 18, 164, 178, 237, 299
Apolônia (Albânia), 37, 84, *120*
Aqueia, 71, 141, 155
Aqueronte, rio, 161, 163
Aquiles, 174, 287
Aquilii Flori, 235
Arábia, 54, 74, 88, 160
arco triunfal, de Otaviano, 295
Argonáutica, A, 249
aríetes, 17, 129, 133, 147, 193, 203, 220,
    307
Ário Dídimo, 279
Aristócrates, Marco Antônio, 246

Armênia, 89-91, 93-4, 96, 98, 105, 107,
    205, 224, 279, 301
Armínio, 138
arqueiros, 88, 195, 198, 204-5, 207
Arquelau, 88
arqueologia, 50, 129, 192, 193
arremesso de lança, 115
Arrúncio, Lúcio, 187-8, 202, 213, 236
Arsínoe, 42, 49, 271
Artavasdes II, Rei da Armênia, 89-90,
    93-4, 250
Artavasdes, o Medo, 94
Ártemis, Templo de, 48, 103,
Artemísia I, Rainha da Cária, 184
"artistas de Dionísio", 107
Ásia Menor, 43, 46, 74, 81, 84, 87, 90,
    102, 112, 160, 168, 223, 238, 255, 293
Assembleia do Povo, 304
Atena, 192
    Otávia identificada com, 73, 109
Atenas, *120,* 122-3, 140, 180
    casa de Antônio em, 45, 62, 108, 253
    como cidade da coroa violeta, 73-4
    Otaviano em, 43, 238
aterros em nascentes d'água, 165-70
Atílio Régulo, 206
Aufústico, Marco, 206
Aurélia Cota, 65

B

Bálcãs, 205, 301
balsas reais, 46
Batalha de Alésia, 133
Batalha do Cabo Bon, 301
Batalha de Farsalos, 32, 181, 221
Batalha de Filipos, 264
Batalha de Salamina, 184, 295
Batalha de Zama, 268
Batalha do Helesponto, 300
Billienus, Gaius, 206
Billienus, Marcus, 206
Bizâncio, 124
Boco II (rei africano), 143
Bógude II (rei africano), 143, 305

Antônio apoiado por, 144-6
execução de, 150-1, 153, 217, 222
Brundísio, 63-4, 67-9, *120*, 121, 125-6, 128-9, 132-4, 138-9, 147, 158-9, 162, 181, 240-1
Bruto, Marco Júnio, 33
derrota e suicídio de, 41-3, 246
em confronto com Antônio, 45-6, 160, 167, 177, 181 *ver* Batalha de Filipos
Burgoyne, John, 182

C

Cabo Tênaro, *120*, 185, 245
cadeias de suprimentos, 136-7, 140-1, 146-7, 151-2
Calígula (Caio), Imperador de Roma, 305
Calpúrnia, 65-6
Cálquida, 140, 149-50
Campo de Marte, 295
Canídio Crasso, Públio, 88, 182-3
Capadócia, 45-6, 88
carranca de bronze, 192
Cartago, 80, 137, 206, 242, 279
Casa do Senado (Curia Julia), 296
casamento:
para vantagens políticas, 64-8
regras e rituais romanos do, 69-70
Casinum (Cassino), 68
Cássio de Parma, 85, 235
Cássio Longino, Caio, 33
confronto de Antônio com, 33
suicídio de, 33
Catão, o Jovem, 223
catapultas, 130, 132-3, 147, 166, 192, 198, 201, 209, 216, 218, 227
Cavafy, C. P., 259, 261, 280
cavalaria, 31-2, 103, 144, 169-70, 261
cavaleiros, 39, 90, 128, 144, 158-60, 168-70, 298
Cefalônia, 141, 167
Celessíria (Vale Beqaa), 96
Célio, Quinto 206

celtas, 170
centuriões, 184, 196, 226
César Augusto, Imperador de Roma, *ver* Otaviano
César, Caio Júlio, 45-6, 82-3, 87-8, 92-3, 96-8, 104, 113-4, 133, 143-4, 161-3, 178-80, 182-4, 196-7, 205-6, 221-4, 229, 245-6, 254-5, 271-2, 280-7, 255-5, 298-301, 304-7
assassinato de, 27-39, 41-2, 45, 58, 64-6, 73-4, 85-6, 88-9, 104-5, 111-4, 137-8, 166-9, 175-5, 180-1, 230-5, 253-4, 253-4, 258-9, 294-5, 300-1
Cesarião como herdeiro de, 115-7
como ditador, 27, 33-4, 38-9, 41, 232-3
como modelo para Otaviano, 232-3
condutas sexuais de, 143-5, 238-9
funeral e tributo a, 19-20, 33-4
guerra de Pompeu contra, 124
legado de, 83-4, 241-2, 268-9
marcha triunfal de, 270-1
mês de julho em homenagem a, 302-3
moeda comemorativa de, 41
na guerra civil contra Pompeu, 27, 30-1, 53-4, 65-6, 82-3, 88-9, 104, 182-3, 205-6, 234-5
Otaviano adotado por, 27-9, 34-9, 83-4, 231-3, 294-5
relacionamento de Cleópatra com, 27-8, 53-7, 241-2, 269-70, 275-7
riqueza de, 37-8, 156-7
Roma governada por, 30-7
tributo de Antônio a, 19-20
César, Caio Júlio Otaviano, *ver* Otaviano (Augusto César)
Cesareia (Cherchell, Argélia), 305
Cesarião (Ptolomeu César),
breve governo de, 242
como último faraó, 280-4
execução de, 284-9
nascimento de, 28, 55
paternidade de, 28, 35, 55, 113-4, 166, 268, 272
primeiros anos de, 55, 95-6
Charmion, 273-4

356 A GUERRA QUE CRIOU O IMPÉRIO ROMANO

Churchill, Winston, 20, 158-9
Cícero, Marco Túlio, 30-1, 38-9, 41, 85, 112, 269
cicuta, 275
Cilícia, 88, 96-7, 101, 178
Cipião Africano, 268
Circo Máximo, 291
Cirenaica (Cirene; Líbia), 96, 223
Citéride, a "Garota de Vênus", 32
Cláudio, Imperador de Roma, 305
Cleópatra Selene II, 65, 89, 96, 294, 305-6
Cleópatra, Rainha do Egito,
   Antônio e, *ver* Antônio, Marco (Marcus Antonius), Cleópatra
   ascensão ao poder de, 47-50
   caráter intrigante e imagem de, 21-3, 49-54
   celebração do aniversário de, 254-5
   como faraó, 97-8
   como foco de guerra, 114-5
   como retratada em moedas, 50-2, 157-8, 178-9
   declaração de guerra de Roma a, 114-7
   destreza estratégica de, 268-9
   destreza política de, 42, 53-8, 86-7, 104-6
   e apoio financeiro de, 133
   em Alexandria, 245-7, 250-2, 261-77, 297-8
   encontro de Otaviano com, 267-73
   enterro de, 275-6
   estátua de, 92-4, 255-6
   falhas de estratégia de, 181-3, 211-4, 276-7
   falta de confiança de, 227
   filhos de, 252-5, 262, 266-8, 271-3, 2755, 281-2;*ver também indivíduos específicos*
   habilidade de manipular de, 270-3
   habilidade diplomática de, 185-6, 250-1
   Herodes enquanto inimigo de, 96-7, 161-2, 211-2, 227
   histórico de, 18-20, 45-6, 52-3
   honorarias, títulos e territórios concedidos a, 96-7
   Ísis identificada com, 47-8, 103, 1156, 133, 156-8
   legado de, 307
   marinha de, 131-3, 137, 206-7, 211-7, 250-2
   mausoléu de, 253-5, 262-7, 275-6
   na fuga do Egito na juventude, 48-9, 53-4, 283-4
   nas negociações pós-Ácio com Otaviano, 252-6
   ódio de Enobarbo por, 104-7, 175-6
   ofensas de Délio a, 152-3
   plano de fugir para a Índia de, 251-2
   possível traição a Antônio por parte de, 261-2
   qualidades positivas e realizações de, 52-4, 275-7
   relacionamento de Júlio César com, 27-8, 53-7, 269-70, 275-6
   representações artísticas de, 51-2
   representada no triunfo de Otaviano, 294-5
   riqueza de, 103, 133, 184-6, 194-6, 216-8, 223-4, 240-1, 253-6, 266-7, 269-71, 275-77, 279
   sagacidade e intelecto de, 55-7, 116-7, 162-3
   suicídio de, 270-7, 279-80, 288-9, 302-4
   tendenciosidade e propaganda contra, 86-7, 105-7, 115-6, 175-7, 182-3, 199-200, 281-2
   tributo a, 275-7
   trono egípcio assumido por, 54-5
Clinton, Henry, 182
Clódia, 63
Clódio Pulcro, Públio, 33
cobras, 274-5
Concórdia, 68
Conspiração Catilina, 31
Constantino I, 300
Constantinopla, 95, 124

Córcira (Corfu; Kérkyra), *120*, 123-5, 133-4, 136, 138, 161, 180, 240
Corinto, 125, 151, 175, 180, 223, 225, 280
Cornélia, 93
Cornélio Dolabela, 273
Cornélio Galo, Lúcio, 256
   Antônio atacado por, 267
coroa de serpentes, 274
coroa naval, concedida a Agripa, 135
coroas de louros, 248
Corvino, Marco Valério Messala, 85, 177
Crasso, Marco Licínio, 88-90, 98, 177
Creta, *14*, 30, 96, 136, 155, 180, 223-4, 245
cristianismo, papel de Alexandria no, 288
Curia Julia (Casa do Senado), 296
Curião, Caio Escribônio, 33, 235

D

dardos, 201, 208, 209
Décimo Júnio Bruto Albino, 33
Deiótaro Filadelfo, Rei da Paflagônia, 168-9
Deiótaro, Rei da Galácia, 43
Délio, Quinto, 152, 178, 183, 187-8, 197, 203
Demétrio, o Sitiador, 30
Demóstenes, 275
desertores, 40, 111, 113, 139, 141, 177, 188, 191, 213
deuses:
   como padroeiros, 157
   em encenações gaiatas, 85-6
   faraós como, 73, 85, 109, 250
   no memorial de Ácio, 17-8
   vitória creditada aos, 18, 221
   ver também divindades específicas
Dia D, 159
Dia de Ano Novo (egípcio), 289
diademas, 51, 236, 274, 282
Diana, 68, 103
Dião Cássio, 11n, 30, 128, 149, 162, 192, 198-9, 212, 214, 229, 234, 252, 254, 257, 261, 263, 269-71, 273-5, 296

Dicomes, Rei dos Getas, 184
dictator perpetuo ("ditador perpétuo"), 233
Dinastia Ptolemaica, 52, 131, 289, 294
Diomedes, 263
Dionísia, 73
Dionísio, 22, 45-7, 58, 86, 157, 174, 238, 259, 279
   Antônio identificado a, 73, 107-9
Dirráquio (Durrës, Albânia), 84, *120*, 124, 128, 132, 180-1
disenteria, 173
divórcio, 32, 36, 70, 72, 86, 93, 108-11, 113
Doações de Alexandria, 95
doenças, 159, 167, 173, 184, 194
dotes, 70, 73
Drake, Francis, 151
drogas, 53, 275
Druso, família, 71
Druso, 293

E

echeneïs (bloqueador de navios), 214
efebato, 283
Éfeso, *14*, 45, 48, 101-8, 113-4, 122, 126, 159, 173, 176, 178, 182, 238-9, 271
Egeu, mar, 45, 107-8, *120*, 180, 238
Egito, 122, 125-6, 128-9, 136-7, 155-6, 184-7, 235-6, 246-7, 253-4, 297-8, 300-1
   agricultura no, 248-9
   anexação do Egito por Roma, 286-9, 302-3
   como alvo da expansão de Otaviano, 83-4, 229-31, 255-9
   como reino cliente de Roma, 87-8
   influência romana no, 49-50
   inviabilidade de posição defensiva no, 228
   riqueza do, 229-32, 266-8, 293-4, 299-300
   Roma influenciada pelo, 106-8
   tradição marítima do, 103-5, 129-33
Eneida (Virgílio), 192, 202, 208, 222, 294

Enobarbo, Caio Domício, 62, 104-5, 107, 113, 121, 126, 138, 142, 176-8, 181-2, 217, 227, 230
enxame, como estratégia, 151-2, 209
Épiro, 20, 163, 165
epitáfios, 207
Escauro, Marco Emílio, 237
escravos libertos, 225, 240, 254
Escribônia, 63, 72, 76, 86
Espanha, 63, 230-1
Esparta, *120*, 123, 152, 215
Espártaco, 256
Espírito Guardião de Augusto (Genius Augusti), 307
Estacílio Tauro, Tito, 188
Estrabão, 149
estratégia de cerco, 131-4
estratégia para invasão, 125-33
etruscos, 232
Eunoé (esposa de Bógude), 144
Êuricles, Caio Júlio (Êuricles de Esparta), 152, 215-6
Eurípides, 114
Eutuches, 199
Euxino (Negro), Mar, 46, 56, 184, 293
evisceração, 263
evocatio (cerimônia pré-batalha), 259
Evoé (grito dionisíaco), 258
execuções, 226, 234-5
exércitos:
  de Antônio e Cleópatra, 114-5
  romano, 38, 63, 74
  ver também legionários; *batalhas específicas*
exílio, 40, 48-9, 54, 64, 144, 236, 241-2, 251-2, 271, 284, 294, 302

F

farol de Faros (Farol de Alexandria), 248
fasces, 292
fateixa, 210
fator surpresa, em estratégia, 147
Feitos do Deificado Augusto, Os (*Res gestae divi Augusti*) (Augusto), 229, 234

Fenícia, 96, 102
Filípicas (Marco Túlio Cícero), 30
Filo de Bizâncio, 147
Filóstrato, 280
Flávio Josefo, 212
Floresta de Teutoburgo, 138
Floro [Florus], 192, 200
"*fobbits*", 145
fogo, como arma naval, 217-9
forças militares, *ver* exércitos; marinhas
fórum, 19, 30, 32-3, 37-8, 47, 291, 295, 299
Fórum de Augusto, 306-7
Fórum Juliano (Fórum de César), 55, 307
Fraaspa, fracasso do cerco de Antônio a, 181-2
Freud, Sigmund, 287
Fúlvia, 32-3, 57, 235
  morte de, 64-5
  na Guerra da Perúsia, 58-9
  representada em moedas, 68

G

Galácia (moderna Turquia), 43, 88, 160, 170, 188
Gália, 27, 31-2, 34, 39, 43-4, 50, 59, 62-3, 72, 115, 133, 175, 205, 253, 256
Gália Narbonense (Provença), 63
Getas, 184
Ginásio, 95
gladiadores, 236, 256
Glafira, 45
Glykys Limen "Porto Novo" (Fanari), *120*, 161, 165
Golfo de Ambrácia, 20, 124, 155, 159, 163-7, *172*, 192, 197, 201, 219-20
Golfo de Corinto, *120*, 124, 151, 155, 174-5, 240
Gomaros, 165, 167, *172*
Graco [Gracchi], família, 93
Grande Verde, 289
Grandes Pirâmides, 288
Grant, Michael, 153

Grant, Ulysses, 145
Grécia, 71-2, 205-6, 222-3, 229
   tour da vitória de Otaviano pela, 238
   tradição marítima da, 80-1, 121
   viés romano contra a, 104
   ver também Grécia ocidental
Grécia ocidental, *120*, 174-5, 227, 276-7
   chegada de Otaviano à, 158-63
   decisão de Antônio de permanecer na defensiva na, 134
   histórico e importância estratégica da, 122-6
   ocupação por Antônio de portos e bases-chave na, 124-6
   ver também Ácio, Batalha de; Ácio,Guerra de
grego, língua, 53, 106-7, 131, 143n, 234, 248, 269, 271, 279
grupos de abordagem, 146
Guerra Civil, EUA, 145
Guerra da Ilíria, 124, 148, 201,
   triunfo celebrado pela, 188, 291, 293
Guerra da Perúsia, 175
Guerra da Sicília, 208
guerras civis romanas, 43, 85, 299
Guerra de Alexandria,
   deserção em massa das forças de Antônio na, 228
   fracasso de Antônio em capturar Paretônio na, 246
   invasão do Egito por Otaviano na, 231
   triunfo celebrado para a, 291
guerra de informações, 21-2
guerra de propaganda entre Antônio e Otaviano, 85, 113
Guerra de Troia, 102
Guerra do Peloponeso, 123
Guerra do Vietnã, 145
   contra Bruto e Cássio, *ver* Batalha de Filipos
   contra Sexto Pompeu, de Perúsia, entre César e Pompeu,
   ver também Ácio, Guerra de;
Guerras Napoleônicas, 124
Guerras Púnicas, 137

guerrilla, la ("guerrilha"), 231

H

Hathor, 283
Hatshepsut, Rainha do Egito, 276
Heitor, 257
Helena, 110
Hélio, 89
Hércules, 76, 157, 174
   Antônio identificado a, 31, 46,
Herodes, Rei da Judeia, 88, 96, 161, 178, 183, 212, 227, 235-6, 246, 251, 255, 283
Hiera (Vulcano), 149
Hiparco, 225, 254
hipódromo, 257
Hipólito (Eurípides), 114
Hispânia, 36, 59, 61, 63, 84, 115, 144, 231, 253, 301
História contra os pagãos (Orósio), 145
História de Roma (Dião Cássio), 192
hititas, 102
Homero, 173, 286
homossexualidade, 162-3
Horácio (Quinto Horácio Flaco), 85, 170, 192, 277, 299, 302
Hórus, Cesarião identificado a, 55, 283

I

Idos de Março, 19, 27-8, 33, 36, 41, 59, 65, 84, 114, 144
Ilíada (Homero), 173-4, 257, 286,
Ilíria (Illyricum), 63, 83-4, 121, 124, 148, 160, 175, 188, 201, 291-3
imperador, origem do termo, 299
imperadores, 19, 21, 30, 50, 67, 128, 138, 145, 231, 281, 287, 298-300, 305
Império Persa, 46, 115
imperium (garantia legal do comando romano), 114
Índia, 87, 103, 129, 251, 284
Insteio, Marco, 183, 202
Iotape, 94

Iras, 273-4
Ísis, 156, 248, 307
   Cleópatra identificada a, 22, 47, 55, 103, 109, 116, 134, 157
Itália, 89, 90, 120, 229-31
   plano de Antônio de invadir a, 212-2, 125-34
   portos na costa leste da, 123

J

Jâmblico, rei sírio, 177
Jano, 295
Jasão e os Argonautas, 249
Jerusalém, *15*, 288
Jesus Cristo, profecia de, 69
Jogos Ácios, 20
Juba I, 305
Juba II, 305
Judeia, *15*, 54, 878, 96, 106, 161, 178, 235, 237, 248, 255
judeus, 90, 248, 289
Júlia (avó de Otávia), 65
Júlia (filha de Júlia César), 55, 66
Júlia (filha de Otaviano), 76, 285, 293
Júlia (mãe de Ácia Balba), 34
Júlia (mãe de Antônio), 31, 59
Júpiter, 69, 115, 258, 291
juramento de fidelidade, solicitação de Otaviano de um, 115

L

Labieno, Quinto, 223
Labieno, Tito, 223
Laçares, 215-6
Lago Lucrino [Lucrinus], 79
lamentações, ritual de, 108
lápides, 205-6
latim, língua, 31, 39, 53, 85, 109, 143n, 205, 234, 269, 279, 283, 299
legionários, 27, 44, 63-4, 74-5, 80, 83, 90-2, 98, 132, 141, 145-6, 150, 159-60, 166, 184-5, 195, 204-6, 220, 226, 255
Lépido, Marco Emílio (o Jovem), 241
Lépido, Marco, 39-40, 43, 63, 241-2, 252
Lêucade (Lefkada), 20, *120*, 124, 165, 167, *172*, 180, 204, 208, 222
Líbano, 91, 96
Líbia, 96, 155, 180
liburnianas, 201, 215
lídios, 102
Lissós, 84
Lívia Drusila, 71
   casamento de Otaviano com, 72
Lívio (Tito Lívio), 31n, 71, 76, 128, 192
Livios, família, 71
Lucílio, 246
Lucina, 68-9
Ludi Saeculares, 302
Lupercália, 33
Lúrio, Marco, 187, 202
luto, 69, 268, 270

M

Macedônia, 19, 32, 52, 89, 140, 160, 169, 178, 184, 225, 247-8, 276
magister equitum (mestre de cavalaria), 32
malária, 165, 173
Malco, Rei dos Nabateus, 160-1, 151
Mar Jônico, 20, 121, 124-5, 138, 155, 163, 165
Mar Mediterrâneo, *14-5*, 185-6, 219-20
   domínio pela Roma Imperial do, 289, 300-1
   evidências arqueológicas no, 193-4
   nomes do, 288-9
Mar Morto, 96, 103
Mar Posterior, 289
Mar Vermelho, *15*, 129, 251, 284
Marcelo, Caio Cláudio, 64-5
Marcelo, Cláudio (filho de Otávia), 66-7, 69, 293, 306
Mare Nostrum: "Nosso Mar", 289
marinhas:
   de Cleópatra, 131, 211
   estratégias de cerco das, 123

na guerra com Sexto Pompeu, 62, 70-5, 79-83, 112-3, 137
ver também Ácio, Batalha de; Ácio, Guerra de; navios de guerra
Mário, Caio, 30
Marte, 18, 20
Mauritânia, 22, 143-4, 305
mausoléus,
  de Cleópatra, 253, 267, 275
  de Cleópatra Selene, 306
  de Otaviano, 232
  morte de Antônio e enterro em, 262-3, 266
Mecenas, Caio, 128
Média Atropatene, 96, 98, 112-3, 250
  invasão fracassada de Antônio à, 89, 94
memoriais de vitória, de Ácio,
Memórias (Augusto), 21, 145, 149, 192, 217, 221
Mênfis, 288
mercenários, 178, 265
Mesopotâmia, 98
Metone, Batalha de, 22-3, 36-7, 124, 158-9, 162, 174-5, 179-80, 215-8, 220-1, 305-6
  cenários imaginados para a captura de, 149-52
  consequências, 150-4
  fontes de informações e espionagem em, 141-2
  importância estratégica de, 136, 148-9, 153-4
  vitória estratégica de Agripa em, 136-44
Michalitsi,
  acampamento de Otaviano em, 165-8, 179
  monumento à vitória em, 199
Michelangelo, 272
Miseno, 71, 82
Miseno, Tratado de, 70
miseratio (súplica retórica por compaixão), 110
Mistérios de Deméter, 238

Mitrídates VI, Rei do Ponto, 46, 102, 106
moedas,
  Antônio representando em, 29, 51-2, 68, 76, 127, 178, 246
  Cleópatra representada em, 51-2
  comemorativas, 193
  de ouro, 249
  Enobarbo representação em, 62
  Fúlvia representada em, 67-8
  Júlio César representado em, 281
  monarquia, estabelecimento romano da, 232, 297
  mulheres representadas em, 264
  Otávia representada em, 67, 76
  Otaviano representado em, 68, 246, 295
  para pagamento de soldados, 156, 195
Monte Capitolino, 33, 129, 291
Monte Palatino, 299
mosquitos, 164-5
mouros, 143-4
Múcia Tércia, 237
mulheres sabinas, 76
mulheres, romanas, privilégios das, 93
Munda, Batalha de, 61, 230
mundo subterrâneo, 163, 224, 302
muros, cidades muradas, 17-8, 115, 130-3, 140, 146-8, 150, 165, 169, 232, 256, 291, 295
Murray, William M., 193, 310
Mutina (Modena), cerco fracassado de Antônio a, 133, 181

N

Napoleão I, Imperador da França, 231
Nasídio, Quinto, 168
Náuloco, batalha marítima de, 81, 92, 137, 168
navios de guerra, 102-3, 123, 126-7, 159-60, 184-5, 194-5, 274, 276
  aspectos defensivos dos, 227
  captura versus destruição de, 217-8
  capturados de Antônio, 220-1

comparação entre os dos dois
oponentes, 201-3, 214-5
egípcios, 194-5, 211-2, 214-5
em Metone, 140-1
estratégia de batalha de, 129-32, 188-9
evidências arqueológicas sobre, 192-4
fogo como arma contra os, 217-20
identificação por números dos, 80-1,
102, 130-3, 140-1, 194-5, 214-5
lemboi, 29-30
liburnianas, 200-3, 215-6, 219-20
propaganda a respeito dos, 200-2
queima estratégica dos, 194-7, 200-1
remos versus velas nos, 195-6
tripulações dos, 173-4, 195-6, 204-8
Nelson, Horatio, 147
Netuno, 18, 20, 82
Nicolau de Damasco, 283
Nicópolis, Grécia, 20, 165, *172*, 294-5, 310-1
monumento a Ácio em, 292, 307
Nola, 304

O

"O deus abandona Antônio" (Cavafy), 259
"Ode a Cleópatra" (Horácio), 277
Odisseu (Ulisses), 123, 204, 286
Olímpia, 163
Olímpo (médico de Cleópatra), 268
Ópio, Caio, 55-6
Orósio, 145, 149, 192, 220-1
Osíris,
Antônio identificado a, 47, 283
Otávia, 19-20, 27-8, 35-6, 64-5, 83-4, 104-5, 138-9, 238-42, 265-6, 269-71, 292-3
aparência e caráter de, 66-8
casamento de Antônio com, 63-8, 72-5, 86-7, 91-3, 108-11
condição privilegiada de, 92-3
destreza política de, 74-7, 109-10
divórcio de Antônio de, 108-13, 115-6
enterro de, 305-7
estátua de, 92-4
filhos de, 109-10, 304-5
importância de, 110-1
morte e funeral de, 303-5
Otaviano apoiado por, 86-7, 90-2
representada em moedas, 66-8, 75-6
Otaviano (Augusto César), 19-20, 49-50
adoção dele por Júlio César, 27-9, 34-9, 115-7, 231-2, 294-5
aparência e estilo pessoal de, 72-3, 279
ascensão ao poder de, 34-40, 81-3
casamento e divórcio de Otávia como
vantajosos a, 63-5, 109-11
casamentos de, 63, 712, 85-7
Cesarião como ameaça a, 281-7
como governante de Roma no Oeste, 43-4
complô para assassinar, 240-2
condição de imperador e nome
imperial assumidos por, 296-300
destreza militar e estratégias de, 38-9, 58-9, 81-3, 88-90, 125-6, 137-8, 157-9, 165-8, 180-1, 186-9, 202-4, 227, 255-7
destreza política de, 35-40, 72-6, 87-8, 91-2, 87-8, 104, 111-2, 233-6
encontro de Cleópatra com, 267-73
fontes de riqueza de, 37-8, 266-8
habilidade diplomática de, 226-7, 233-6, 270-3, 297-8
histórico familiar e juventude de, 27-9, 34-7
Império Romano como encarado por, 83-4, 97-9, 229-42, 300-1
invasão do Egito por, *ver* Guerra de Alexandria
juventude como um fator para, 101-2
lealdade de Otávia a, 75-7
mês de agosto recebe esse nome em
sua homenagem, 302-4
morte de, 303-7
na Batalha de Filipos, 42
na guerra a Antônio e Cleópatra, *ver*
Ácio, Batalha de; Ácio, Guerra de

na guerra a Sexto Pompeu, 73-5, 79-86, 135, 137
na Guerra da Perúsia, 58-9
natureza belicosa de, 71-2
no Triunvirato, 40
nomes, títulos e papéis assumidos por, 21-2, 34-5, 296-9
orgulho de, 92-3
plano de reformulação do governo romano, 230-4
propaganda a respeito de, 162-3, 216-7
propaganda usada por, 84-8
qualidades de liderança de, 188-9
reação à morte de Antônio, 265-6
realizações de, 291-307
relação com mulheres de, 87-8
relacionamento de Antônio com, 33-4, 37-9, 61
riqueza do Egito adquirida por, 266-8
saúde precária de, 43
senso de honra de, 37-9
sua casa em Roma, 298-9
três triunfos celebrados por, 291-5
túmulo de, 231-3
visita ao túmulo de Alexandre, 286-9
Otaviano, Caio (pai de Otaviano), 304
Otaviano, Marco, 183, 202
ouro, 41, 57, 68, 95, 135, 156, 185, 225, 239, 242, 249, 253, 257, 283, 287, 292, 302, 307
ovação, ovadores, 69
Ovínio, Quinto, 235

P

Pacúbio, Sexto, 304
Paretônio (Marsa Matruh, Egito), *14*, 245-6, 256, 267
Partenon, 248, 307
Pártia, 93-4, 96, 98-9, 161-2, 178, 223-5, 250-1
  campanha de Antônio contra a, 22-3, 45-6, 63-4, 72-5, 83-4, 87-94, 116-7, 133, 146-7, 182-3, 300-1
  Júlio César planejava entrar em guerra com a, 36-8, 45-6, 88-9
  Otaviano negociou a paz com a, 301-3
Patras (Patrae), *120*
  Antônio e Cleópatra em, 124-5, 155-7
  vitória de Agripa em, 168
Pausânias, 148
Pax Romana ("Paz Romana"), 300
Paz Augustana, 299-300, 307
Pearl Harbor, 136, 138
Pelúsio, *14*, 253, 256-7
Península do Peloponeso, 71, 224
perdões, 234
Peripli (manuais de navegação), 140
Perúsia [Perúgia], 58-9, 62, 71, 112, 160, 175, 235
piche, 96, 218
Pinário Escárpio, Lúcio, 245-6
pirataria, 216, 300
Pirro, 163
Planco, Lúcio Munácio, 111-4, 139, 297
Plutarco (Lúcio Méstrio Plutarco), 11n, 29-30, 47, 55, 57, 67, 92, 97, 107-8, 128, 134, 152, 186, 192, 196, 198-9, 213, 217, 220, 224, 238, 246, 251-2, 257-9, 261, 263-4, 269-71, 273-5, 279, 284
Poderoso Chefão, O, princípio, 64
Polemo, 88
Polião, Caio Asínio, 40, 68-9, 85
Poligamia, 144
Pompeia, Itália, 52
Pompeu, Cneu (irmão de Sexto), 66, 82
Pompeu, o Grande, (Cneu Pompeu Magno), 32, 46,
Pompeu, Sexto,
  ascensão de, 121, 198, 227
  Otaviano em guerra contra, 59, 72, 79, 82-3, 135, 137, 188, 267
Pompônio Ático, Tito, 41
Porfírio de Tiro, 149
Portus Julius, 80
Postúmio, Quinto, 177
presságios, 70, 157, 186, 199
Preveza, *172*, 192

Priene, 108
Princeps (Primeiro Homem), 298
prisioneiros de guerra, 292, 302
Procissão Dionisíaca, 94
Proculeio, Caio, 264, 267
profecias, 191, 302
Promontório Salentino, 139
propaganda, 21-2, 47-8, 73-6, 91-3, 115-6, 127-8, 198-9
   a respeito de navios de guerra, 200-2
   contra Cleópatra, 86-7, 95, 105-7, 250-1, 281-2, 294-5
   moedas usadas como, 156-8
   na era de Augusto, 87-8, 107-8, 136, 198-201, 221-2, 254-5, 261-2
Propércio, Sexto, 192, 220
proscrições, 39, 62, 67, 82, 225, 234-6
Ptolemaida-Acre (Acre, Israel), *14-5*, 96, 255
Ptolomeu (filho de Juba), 305
Ptolomeu de Chipre, 275
Ptolomeu Filadelfo (filho de Antônio e Cleópatra), 92, 294, 305
Ptolomeu I, Faraó, 247
Ptolomeu III, Faraó, 102
Ptolomeu XII, Faraó, 46, 54
Ptolomeu XIII, Faraó, 49, 54
Ptolomeu XIV, Faraó, 282
Ptolomeus,
   família, 22, 46-7, 92, 249
   fim da dinastia dos, 288
   no triunfo de Otaviano, 125, 238
   vestígios dos reinos dos, 49, 97, 131
Publícola, Lúcio Gélio, 177, 183, 202, 208
Putéolos (Pozzuoli), 79, *120*

Q

"Quarta Écloga" (Virgílio), 68
Quéops, 287

R

Ramsés II, Faraó, 17n, 245

Relíquia Macabra (filme), 252
remadores, 102, 130, 146, 166, 174, 194-5, 197, 201, 203, 207-8
Renascença Italiana, 272
Revolução Americana, 182
Rhoemetalces da Trácia, 169
Rio Hister (Danúbio), 184
Rio Louros, 164, 166, 168-9, *172*
Rio Reno, 175, 301
Rio Rubicão, 27
ritos de ingresso na fase adulta, 283
Roma (cidade):
   Alexandria comparada com, 49-50
   chegada de Cleópatra a, 54-5
   como Cidade Eterna, 307
   reforma da cidade por Otaviano, 306-7
   retorno triunfal de Otaviano a, 270-3, 291-6
   simulação de batalha naval em, 295-6
   tumulto civil em, 32-4, 127-8
Roma Imperial, 90, 296, 305
   fundação da, 18-20, 288-9
Roma, Império Romano, 122, 287-9
   clima politico de, 53-5
   divisão Ocidente/Oriente do, 43-4
   era triunviral de, 40
   governantes destacados de, 304-6
   governo de Júlio César em, 41-2
   guerra de informações em, 84-8
   guerras civis de, *ver* guerras civis romanas
   hierarquia de valores de, 68-9
   legado de Cleópatra em, 307
   Ocidente, fim do Império Romano do, 289, 300-1
   Oriente, 73-4, 87-94, 228
   Otaviano e sua estabilização política de, 296-7
   visão de Antônio a respeito de, 97-9
   visão de Otaviano a respeito de, 83-4, 97-9, 229-42, 300-1
rostra (plataforma dos oradores), 294, 306

S

sabeus, 220, 223
sacrifícios, 291, 294
Salvidieno Rufo, Quinto, 62
Salvius, 206
Samos, 107-8, 238-9
Saratoga, N.Y., fracasso britânico em, 182
Sardenha, 72, 115, 150, 187
Segunda Guerra Mundial, 124
Selene, 89
Seleuco, 239, 257
Semprônio Atratino, Lúcio, 152, 206
Sempronius, 206
Senado, 63-6, 68-9, 97-8, 112-3, 115-6, 128-9, 135, 143, 178-9, 232-3, 235-6, 288-9, 291, 294-7, 302-3
   Antônio condenado pelo, 113-4
   contra-Senado de Antônio, 104
   guerra contra Cleópatra declarada pelo, 113-7
   mês de agosto decretado pelo, 302-4
   Otaviano recruta para o, 158-60
   Partidarismo no, 101
   refugiados do, 146-7
Serápis (deus greco-egípcio), 248
serpentes, suicídio por meio de, 274
Sertório, 231
Serviço Arqueológico Grego, 193
Servília, 241
setembro, 18, 34, 73, 81, 197, 211, 219, 229, 250, 303
sexismo, 212
sextilis (agosto), 303
Shakespeare, William, 19, 29, 40-1, 46-7, 50, 138, 196, 212-3, 247, 252, 254n, 265-6, 272
Sherman, William T., 145
Sicília, 62, 70-4, 112-3, 115-6, *120*, 123, 128-9, 149-50, 187-8
   batalhas navais nas costas da, 79-82
   derrota de Antônio na, 93-4
Silano, Marco Júnio, 177

Síria, 46, 52, 73-4, 77, 89, 96, 101, 106-7, 112, 125, 136-7, 178, 183, 223, 236, 251, 255-6, 289, 293
Sobre a Embriaguez dele (Antônio), 86
Sociedade Daqueles que Morrerão Juntos, 255
Sociedade dos Viventes Inimitáveis, 57, 255
Sócrates, 275
Sósio, Caio, 101, 104, 177-9, 181, 183, 202, 222, 236-7
SPQR (*Senatus Populusque Romanus*), 298
subornos, 231, 284
Suetônio Tranquilo, Caio, 281
suicídio, 43, 181-2, 223-4, 229, 234-5, 240-2, 245-6, 252-3, 305-6
   ameaças de Cleópatra de, 254-5
   de Antônio, 262-4
   de Cleópatra, 272-7, 288-9, 294-5
   rituais de, 262-3
   tentativas de Cleópatra de cometer, 266-8
   usando serpentes, 273-7
Sul da Itália, 63, 74-5, *120*, 121, 126, 139, 150, 188, 227, 304
Sula, Lúcio Cornélio, 30, 82, 284
Sun Tzu, 137
suprimento de água, acesso a, 174, 181

T

Tácito, 67
Tarcondimoto, Rei de Amano, 179
Tarento, 74-7, 92, *120*, 121, 126, 129, 132, 134
Tário Rufo, Lúcio, 179
Tarso, *15*, 46-8, 183, 212
taxa sobre os grãos, 152
taxação, 127-8, 195-6, 239-41, 299-301
teatro, 114
Templo de Apolo, 164, 178, 221, 237, 299
Templo de Ártemis, 48, 103
Templo de Augusto e Roma, 234
Templo de Belona, 115

Templo de Júpiter Capitolino, 69
Templo de Vênus Genetrix (Vênus, a Mãe Ancestral), 55, 93, 296
Templo de Vesta, 66
Templo do Deificado Júlio, 294, 296, 302, 304
Tênaro, *120*, 223-6, 245
Teófilo, 225
Tibério, Imperador, 128, 293
Tício, Marco, 111-3, 139
Tímon de Atenas, 247
Timoneion, 247
Tindari, *120*, 148
Tirso, 253-4, 257
toga virilis (toga viril), 285
tortura, 177, 293
Touro Ápis, 288, 307
touros, 292
Trácia, 160, 169, 178, 184
Tragédia de Júlio César, A (Shakespeare), 265
Tratado de Brundísio, 63
Tratado de Tarento, 74, 76
tributos, 195, 269
triunfador, 69, 292-3, 303
triunfo (desfile triunfal), 68-9, 241-2, 276-7
   de Júlio César, 305-6
   de Otaviano, 269-73, 291-6
   uso do termo, 291-2
Triunvirato, 39-40, 62, 74, 76, 101, 302
Troia, 102, 173-5, 257, 287
tubarões, 214, 219
túmulos:
   de Alexandre, o Grande, 247, 287
   de Antônio, 263, 273
   de Otaviano, 232, 234
   ver também mausoléus
turcos otomanos, 124
Turquia, 30, 43, 45, 87-90, 108, 112, 169, 232, 234, 239
Turúlio, Públio, 235, 253

V

Vale do Nilo, 249-50, 283-4
vândalos, 301
Vegécio Renato, Públio Flávio, 137
velas,
Veleio Patérculo, Marco, 128, 152, 192, 213, 234
veneno, 48, 53, 104, 274-5
Veneza, 124, 136
Ventídio Basso, Públio, 74
ventos, 218-20
   nas estratégias de batalha, 203-5, 211-2
Vênus Genetrix, Templo de, 55, 93, 296
Vênus, pintura de, 296
Vesta, Templo de, 66
veteranos, 32, 44, 58, 126, 145, 157, 160, 184, 196, 205, 223, 226, 239-40, 253, 295, 300
Via Egnácia, 40, 124
Via Sacra, 291, 294
viagem marítima, perigos da, 185
víboras,
   no suicídio de Cleópatra, 295
Vida de Antônio (Plutarco), 11n, 29, 152, 192
Vidas Paralelas (Plutarco), 29
virgens vestais, 35-6, 113
Virgílio (Públio Virgílio Maro), 11n, 68-9, 73, 111, 135, 192, 202, 208, 212, 221, 224, 294, 301
Vitória (deusa alada), 296

W

Washington, George, 136

X

Xerxes I, Rei da Pérsia, 184

Z

Zacinto, *120*, 124, 178, 222
Zachos, Konstantinos, 193, 310

**Acreditamos
nos livros**

Este livro foi composto em Adobe Garamond
Pro e impresso pela Lis Gráfica para a Editora
Planeta do Brasil em dezembro de 2024.